OPEN是一種人本的寬厚。
OPEN是一種自由的開闊。
OPEN是一種平等的容納。

OPEN 4/23

目光的遊戲

作　　者　伊利亞斯・卡內提
譯　　者　黃銘惇
責任編輯　江怡瑩
美術設計　江美芳
發 行 人　王學哲

出 版 者
印 刷 所　臺灣商務印書館股份有限公司
地址：臺北市 10036 重慶南路 1 段 37 號
電話：(02)23116118 ・ 23115538
傳眞：(02)23710274 ・ 23701091
讀者服務專線：0800056196
郵政劃撥：0000165 － 1 號
E-mail：cptw@ms12.hinet.net
網址：www.commercialpress.com.tw
出版事業登記證：局版北市業字第 993 號

初版一刷　2004 年 9 月

定價新臺幣 450 元
ISBN　957-05-1904-5（平裝）／ 69232000

卡內提回憶錄三部曲之三

Das Augenspiel

目光的遊戲

生命史1931-1937

1981年諾貝爾文學獎得主
伊利亞斯·卡內提 Elias Canetti／著
黃銘惇／譯

臺灣商務印書館　發行

目次

獻給海拉・卡內提

第一部

婚禮

沙漠裡的畢希納

當時我寫了一本書，它的書名是《康德縱火》①；這本書將我的靈魂喚回到過去一段悲慘的歲月。焚毀書本是我絕對沒有辦法原諒自己的行為。我實在沒有辦法相信，自己可以忍受康德（Kant）這個人物（後來，當小說正式出版的時候，他的名字被修改成為克恩（Kien））。當我撰寫這本書的時候，書中對康德這個人物的所有敘述是如此地惡毒。那時候，我得折磨自己，壓抑對他這一個人物的同情；最好所有人都不會察覺到當時我心裡面的煎熬：從作家的觀點來看，生命的結束是他真正的解放。

但是，為了得到真正的解放，書本自己也得作出實際的貢獻。當書本在冉冉昇起的火焰中化成灰燼時，這一刻，在我的感覺裡，同樣的火炬也在我的身上燃燒著。這時候，我不禁提出這樣的要求：被犧牲的不能單單只是我的書本；我必須這麼要求，全世界的書本都必須被焚毀，因為漢學系的圖書館已經典藏了世界上所有意義重大的書籍。如果這些書本只能保留思想家整個生命裡的少許經驗的話，那麼，所謂重要的典籍必定是所有宗教的書籍；它們包括東方以及西方世界中的作家所有的書本。所有的書本都必須被烈火焚化為灰燼。這是我

① *Kant fängt Feuer*，卡內提第一本小說，後來的書名被改成《迷惘》（*Die Blendung*）。

的成就；我並沒有作出任何的嘗試，來拯救這些羽化的書本。烈火對智慧的肆虐後所留下來的廢墟，只是一片沒有生命的沙漠；然而，我是這場大火的縱火犯。不過，這一場火的祭禮並不單只是一場發生在書本裡頭的遊戲，換句話說，它是存在於全部人類生命經驗中的真實：我們不能把自己認定是智慧認識的對象，然後把外在世界對自己的批評轉化為一種工具來了解自己。當躲藏在內心的恐懼是如此巨大，而且大到逼迫一個人非把恐懼的經驗寫下來不可的時候，我們就必須靜下來想一想，如果內心的恐懼成為我們遵奉的指標時，我們是不是仍然可以回到原來造成自己懼怕的源頭呢？

在內心裡，人生戲曲的「落幕曲」找到了棲身的定點；我已經沒有辦法再把曲終的悲悽驅離到肉體之外。自從自己經歷了《人性末日》②之後，七年以來，康德的生命不曾逃離黑暗的詛咒。不過，現在這個書中人物卻可以吸收一點人性的形體。但是，它的形體是種激情；是由沉澱在生命經驗裡的實體中迸裂出來的：這是一股烈火；在七月十五日這日子，換句話說，當書本身的意義徘徊在世俗的眾人以及生活周遭所交匯的脈絡時，我認清了這把烈火的存在。我把一些生命的元素借給書本中的先驅者，雖然這些人物和我本人的特質之間的差異是如此地明顯，但是，當他們完成書本所賦予的目的後，我卻再也沒有辦法，在毫無失誤或者沒有任何懲罰的情況下，把這些元素重新歸還回去。

這時候，原來為自己創造出來的沙漠慢慢地帶走世間所有的塵土。當克恩隕落以後，自

② *Letzten Tage der Menschheit*，這是卡爾．克勞斯（Karl Kraus）的著作。

己再也沒有感受到世界帶來的強烈威脅；雖然，人們會發現，自己仍然置身在如此莫名的威脅裡面。這一刻，我的心靈再度被牽引回到焦慮不安的狀態；這股焦慮不安可以被比擬成過去那一段令人無法喘息的經驗；那時候，我正在草擬《瘋子的人間喜劇》（*Comédie Humaine an Irren*）這本書的大綱。不過，兩者之間還有些差異：後來，發生了一些事情，而且這樣的結果得歸咎為我自己的過錯。除此之外，我們也沒有辦法知道隱藏在這股焦慮背後真正的原因。每天的夜晚以及白天太陽高照的時分，當我跑步的時候，都會經過相同的道路。至於我是不是可以把注意力放在另外一本小說，或者思索自己原本計畫的一系列小說，在那個節骨眼上已經不是真正的重點。只有在焚燒書本的灰燼中，我才可以再一次地找到永遠不會熄滅的激情。但是，我卻沒有絲毫的悔恨。相反地，我完全看不清楚自己的定位；我沒有辦法看清楚，自己的腳步正好停在大災難前面，然而，在每一瞬間，這場災難都會隨時爆發出來。

當我走在街頭，耳朵裡所聽到的對話似乎都是人世間最後的話語。而且這樣的竊竊私語卻總是發生在那麼可怕以及毫不妥協的威脅下，而且這股威脅總是在最後的一刻鐘才爆發出來。不過，這些對話和受到威脅的人有著密切的關係；換句話說，災難終究還是沒有辦法避免的。事實上，這是人類自己造成的結果，況且他們也沒有辦法置身事外。這些人已經作出許多的努力，而他們的努力是那麼地獨特，那麼地引人注目；所有的努力不過是為了告訴世人，墮落是自己應得的報應。自從我把原罪的火種點燃以後，我覺得，所有正在談話的人都是罪惡的，就和我本人一樣。但是，如果人性的罪惡不是來自本性的因果的話；換句話說，當世間下沒有一件物種是自由的時候，那麼，其他的人類一定會保持自己過去的模樣，而且絲毫不會有任何的改變。他們會保存原來的聲音、原來的外貌以及原來的處境。然而，這些都是屬於他們與生俱來的本性，換句話說，這是沒有辦法改變的。或者，我們可以這樣說，這些是事物原來的面貌，而且和人們保存以及吸收的一事一物之間並沒有任何的關係。他們的所有作為不過是為了結算出一張賬單，一張生命經驗終結前的明細表。除此之外，他還用催淚瓦斯來填充原本焦躁的心靈。每一幕場景都可以轉化成為足以讓人性停止呼吸的落幕曲；然而，他總是想保存自己對事物的熱情，並且借用這個方式來捕捉這一幕場景，雖然，這股熱情已經成為沒有意義的作為之下唯一殘留下來的形骸。最後，每一幕場景都會隨時因為落幕曲的結束而結束。

在義大利的龐貝古城的牆上，他用非常急促的速度與非常大的字體，把世紀末的處境描繪下來。然而，這麼潦草的文字和塗鴉並沒有什麼兩樣。如此的行為像是火山爆發前，或者地震掃蕩脆弱生命前的準備工作：人們可以察覺到，他的畫筆是如此地急促；在筆劃的行進之間，他根本沒有辦法挽留住任何的記憶，任何對生命的感動，換句話說，他只能立刻記錄下一瞬間前即將發生的事件——急促的場景不過是描繪短暫記憶的素描。這樣的彩繪也描述人們剛剛完成的行為；人們的工作與環境會怎麼樣隔離開來。世俗的人類沒有辦法意識到眼前一步步逼近的命運，每天日常生活的呼吸造成了令人窒息的氛圍；人們為什麼得如此急促地呼吸呢？因為當空氣被真正地呼吸到肺部裡面之前，還帶了一點點自己的意義以及急促的蠕動。我把一幕一幕的場景描繪在紙上。每一幕都是獨立的，和其他的場景沒有任何的關係。但是，每一幕都會隨著暴力的落幕曲而結束。因為永無止境的落幕曲的存在，會讓一些場景與其他的場景結合在一起。如果今天我嘗試重新收拾起這些殘留場景，那麼，它們會像第一次世界大戰首次大轟炸的夜晚一樣，在沒有預警之下的睡夢中爆發出來；活像一場永遠不會結束的夢魘。

一幕又一幕的場景；它們的數量是如此多，好像在跑步中速寫下來的景象。這樣急促的速度好像魔鬼附身一樣地目不暇接。每一幕場景往落幕曲終了的方向奔馳；當一幕場景剛結束的一剎那，新的一幕馬上誕生；在新的場景裡頭，另有一批人會扮演完全不同的角色，不過，和上一幕場景不一樣的地方是：這股左右生命前進方向的落幕曲不應該預言這一批新演員最後的宿命。這裡好像刑事法庭一樣，在完全沒有選擇的情況下，每一個關係人都必須接受命運的審判。判刑最重的犯人是那一個剝奪別人生命權利的人。當這一位重刑犯對塵世不再留戀的時候，他會一下子走開。他是這麼樣的一個人；他可以看清楚，這些人們的軀幹裡頭並沒有一點的生命訊息。他會先撫摸這些人，眼睛注視著這些慢慢走向刑場的死刑犯，然後，立刻遠離這些行屍走肉。他會靜聽這些人的耳語；那些在耳朵裡永遠迴繞的竊竊私語。然後，他會再把聲音傳送給別人；那些同樣由「沒有意義」所形成的軀殼。同時，當找尋自我的聲音發出威脅，並且試圖榨出他的腦漿時，那麼，在生命終結以前，他會以最急促的筆劃，將這一幕場景抄寫下來。

這個禮拜中最讓人難以煎熬的是位於哈根貝克巷的房間。我已經陪同伊森海默聖壇的版畫印刷很長的時間了，在這個地方，我和這一幅畫共同生活了一年多。對我來說，這幅畫像伴隨著十字軍東征殘酷的冷漠以及破碎的細節，慢慢地，這幅畫像是蛻變成為我的血肉。當我在寫小說的時候，它的位置似乎永遠是正確的。它逼迫著我，往相同的方向前進，像是毫不留情的毒針一樣。不過，這是我「願意」忍受的毒刺；事實上，我没有辦法適應它們的存在，但是它們還是會無時無刻地出現在我的眼界裡。它們已經成功地灌注到與自己毫無關係的人體之中。這些受害者的樣子是如此地怪異與不協調；好比我們把漢學家的痛苦與耶穌基督的苦痛放在一起比較。不過，我總是感受到某種感動，它的存在把這本書裡面的章節與版畫結合在一起，換句話說，這一股激情就是我掛在牆上的版畫。我對這些版畫的需求是如此地強烈，所以，我没有没有辦法想像，其他的物品可以取代它們的存在。無論如何，這是我絕對堅信的事實：即使是少有珍藏的書本，也没有辦法取代這些畫的存在。

但是，當圖書館與漢學家燃燒成為灰燼的那一刻，發生了没有辦法理解的事情，換句話說，事件的發生是我原本没有預料到的。葛林內瓦爾德③利用我的懺悔，又重新贏回他的生命經驗。當我没有辦法再寫小說的時候，這位畫家不只是為他自己，駐足在原來牆壁的角落；同時，他也挺立在沙漠中，也就是我所創造出來的沙漠；如此地孤獨，他挺立的站姿是唯一產生功能的形體。每當我回到家裡，房間的牆壁竟然會讓我感到如此地驚訝。所有會讓我感受到威脅的一事一物，都會強化了葛林內瓦爾德的生命力。

在這段時間裡，閱讀已經没有辦法幫助我了。我不只是喪失了宣誓自己對書本的權利；因為一本小說的緣故，我把其他書本犧牲了。當我試著勉強自己，克服潛藏在心中的罪惡感，

③ Grünewald，德國畫家，是伊森海默聖壇版畫的作者。

伸手拿出一本書的時候，這樣的罪惡感並不會因此而消失。即使我再一次地強迫自己，靜下來看書，心裡面對自己的控訴仍然存在，換句話說，心中的惡靈並不會像書本一樣被燒成灰燼；不久之後，對書本的厭惡已經到了讓自己無法接受的地步。此時，以前我最拿手的東西以及過去最得我歡心的事物，竟然讓自己感到無比的痛苦。這一天傍晚，我失去了所有對人性的知覺。在憤怒之下，我把斯湯達爾④的書本丟到地上，換句話說，我沒有把它放在書桌上面；雖然這一年來，他的書無時無刻伴隨著我的寫作。我親手造成的失落感竟然讓我懷疑自己。從那天以後，我再也沒有拾起這本書；相反地，它永遠掉落在地板上面。有一次，我突然有個非常奇怪的念頭；我把之前沒有意義的舉動和果戈里⑤放在一起比較。這一次的經驗是那麼地怪誕，甚至連歌劇《大衣》⑥都讓我覺得是愚蠢與隨心所欲的。此外，我還問自己，到底這齣歌劇的什麼地方可以讓我那麼地感動。在編織我個人對生命記憶的熟悉事物中，沒有一樣物品可以提供任何幫助。或許，在焚燒書本的過程中，我已經把所有舊的東西都摧毀了。或許，這些書本都還擺在原來的地方，但是，它們的內容早已成為烈火的灰燼。在我的心靈裡面，已經沒有任何生命的訊息。所有試圖將灰燼復原為生命的舉動，都會讓我感到憤怒；我只能抗拒所有死靈的復活。經過幾次悲慘的失敗嘗試之後，我的手不會再拿起任何

④ Stendhal，法國文學家，他的原名是 Marie-Henri Beyle。
⑤ Nicolaj Gogol，俄國文學家。
⑥ *Der Mantel*，義大利音樂家普契尼（Giacomo Puccini, 1858-1924）的歌劇。

的書本。書架上擺著已經念過無數次的書籍，但是，我卻沒有再碰觸過它們，好像這些書本已經不在上面似的。我完全無視於它們的存在，而且也不會伸手將它們從書架上拿下。圍繞在我四周的沙漠已經完完全全地包圍住垂死的心靈。

當時心智是如此的低迷，簡直沒有辦法想像，人生的處境竟然可以比這樣的狀態更悲慘。在這樣的情況下，一件不明確的形體讓我發現了救贖的希望；它是原本被我擺了很久，但卻從來沒有碰觸過的一本書。這是一本字體很大，而且編排很寬長的書；這本畢希納⑦作品集的外皮是黃色的。所以，當它被擺在書架上的時候，人們很難忽略它的存在。它就擺在克萊斯勒⑧四集一套的全集旁邊。如果我說，我沒有看過畢希納的書，似乎讓人難以置信，但事實的確如此。當然，我是知道，他對文學史的影響有多麼重要。而且我也相信並明瞭，他會對我個人產生無法想像的影響。當年我在伯格停大街的維也納書店買下畢希納的這本書，然後把它帶回家，順手放在克萊斯勒全集旁邊。

在這個地方，我認清楚一件事實：令人無法理解的相遇常屬於生命中最重要的經驗；而且這些經驗時常需要經歷長時間的自我準備。重要的事物可以是一個地方、一個人，或者它甚至也可以是一幅畫；畫的重要性正如書本一樣。在我們居住的地球上，有些城市會讓人如

---

⑦ Georg Büchner，1813-1837，德國文學家。

⑧ Heinrich von Kleist，德國浪漫時期的大詩人。

此地痴狂，好像因為命運的安排，從誕生下來開始，一個人就必須在這些城市裡耗盡所有人生的歲月。如果我把這些城市列出一個表，那麼，整個表可以有上百個選擇。但是，我總是避免依照列表的順序，來選擇旅行的目標，因為我害怕，當我拜訪一個新的城市的時候，自已會繞著整個都市打轉。這時候，在內心裡，與這個城市相遇的意義也會隨著身體的轉動而提昇。這樣意義的昇華是無法形容的，或許，人們可以這樣說，因為它的存在，我才會到這個世界上來：如果期待來臨的意義不再存在的時候，那麼，我的軀殼裡早已經沒有任何的生命訊息。有些人是自己很喜歡的；我很喜歡聽到他們講話的聲音。這樣的人是那麼多且無法計算的；他們的數目就如同心裡的那麼多的慾望一樣。或許，人們可以這麼說，不管怎麼樣，我還是無法比本人更了解他們自己。——不過，我總是會避免看到呈現在他們身上的圖像。除此之外，我還得消滅任何一個影像：任何一個由視覺提供的影像。所以，我必須接受一個特別且合乎情理的禁令：我不可以看清楚他們的臉孔。除此之外，世界上還有另外一些人；許多年來，在同一條道路上，無數次和他們擦身而過。我會思索這些人，因為對我而言，他們的存在就好像謎一般神秘，一個會讓我放棄找尋答案的謎題。我從來沒有跟這些人交換過任何一句話，總是沉默地繞過他們的身邊，就好像他們靜悄悄地走過我的身旁一樣。我們都互相用疑問的眼神看著對方。我們雙方的嘴巴也都緊緊地閉起來。在心裡面，我會想像到底怎麼進行第一次對話；這樣的想法會讓自已感到莫名的興奮：我會揣摩著，在這樣的相遇裡，多少沒有辦法期待的意外之喜會碰撞出來呢？最後，世界上還有一些人；幾年來，令我深切愛戀的人，雖然，他們絲毫沒有察覺到我對他們的愛。我的年紀會越來越大，年華會逐漸遠離燦爛。所以，在我的眼前，最後一定會出現一些沒有意義的幻覺：到那時候，我會向他們告白，述說我對他們的摯愛；雖然我整個人生一直都活在一個空間裡，在這個空間裡頭，我的思緒只是一直在想像，如何去面對這一刻的來臨。如果我沒有辦法為未來的這一刻作好準備，我願意放棄生活的權利。當我認真地檢驗自己的思緒的時候，我可以更清楚地認清一件事實：這些自己深愛的人比突來的驚喜更重要；驚喜就像晴空裡驟下的雨滴，當人們抬頭往上看的那一刻，雨點刺痛了那一對頓時無法辨別對象的眼睛。

我想列出那些書的名字；那些我時常準備的書本。其中一些是世界文學史上非常有名的書；依照過去歷史的共識以及評價，我從來不敢懷疑過這些書的意義。對我而言，上述評價的認定是無法否定的。然而，有一件事實是值得我們省思的現象：經過了二十年的期待，與一部作品產生的碰撞竟然蛻變成為吞噬心靈的妖獸。或許，只有在這樣的情況下，平庸的作家才可以得到精神上的重生，換句話說，精神上的重生原本就包含了一連串一成不變的公式以及墮落。在那個時候，換當我還是二十六歲的時候，無論如何，我就已經知道畢希納這位作家的名字。而且兩年來，他最著名的作品以及其他的著作一直擺在我的書房裡。

有一天晚上，我對自己的懷疑達到最惡劣的那一刻——我記得非常清楚，當時我已經沒有辦法再寫下任何一個字了。我可以非常確定，在那個時候，我已經沒有辦法再念任何的一行字了。我把那本黃色的書本拿下來，然後，打開書本中的某一段落：那是〈伍采克〉（Wozzeck，當時的德文寫法是這樣子的）裡頭的一幕場景。醫生正面對著伍采克講話。當時的景象就好像我的心靈中劃出一道割開咽喉的閃電。我閱讀著這些場景，所有場景都是片段的文字。我重新再看一遍，反覆地閱讀著。我已經搞不清楚到底看過多少遍。對我而言，閱讀的次數是不可知的，因為我看了整個晚上。我並沒有閱讀這本黃色書的其他部分。我不斷重複翻看〈伍采克〉，而且整個心情是如此地興奮。在一大早六點鐘的時候，我離開房屋，然後衝到街上坐電車。我衝向費迪南大街，在完全沒有思索的情況下，把薇颯從睡夢中叫醒過來。

房間的門並沒有拴上，而且我也有她的房間鑰匙。這樣的安排是為了預防緊急的狀況；如果哪一天早上，當心靈已經沒有辦法安撫無法喘息的悸動時，我可以來她的住處。這是我們兩個人之間的協定。但是六年以來，並沒有發生過上述的情景；在這六年當中，我們之間的感情不斷地逐漸茁長。在畢希納的催情下，第一次終於發生了；它已經對薇颯作出了嚴重的警告。

當小說的禁慾年代得到真正結束的那一天，她又開始喘息呼吸。當漢學家變成烈火下的灰燼時，像她這樣的讀者很難敞開心胸，接受最後的結局。任何新的轉折都會讓她感到恐懼，不管是一個新的冒險或者冒險的延續。在撰寫最後一個章節〈紅色的公雞〉的前一個禮拜，我停下了寫作的工作。這時候，她卻錯認我休息的意義；她以為我對寫作的工作產生了懷疑。她為這本書結局的轉折描繪出如此的景象：在回鄉的路程中，突然間，格奧爾格有這樣的念頭：這時候已經遲了，但是，仍然還不算太遲。他終於清楚弟弟真正的意圖；他為什麼會單獨留下弟弟一個人呢！不久之後，他來到家裡的門前，試圖衝進屋子。在毫無客套的噓寒問暖的情況下，他將彼得捆綁起來，並且將他綁架到巴黎。這時候，他又成了自己哥哥的病人，當然他是個不平常的病人，因為他完全沒有任何反抗的能力。但是，這樣的狀態不會有任何的幫助。不久之後，在格奧爾格的身上他再次地認清自己的主人。

她對未來的想像是如此地吸引我；她想像，在一個新的處境中，這一場兄弟之爭會得到新的延續。她自己隱藏的對話可以嵌入任何一個章節的故事裡，這樣的對話並不會因此而窮盡。當〈紅色的公雞〉整個章節終於完成後，漢學家的意圖得到完滿的結局後，這一刻，她的反應是：她無法相信這樣的結局。她認為，我只是想安慰她。因為自從我們倆認識後，她就懷疑我對自己生活的安排。這本小說的第三個章節的內容是如此深入匯進她的血脈之中，而且她的認定是如此地深信不已：在現實生活中，我整個人投入到漢學家被追殺的瘋狂想像中；這對我個人的精神狀態會有危險的後果。所以，她的反應是可以理解的；但當我把最後一個章節念出來的時候，她整個人喘了一口氣。我把這一段最艱難的日子稱為「沙漠的歲月」；對我而言，這一段歲月才真正要開始。但是，她卻很天真地如此認定，那一段忍受恐懼的日子已經完全過去了。

但是，此時，她體驗到，在這一刻，我真正地遠離她以及其他所有人，雖然，在那個時候，我並沒有任何不尋常的作為；然而，我並沒有將寶貴的時間施捨給她或者其他少數的朋友。當我正眼看她的眼眸的那一瞬間，我是如此地沉默與不愉快；在我們倆相處的歲月裡，這樣的寂靜與冷漠還從來不曾出現過。突然間，她喪失了理智的控制，並且說：「自從他死後，他的靈魂就上了你的身體，現在，你就跟他完全一樣。你現在的樣子就是你為他難過的方式。」她對我有著永無止境的耐心，然而，漢學家的自焚是種解脫，但是，我對結局的安排讓她感到不高興。除此之外，她又繼續説：「可惜，德蕊莎⑨不是印度的寡婦，不然，她也得將自己送進火堆陪葬。」我用埋怨的口氣回答她的話：「跟一個女人比較起來，他還有更好的親人。他有許多書；這些書裡的每一句話都是人們傾聽的話語。它們跟著漢學家一起火葬。」

自從那時候開始，她就一直等待這個時刻；在某一天晚上或者白天，我會突然出現在她的面前；然後，我會傳達給她一個訊息；但是，這個訊息卻是讓她感到恐懼而且是最悲慘的結果：我沒有辦法，我得重新開始。最後一個章節必須作廢。況且這個章節的文體和這本書其他地方完全不一樣。所以，我把它刪掉了。康德又重新復活了。所有的一切都必須重新開始。換句話説，我必須撰寫同一本小説的第二册。這樣子，至少在明年一整年裡，我還會有事情做。

在畢希納發出聲響的早晨，當我將她從睡夢中吵醒的時候，她是如此地驚嚇害怕。「為什麼妳感到如此吃驚害怕，難道只因為我這麼早來找妳。這是從來沒有發生過的事情。」「不是，」她這麼説，「我一直在等待這一天。」這時候，她以相當懷疑的態度努力地思考，如何改變我繼續撰寫這本小説的意圖。

但是，我立刻開始打開畢希納的話題。她知不知道〈伍采克〉呢？當然，她一定認識這部作品。誰不認識這部作品呢？她用非常不耐煩的語氣回答我的問題；她認為，我真正的意

⑨ 德蕊莎是小説《迷惘》中的人物，她原來是康德的女僕，後來成為他的妻子。

圖是最糟糕的，但也是最真實的。在她的話語裡頭有些不屑的意思——這時候，在內心裡，我可以感受到畢希納所受到的屈辱。

「什麼，妳覺得，不值得一提？」我說話的語氣帶有強烈的威脅以及憤怒。這時候，她突然意識到，發生了什麼事。

「誰？我？我覺得它不值一提？我覺得，這是德國文學上最好的戲劇。」

我沒有辦法相信自己的耳朵，所以，我只說一些無關緊要的話：「那只是些片段的文字罷了！」

「片段文字！片段文字！你竟然叫它片段文字。跟其他最好的戲劇比較起來，裡面缺少的字句是更優美的描述。人們應該期待，世界上會有更多這麼樣的片段文字。」

「妳從來沒有跟我提起這些。妳認識畢希納是不是很久了？」

「比你還久。很久以前，我已經讀過他的作品。在那個時候，我還立刻閱讀赫伯⑩的《日記》以及立頓伯格⑪的作品。」

「但是，妳完全沒有談過他的存在。無數次，妳讓我看赫伯以及立頓伯格小說中的文字。但是，妳卻從沒有提到過〈伍采克〉。為什麼？到底為什麼呢？」

「我甚至把這一本書藏起來。所以，在我這裡，你沒有辦法知道畢希納的書。」

---

⑩ Fridrich Hebbel，德國寫實主義的戲劇作家。

⑪ Georg Christoph Lichtenberg，德國作家，善於聖經經文。

「晚上我都在看他的書。我一直反覆地看〈伍采克〉。我真的不願意相信，世界上還有這樣的東西。我來這裡，是因為我想罵妳。剛開始的時候，我想妳可能不知道這本書。不過，我立刻意識到，這樣的可能性很小。如果妳不知道這本書的存在，那麼，我不知道，妳對文學所有的熱情還有什麼價值。當然，妳一定知道這本書。但是，妳卻把它藏起來。六年來，我們談了所有非常美好的經驗。但是，在我的面前，妳從沒有提到畢希納的名字。連一次都沒有。然而，現在，妳卻告訴我，妳把這本書藏起來。這是不可能的。我知道妳房間的每一個角落。證明給我看！讓我親眼看到這本書。妳把它藏在什麼地方？那是一本很大的黃色書本。怎麼有辦法把它藏起來呢？」

「這本書既不大，也不是黃色的。它是以小版本的形式出版的。現在，你可以親眼看看這本書。」

她打開櫃子；那是她最心愛的櫃子，裡面裝著心愛的書。這時候，我心裡面正想著當時的那一刻，當她第一次向我展示這個櫃子的時候。我很清楚擺在這個櫃子裡面的書，甚至更甚過於我自己的口袋。她哪有辦法把書藏在這個櫃子？這時候，她拿出一些維多・雨果的書本。在這些書本的背後，換句話說，在櫃子的底層放著一本畢希納島嶼版本⑫的書。她把這本書交給我。但是，我用自己的眼睛端詳這麼小版本的〈伍采克〉，對我來說，並不是件正確的事情；前一天晚上，在我面前的是很大的字母，而且我認定，未來我也會堅持這麼大字

⑫ 島嶼版本（Der Insel-Ausgabe）是德國的出版社，它所出版的書籍的紙質較好，同時，較薄也較小。

母的版本。

「妳還有沒有藏匿其他的書？」

「沒有。我知道，你不會抽出維多・雨果的書，因為你根本不會看他的書。所以，在這個地方，畢希納是安全的。除此之外，他還將雨果的兩本書翻譯成德文。」

她把書拿給我看。這個舉動讓我很生氣。我把書交還給她。

「但是，為什麼，妳為什麼要把書藏起來？」

「你要感到高興，因為以前你不知道這本書的存在。你難道會相信，你也可以寫出這樣的文章嗎？他是所有詩人裡頭最現代的詩人。即使到今天依然如此，因為世界上沒有人可以跟他一樣。世俗的人們沒有辦法將他當作模仿的典範。人們只能感到慚愧，然後自問：『寫作對我來說還有什麼目的呢？』唯一的辦法就是把嘴巴閉起來。我不願意你也這樣做。我相信你。」

「雖然世界上已經存在一個畢希納。」

「我不想談論這件事。世界上，一定有些事是一般人沒有辦法達到的。但是，雖然如此，凡人沒有辦法達到的成就也不應當毀滅任何一項的努力。現在，你已經把小說寫完了。這個時候，應該念點其他的東西。這裡有他另外一篇片段文字。這是一篇散文：〈廉茲〉（Lenz）。最好立刻念它吧。」

這時候，我坐了下來，在沒有多說一句話的情況下，開始閱讀這篇散文。經過整個夜晚的〈伍采克〉，在這麼一大早，又開始看〈廉茲〉。在這一段時間，我的雙眼不曾合起來過。

因為我自己的小說已經把我徹底的毀滅了；雖然，它是我感到驕傲自滿的小說。但是，現在，它的存在卻把我燒毀成微不足道的灰燼。

這是個非常大的打擊，但是，打擊的發生卻是一件好事。它發生在《康德縱火》最後一個章節之後，換句話說，當薇颯讀完整部作品後，她認定，我是個劇作家。她曾經生活在恐懼中，她害怕我沒有辦法從這部小說中重新脫離出來。她的體驗是如此地深刻，因為她知道，我將對生命的期望融入到這本小說裡面；同時，它又如何殘忍地重新把這些期望從我的肉體中挖掘出來。這部小說是不是這樣子？我是不是可以找到另外一個新的開始？不管如何，她看清楚了我的寫作任務；一件已經持續好幾年的任務。在她的腦海裡，仍然存在著一連串有關《瘋子的人間喜劇》的小說大綱；我時常和她談論自己的創作企圖。從我房間的窗户可以看到石頭公園的景致，這一幕的景致曾經對她造成了深刻的印象；不過，此時此刻，她早已不再喜歡這樣的視野。她總是如此地感覺：不管是相信惡魔的人或者社會的邊緣人，都會對我產生影響，而且當我在草擬這部小說的大綱時，這樣的影響總是不斷地滋長。除此之外，和湯瑪斯．馬瑞克（Thomas Marek）之間的交情對她造成了心靈上的不安⑬。對湯瑪斯來說，我的立場是如此地激烈與強勢。有一次，我的情緒升高到一種不可思議的地步；我認為，雙腳殘廢的人會比其他所有的人還重要，因為四肢健全的人不會考慮，怎麼樣用腳走路。除此之外，他們也不會有任何感激的心。她反駁我的論點，並且把我從高傲的山頂踢到山谷下來。

---

⑬有關湯瑪斯．馬瑞克的故事，請參閱卡內提回憶錄第二部《耳中的火炬》。

她真的為我感到憂心，而且整個愛情的宣告被認定是喪失理智的；在小說中〈瘋人院〉這個章節傳遞給她一個堅定的訊息：我已經跨越過危險所有的界線。原本對孤立的依賴以及對所有事物的熱情都已經完全變質了；它們已經轉變為莫名的希望，摧毀任何從自我通到低等人性之間的所有橋樑——所有的事物都可以造就低等的人性。我曾經如此描述自己所創造的瘋狂建築，好像它是個十全十美的藝術品，然而，我一步又一步努力建造這棟人性的宮殿；我是如此不斷地努力，盼望有一天可以看到它的誕生。基於美學的理由，她曾經時常表達她的無力感，為什麼我會把被追殺的幻覺描述的如此詳細。我必須小心地向她解釋。當這個現象發生在每一個單一的細節的時候，那麼，它會展現在最細微的地方。我反對以前文學對瘋狂這個現象所作的描述，所以，我試圖向她證明，過去的描述是多麼不真實。她卻認為，我們人類應該可以找到某種可能性來壓抑這樣殘暴的狀態，然後，經由這個方法找到提昇精神層次的路徑。但是，我卻以最堅決的態度反對這樣的可能性：在這樣的情況下，通常只是為自戀的需求；作家只為了像孔雀展示尾巴一樣地炫耀自己，換句話說，故事的描述跟事物的原來面貌沒有一點關係。最後，人們應該了解，瘋狂不應該被歧視的，它是隱含所有意義以及關係的現象；雖然在每一種情況下，所有的意義與關係都會產生變化。在無法認同我的看法的情況下，她開始爭辯；這樣的行為違反她原本的個性，事實上，如此行為真正的原因卻是來自她的擔憂，她擔心發生在我的周遭所有的現象。時尚把這樣的現象歸類為精神官能；這個名詞界定人性上的弱點，針對「瘋狂的——憂鬱性的狂亂狀態」所界定的名詞。然而，她卻很小心的處理「人格分裂」這個概念；當時，這是個相當流行的概念。

不管如何，這是她真正的目的：阻止我再碰觸相同類型的小說。我早就洞悉她的企圖。我的決心是瘋狂的，但也是堅決如一的；我不會受任何人的影響，換句話說，她不可能影響我的意志。而且我會把自己的決心當成一項武器，來抵抗一部好的小說所帶來的挑戰；我會抵抗每一部自己認定成功的小說。如果我認為自己是個縱火犯，而且因為這樣子感到自責的時候，那麼置身在這樣罪惡感的煎熬之下，並不表示反對小說的有效性，換句話說，它並不能否定我所堅決信仰的有效性。雖然，當這本小說的寫作結束之後，我慢慢地轉向戲劇的創作，但是，這樣的演變似乎並沒有斷絕其他的可能性：當經過一段創意枯竭的時期後，或許，我會再寫一部新的小說；而且它的篇幅不會太短，除此之外，它的對象很可能又是人性的瘋狂。

但是，現在是夜晚；在這個夜晚，我把〈伍采克〉從書架上拿下來。然後，第二天早上，在思緒枯竭，又極度激奮的狀態下，〈廉兹〉展開無情的攻擊；然而，這種攻擊是決定性的。在短短的幾頁裡頭，我發現所有的東西：為什麼畢希納對廉兹的描述是如此地特殊，而且它的話語是如此地有力量。如果人們把這篇散文認定為完整的小說的話，那是多麼可怕的想法。傲慢與反叛從我的手中流失了。我並沒有再寫新的小說，而且在我重新拾回創作《康德縱火》的自信心之前，這樣的狀態持續了好幾個月。當我準備好了的時候，自己已經被惡魔附身了；我的思緒已經完全投注到《婚禮》（*Hochzeit*）這本小說裡頭。

當我說，《婚禮》這部戲劇必須感謝那天夜晚的激情，〈伍采克〉為我描繪出的每一個景象，那麼，這樣的說法聽起來或許蘊涵些許傲慢的語句。但是，在我的想法裡，作家並不能為了避免造成傲慢的印象，就掩蓋事實的真相。我不敢避免傲慢的產生。在我的腦海中，末世紀的景象一幕接著一幕出現，然而，這些都是來自卡爾・克勞斯的影響。所有的事情都發生了，而且所有的現象會和恐懼一起發生；它們的發生並沒有任何的理由，除此之外，現象的發生會像戲劇一樣，一幕接著一幕出現在我們的眼前。從作者的寫作裡，我們聽到末世紀的聲響，隨後，它馬上成為常態下的標準。末世紀會忍受來自外在世界衡量現象的標準；此外，它還會接受作者本人的標準；換句話說，作家本人會祭出一條鞭子，來鞭打末世紀所有的場景。手上的鞭子並沒有辦法為作家帶來安寧；相反地，它會鞭策他，讓所有的意義不斷地失落；那就是作家只能將真正的意涵保留在自己的心裡面。當他找到可以鞭打的東西時，卻沒有辦法執行懲罰。這時候，這條鞭子會再繼續鞭打他。基本上，人類世界所發生的現象都是一樣的：當世俗的人們寫出一些庸俗的句子時，在毫不知情的情況下，他們已經站在無底深淵的邊緣。這條鞭子這時就會祭起它的力量，把世俗的人們推下這個無底深淵。然而，這是相同的無底深淵；是世俗的人們將所有的事物推下的無底深淵。在人性的無底深淵裡頭，人們找不到可以保留下來的東西；永恆的東西是不存在的。因為世俗的人們沒有辦法改變自己的句子，所以，這樣的句子符合這些人們的標準。而且，除此之外，世俗所接受的標準一直都是一成不變的：作家是拿著鞭子寫文章。

在〈伍采克〉裡面，我發現了一樣東西，後來，我給它一個名字；我把它叫作自我譴責。當那些人物（除了書中的主角之外）可以形成最強烈的印象的時候，他們會展現自己。在〈伍采克〉裡面，在醫生想像中，外在世界正在進行攻擊；醫生這個小說人物也會進行攻擊，不過，他攻擊的方式並不會完全一樣；換句話說，人們會猶豫，是不是該用攻擊這個相同的語詞，來形容小說人物呢？但是，這還是攻擊；因為他利用這樣的攻擊，對伍采克施加暴力。形容的語詞並沒有辦法改變事實，而且這是攻擊伍采克最有效的利器，不過，它也有嚴重的後果。只有當這些語詞將自身展現在人們的面前時，世俗的人們才可以擁有它們。這時候，語詞已經轉換成為惡毒的打擊；這是人類沒有辦法忘記的打擊；我們會永遠認清它的存在，而且我們也知道，它是無所不在的。

就如同剛才所描述的事實一樣；書中的人物會表現自己。沒有人可以鞭打他們。好像這是世界上最天經地義的道理；他們會譴責自己，而且，從另外一個角度來看，這樣的本能是來自被譴責的人本身的需求；換句話說，這不是來自對自己的懲罰。在道德的控訴對他們的行為進行抨擊之前，他們已經存在在那個地方；就是說，這些人物一直都站在原來的地方。當然，人們會用相當不屑的想法來想像這些人，但是，這樣的想法是和自我的滿足糾結在一起，因為當這些書中的人物表現自己的時候，到底自己的行為已經引起多少令人厭惡的感受，這是這些人物不可能擁有的概念，這是自我譴責中無辜的表現形式；在這個地方，我們找不到任何法律所架設的價值網，來了解他們的行為。即使可以找到如此的價值網，我們也沒有辦法解釋，這些書中的人物為什麼會有這樣的行為。我們沒有辦法控訴這些人物；即使是最嚴厲的諷刺劇作家也沒有辦法實現他的控訴，因為如此的控訴和自我譴責所蘊涵的意義一樣。這樣的態度包含了一個空間；一個提供人類活動的空間：他的韻律，他的焦慮以及他的氣息得到舒緩的空間。

從另外一個角度來看。書中的人物很樂意保留「自我」這個語詞，而他們的態度是認真的；一個純粹的諷刺劇作家不會真正地將這個語詞贈送給其他人，因為在他的世界裡，它是自己的化身，「自我」這個的話語是直接而且沒有範圍的，它所蘊藏的生命力是巨大的。跟法官比較起來，這個名詞可以對自己作更多的描述。對一個判斷的人來說，所有的一切都存在在第三人稱；而且這樣的方式會剝奪本人對自己講話的獨白；雖然在自我的對談中，人們會道出最糟糕的事情。當一個法官墮落在對自我的沉溺當中，他會置身在完全恐懼之中；然而，如此的恐懼卻也是自我錯誤行為所造成的後果。但是，在這時候，法官本人也蛻變成為書中的人物；當他執行審判者的角色時，不知不覺中，也沉溺在自我譴責的糾纏裡。

砲兵上尉、醫生以及帶有威脅性的軍樂隊指揮會自動現身。沒有人可以借用他們的聲音；他們會告訴自己，聯合來毆打同一個人，那就是伍采克。當他們毆打伍采克的時候，執行人物的意義便展現出來。伍采克提供他們所有的意義；他是這些人物的中心。這些人物不能沒有伍采克的存在，但是，和中心人物一樣，伍采克本人並不知道這一層的意義；或者，我們可以這樣說，這樣的情形會一直延續下去，直到伍采克將自己的無辜植進兇手的靈魂裡面。這是自我譴責的本質，因為它可以傳遞上述的印象。在這個地方，我們可以清楚地看見，這是書中人物的力量；所有的人物都代表無辜本身。我們必須問自己，為什麼要憎恨砲兵上尉，為什麼一定得憎恨軍樂隊指揮不可。難道只是因為他們的想法嗎？一種希望有不同作為的想法嗎？他們一定得有這樣的意願嗎？難道戲劇一定得成為傳教的神學院不可嗎？而且在這間神學院裡，所有的人物都會占據在原來的地方，直到他們願意，讓作家以不同的意涵來撰寫自己嗎？諷刺劇作家對人性有強烈的期望；他期望，人與人之間會有不同的差異。劇作家會鞭打他們，好像撰寫書中的人物就是教導學校裡的學童一樣。他為學校的學童建造了道德價值的組織；在未來的某一天，這些學童將站立在這些組織的建築前面。除此之外，作家甚至知道，世人可以怎樣改良自我。我不知道，從什麼地方，諷刺劇作家可以獲得如此永不摧毀的安全感？如果他沒有掌握到上述的安全感，那麼，他是不是就沒有辦法開始寫作呢？他開始想像自己，將自己想像得如此可怕；就好像上帝一樣。在完全沒有說明的情況下，劇作家取代了上帝的舉止，而且在這樣的想像中，他甚至覺得異常愉快。在每一刻鐘，他都不會忘記這個事實：或許，他不是真正的上帝。因為上面的道德是建築存在的根本，換句話說，這也是最高的上層建築，所以劇作家得到代理上帝的授權；他的工作只是執行這樣的代理權。

但是，我們可以知道，世界上還存在著其他完全不同的態度；這是一項屬於世俗的凡人，而且不是上帝的態度：這是堅持反對上帝的態度；或許，這樣的態度會演變成一種很極端的情形，換句話說，世人將完全漠視他的存在，而且只是將自己全部的心血關注在有血有肉的凡人身上。雖然凡人很想擁有不同的可能性，但是他們仍然很清楚地知道自我沒有辦法改變的本性。當他們展現自己；或者，展現自己本性原來的樣子時，他們也會對自己提出控訴；但是，這是他們對自我的控訴，也就是說，這樣的控訴並不是來自他人的指控。詩人所秉持的公正性並不會表現在對這些人物的譴責與辱罵。詩人可以杜撰出人物；那些必須成為被作家犧牲的人物，而且，除此之外，這些人物的蹤跡都必須像罪犯的指紋一樣，毫不隱瞞地呈現在詩人的面前。我們的生活世界必須感謝犧牲者的存在；但是，如何將犧牲者當作書中的人物來了解，而且讓他的話語以人物的語詞說出來，換句話說，當所有的蹤跡都保留成為可以辨認的樣子，而且不會和道德的控訴糾結在一起的時候，那麼，對詩人的創意而言，這是非常艱難的工作。伍采克就是這樣的劇中人物，而且人們可以親身地體驗到，當悲劇發生，而且在沒有一句控訴的言詞出現的情況下，他所承受的遭遇是如此地不公平。在他的身上，我們可以清楚地看到自我譴責的蹤跡。那些毆打伍采克的人物還活生生地站在原來的地方；而且當他們殺害伍采克的時候，他們依舊活得好好的。畢希納的文字並沒有詳細地描述，伍采克的生命是如何結束的，但是，他深刻地敘述他的所作所為，一幕又一幕的場景刻劃他的自我譴責。

眼睛與呼吸

我和賀爾曼・布羅赫⑭之間的關係是非比尋常的，然而，當我們初識對方時，這一層關係就已經確定自己的未來。當時，我想在瑪莉亞・拉紮爾（Maria Lazar）的住所，發表我的戲劇《婚禮》；拉紮爾是維也納的女作家；我和布羅赫分別是在不同的場合認識這位女作家的。那天，我們邀請了一些客人，這裡面有恩斯特・費雪（Ernst Fischer）以及他的夫人茹絲

⑭ Hermann Broch，二十世紀初，奧地利重要的文學家。他的作品深受心理學以及哲學觀念的影響。

（Ruth）。不過，我並不知道，除了他們，還有誰會出席這次發表會。布羅赫已經答應出席這個場合，但是，他遲到了——每個人都在等待他的出現。事實上，我已經準備開始朗誦；就在這一刻，也就是在這最後一刻鐘，布羅赫和他的出版商布羅第（Brody）一同出現了。但是，除了短暫的相互介紹之外，我們兩個人之間並沒有更多的時間交談。當我們還沒有來得及進行交談之前，我已經開始朗誦我的戲劇《婚禮》。

瑪莉亞・拉紮爾告訴布羅赫，我是多麼讚賞他的作品《夢遊者》（*Schlafwandler*），在一九三二年夏天的時候，我已經拜讀過這本著作了。在那時候，他並不認識我的作品，因為我的作品都還沒有出版，所以，他根本沒有任何機會去認識。當時《夢遊者》帶給我強烈的印象，特別是〈胡根瑙〉（Huguenau）這一幕所呈現出來的是令人讚嘆不已的戲劇張力，對我而言，他是個偉大的詩人。換句話說，對他來說，我是景仰他的年輕作家。當時大概是十月中旬，在七、八個月之前，我剛好完成了《婚禮》這篇戲劇。我已經在一些朋友面前朗讀過這部作品，這些都是對我抱著很大期望的朋友，而且這些朋友的數目永遠都不會增加。

但是，在這個地方，我體驗到一個非常特殊的現象。在布羅赫的內心裡，已經感受到強大的衝擊力；而且在那個時候，他還沒有真正地認識我的作品，換句話說，當時，我還沒有正式開始朗讀《婚禮》。我以非常旺盛的熱情來朗讀這部作品；在音律的面具的催情下，戲劇中的人物竟然活生生地出現在我們的面前；他們一個一個被隔離開來，並且單獨地站在讀者的眼前；幾十年來，他們的體態與站姿不曾有任何的改變。這個朗讀的過程大約有兩個小時，我是一口氣將它朗讀完畢的。當時會場呈現一股異常凝重的氣氛；除了薇颯和我之外，大概還有十幾個聽眾。當時，這些在場的聽眾凝聚出一股強盛的氣勢，所以，整個場面看起來似乎多出了四倍的人。

我可以很清楚的看見，布羅赫坐在我的前面；他的坐姿帶給我相當強烈的印象。在群眾的肩膀之間，他那顆如小鳥般的頭顱似乎低微地下垂。當我朗誦到〈整理屋子〉這一幕的時候，他的眼神引起了我的注意力；這一幕是序曲的最後一幕，對我而言是這部作品中最寶貴的章節。在寇寇許（Kokosch）垂死之前，她說出這麼一句話：「嘿！老兄，我必須告訴你一些事情。」她必須不斷地從頭開始講這一句話，但是卻沒有辦法把它講完；這幅畫面的表現是那麼地深刻：當我的聲韻和眼神交錯在一起時，我和布羅赫的眼神也在那一瞬間交會了。如果眼睛可以呼吸，那麼，它可能會憋著這一口氣，一直等到這一句話被說完為止。而且，眼神所捕捉到的堅持以及時間的終止會填滿寇寇許的話語。這是夾帶著兩個不同層次的朗誦，除此之外，它也是大聲的對話；雖然，事實上，那並不是真正的對話。因為寇寇許並沒有辦法聽到垂死的人所說的話。就在這時候，布羅赫與我之間出現了一個來自地獄的媒介；在布羅赫的眼神裡，垂死的人期待一句完整的話語；然而，我卻一直在引用她的話，並且讓整段話被打掃屋子的人把類似像聖經的經文打斷。

這是當時朗讀第一個小時的情況。後來，我的朗誦進入到真正的《婚禮》；而且這齣戲劇有著許多傷風敗俗的內容。那時，我並沒有因為這部分而感到羞恥；因為，事實上，我非常痛恨它的內容。不過，這些令人感到厭惡的場景是不是真的具備人類本性的真理呢？或許，我並沒有完整的概念。這幅景象一部分靈感是來自卡爾．克勞斯；但是，除此之外，還有一股影響也匯流到這幅景象的描繪裡面：喬治・葛羅茲（Georg Grosz）；我非常激賞他的「人性的手工地圖」⑮，同時，事實上，這部作品也讓我感到難以忍受。絕大部分的情節都錯雜在自戀以及自我的歸屬這兩個主題上。

當朗讀到《婚禮》中間部分時，我已經不再注意周遭的人。事實上，這種狀態就像被魔鬼附身的現象；人們認為，自己的身體竟然搖晃到可怕以及惡毒的句子的那一邊；然而，這些句子與其他的句子中間並沒有真正的關係：這些惡毒的句子會讓其他的句子喪失所有的色澤，所以，人們會接近這些不人道的敘述；或許，這些句子就如同沒有廉恥心的罪犯一樣。不過，當時，我並沒有深刻地體會到，句子會有這樣的魔力。

但是，那天晚上情形完全不一樣。在整段中間部分裡頭，我感受到布羅赫的存在。他的沉默比其他人的更有侵略性。他壓抑著呼吸，好像窒息一般。我真的不知道，如何用窒息的方式，來壓抑自己的呼吸。同時，我也不曉得，窒息的氣氛是不是跟呼吸真的有關係。但是，我可以感覺到，而且我也相信，自己已經意識到，和其他人比較起來，他的呼吸是全然地不一樣。他的沉默和所有的喧鬧聲是正在戰鬥的死敵；我的人物製造了許多豐富的喧鬧聲。這種沉默夾雜了一些類似蠹肉的活力。然而，窒息的沉默則是布羅赫本人的創作。今天，我知道，這樣的沉默和他的呼吸方式有著密不可分的關係。

這部作品的第三部分是處理真正的落幕曲以及死亡之舞。當我朗誦這部分時，在我的知

---

⑮ Ecce Homo-Mappe，葛羅茲首創 DADA 藝術的作畫技巧。

覺裡，自己周遭的事物頓時轉變成幻滅的影像。在這個地方，我投下了最大的心力；朗讀的字句傳遞著相當流暢的韻律，在這個節骨眼上，韻律扮演著最重要的角色。我是如此地投入；因此，這時候，在這一個或者另外一個讀者的身上到底發生了什麼事情，已經是我無法談論的內容。而且當我發表完自己的作品之後，甚至已經忘記了布羅赫也在現場聆聽。隨著時間的流逝，在這一刻裡，發生了一些事情，而且我又回到原來的地點，也就是說，又回到原來人們等待布羅赫到來的地方。這時，他提出自己的看法，並且說：如果他早知道我的作品的存在的話，那麼，就不會撰寫他自己的戲劇了。（在那個時候，他似乎正在進行一部戲劇；它應該是同一部戲劇，也就是後來在蘇黎世公演的劇目。）

之後，他又聊了一些事，在這個地方，我不願意重複轉述他的談話內容；然而，他的意見說出了這齣劇目真正的中心所在。雖然，這時候，我並沒有真正地認識他，但是，我仍然可以意識到，我的作品深深地感動他的心靈，而他的感動是來自靈魂的呢喃。布羅第，也就是他的出版商，對整部作品露出了頗有同感的微笑；不過，他的笑容並沒有得到我的歡心。整部作品和他之間並沒有任何的互動；或許，他並不喜歡我對世俗憤怒的攻擊。但是，在另一方面，他也不願意顯露出心裡真正的感受，所以，在他與布羅赫之間的關係下，他真正的想法得到最隱祕的躲藏場所。或許，他的性格原本就是這樣子，或許，他對整部作品並沒有任何感覺——他和布羅赫之間有著真實的友情，因為毫無疑問地，他們是親密的朋友；不過，我不願意這麼說。

他們兩個人並沒有待很長的時間，因為還有其他的約會。雖然布羅赫和他的出版商緊密地連結在一起，在他的身上仍然可以感受到一股自我意識撐開來的形式。只不過，當《婚禮》的朗讀到了結束的階段時，依照我個人的看法，這樣的形式是脆弱的。這是種非常美麗的脆弱，換句話說，本性的脆弱是產生在人與人之間的事件、關係以及懷疑。感覺是這個形式的必要條件。對絕大多數的人來說，他們會把這樣的自我意識認定為人格特質上的脆弱；我可以這樣描述：因為在自己的感受裡，這種自我意識在數量上的脆弱是種優越的展現；或者，我應該說，它是種美德。但是，如果我面對一個活在今天商業世界的人，或者，活在一種類似存在形式的人，而他把如此自我意識的形式認定是「脆弱」的時候，我一定會朝他的嘴巴揮拳過去。

我的心境是很沉重的，而且用這樣的心境來想像自己和布羅赫之間的關係，因為我不知道，我對他而言，是不是公正的。我對他的想像是種期待，也因為這樣的期待，所以我會找尋接近他的機會。剛開始，是我熱情地自我推薦；那時候，他並不願意接受這一封來自我推薦的邀請函；這是他的盲目，但這也是我在他的身上所發現最突出的優點；它勾劃出靈魂之窗的美麗：在他的眼神裡，我找不到任何可以被視為算計的餘光，在他的身上，我並沒有觀察到這樣特質的存在，而且，在這時候，我的觀察並沒有受到自己衷心仰慕的蒙蔽。然而，在天真且毫無顧慮的情況之下，我慢慢地走向被美麗附身的狀態；絲毫沒有隱瞞自己令人驚訝的無知。因為在那個時候，我是真正開放的，除此之外，我還有旺盛的求知慾；事實上，恐懼並沒有辦法承受這樣的求知慾。當我嘗試著去衡量朗誦會的成果時，我發現，我的學習成果並不豐收，因為那時候我衡量的標準是一門造就布羅赫特殊知識的學問：當代的哲學。

基本上，他的圖書館是個哲學的圖書館。這剛好和我形成絕對的對比：在面對觀念的世界的時候，他並不會感到退卻。觀念對他而言，就如同其他人晚上到酒店享樂一樣。

這是我人生經驗中，第一次接觸到「脆弱」的真實面貌：對布羅赫來說，人生的意義並不在於勝利，也不是為了征服他人，當然它也不是自我的炫耀。在他靈魂的最深處，偉大企圖心的宣誓是讓人感到噁心的作法。然而，我卻會每隔兩句話，就宣告自己的偉大構想：「針對這個問題，我將寫本書。」——如果我沒有向布羅赫宣示這個構想，我就沒有辦法說出自己的思緒，或者，我應該說，就沒有辦法描述自己的觀察。不過，我的說法倒也不一定是沒有根據的吹噓，因為至少在那時候我已經完成《康德縱火》這本篇幅很長的小說，只不過整本書仍然是手稿，是還沒有出版發行的手稿。當時，我並沒有意識到其他東西，對我來說，這或許是更重要的創作理念，這個理念就是「群眾」。我把這個創作理念界定為自己畢生的傑作。這個理念所描述的內容不外乎經驗的世界，依照我的理解，我們知道很多經過細心考證以及激發人性本能慾望的著作，換句話說，這些著作都和「群眾」有關係。但是，事實上，這個問題真正牽涉到的對象並不只是「群眾」，而是和所有的人與物有關的現象。我把自己生命的意義都投注在一本偉大的著作中。我對這個問題是如此地認真，所以，在任何時刻裡，我都不會猶豫地表明：「這本著作需要好幾十年的時間。」因為我想把世間的一切事物的現象融會到我的意圖以及計畫裡頭，所以，這本書必須是完整的——永不凋謝的人性藍圖：世人一定得感受到它的熱情，以及它的真實。布羅赫感到不舒服的地方是種殘忍的——自大的形式，而且把人性進步的訴求建立在對文化的「飼養」的依賴上面；然而，我卻把自己的努力投注到執行飼養的器官裡頭。這是我從卡爾・克勞斯那學習到的東西。事實上，我已經意識到，模仿對創作的危險性，所以，我刻意不去模仿作家的寫作風格。但是，克勞斯高昂的鬥志卻永無止境地注入到我反抗文化的血液裡面；特別是在那一段期間，當我在撰寫《婚禮》的期間，那是一九三一到一九三二年的時候。

經過《婚禮》的牽引，這股高昂的鬥志植入到我的靈魂裡；當我在朗讀這部戲劇時，我把這股鬥志活靈活現地描繪在布羅赫的面前。然而，他把這股鬥志寄放在別的地方；他把這股力量存放在我這裡；這也是我唯一擁有一件屬於他的東西；在那個瞬間，所有發生的現象都被他接收了。到後來，我才能夠理解他的形式——他如何處理這股鬥志的方式。事實上，當他去世以後，我才能夠真正地理解：他對陌生的衝擊有著無法形容的親密感；換句話說，他沒有辦法拒絕這股衝擊所散射出來的吸引力。

他一直都在讓步，但只有在讓步的情況下，他才能夠開始吸收。這並不是個很複雜的過程；因為這是他的本性。我相信，我對他的人格有正確的認識，所以，我可以清楚的說明，他的呼吸方式隱含著什麼樣的連帶關係。不過，他所吸進的氣流是沒有辦法計算的；有時候，他必須將暴力加諸在他的對象身上，這樣，他的對象才會平靜下來，然後被保存在他的氣息裡。當他接收到像這樣造成干擾的對象時，他會認定，干擾是造成尷尬的衝擊，而且在道德上是不應該被讚許的。不過，後來，這股衝擊會轉化為他自己的創造力；有時候，創作力的形成是很快速的；有時候，則必須等待一段很長的時間。當他後來移民到美國，而且決定借用群眾心理學來探討事物的現象時，他一定不會忘記，我們倆對這個問題所作的談論。不過，至於我所傳遞的內容，也就是群眾現象是這個問題最真實的本質，他卻不曾真正地碰觸過。如果說話者是無知的，如果他的話語未經當前哲學上的專有名詞潤色過時，就算講話的人有自己的形式，他也會忽略講話者的內容。這是企圖的力量，也是真正撞擊到他心靈的力量。人們對新的學問的要求是：這門學問應該已經存在我們的生活世界中。但事實上，除了少許悽慘的開端之外，我們並沒有辦法看到它的出現。布羅赫把這樣的企圖認定為一種命令，而且他會讓這樣的命令自動地產生效果，就好像他自己對命令的服從一樣。有他在場的情況下，如果我開始述說自己心裡面想表白的企圖時，那他就會說：「你儘管說吧！」但是，事實上，他自己卻從來完全沒有意識到，在如此情形下，他必須強迫自己聆聽我的描述；我如何貫徹自己的企圖。不過，在這一刻，他把一顆人性的種子交給我；然而，我的任務是：在未來的日子裡，這顆種子必須在一個新的環境下綻放榮耀的生命；但是，它不能有任何的果實。

我總是設想了許多準備，而且模糊掉我們倆之間原來清楚的界線；當然，這是在歲月流轉裡發酵的現象。經過幾十年以後，這是必然的結果。我看清楚了，我們兩個人在剛開始的時候所發生的種種事跡，不過，我們都沒有意識到事實背後的真實面貌；也就是說，他也沒有看清楚。

布羅赫的步伐是非常急促的，他時常以這樣的步伐來拜訪我們，也就是在費迪南街的家。我總是把他想像為一隻巨大的，美麗的鳥；但是，他的翅膀卻已經折斷了。他似乎經常回憶起過去的日子：在過去的歲月裡，他還可以展開翅膀，自由自在地在天空中翱翔。這是在他身上發生的現象，不過，他的心靈是不是因此而受傷了呢？我很想問他這個問題，但卻沒有勇氣這麼做。他呼吸窒息的樣子會讓我們產生假象；或許，他根本不喜歡談論自己的事。在他說話之前，總是會做許多考慮。在維也納，我認識的朋友中，大部分人的思緒就像流水一樣地順暢；但是，在他的身上，我們沒有辦法期待他的思緒會像清泉一樣地湧現。妥協並不是他的處世的哲學；他的傾向是特殊的，他總是嘗試對自己提出控訴。在他的臉上，我們完全看不到自我滿足的顯露：他總是讓人覺得沒有安全感。依照我對他的觀察，這股安全感的失落是經過自身的努力得到的。雖然我個人特殊的講話方式會引起他的厭煩，但是，他總是如此地友善，所以，他不願意洩漏內心裡真正的感覺。無論如何，我還是可以體會到他的感覺。當天他離開我們家之後，我不得不面對自己的羞愧。在心裡面，我非得指責自己不可；我認定，他一定不喜歡我；這是我真正的感受。他總是如此喜歡把我塑造為一個懷疑自我的人；或許，他甚至企圖用這樣的方式教育我，不過，他終究沒有達到這個目的。他的偉大成就可以得到我的認同。《夢遊者》是如此地打動我的心靈，因為在這部作品中，他所展現的能力正是我所欠缺的創意。從頭到尾，我都沒有喜歡過文學的氣氛；在我的感覺裡，它是繪畫裡的景物。但是，在布羅赫的心目中，它卻是無所不在的；氣氛可以豐富人性的感受力。他的態度讓我感到十分的驚嘆，因為這是我個人沒有辦法落實的心態，所以，我會對這一部小說的存在感到驚奇。然而，不會因為布羅赫的緣故，我就對自己所堅持的想法產生了任何的混淆。儘管如此，那仍然是一種令人覺得可以讓心靈感動的現象：世界上，仍然存在懷抱著不一樣企圖的人，他們有天生屬於自己的權利，而且在閱讀這些作家的字句中，人類的內心世界可以得到真正的解放。

對一個詩人而言，閱讀中所爆發出來的蛻變是永遠沒有辦法實現的夢想。當他意識到，自己被其他人剝奪太多的時候，那麼，他真地會退縮回到孤寂的內心世界。

當布羅赫有新的散文出現時，也就是他編輯的期刊中有新的作品時，他會立刻帶來費迪南的家裡面。而這些文章將在《法蘭克福》（*Frankfurter*）或者《新回顧》（*Neuen Rundschau*）類似期刊上出版時，他會覺得，這些文章特別地重要。在那個時候，我並沒有特別地體會到自己的重要性；對他而言，我的評斷是不具有任何重要性。直到很久以後，我才知道，他對贊同的需要是如此地強烈；這是他去世以後，當他的信件被發表成為書本之後，我才知道的，而且他對我的說話方式感到非常地不耐煩，因為我常用說話者獨斷的口吻來堅持自己的宣稱；也就是說，我不曾懷疑過自己的判斷的正確性。當這些判斷涉及到他個人時，他也不會吝嗇地接收；除此之外，他甚至會在與朋友的書信來往中，引用這些判斷。

在那個時候，對我而言，布羅赫急促的步伐有著近似神話般的意義：他是一隻大鳥，但牠卻永遠沒有辦法忘記自己的夢魘，因為牠的翅膀已經殘缺了。牠已經沒有辦法衝上天空，翱翔在人類的頭頂上，再一次將自己置身在沒有污染氣氛的自由中。其他的詩人都在收集人類。但是，他卻收集人類所喘吐的氣息。他收集圍繞在四周的人類呼氣所凝聚的空間；這個空間吸收了人類呼吸的氣息；在人類的喘息之間，這些氣息先被吸進肺部裡面，然後，被推出到軀殼外。在這股喘氣中被保留的空氣裡，他決定他自己的方式：他用人類呼氣的氣息來描寫他們的特質。對我而言，這是未曾經歷過的現象；換句話說，我從來沒有如此的寫作經驗。我知道，一些詩人會利用視覺的影像以及音律；這是由韻律所描繪出來的影像。但是，布羅赫利用人類呼吸的方式來描繪生命的訊息，這是我完全沒有想到的可能性。

他是拘謹的，就如同我剛才所描述的現象，這樣態度會衍生出一種安全感的缺乏。在布羅赫的視野座落的領域，他會把所有的一切都吸收到自己魂魄裡，但是，這種吸收方式的旋律並不是一種吞噬的旋律，相反地，它是納氣的聲韻。他不會攻擊任何的事物，所有一切生命仍然可以保持自己的原貌，而且這樣的氣氛會被儲存起來，然後，順著呼氣飄流在空氣中。他似乎喜歡用不同的呼吸方式，來保護這股生命所傳達的氣息。他厭惡滔滔不絕的霸道；而且就如同對自己的說明，如何用真心善意來解釋這樣的說話方式：在滔滔不絕的背後，他看到邪惡的存在。除了善與惡之外，他看不到其他可以替代的可能性；當他寫下第一句話的時候，就會立刻做自我告解，並且追問自己的行為是不是負責任的；除此之外，他從來不會因為如此而感到羞恥，為了他自己，他接納了我的存在。當他對自己的判斷採取把持的態度的同時，卻也洩漏了一種現象：過去，我把這樣的現象定名為「窒息」。

針對他的「窒息」，我為自己作這樣的解釋。在一段很長的時間裡，他不發一語，但自己卻一點都沒有察覺到，他把自己錯置在如此奇怪想法的糾纏裡頭：他不願意壓迫任何一個人。如果其他人必須時時刻刻遷就他現有的優勢的話，那麼，對他來說，這樣的顧慮是令人尷尬的。我知道，他出身於一個工業家的家庭：在特多夫（Teesdorf）。他父親擁有一間紡織廠。事實上，布羅赫原本想成為一位數學家，但是，在違背自己的意願下，他必須在這間工廠裡工作。當父親去世之後，他必須接收紡織廠的產業；當然，這並不是出自他自己的意願；

因為他得擔負照顧母親以及其他家庭成員的責任。為了補償自己，他後來上大學唸書；攻讀的科系是哲學。當我認識他的時候，他還到過維也納大學的哲學系教課；除此之外，他也談論了一些非常嚴肅的話題。在他身上，我可以感受到他與工業界之間的關係；這層關係和我很類似；換句話說，這是種極度厭惡工業界的態度；在工業界裡頭，人們會想辦法緊緊地抓住每一個工具，來作為抵抗外來攻擊的工具。當他想放棄父親留下來的產業時，已經是個成年人了；這時候，他需要更強烈的解毒劑。因為這個緣故，他對嚴格的科學抱持著強烈的慾望。同時，他也不會因此而感到羞恥，在嚴格學術形式的象牙塔裡面，讓心裡的慾望慢慢地發酵。在我的眼裡，他是個學習能力很強的學生；這個人有著非常豐富以及熱烈的精神。他是如此地聰慧。然而，在另一方面，安全感的缺乏並不是可以隱瞞的；那麼，在大學的課堂上，他又如何去捕捉安全感呢？對他而言，這是在他人格裡完全不同的語言；但是，他的處世態度卻沒有改變過；他一直把自己當成永遠在學習的學生。然而，依我猜測，在絕大部分的情況下，他不可能有其他的態度；否則，在他的眼神裡會立刻跳出一種明白的宣告：他必須比講話的對象更有智慧。我想，這是因為他有非常善良的人格；拘謹的行為告訴他，不應該侮辱他人。

在博物館的咖啡廳裡，我認識了依亞・奉・阿勒許⑯；她是布羅赫的朋友。那個時候，

---

⑯ Ea von Allesch，維也納的社會名流，後來布羅赫與阿勒許之間來往的書信被出版成書。

我和布羅赫先在某個地方碰面。他已經和依亞約好了，他向她承諾，會帶我一起過去。我覺得，他並不是完全自由的。除了他說話的方式和往常不一樣之外，他遲到的時間還很久。「她已經在等我們了！」他開口說話，並立刻起身前往。他說完話後，幾乎是從旋轉門飛出去一樣，而且拉著我直接衝向咖啡廳。在他還來不及介紹我之前，他先道歉地說：「我們已經遲到了！」他的道歉幾乎已經到達卑微的程度。然後，他介紹我的名字，並且再加上一句話：「這是依亞‧阿勒許。」他講話的語氣非常地結實，絲毫沒有洩漏出緊張的情緒。

過去，從他的談話中，我已經聽過她的名字好幾次了。不過，我總覺得，名字的兩個部分「阿勒許」以及「依亞」有點奇怪，甚至像謎一樣。我沒問他，依亞這個名字的由來，而且後來，我也沒有任何意願知道它。她大概有五十歲，換句話說，她並不年輕。她的頭形像黃鼠狼一樣，而且頭髮是紅色的。她的外貌是美麗的，我甚至會沉溺在如此的思緒，想像她年輕時會是如何地美麗。她說話的聲音非常地細微且溫柔；但是，在另一方面，它的音頻是如此地尖銳，所以人們會立刻對她產生恐懼。我們可以如此描述這個現象，在毫無知覺的情況下，她咄咄逼人的啄會立刻刺進人們的身體。不過這是當她反駁布羅赫的時候，人們才會有這樣的印象。他的每一句話都沒有辦法得到她的認可。她問道，我們在什麼地方耽擱了，因為她已經枯坐了一個小時，還以為我們不會準時赴約。布羅赫向她解釋，我原來在什麼地方。雖然他把我也牽扯進去，但是，聽起來，她似乎不相信他說的任何一句話。她沒有提出反駁，不過，我總覺得，她並不是完全相信的。我們坐在咖啡廳很長一段時間，然後，她說了一句話，又重新回到原來的話題。在這句話裡頭，她在整理內心的猜忌。當她的猜忌幾乎已經成為歷史的時候，她又故意讓我們察覺到，她會把今天的事件歸檔到其他猜忌的檔案資料裡頭。

我們之間有關文學的談話讓僵持的氣氛緩和許多。布羅赫想迴避我們原先所犯的錯誤，所以，回溯起當天我朗讀《婚禮》的情形：那天他聽完我的朗誦後，就立即到她住在培格林巷的家裡；而且他還向她轉述作品發表會的情形。他們之間的談話內容是這樣子的：他要求她，重視我在文學上的創意。在另一方面，她也沒有爭辯，而且也沒有質疑在那個時候所發生的種種。但是，她立刻轉移話題，展開對他的人身攻擊。他像是被利刀肢解一樣，他還指責自己：他不是個劇作家，為什麼他竟然會寫出這樣的戲劇，事實上，他應該把現在正在蘇黎世上演的劇目抽調回來。不久之前，布羅赫一直不斷地自我想像，他一定得寫一部戲劇。到底是誰說服他，非寫一部戲劇不可呢？似乎是眼前這一位女士。但是，她的話語是如此地溫順，甚至聽起來像褒揚某個人一樣。但是，被褒揚的人並不在場；她並不願意褒揚任何人；這樣的對話是毀滅性的。然後，她又作了補充說明：在信裡面，她已經清楚地告訴他了，布羅赫不是個文學作家，相反地，他只是個筆跡學家⑰。除此之外，人們只要將他的作品和羅伯特・穆集爾⑱的作品相比較，立刻就會認定，布羅赫不是個文學家。

⑰ 筆跡學家是借用作者某單一的文字或者文章，來詮釋作者本人的人格或者寫作風格。

⑱ Robert Musil，二十世紀初德國文學中非常重要的作家，他的作品《沒有人格特質的人》被奉為印象主義文學的經典。

我覺得很尷尬，因此趕快利用穆集爾的機會轉移話題。我問她是否認識穆集爾本人。她認識他很久了；那還是阿勒許的時代，或許還更早，換句話說，他們之間的交情更勝布羅赫與穆集爾之間的關係。他是個文學家；當她講出這一句話時，口氣完全改變了。而且她還補充說，穆集爾並不會那麼崇拜弗洛伊德，而且他也不會那麼容易受別人影響。這時候，我才慢慢了解，當穆集爾在文學上的地位仍然佇留在她的心中時，所有與布羅赫有關的事物，都是她憎恨的對象。當她與阿勒許先生結婚的時候，她認識了穆集爾；阿勒許是他年紀較大的朋友；這是過去的歷史，但她與阿勒許的婚姻結束後，她還會與穆集爾見面。對她而言，他們兩人之間的相遇具有重大的意義：她是個筆跡學家，而且在心理學上，她也有自己的立場。「我是隻老鷹。」她不僅這麼說，而且還將手指指向自己。「他是弗洛伊德！」這時候，她的手指的方向是布羅赫。事實上，布羅赫的確淪落到弗洛伊德情結的旋渦裡，而到不可自拔的地步。除此之外，我還想說清楚，這種情結是種宗教性的膜拜——不過，我這句話並不是意味著，他已經成為一個宗教狂熱份子；如同當時我所認識的許多朋友一樣。相反地，他已經被弗洛伊德所貫穿了，就好像跪拜在神秘主義的祭壇之下的忠實信徒一樣。

布羅赫無法掩飾他的困難，這屬於他人格特質的一部分。他沒有辦法像窗户上的彫花一樣地表現自己。我不能了解，為什麼他會這麼早就將我引見給依亞認識。她不可能在其他人面前讚揚他，這是布羅赫早就知道的事實。或許，他希望，將她對他的作品的唾棄與對我的讚揚作個對比；不過，這也是我當時無法理解的現象。慢慢地，我開始體會到，我們可以把他看成一位藝術保護者：他是個企業家，但是，在他的價值中，精神的產物比他的工廠更重要，並且，他可以一直提供藝術家需要的幫助。他保有自己的貴族氣息，但在不久之後，他得慢慢地體會到，他不再是個有錢人了。不過，他並不會對他的經濟狀況提出抱怨，相反地，他常常對時間太少而感到無奈。每一個認識布羅赫的人都會希望可以時常看到他。

布羅赫可以引導人們，進入這樣的境界：人們會發表對自己的意見，漸漸地，他們的情緒會昇高到盛怒的暴躁，而且停不下來。事實上，這是一般人對自己喜歡的人所表現出來的一種特殊的興趣，這樣的興趣可以是種企圖以及計畫，我們甚至可以把它想像成一張偉大的藍圖。人們不會告訴自己，這樣的興趣可以適用在每一個人的身上；雖然在《夢遊者》這一本小說中，我們可以捕捉到幾乎沒有對象的興趣。事實上，這是他靜聽別人談話的方式；然而，這是種會讓人往下沉淪的傾聽。在無言的傾聽之下，人們會不斷地擴散自我；換句話說，沒有人會撞擊到自我抵觸的障礙。或許，所有的人都可以說出他們想說的話，而這時候布羅赫並不會提出任何的反駁；只有當人們完全沒有講出任何話時，他們才會感到害羞。當這樣的談話進行到某個段落的時候，換句話說，當突然間，人們說：「等一下！到這個地方為止，我們不要再繼續談下去」的這個地方時，人們放棄的希望就變得危險了——因為我不知道，人們如何可以再回到原來的自我；而且在所有的事件發生之後，人們的心靈是不是還是孤獨的呢？——在布羅赫身上，我們找不到這樣的場所以及時刻；他永遠不會喊暫停，與他談話時，人們永遠不會碰撞到警告牌或者標示語，相反地，他們只能瘸著腳，一步步地往前走；活像個喝醉酒，或是找尋歸宿的旅人。人們到底可以發表多少有關自己的意見；這是暴力所渲染而成的經驗。當人們對自己談的越多，迷失得越多的時候，那麼，他們的自我也會流失得更多。我們可以這樣描述上述的現象；溫泉從地球的表面下往上飆瀉；這也是溫泉的源頭自己所速寫的水彩風景畫。

在那個時候，對我而言，如此爆發的方式是陌生的。當其他人跟我說話時，我也曾體驗過這樣的現象。不過，兩者之間還是有些差異：我嘗試保護自己，向他人表現我的反應。對他人的意見，我必須說出自己心裡的話；我沒有辦法沉默無語地傾聽。在傳遞話語的過程中，我會伸張自己的立場、判斷、勸說；聽話的對象必須知道我接收或者是拒絕。布羅赫和我是完全不同的；在類似的狀況下，他總是沉默無語。不過他的沉默並不是冷漠的或者是熱衷權力的冷漠；就如同大家都知道，心理分析所作的解釋；雖然醫生不被允許顯露出贊成或者反對的感覺，但是病人會讓自己被他人擺布。布羅赫的傾聽會被他的呼吸聲所打斷；他的呼吸聲是微弱的，但並不是寂靜無聲的，換句話說，我們不僅可以聽到他的呼吸聲，同時，我們也知道，自己已經被他接納了。當人們每說一句話，就好像進到一間熱情的屋子裡，除此之外，還可以感覺到，自己已經成為這間屋子的一份子。呼吸發出微弱的喘息聲是主人向每一個人獻上的致意：「不管你是什麼人，不管你說話的內容是什麼，請進來！你是我的客人。只要你願意，你可以長時間待在這個地方。等你下次再光臨時，請再下榻這裡！」如此微弱的呼吸聲所夾帶的反應是最小值；換句話說，在人們將隨身攜帶的物品帶到主人的家以前，一個完整的字以及一句完全的句子都代表自己的判斷，同時，也是立場的表明。主人的眼神會注視每一位客人，他的目光也會落到房屋空間的內心深處；它是客人棲息的地方。雖然他的頭像大鳥一般，他的眼神絕對不會座落在老鷹或者牠的獵物身上。他的目光會飄向遠處；

然而，遠處的地方會將把遠方回應過來的眺望拉回到咫呎之間的臨近。當我們張開眼睛的時候，在這一瞬間，我們也會為綑綁在內心世界的心靈打開一道窗户；人類心靈的歸屬既是遥遠的，也是近在咫呎的。

這是富有神秘主義色彩的接納；為什麼他會毫無目的地收留一個人；因為這個緣故，人們會喜歡布羅赫。但是，在我認識的朋友中，沒有一個人可以抗拒這樣的慾望。接納一種沒有「徵兆」的，沒有價值的傾聽；對女人而言，這是愛情。

對立的開始

布羅赫在我的生命裡產生影響的五年半中，一股原來沒有料想到的改變慢慢地植人我的生命經驗裡。在今天，這樣的影響轉變成了對生命的影響，而且我將它的存在認為是理所當然的：呼吸的赤裸。真正的意義，換句話說是呼吸，布羅赫經過真誠意義來接納外在的世界。當人們可以看到或者聽到的情況下，呼吸並不會停止下來。在夜深的時刻，當布羅赫必須休息，並且慢慢地入睡時，布羅赫才會慢慢地釋放出他的氣。這時候，他沒有辦法壓抑生命的喘息。呼吸所傳出來的咕嚕咕嚕、隱約可以聽到的聲音嘗試著分解自己；我把這樣的聲音稱為呼吸標點法。不久之後，我立刻了解到，他沒有辦法擺脱任何人的糾纏。我從來不曾聽過，他說不。對他而言，在紙上寫「不」，是比較容易的任務，因為在那個時候，他必須面對的對象不會坐在他的前面，而且也沒有辦法傳送他呼吸的氣息。

或許，有人會在街上和他交談，並且緊緊握住他的手；在這樣的情況下，他可以一直尾隨在布羅赫的背後。我並沒有體驗過上述的經驗，但是，我常私底下猜想這樣的情形，而且問自己，他會讓陌生人跟蹤到什麼地方呢？這個地方一定是個空間；一個呼吸確定下來的空間。在一般人身上看到的好奇心，會在他的身上展現出另外一種特殊的形式，或許，惡夢可以叫作呼吸的飢渴。因為不同氣氛之間的隔離會表現出它們之間的特殊性，這是人們不曾想過的現象：在完全沒有意識的情況下，大多數人會耗盡所有的生命；這是當時我在他身上看到的現象。每一個會呼吸的人都可以逮捕布羅赫。如果像他這樣年紀的人——換句話說，他已經活了很長的歲月，而且在這段歲月裡，他與上帝以及其他的生命創造了許多感人的經驗——如果他突然間被遺棄了，那絕對是令人吃驚的事件。對他而言，每一次的相遇都是相當危險的，因為他沒有辦法擺脱危險的尾隨。為了擺脱它，他需要其他人的幫助——那些已經在等候他的人。

他設定一些支撐點；它們分布在市中心一些熟悉的場所。此外，這幾個支撐點之間的距離也不會太過遥遠。舉個例子來説，當他來拜訪我們在薇颯費迪南街的住所裡時，他會直接走到電話旁邊，然後，打電話給阿勒許。「我在卡內提家裡。」他說。「等一下，我就立刻到。」他知道，在那個地方，已經有人在等候，而且還為自己的遲到找出一個冠冕堂皇的理由。但是，這是他打電話的動機，這個動機是非常膚淺的，而且動機的產生是來自依亞敵對的姿態。他並不只會打電話給依亞——當他剛從她的地方離開時，她也一定知道，他會去拜訪什麼人。當他向薇颯問候的那一刻，也會問她：「我可不可以借用一下電話？」然後，他談話的對象是另外一個人，就是他等一下落腳的地方。他打電話聯絡的總是那些在等候他的人，因為他必須為沒有辦法改變的遲到道歉，所以，整件事情似乎是再自然不過了。但是，為什麼他非得要借用這種方式來達到的目的呢？那絕對不像表面所呈現的假象那樣的膚淺。他想找出一條安全的道路；可以引導他從這個地點到達另外一個地點。除此之外，他已經作好了萬全的準備，讓自己在急促的腳步下迅速走完這條路線。諸如搶劫的犯罪事故並不能阻攔他的前進；逮捕的行動是不會產生的。

當人們偶然在街上撞見他時，他的步伐總是那麼急促；對他而言，急促是最好的護身武器。他一定是第一個開口講話的人，雖然他的話取代了問候語，但是，那是非常熱情的開端：「我有重要的事情！」這時候，他擺動著雙手，擺動著殘缺的翅膀；他會拍動幾下翅膀，但當勇氣失落後，他的兩翼又垂了下來。我為他感到難過；我會在心裡想著，可憐的大鳥。這可惜，牠沒有辦法展翅飛翔。所以，因為這個緣故，他得急促地行走。他所在的處境隱含了兩種層次的逃避：他必須和不久前在一起的朋友告別，因為還有其他的約會；在另一方面，在前往赴約的這段路途中，他又必須放棄所有迎面而來的人：那些和他相遇以及那些想緊緊擁有他的人。有時候，我會跟在他的背後，直到他在街頭消失：在風中，他的披肩往上飛舞，像大鳥展翅一樣。這幅景像看起來是急促的，但事實上，他的腳步並不是那麼急促；披肩與大鳥的頭顱加在一塊構成的景像，刻劃出折斷的雙翼；然而，這雙翼看起來並不是喪失鬥志的，或者醜陋的；相反地，他的外表是自然的。向前走的行徑中，急促的步伐蛻變成屬於肉體的一部分的形式。

就如同我在前面所陳述的，和我所認識的朋友相比之下，布羅赫獨一無二的特質是他和世俗凡人之間的差異。他呼吸的方式界定了他的外貌以及物理性的反應。在這樣的條件下，人們和他之間的交談才有辦法進行下去；如此的交談是種工作，不過，世人都很願意繼續執行這個工作，來利用原來對他的尊敬的流失，尊敬是沒有任何用處的，對他的意見、信仰以及企圖進行了真正的攻擊，不過，我一直在描述，我對他所造成的衝擊，換句話說，《婚禮》這部作品對他產生了強烈的印象。當時，在他的身上，這個強烈印象的發酵持續了兩個小時，而且遲遲無法消散。這股印象總是隱藏在所有面孔的背後；不過，經過一年以後，他才告訴我他的想法；但是，他的語氣仍然散發著人性的友善；換句話說，他只是想讓我知道他的感受罷了。他從來不會說出任何心理的話，所以，我的結論總是認定，對他而言，我應該不會太可怕。

《婚禮》的房子倒塌下來了；而且所有的東西都墮落到無底的深淵。當然，他已經看清楚我的懷疑；那是我的作品崁進我身體內的懷疑。在每一年歲月的流逝中，我發覺，這樣的懷疑並不只是存在為數不少的人身上，而且也發生在他身上，我們可以看到懷疑來回走動所留下來的腳步。但是，如果置身在這樣無法妥協的氣氛下，如此的懷疑毫不保留地表現自我的情況下，我必須承認這樣的事實：我好像已經成為威脅的一部分；那是對我們世人所造成的威脅。在我之前，他已經認識卡爾・克勞斯；這是理所當然的，因為他比我年長十九歲。和我比較起來，卡爾・克勞斯的文學作品充滿更多暴力所鋪張的威脅；除此之外，對布羅赫來說，這是有意義的。我們之間的談話中，很少會出現克勞斯的名字，但是，當他提起這個名字的時候，人們不難感受到壓抑在心裡的敬意。在那個時候，在克勞斯的作品發表會上，我從不曾看過布羅赫的身影。像他那樣特殊的頭顱是讓我終生難忘的。或許，因為從那時候開始，他把所有的心力都放在自己的創作當中，所以他會避免如此的發表會；或許，他已經再也沒有辦法忍受那麼暴戾而且讓人產生窒息的氣氛吧。如果他接觸像《婚禮》這樣的作品；換句話說，當這種形式文學作品信賴類似啟示錄的焦慮時，他一定會昏倒在地上。不過，這只是我的猜測。至於布羅赫私底下是不是會堅持敵對的態度，那是我沒有辦法確定的事實。或許，那只是因為我對克勞斯強力的推薦吧；然而，布羅赫卻想辦法遠離所有他人的推薦。

我和他之間的第一次談話發生在博物館的咖啡廳；那時候，我約定好的時間是中午時刻；不過，我和他都沒有點任何餐點。這是個非常刺激的談話，然而，他也不時地點燃衝突的導火線（我感覺，他的沉默越來越明顯）。但是，整個談話並沒有持續很長的時間，大概一個多小時吧。談話正有趣時，也就是說，人們願意花費生命裡所有的時間，來經營這樣的談話的時候，他突然站了起來，並且說：「我必須去見沙格勒（Schaxl）博士！」她是他的心理分析醫生；好幾年來，他都一直接受精神分析的治療。因為整件事情是這樣發生的，所以，當時我有這樣的印象：每一天他都得接收心理醫生的治療。事實對我來說，像是頭上被敲了一記重擊一樣。當我對他所說的話越自由與越開放的時候——從他的口中說出來的話，都會讓我感到無比地振奮，那麼，他的回答也會越有知識性以及鑽研得越深。這時候，在心裡面，我感受到利刀所留下來的疤痕；除此之外，我還覺得，自己被可笑的沙格勒博士所侮辱。

在這一次的對話裡，我看到了兩個人：其中一個人撰寫了《夢遊者》，他的文字讓我產生原始的慾望；然而，另一個人卻在對話中突然站立起來；此外，他的每一句話都會產生斷句的情形，而且不時地躲避自己書寫的文字；每一天（這是我的猜想），都會跑到一個女人的住所，和她講話，而且這個女人的名字就叫沙格勒。在那個時候，我所遭受的打擊是如此地無情，而且還替他感到羞恥。我實在不敢作這樣的想像：他必須躺在長沙發上面，而且，他還得告訴她一些事情；那一些內心絕大多數的人們沒有辦法聽到的秘密；或許，他根本不會將這些話寫在紙張上面。事實上，我認為，人們應該認識清楚他的坐姿與慎重、榮耀以及美感；這樣子，我們就可以想像，當我們親眼看到他放下身段來說話，並且如果其他人都在現場的時候，對文學創作而言，眼前的一幕是多麼的屈辱。

或許，事實並不見得如我的想像的那麼殘忍。在我的理解中，其他的可能性並不可以完全被排除：布羅赫只是想躲避夾雜在我的文字中猛烈的攻擊，換句話說，他只是想解救自己；因為他沒有辦法忍受與我之間長時間的談話，所以，他故意把我們的約會安排在心理分析之前的短暫時間。

此外，他對朋友總是抱持著誠摯的心。在應該嚴肅的以及沒有約定的談話中，他並不會害怕朋友所引用的專有名詞；而且他對這個名詞的表明是完全以及不容懷疑的。針對偉大的哲學素養來說，他總是給我這樣的感覺，而這種感覺會傳遞給我一幕很不舒服的景象：他認定自己的成就與弗洛伊德、康德（這是他最崇拜的哲學家），以及史賓諾沙、柏拉圖的成就是一樣的。在他的口中出現的語言是當時維也納流行的口語文字，事實上，這樣的文字已經流於表面的膚淺意義。然而，經過幾百年世人對哲學家的景仰，當然也錯雜了他對自己的景仰，這樣的語言得到了神聖化的告解。

我認識他之後的幾個禮拜，他問我有沒有興趣在雷歐珀爾德市（Leopoldstadt）的國民學校朗讀我的作品。他自己已經在那個地方發表過許多次的作品，所以，他很願意介紹我去那個地方。他的建議讓我感到十分的榮幸，所以，我就接受這樣的安排。這次的發表會是由主辦人舜威舍博士（Schönwiese）籌劃的；日期是一九三三年一月二十三日。然而，前一年，我已經把《康德縱火》這本書的手稿交給布羅赫。幾個禮拜之後，他請求我到恭扎巷拜訪他；那是他的住所。

「你到底想表達什麼？」

這是他的第一句話；這時候，他以不太確定的姿勢指著小說的手稿；這些手稿放在他旁邊的桌子上。我對他的問題感到驚訝，並且不知道怎麼回答這個問題。事實上，任何其他的問題我都可以料想到。我不知道，該如何用簡單的幾句話，來說明小說原本所要表達的內容。我的敘述有點口吃，而且不是很清楚明瞭，換句話說，許多的話語根本沒有任何意義，但是，最後，我還是得回答這個問題。之後，他向我道歉，並將問題收回。

「如果你知道的話，那麼，你也不會寫這本小說了。我提出的問題不好。」

他已經看出來，我沒有辦法用明確的話語來表達自己的答案。這時候，他嘗試用迂迴的方式，慢慢接近問題的主題；他排除掉了所有沒有辦法真正代表小說的企圖。

「你應該不會只是想寫部有關傻瓜的故事吧。這絕對不會是你寫作的目的。除此之外，你的想像也應該不至於這麼簡單，而且認為，創作是描繪如此怪誕的人物，就像霍夫曼（Hoffmann）、愛倫坡的小說中的怪誕人物吧？」

當我對這個問題持否定的看法時，他也贊成我的立場。這時候，我必須提到果戈里。因為在他的小說中，人物的怪誕性是最明顯的，所以，我一定得回想起自己寫作的典範；這位俄國作家的確是個文學典範。

「我可能受到果戈里的影響更大。他應該是個很極端的人物。他試著盡可能挑戰誇張最大的界線；這些界線不僅是怪異的，同時，也是非常可怕的。之後，人們已經沒有辦法將怪異與恐懼之間的界線分清楚了。」

「你已經對人們造成有些焦慮。你創作的意圖是為了讓人們感到不安嗎？」

「是的。周遭的一切都會對人們造成心靈上的恐懼。除此之外，人類並沒有共同的語言。沒有人可以理解其他人。我相信，沒有人願意了解其他人。在你的作品〈胡根瑙〉中，有個現象對我造成非常深刻的印象：完全不同類型的人們遷移到共同的社區裡頭；在這樣的情況下，彼此之間的溝通是絕對不可能的。胡根瑙幾乎是彰顯出我作品的意義的人物。雖然他還會和其他人交談，但是，在這本小說最後的地方有一份文件；是一封信，同時，也是他對寡婦艾許（Esch）提出的要求。這封信的內容是胡根瑙撰寫完成的：這樣的語言是商業人士特有的語言。在這個地方，你誇張了小說中人物的特殊性；換句話說，這樣特殊性也包含小說中其他的人物；不僅如此，你誇張的程度簡直到了極點。這樣的現象正好符合我想表達的意思。所以，我願意保有這本小說的創作手法，保留小說中每個人物以及每個情節的構思。」

「那麼，它們就不是真正的人類了。換句話說，如果事實是如此，那麼小說的任務就變成抽象化的東西。真實的人類擁有許多不同的特質。在你的想法中，有一些自相矛盾的衝動；它們會相互抗爭。如果人們看到這幅景象的話，難道，它們會看到世界真實的圖像嗎？難道我們必須把人性肢解到這樣的程度，直到他們的人性沒有辦法被辨認出來為止嗎？」

「它們是小說中的人物。人類與人物並不是完全相同的。小說是文學的類型，而且它以人物作為敘述的開始。世界上的第一本小說是《唐吉軻德》，然而，在你的心目中，什麼是小說的主角呢。如果他是這麼地誇張，難道你不會覺得，這樣的描寫會喪失說服力嗎？」

「那是過去的歷史。那是非常久遠的過去。在那個時代，騎士小說像新生的小草慢慢地成長與茁壯。所以，在那個時代，這樣的人物是有說服力的人物。但是，在今天，我們可以更清楚地了解人性的本質。我們有現代的心理學，而且這門學問可以更清楚地告訴我們，什麼是人性真正的意義，換句話說，我們沒有辦法完全拋棄這些事實。在精神上，文學一定得站在時代的最高點。如果文學沒有辦法跟隨著時代的蛻變往前推進時，那麼，它只是通俗的文藝作品，以及因為目的而產生的商品；事實上，這些和文學一點關係都沒有。換句話說，這是我們不能贊同的。」

「那麼，這樣子是不是代表，《唐吉軻德》已經沒有辦法告訴當代世人任何意義了。對我來說，它不止是世界上第一部小說，同時，還是部偉大的小說。在這部小說中，沒有任何意義的流失；包括所有現代知識。當然，我認為，他可以避免當代心理學的錯誤。作者的企圖心並不是針對個人的心裡作科學研究。換句話說，他並不想告訴讀者，科學家在單一個人的身上發現到的科學知識。相反地，他想創造出一些特定的統一性；他可以界定這個統一性的輪廓，然後，將不同的個體區別開來。至於作家對人性的本質會有什麼看法，就會在如此的交互作用下誕生。」

「但是，在這樣的情況下，語言就沒有辦法表達，今天我們人類所面對的任務以及威脅。」

「當然不會！過去的語言沒有辦法表現當時不存在的事物。但是，文學可以借用今天的任務去描繪它的真正意涵。那些操作這些人物的文學家可以表達，我們今天人類所肩負的責任。」

「在藝術的領域裡，必須出現新的人類。在弗洛伊德以及喬伊斯⑲的年代，並不是所有事物的錯留在過去的歲月裡。」

「我也是這麼相信，今天，小說一定和過去的小說有差異的地方；但是，它的道理並不在於，我們已經不生活在弗洛伊德以及喬伊斯的年代。經過了本身的蛻變，時代的本質會產生不同的內涵；因為這樣的緣故，所以，時代的內涵必須假借新的小說人物來表現出來。當這些人物特質上的差異越大的時候；換句話說，當他們特質的描述越極端的時候，那麼，他們之間的緊張也會越強大。小說真正的重點是人物之間的緊張。你為我們製造許多的焦慮；

---

⑲ James Joyce，愛爾蘭小說家。

這樣的焦慮會被認定是發生在讀者自己身上的焦慮。你的創作是為焦慮的實現提供服務。在心理學的詮釋上，慢慢地，我們也會落失到焦慮當中，除此之外，我們還會認定，焦慮是存在的。然後，我們會利用一個新的或新出現的工具，將我們從焦慮的恐懼中解放出來。」

「這是不可能的。我不知道，什麼樣的東西可以把我們從焦慮中解放出來。焦慮不會逐漸消失；這是全部的道理。你在你的小說以及《婚禮》裡頭進行的創作企圖是焦慮的提昇。你強迫人類去體驗人性黑暗的一面；好像人性的黑暗在懲罰他們一樣。我知道，你深刻的意圖是想告訴人們，他們應該扭轉如此命運的無奈。這時候，人們會想到告解的神父。但是，你卻不是借用地獄來向人們提出警告。相反地，你是在執行它的判決；而且是在生命仍然喘息的這一刻。你對判決的執行並不是客觀的，以至於地獄的悲慘可以活生生地呈現出來，好讓人們看清楚它的真實面貌。在你使命的執行下，人們在心裡感受到地獄下死靈的存在，而且對它產生恐懼。為我們的生活世界帶來更多的恐懼，難道這是詩人的任務嗎？難道這是符合人性的意圖嗎？」

「你有個不同的方法來撰寫小說。〈胡根瑙〉這一部小說的結構中，你很有計畫地鋪陳這個方法。你把不同的價值體系錯置開來；善良與邪惡。在這樣的描述下，他們之間的差異可以很清楚地表現出來。在胡根瑙商業的功利世界的旁邊，緊緊地貼靠著神聖軍團女戰士的宗教世界。依照這樣的布局，你創造了不同價值之間的平衡，而且，在另一方面，你還消弭了一些恐懼；換句話說，你借用了胡根瑙這位小說人物所創造出來的恐懼。你的三部曲深深地感動了我的心靈；我一口氣把它們看完。這三部曲在我的心靈中開創了許多的空間；我願意一直相信這些空間的存在，即使到今天，也就是當我讀完這三部曲半年之後，我仍然可以感受到，在自己的心靈中，這些空間所蘊藏的開放。在沒有懷疑的情況下，我可以說，經由你的小說，你豐富了我的生命，讓我的創作得到更廣闊的想像空間。不過，從另一方面來說，你也平靜了我的衝動，那是知識衍生出來的平靜。但是，知識可以單獨創造心靈的平靜，難道這樣的現象是可以被允許的嗎？」

「你的創作理念贊成，平靜必須過渡到恐慌。在《婚禮》這部作品中，毫無疑問地，你的理念得到成功的彰顯。不過，整部作品只有一個結果：毀滅以及墮落。難道，墮落竟是你的慾望嗎？我們可以感覺到，你真正的嚮往卻是相反的東西。如果可以找到遠離墮落的出口，我想，那是你沒有辦法拒絕的。但是，在你的小說以及《婚禮》這兩部作品裡頭，你真正表現出來的結局並不是這樣子的：這部作品的結局在人性的毀滅中得到終結，而且這樣的結局是強烈以及沒有任何憐憫心的。在這個結局裡頭，存在著一種永不妥協的堅持，這是讀者必須注意的現象。但是，我們是不是可以這樣說，你已經放棄希望了呢？難道，這代表，你找不到救贖的出口？或者，我們必須這麼說，你根本懷疑出口是否存在？」

「如果我有這樣的懷疑，換句話說，如果我真的放棄希望的話，那麼，我的生命就沒有辦法再持續下來。不對，我只是簡單的認定，我們知道的東西太少。依照我的觀察，你很喜歡引用心理學的觀點，這表示你對心理學感到非常自豪，因為我們可以這麼說，你本人的出生地座落在心理學的狹小環境裡頭，它是維也納世界裡一個非常特殊的領域。心理學對你而言，有種歸屬感。或許，你甚至很樂意地想像，你個人發明心理學這門學問。任何心理學表現出來的事實，都可以出現在你的內心世界裡。換句話說，你不需要在外在的世界找尋真理的存在。然而，對我個人而言，心理學這門學問是無趣的。你可以用對單一個人的觀察，來理解世間所有的現象；因為在某些地方，心理學的確可以說出人性的真實。但是，當你面對另外其他現象的時候，你就完全找不到任何的頭緒；這個現象即是群眾，它是人類生活世界中最重要的元素，換句話說，人類必須對它有些了解。我們可以這麼說，它是一股新的權力；這股力量誕生在我們今天的生活世界裡；在群眾中，它會有意識地得到滋養。實際上，如果人們對政治權力有點了解的話，每個人都可以知道，如何操作這股權力。當那些人看到，權力的操作可以直接引發新的世界大戰的時候，他們並不了解如何去影響權力，如何讓它不會被政客濫用，也因此對人類造成悲慘的後果。所以，我們必須嘗試去發現權力行為的法則。這是問題的重點，同時，也是今天人類肩負最重要的任務；除此之外，在這個時刻，我們還沒有辦法知道任何相關的學術研究。」

「你找不到這樣的科學。因為它的所有意涵是虛幻的以及不明確的。你的方向是錯誤的。你不可能找到任何有關群眾的法則；因為這樣的法則並不存在。你把時間、精力全部放在這個地方，是很可惜的一件事。你曾經告訴過我好幾次，你認為，這是你整個人生最重要的任務；所以，你已經作出堅決的決定：你願意耗費所有的時間以及精力，來履行這個任務；幾年、幾十年；不管它耗費多少的時間。這是浪費生命的做法。你最好只是寫你的戲劇，你是個詩人。你不能把自己完全奉獻給一門科學；尤其當這門科學不是、且永遠都不會成為一門科學的時候。」

關於群眾這個問題的研究，我們倆對它的談論不只一次。就如同我前面所敘述的事實，布羅赫會很細心地對待他談話的對象；他不願意以很肯定的認定，講出自己的意見，因此對別人造成傷害。對他來說，對話的第一個條件和對象的講話方式有關；換句話說，講話的方式包括說話者的人格特質以及他的要求；在怎樣條件下，說話者可以發揮正常的功能。因為這個緣故，所以和他之間會產生太過激烈的對話是件不太容易的事情。讓別人受到屈辱，對他而言，這是不可能發生的；所以，他會盡量避免用太過正直的姿態來對待他人。

但是，也因為這樣的緣故，雖然爭辯的次數可以數得出來，衝突的程度也會跟著加重；而且這樣的嚴重程度是令人無法想像的。他完全沒有辦法忍受小說中主要人物的名字，就是手稿中主角的名字；當我把這個交給他看的時候，主角的名字仍然是康德。除此之外，他也不喜歡小說的標題《康德縱火》。因為這個標題，好像是在暗示讀者，哲學家康德是一個冷酷，以及完全沒有感情的凡人，所以，在這本殘酷的小說當中，他得強迫自己去縱火。他沒有說出自己的感覺，但是，康德是他最崇拜的對象；對他而言，如此引用康德的名字是無法忍受的。在這個地方，我必須面對第一個批判性的註解；當時，他向我說：「你必須更改主角的名字！」除此之外，他的態度似乎永遠沒有妥協的傾向，而且每當他看到我的時候，總是會問：「你已經把名字改掉了嗎？」

那時我向他解釋，名字與小說的書名只是暫時性的；但是，這樣的解釋並不能滿足他的要求。在這之前，也就是當我還沒有認識他以前，小說要出版的時候，這兩項是不是要進行修改，我也沒有下最後的決定。但是，他卻以相當不滿意的口氣對我說：「你為什麼不現在就更改呢？你最好現在就在手稿裡進行修改。」我心裡感受到反抗的意志；這樣的説詞像是命令，而且命令來自這麼一個人；依照他的為人特質，我完全沒有辦法想像，他會對別人下任何命令。在可能的情況下，我希望盡量保有原始的書名；即使這只是臨時性的書名。我保留手稿中所有的構想，並且等待這一刻：直到我樂意更改自己的文章；而不是在外來的壓力下進行這件事情。

就如同原先我所陳述的事實，布羅赫堅持反對的第二件事情是：群眾心理學是不可能的。當他講述他的意見時，對我造成非常深刻的印象，此外，作為一位詩人以及一個具有人性的人，他都是我景仰的對象；然而，我對他的崇拜是如此地深厚，雖然我的努力沒有辦法得到他真正的好感；好幾次，我曾經如此幻想著，或許在夢境中，因為對他的景仰，所以，我願意贊同他這點的看法。但是，事實上，我的努力卻往相反的方向前進。我試圖説服他，人類可以體驗新的事物，在這些事物之間一定有些連帶關係，但是，非常奇怪地，過去我們都沒有思考過它們的可能性。他對這些論述似乎沒有任何的興趣；當他聽我説明我的觀察時，總是面帶微笑。當我批評我這位朋友的觀點時，他沒有辦法壓抑心中無法贊同的情緒。有一次，我嘗試説明，人們應該將恐慌與群眾的逃難之間作清楚的界定。舉例來説，我們可以對野獸的群體生活方式作精確的觀察。當一大群野獸逃難時，絕對不會分散逃亡，換句話説，當牠們在逃竄時，群體的感覺會將彼此結合在一起，因而滿足群眾歸屬的要求。然後，他説：「你怎麼會知道真實的感覺？難道你是一隻正在群體中逃亡的小羚羊嗎？」

不久之後，我就提出反對的意見；這些意見中，有些論點讓他留下深刻的印象，那就是

「象徵」這個詞。當我提起「群眾象徵」這個詞時，他竟然仔細地傾聽，並且讓我詳細地解釋我如何了解這個詞。那個時候，我仔細地思考火與群眾之間的關係；這一刻，他立刻回想起一九二七年七月十五日在維也納發生的事件。後來，他又回頭談論這個現象。但是，讓他真正感到歡喜的分析卻是大海以及每一滴小水滴；那是當時我列舉的說明。我這麼告訴他，手上孤立存在的小水滴會讓我在心裡面產生一股同情心；因為這水滴原來屬於大海的一部分，但是，在我的手上，這顆水滴和原來的歸屬之間的關係已經被割裂了。這時，我的解釋逼近到宗教感情的近鄰，在這個地方，特別是「同情心」這個字；換句話說，我用來形容小水滴的孤立的字，深深地刺穿他的心懷。除此之外，他對我的見解感到非常欣慰，在我對群眾心理學的經營中，可以感覺到印象宗教性的意涵，而且借用這個意涵開始談論上述的現象。我覺得，他的感覺簡化了我真正的意圖，所以，我反抗這樣宗教性的詮釋，不過，最後，我放棄和他討論這個問題。

指揮家

他的雙唇緊閉，因為他害怕，讚美的話綁架它們。對他來說，所有的事物都得符合背誦的準確性。還很年輕的時候，在非常窮困的處境下，他必須學習非常困難的文字；而且在非常令人感到憐憫的日子裡，在那段每天為三餐奮鬥的日子裡，他必須面對靈魂以及肉體散落各地的煎熬。當他十五歲時，他是個臉色慘白，看起來似乎永遠缺乏睡眠的年輕人；那時候，他得在夜店的咖啡廳裡演奏小提琴；舞臺上擺著史賓諾沙的樂譜；除此之外，在短暫的休息時間內，他還得拼命背誦這部「倫理」的樂章。他學習的東西和他的工作之間沒有任何關係；換句話說，他的課業緊靠在自己的工作旁邊。在他身上，我們可以找到許多類似的勞動；這些辛勞並沒有程度上的差異，但是，除此之外，我們根本看不到，他的心靈和外在世界之間有任何的關係。他的意志超越肉體的負荷；環境的困難並不能毀滅他。他需要新的可能性；當一個新的可能性出現時，他可以考驗自己，而且在他的生命裡頭，新的可能性從來沒有枯竭過。在人類的生命裡，意志是決定性的關鍵；意志是種飢渴，但是他的飢渴卻永遠不會滿足。經過他對音樂的理解，生命的過程已經蛻變成為一種對豐富韻律的飢渴。

學習的勤勞讓他跳躍到另一個階段；他變成了一個年輕小伙子；然而，在後來歲月的流轉中，這樣的人格特質絲毫沒有褪色。我們可以這麼說，在他有了正式的職業後，如此的人格特質就蛻變成為對生命的召喚。在人生的歷練度過所有的困難之後，非常幸運地，他還很年輕時，就已經成為一位指揮家。表面上存在的任何差異都會吸引他的目光；因為這是體驗人生的素材。他生長的時代是一個音樂不斷創新的時代，為了完成新的創新，所以，生命樂理的創作必須以枝藤往外蔓延的方式，擴展自我的想像；對他來說，這是種來自生命意義的召喚。每一個學派，只要它是新的學派，他都把學派的理論看待成自己的任務；然而，他可以做的以及最願意做的工作是去解決這項新的任務。不過，對他來說，每一項任務，就算很偉大，也不至於讓其他的工作消失不見。他會接受即將降臨到自己身上的挑戰，把所有的心力投入到這裡面，此外，沒有一項任務會艱難到他必須放棄其他的任務。他可以兼顧到其他的挑戰；這些挑戰會以不同的方式滋潤新的工作；而且在未來的時光裡，所有挑戰的意義才會慢慢地呈現出來。對他來說，這樣的任務有兩種不同的層面：首先，他必須體驗新的事物；他必須把這些經驗轉化成自己生命的內涵（如果我們可以勝任這項挑戰，那麼，其他工作也不會因此而完全被排除掉）；但是，在他的想法中，最重要的關鍵是如何貫徹這項新的挑戰，也就是說，他的成果必須是完美的；就如同在觀眾面前盡可能地演奏樂曲，使觀眾幾乎無法察覺到平時練習的匠氣；同時，在另一方面，他們可以感受到，這是一開始無法辨識、完全嶄新的音律；對沒有經過樂理潤色的耳朵來說，在耳際迴繞的音律是不習慣的，不舒服的，甚至到醜陋的地步。相反地，對他來說，這是個權力的問題，而且它夾藏了兩種完全不同的面貌：這是對音樂家的強暴；他必須強迫他們演奏樂曲，而且當他一開始接觸到這些音樂家時，強暴的慾望就會立刻撕裂世俗禮教遮掩醜陋的面紗。除此之外，他的另一項工作就是強暴觀眾；而且當他們寧死也不願意聆聽新的音律時，原始慾望所描繪出來的幻想可以得到最美麗的色彩。

我們可以這麼說，他特立獨行的本質是他的自由，而且他的自由有施展自我的空間：他始終都和其他人，也就是新的夥伴，從事強暴天真的愛樂者的劣行。當他向新的夥伴提出這樣困難的任務時，每一個人都會順從他的意志。這時候，他是第一個人，第一個在觀眾面前發表完全不熟悉的作品；這些觀眾是真正發掘他的伯樂。他會集中注意力觀察，這樣的發現如何地增強；在聽眾的心裡，亢奮的高音必須往上攻頂。除此之外，因為在數目以及多樣性上，他的飢渴不斷地成長，純粹的音樂已經不能滿足他，所以，他會感受到內心裡激烈的慾望，把自己的權力擴大到一個完全陌生的領域。舉例來說，慾望濕淋淋的手指會伸進戲劇的私處。然後，他會設想為音樂節籌辦音樂會；在這些音樂會裡，新的戲劇與新的音樂享受同等待遇的榮耀。在他生命中的這樣的一瞬間，我和他相遇。

赫爾曼．薛爾漢⑳總是在找尋新的人與物。當他到達一個城市準備一場音樂會的首演時，他會仔細地傾聽，人們在討論些什麼人。他可以認出，到底哪個人製造恐怖的音色，什麼人的口音是不能被期待的，那一個個人是人們談論的對象，而且他用自己的樂器擔架和他人進行接觸。他安排了音樂會練習的人員，然後把整個練習場地作這樣的布置：在樂團全心全意地演奏下，他一定可以感受到「新的東西」。因為這個緣故，所以，他只有很短暫的時間，可以和其他人握手；因為樂團的練習已經在等他一個人，所以他必須立刻前往。和一堆新認識的朋友之間的交談，換句話說，當他向其他人轉述，哪一個人引起他的興趣時，他通常得把約會挪到下一次碰面的時間；但是，雖然如此，我們還是不能百分之百確定，下一次的聚會是否會有比較多的時間。不過，即使在這樣的情況下，當傳遞消息的信差告訴當事人，指揮家多麼重視雙方的約會時，人們還是覺得非常地榮幸。第一次的聚會是冷淡的，但是，這可能是因為時間短暫的緣故。當這位指揮家站在自己的眼前，而且還是在維也納這個聲名狼

⑳ Hermann Scherchen，德國著名現代樂派的指揮家。

籍的都市，這是讓人不敢相信的事實，換句話說，對這位知名的指揮家而言，在音樂上，維也納的樂風是如此地保守，而且保守的本質甚至已經植入這個城市的血肉，歡迎新的聲音絕對是一件非常困難的任務。當指揮家把所有的心思都放在他的工作的時候，而當人們希望他可以說出第二次，且時間上比較適合的約會，根本是不可能的事情；所以，人們絕不可能對這位找尋新事物的戰士生氣。即使在這麼龐雜、沒有秩序的工作裡，人們都可以意識到，他一直在期待新的音律；他專心地照顧新的事物；一種全新的經驗是他的期待。除此之外，人們還可以感覺到，當他還沒有真正地認識一件事情之前，就已經宣告自己的權利；他想占有這樣新的經驗。或許，有好幾次，人們可以瞥見他的身影，但是，卻沒有多餘的時間坐下來交談，所以，原先約定的約會必須一再地延期；正因為這個緣故，這個約會也越來越重要；這樣的情況是可能發生的。

不過，當約會的對象是樂團裡的一位可以吸引他的女子時，這位女子就不必等待太久的時間。樂團排練後，他和一群跟隨的人一起來到博物館的咖啡廳，這時候，他靜靜地傾聽候選人的談話。當他覺得談話的內容很重要時，那麼，赫爾曼會勉強自己說幾句話；這樣的情形通常出現在有關作曲家的話題；在我身上，則是有關戲劇的內容。但是，這時候，他談話的態度是很小心的，而且也只是簡單地說幾句話。在這樣的情況下，我很容易發覺，他單薄的雙唇緊緊地閉成一直線。人們會懷疑，他是不是真的在聆聽別人的話，因為他的話是那麼少。他的臉孔是平滑的，鎮定的，絲毫看不出任何惡意的表情，可以洩漏出贊成或者反對的意見。他的頭顱是筆直的，正好掛在有些短的脖子以及平直的肩膀上。當他的沉默展現越大的成果時，講話人的話也隨著增多。這時候，說話的人還沒有看清楚，自己正站在統治者的面前，扮演著請求者的角色；然而，在統治者的心裡面，判決已經在第一時間形成了；或許，這是永遠不會改變的判決。

事實上，薛爾漢根本不是個沉默的人。如果人們認識他更深時，他們一定會感到很驚訝；他的話語是如此地快速，而且又那麼地龐雜。但是，如果他的話語不是那麼地無趣，或者像單人相聲的時候，人們或許可以說，他的內容大部分是在讚美自己以及勝利的凱旋歌。在某些時刻，他會突然依照自我的意志，試圖把有些話題的內容重新連結起來；那些在偶然的情緒下慢慢沉澱的內容。他所描述的事情之間的距離是那麼地遙遠，所以，他得立刻下定決心，將法則的力量賞賜給自己。「在西元前一一〇〇年，人性的大爆炸發生了。」他話中的大爆炸是指藝術的大爆炸，此外，他還有許多的形容詞可以取代大爆炸這個詞。那時候，我們在博物館，而且過程非常急促。但同時，這也是他的形式，在很短的時間裡，經過不同的藝術品；古希臘、大溪地、敘利亞，以及巴比倫的藝術品。在敘述藝術品的年代時，人們可以很明顯地發現，西元前一一〇〇年這個名詞從他的口中溜出來，而且這樣的情形發生了兩三次。他會很迅速地下定決心，而且非常堅持自己的意志，然後，我的耳朵又重新聽到他的經驗。「西元前一一〇〇年，人性的大爆炸發生了。」

如果有一個人正在他的前面，而且這個人是他想要發掘或者願意培養的人，那時，他是如此地沉默；他的沉默絕對不會施捨任何的同情心。因為沒有一句讚美的話可以從他的口中逃脫出來，這是他一生的任務。他就緊緊地閉著雙唇站在那個定點，除此之外，他必須節省每一個字，特別是讚美的話；換句話說，他已經習慣這樣子的沉默。這時候，他臉上的表情只好符合沉默的正直。

薛爾漢寄給我一封他寄給安娜．馬勒（Anna Mahler）的信。在他身上，任何有價值的東西都不會閒置不用。當她還很年輕的時候，他已經認識她了；在那個時候，她還是恩爾斯．克爾內克（Ernst Krenek）的太太。不過，他的身分與地位還沒有到達期望可以贏到她的注意的地步。除此之外，他覺得，她的天賦並沒有完全地發掘出來，因為她臣服在克爾內克的魔下。當他在工作的時候，她會在旁邊服侍。他作曲的速度非常快速，事實上，幾乎沒有停止的一刻。她會在旁邊咀嚼與模仿他的作品。那時候，她還沉迷在純粹的音樂裡頭。她可以彈奏七種以上不同的樂器，而且還交換練習這些樂器。年輕時期，天才洋溢的縱情在她的身上留下很深刻的印象；她的寫作是過多篇幅，她的熱誠從來沒有倦怠過，沒有任何休息的片刻；對她而言，這些都是天才的證明。在她生命的晚期裡，我們仍然可以看到對才藝洋溢的宗教膜拜。對她來說，創作者或者她認同的事物才是愛慕的對象。但是，當她面對的對象是文學，而不是音樂時，篇幅很長的小說常常會緊緊地抓住她的興趣；而且當她看完一本小說後，經常一下子就又找到一本新的小說。在克爾內克時期，對天才的縱情的宗教膜拜座落在音樂的領域，而且，在那個時候，她似乎已經準備服侍年輕的創作者。

薛爾漢隸屬克爾內克的藝廊的一部分，而且是第一個音樂家，那時，她已經發現這個事實，但是，她只是其中的一名服務侍者，所以，並沒有引起他真正的興趣。當他到維也納來時，有一份非常有野心的計畫案。這時候，他又開始聯繫過去的人情與關係，這也是他的為人與作風。他得到馬辛街皇宮的邀請；這間皇宮屬於出版家保羅・茲索勒耐（Paul Zsolnay）的家族企業。當時，他發現，安娜已經是這間擁有龐大資產的皇宮的女主人；她的頭髮是金黃色的，她對藝術有自己的要求。她也已經是個女雕刻家了。或許，在工作室裡，他也看得見她的身影，不過，這樣的可能性並不大。但是，在茲索勒耐的邀請會上，他一定看到她了。在維也納音樂社會中，她的母親的權力是他沒有辦法忽視的。但是，她的母親卻不看中這一位指揮家。因為這樣的緣故，所以他更想接近她的女兒。他拿出鋼筆來，寫了一封自我推薦的信，請我將這封信送到工作室，交給安娜。

依照他的方式，他對我的態度是非常友善的，所以，他向阿爾班・貝爾格㉑轉達我的拜訪。在貝拉・龐德（Bella Band）的家裡，我舉行一次《婚禮》的朗誦會；龐德的家是個非常理想的環境，這樣大家族豪華的氣氛可以傳遞與《婚禮》的場景中相同的處境；這對指揮家造成相當深刻的印象。針對上述的一切景象，他並沒有說出任何的話——經過兩個小時婚禮宴會的歌舞作樂以及整個氣氛的急速沒落——像一條死魚一樣，他沒有說半句話。他的臉孔是冰冷的，而且沒有表情動作。就如同我原先的描述，他的雙唇緊緊地閉合著。雖然如此，我還是發現在他的身上產生了一些的變化。我感覺，他的肉體突然間萎縮成一團，整個人幾乎消失了。在這幕景象之後，他的口中並沒有釋放出任何與語言有關的氣息；同時，他也沒

㉑ Alban Berg，維也納新古典主義的作曲家，是荀白克的學生。

有喝任何的飲料。不久之後，他離開了這棟房子。

不管如何，他總是隨時準備，突然中斷正在進行的事件。他站立起來，並且離開聚會的場所，他只說幾句話，而且這些話都是在當時的場合無法避免的話。除此之外，他的手，那隻與人交往的手，總是緊貼著自己的身體。他從不願意讓這隻手離開自己。他的手不僅緊貼自己的身體，而且還舉的高高的，在這樣的情形下，其他人必須墊高自己的腳跟，主動接近這隻手。這隻手是種憐憫；他向一個人施捨的憐憫。同時，簡短的命令則是屬於這種憐憫的一部分：他的對象必須知道，在什麼時候以及在怎樣的狀況下，如何以正確的態度與他交往。當人們圍繞在他的身旁時，可以感受到，榮耀與屈辱是同時存在的。這一次的告別中，在他的臉上些許微笑的蹤跡也消失了。他的臉孔看起來是沒有生命且嚴肅的。它是在一個銅像前面舉行的國家慶典；但是，這個冰冷銅像卻突然動了一下，且強而有力。當他宣告自己的命令之後，他會照顧到每一個小細節，在適當的地方轉身。當人們再次出現在他的面前時，可以看到他寬闊的背影；他的背影是很堅決的，但是，並不會以太急促的速度前進。作為一位指揮家，他已經習慣利用自己的背影。但是，我們卻不能說，他為自己的背影提供許多豐富的想像素材。就如同他臉上的表情一樣，指揮家的背影似乎沒有任何的動作。在他的臉上，我們找不到任何惡意的表情；堅定、高傲、判斷以及冷酷，這些都是他自己願意放棄的特質。

沉默是種工具；是用來壓抑自己最安全的工具。他很快地看清楚，不管音樂是種藝術或是精神的媒介，在我的身上都沒有辦法襯托出他在這個領域的造詣與高貴。所以，他沒有辦法教導我新的知識；換句話說，他沒有辦法以老師的身分出現在我的面前。他的生活一直都座落在學生與老師的關係中；但是，在我們之間，這樣的關係找不到絲毫的著力點；我不會演奏樂器，也不是交響樂團的成員，同時，也不是個作曲家。所以，他必須想像，在什麼地方，他可以搔弄到我的癢處。他正在籌辦音樂節的一連串研討會，所以，他必須籌劃現代音樂的表演節目；這時候，他聯想到戲劇。就如同我剛剛所作的陳述，他聆聽我為《婚禮》發表的朗誦會，而且文字傳遞的訊息冰冷了他的心靈。不管如何，他沒有說出任何一句話。但是，這一次，沉默是如此地強烈，所以，他必須迅速離開，找尋真相的蹤跡；這是他的方式。如果當時我能夠更清楚地認識他的話，那麼，我一定不會閃避出現在他臉上不知所措的表情。

我猜想，對他來說，這棟房子是無法忍受的；屋子的豐滿女主人穿著黑色，而且是具有東方色彩的衣服；她躺在沙發上面；不過，沙發的長度沒有辦法完全配合她的身體，所以，身體就超出沙發一大節。在她的面前描述尤漢娜・瑟根賴赫㉒，對我來說，並不是那麼可怕的事情。貝拉・龐德來自富有的大家族，她出生於一個完全不同，且由鑽石鑲造的環境。她對瑟根賴赫，也就是和她對立的角色，根本沒有任何憐憫的眷戀。不過，從她講話的內容中，我感覺到她們是相同類型的女人。只不過，我並不相信，她會感覺到故事中的人物和她本人之間有任何關係。她是以女主人的身分，來聆聽故事的內容。整個朗誦會是由她的兒子所籌劃的，換句話說，我認識她的兒子。從整體來看，如果我們留意一下維也納現代音樂的狀況的話，如果可以收到薛爾漢的邀請涵，那是種榮耀，因為他是這個領域的先驅者。但是，在

㉒ Johanna Segenreich，戲劇《婚禮》中的女主角。

這個領域之外，他的名氣就沒有那麼大了。所以，也就了解這些躺在沙發的女士們對他的態度；到宴會結束後，她們從沒有離開過沙發。就和薛爾漢一樣，我們無法時常看到她們臉上的微笑。除此之外，她們不會施捨給他任何憐憫的目光，來表示對指揮家的敬意。我根本沒有辦法知道，在這些生命的光芒逐漸黯淡的人體裡面，還隱含著什麼樣的訊息與活力。但是，我知道，他們不會感受到任何的恐懼。當然，我也不相信，地震會讓薛爾漢感到驚嚇。

在場有些年輕人承認，當時瀰漫一股令人感到恐懼的氣氛。薛爾漢的冷酷以及貝拉・龐德對愛情的堅決奉獻都讓他們覺得害怕。當我在朗誦自己的作品時，我是唯一一個感受到恐懼的呼喚的人。當皇宮的照明在頭上搖晃的時候，我覺得，自己的生命已經結束了。到現在為止，連我自己都不知道，當時如何將死亡之舞這一部分——至少，這已經是整部作品三分之一的部分——正確地描述完畢。

一九三三年七月底的時候，我收到薛爾漢從日瓦（Riva）寫來的信。他已經把《婚禮》又重新閱讀了一遍；這部戲劇無助以及冷漠的抽象，在他的心靈裡，點燃了恐懼的導引線。在這樣冷酷的抽象裡頭，世間上所有的現象用不同的語言展現自己。這樣的語言有一股力量，是作家的語言轉化成為戒律。因為這一股力量，以及作家如何濫用這股力量來強暴讀者，他已經活生生地被謀殺了，語言竟然變成了屠殺的工具。「請你盡快來拜訪我：最好是七月二十三日在史特拉斯堡（Straßburg）。這樣的話，我們可以一起努力奮鬥。」

在他的心目中，作為詩人以及寫作的人擁有偉大的力量。但是，他從來沒有因為寫作的力量讓自己對別人產生這麼嚴重的依賴；就如同在我身上產生的情況一樣。當正在進行的文字突然變成思考中一連串的方程式，而且攻擊性的文字轉化成對獵物的捕殺時，那麼，怎麼樣才可以學習到新的能力；就好像在夢遊當中學習另外一種新的技術，這是很大的挑戰。我必須贊同他的想法。

他請求我，在「安妮」——這是他對她的暱稱——單獨的時候，把夾帶在裡面的這封信交給她。「你可不可以立刻注意一下這些節目手冊。你得趕快應徵。親愛的H．薛爾漢。」

我得花費許多的心力來克服自己，把這封信的內容原原本本地表達給當事人知道。但是，我沒有辦法對他隱瞞整件事情，因為在我的生命中，他的影響扮演著很關鍵的角色。他用這一封信當誘餌，把我引誘到史特拉斯堡，除此之外，如果我沒有遇見那些人，也就是說，我在史特拉斯堡停留期間，沒有認識那些人的話，那麼，這本小說也就不會出版上市。同時，這也是赫爾曼身上最好的特質，這是他的方式，如何為自己贏得他人的友情，如何建立彼此之間的關係，如何爭奪他人的利益，如何利用手上的資源；最重要的是，如何在公眾場合讓自己作最少的暴露。

在他的書信中，並不是所有的內容都是算計的結果，同時，我也不覺得，所有的語句都是命令。在他的描述中，無助的以及冰冷的抽象產生了一些無法抗拒的恐懼感，也不完全是杜撰出來的。為了把他的感覺敘述地更明白，他撰寫了更多的句子，來描畫心裡的感受。換句話說，那是他內心真正的感受。但是，他卻永遠沒有辦法成功地用語言清楚刻畫出恐懼真實的輪廓。那些被他爭取到的友人，會立刻被籠絡到自己的身邊，他們會被邀請到史特拉斯堡，參加他為現代音樂所舉辦的音樂會。雖然沒有被請求的客人可以在音樂會中找尋一些訊息，但是，在這個音樂會上，他已經邀請了難以計算的貴賓，而且他們通常是音樂家；換句話說，在他的指揮下，這些音樂家的曲目將首次將與世人見面。「請你盡快來拜訪我！」——為什麼？他的目的是什麼？「這樣子，我們可以一起努力奮鬥。」這樣的要求是多麼自以為是呀！我不知道，在世界上，有什麼樣的任務，可以允許他和一個詩人一起奮鬥。他希望，這個詩人會出現在音樂會的現場；這樣子，詩人可以得到為他的付出所得到的補償；而且這樣的付出隱含了許多的承諾。在他的音樂會裡，擠滿了許多的音樂家，然而，他的承諾讓框架這幅音樂的彩繪裝飾呈現出更人性的光澤。當時，我不了解，我們奮鬥的對象會是什麼樣的東西。這件事情必須有個合理化的理由——雖然他知道，即使他想要開啟一場戰鬥，自己卻沒有辦法付出很多時間——經過快速的判斷，他下達一道聽候調度的命令；不過，當這個判斷會對被告的罪犯的生命產生危險時，他就會立刻取消這道命令。在這種情況下，接到命令的人只能左右來回令人擺布；不過，有件事情是清楚的：他們對赫爾曼的需要是多麼地強烈啊！給安妮的信是一封秘密的信，而且我也轉交給她了。因為其他的原因，所以，她並沒有參加這個音樂會。事實上，整件事也非常地實際：她收到音樂會的節目手冊，而且「你一定得應徵！」

我必須轉交的信件很多，所以，我也看過其他的信；因為那些是為了這次的音樂會所寄出的信件。音樂家為什麼會到這個地方呢？因為他們有很好的理由。有一個現象是非常特殊的：在這個音樂會上，赫爾曼邀請了五個寡婦。她們都是著名作曲家的遺孀。然而，受到邀請的五個寡婦裡頭，我只能記得其中三個人的名字：她們是馬勒、布索尼（Busoni），以及雷格（Reger）的遺孀。這些人全部都没有出席。不過，有一位貴夫人出席了，雖然，她屬於被邀請的這一批人：她剛剛成為古恩多夫㉓的遺孀，她穿著全黑的禮服，此外，她的舉止是開放、高貴的。

獎盃

已經有好幾次，我心裡懷著非常高的期待。安娜私人的拜訪讓我抱著相當高的期待，那個時候，我還得從後門接待她的到來。當時，她還没有決定，將她的母親介紹給我認識。當她想介紹她母親的時候，我和她的母親倆都非常地好奇，但是，我們的好奇心卻有著不同的原因。她的母親從來没有聽過我的名字，此外，她也不相信，自己的女兒可以深刻地去觀察一個人。所以，她想了解，我大概是個什麼樣的人。另一方面，我的好奇心卻來自完全不一樣的理由：在維也納，有關阿勒瑪・馬勒（Alma Mahler）的傳聞像水滴一樣，滲透到大街小巷的每一個角落。

㉓ 指德國猶太文學家以及詩人費德烈・古恩多夫（Friedrich Gundolf）。

經過一個後院花園；我被引進到一個如同神殿般的房屋裡；在這一間屋子裡，她的媽媽正等待著我的來訪。神殿後面的花園是用花磚布置而成的，而且花園中的綠草的生長方式看起來非常自然；不過，事實上，這樣的方式是來自人為刻意的。她是個很高大的女人，而且身材非常壯闊。她的臉上裝飾著甜美的笑容，她的眼睛是如此地大而明亮，像一顆會洩漏內心秘密的水晶球。她的第一句話聽起來會讓人覺得，她對這次的聚會已經期待很久了，因為從自己女兒的口中，她還沒有聽到完整的描述。「安娜已經告訴我了！」她的第一句話卻已經縮小自己女兒的存在。無時無刻，她都會讓她的女兒清楚，在這個地方，誰是最重要的。

她刻意壓低自己的姿態；她那充滿信任的目光會讓剛見面的陌生人以為，自己可以輕鬆地坐在她的旁邊。我很猶豫地聆聽她的話語，在兩人眼神第一次交會後，這一幕的景象讓我感到非常地驚訝。她美艷的容貌早已經成為傳頌的耳語；她是維也納最美麗的少女。至少人們是如此說，年紀相差許多的馬勒對她留下非常深刻的印象。然而，為了永遠強占她的美麗馬勒娶了她，讓她成為自己的妻子。有關她的美貌的謠言已經流傳超過三十個年頭了。現在，她正站在我的面前，卻很難放下平時高傲的姿態。她是個心情開朗的人，但是，和年輕時候比較起來，她現在的樣子已經年老很多了。除此之外，她也為自己收集了所有心愛的獎盃。

她接見我的地方是一間被包圍起來的房間，這個空間是如此擺設地：她生平最重要的物品幾乎全在自己的身邊，那麼地靠近，讓我們沒有辦法不注意到這些成就的存在。除此之外，她也是博物館的所有人。在她前面不到兩公尺的地方，有一個玻璃櫥窗，在這個櫥窗裡面，有著馬勒未完成的第十交響曲的總譜，被翻開擺放著。客人的目光會任由擺飾引導，最後，它的聚焦會停留在這樂譜上面。當他們欣賞馬勒最後的傑作時，人們可以清楚地聽到，年老的病人對她撕裂的呼喚：「阿勒瑪！我親愛的阿勒瑪！」當人們翻閱這些樂譜時，被翻開的地方即刻湧現出類似親密、但充滿懷疑的呼喚；當樂譜的頁數被翻動時，親密呼喊的強度也隨著上升。然而，經過細心的設計，樂譜本身已經成為一種工具。當我閱讀這個垂死老人手稿上面這幾個字的時候，我的眼睛也目視著這位女人，這位傾聽馬勒最後呼喚的女人。她繼承了這個總譜，經過了二十三年，她已經成為這一項音樂資產的所有人。她對每一個觀賞這項展覽品的人有著熱切的期待；她期待，他們眼神會發出鏗鏘的讚嘆；讚嘆的眼神是她應該得到的報酬，因為音樂家在垂死的邊緣掙扎時，是她服侍在旁的。事實上，為什麼馬勒會在總譜上寫上幾個字，原因當然是她。這時候，她那沒有話語的微笑慢慢地撐開，頓時竟然變成了得意的獰笑；她的獰笑親手接收了客人口中的讚賞。她完全沒有體會到，在我的眼神裡浮現的一股厭惡以及錯愕。我並沒有露出任何的笑容，但是，她誤把我的嚴肅錯認為是一種崇敬的懷念；就好像她服侍這位即將告別人間塵世的天才作曲家一樣。在思想所建築而成的小教堂裡，每一幕接待訪客的場景都會得到正確的排演；這間教堂建造了她的幸福；這些景象都屬於懷念的一部分。

不過，這時，繪畫的時刻來臨了。她正對面的牆壁上掛著一幅她的畫像；音樂家死去幾年以後，她請一位畫家完成這幅畫像。我立刻注意到它的存在。當我一踏進這棟屋子，它便緊緊抓住我的目光，這幅畫隱藏著可以致命的危險。因為翻開的樂譜對我造成莫大的驚嚇，所以，我的目光喪失了理智。這時候，牆上的畫像看起來正是謀殺音樂家的女兇手的畫像。

我沒有任何時間來壓抑這樣錯亂的視覺，因為這時候，她站了起來，往前三步走到這面牆的前面，就好像她和我一同站在這幅畫像前。她說：「在這幅畫裡，我被當成魯克蕾齊亞・波吉亞㉔；然而，這幅畫是出自柯克西卡㉕的畫像。」這是他最輝煌時期的創作。但是，這一刻，她立即與偉大的畫家保持距離；當時，柯克西卡還仍在人間；她用非常憐憫的口吻說：「可惜！他並沒有成為真正偉大的畫家。」柯克西卡已經完全離開德國；他是個「腐朽的畫家」㉖，後來他到了布拉格；在那個地方，為馬賽里克（Masaryk）總統作畫。我對她如此鄙視的註解感到非常地驚訝；所以，我就提出自己的問題：「為什麼他沒有成為偉大的畫家呢？」現在，他人在布拉格，換句話說，他是可憐的移民。之後，他就沒有再畫出正確的作品。這時候，她正望著「魯克蕾齊亞・波吉亞」。他那時候還可以有些能力。當人們看這一幅畫時，都會感到恐懼；我自己也真的感受到莫大的恐懼。這一刻，我的恐懼又更激烈了，因為我認清楚一件事實：這位畫家真的再也沒有任何偉大的作品。他完成「魯克蕾齊亞・波吉亞」不同的畫像，換句話說，他已經完成她的目的。但是，後來，德國新的統治者沒有再批准他作畫。所以，他只能為馬賽里克總統作畫；此時，他的意義已經不重要了。

長久以來，這兩件重要的獎盃已經無法滿足這位貪婪的寡婦了，因為她在心裡不斷地渴

㉔ Lucrezia Borgia，在義大利文藝復興時代，被公認最沒有廉恥心，但卻是最美麗的仕女，她和自己的父親以及兄弟有著不倫的關係。

㉕ Oscar Kokoschka，奧地利人，印象主義時期非常重要的現代畫家。

㉖ 這是納粹政權對柯克西卡的譴責。

望，能夠得到第三個獎盃；然而，在這個音樂神殿裡頭，她的慾望是不被允許的。雖然如此，她仍然希望自己的夢想能夠實現。這時候，她用力地拍掌，並且大聲的呼喊：「對了，我的小寵物現在守在什麼地方呢？」

不久，一隻小羚羊一擺一擺地走進房間。這隻小羚羊是個脆弱、有著褐色膚色的小寵物；它以小女生打扮出現。使喚它的光芒沒有對它造成驚嚇；它天真的樣子讓人感覺，它可能只有十六歲。在它的身上，陌生人帶來的膽怯比它自己的美麗更讓人產生深刻的印象。它是從天上降臨的天使，換句話說，它不是藏匿在衣櫃裡的擺飾。這時候，我站起來，因為我站立的位置會阻斷它進入這間虛無的空間，或者，可以使它的目光躲避掛在牆上這一位謀殺犯。在這一瞬間，這位謀殺犯並沒有放棄扮演殺戮的角色，從她的口中，我聽到令人難以忍受的字眼。

「她是不是很漂亮呢？這是馬儂（Manon），她是我的女兒。她的父親是格羅皮斯㉗。這是其他人沒有辦法代勞的事情。安娜很喜歡你，是不是呢？為什麼她不能有個漂亮的妹妹呢？一個漂亮的女兒，一個偉大的男人。這是不是所謂的『名符其實』嗎？在人種上，格羅皮斯是唯一適合我的男人。不然，以前只有一些小猶太人才會喜歡我，像馬勒一樣的小猶太人。不過，這兩個人都是我喜歡的人。現在，妳可以離開了，我的小寵物。噢！等一下，妳可不可以到樓上看看，法蘭茲（Franz）是不是還在寫詩。如果他還在工作，就不要打擾他。但是，如果他沒有在寫詩，可以請他到樓下來。」

㉗ Walter Gropius，德國建築師，一九一五年與阿勒瑪結婚。

當她接受這項任務之後，馬儂慢慢地離開房間；這是謀殺犯第三個獎盃。她完全沒有表情地離開這個房間，就如同剛才走進來時一樣；這項任務似乎沒有為她帶來許多的干擾。在自己的腦海中，急躁的心慢慢地和緩下來：她沒有受到任何的傷害。她應該一直保持像天使一樣的天真無邪，就像現在這個樣子。她不應該變得和她的媽媽一模一樣；永遠不要成為牆上的壁畫，不要成為躺在沙發上那些膚淺、腐朽的老女人。

（我不知道，原來留在自己心裡面的話竟然是如此地悲痛。一年之後，這一位腳步蹣跚的小羚羊變成肢體癱瘓的病人；當她的母親拍手的時候，她得推著輪椅前進，走進那個虛無，她母親並沒有改變高高在上的姿態。再過一年以後，這位甜美的小女孩去世了。阿爾班・貝爾格最後的遺作「對小天使的懷念」是獻給她的作品。）

在天花板下面一間房間裡頭，是韋爾弗㉘的講臺；當他在寫作的時候，總是站立著。有一次，我拜訪安娜時，她讓我看一下這間房間裡頭的擺設。他的母親並不知道，在音樂會的時候，我已經認識他了；當時，我陪安娜參加音樂會，而他坐在我們兩個人的中間。當音樂進行時，我突然意識到，他正斜著眼睛看我。他把身體整個斜向右邊，這樣子，他可以更清楚地端詳我一番。另一方面，我也沒有辦法壓制自己的好奇心；為了更仔細地看清楚他眼睛的神情，我的左眼幾乎轉到後腦勺去了。在這一瞬間，兩對瞪得大大的眼睛交會在一起；它們先感到銳利的目光所散射出來的抓力，所以，避開了眼神之間的撞擊。但是，最後，彼此

㉘ Franz Werfel，奧地利抒情文學作家。

之間強烈的興趣還是沒有辦法隱藏起來，所以只能讓事實恢復自己的原貌。

我不知道。如果我是韋爾弗，那麼，我一定不知道，自己人生的舞臺會上演什麼樣的戲目；或許，我會想像所有的可能性吧。但是，我知道，我不是男高音，而且我迷戀著安娜；這是全部的事實。她不會因為我而感到羞愧，因為那時候我穿著運動休閒褲，而不是音樂會上正式的晚禮服。在最後的一秒鐘，我知道，安娜還有一張入場券，所以，她可以帶我一起參加音樂會。她坐在我的左手邊，就如同我的想像一樣，當我看著她的時候，總是有種感覺，像不知什麼東西刺痛我的眼睛一樣。但是，當我眼睛注視的方向直射到韋爾弗右方的青蛙眼，這時候，我的意識裡突然出現一幅圖畫：他的嘴巴活像鯉魚嘴；這很配合他斜眼看人的樣子。不久以後，我右眼的轉動和他左眼的擺動竟然是一模一樣的。這是我們倆第一次的相遇；而且這是兩對眼神之間的交會所譜出的音樂，眼神的交會勾劃出我們倆的關係：安娜坐在中間，所以，我們根本沒有辦法更靠近對方。安娜的眼睛是明亮、美麗的；當一個人得到她眼神的青睞的話，他永遠不會忘記，在這一瞬間她的眼珠子散放出來的火花。但是，在這一刻，安娜明亮的眼神卻是無助的：在很怪異的方式下，真理的實體活生生地被吞咽了；人們可以想像一下，我和韋爾弗兩個人眼神之間的交會是如此地赤裸裸的，是如此寂靜無聲的。

當音樂會結束之後，我們兩個人也聊了幾句話；在日常會話堆積出來的病態美學這個領域中，他可以稱得上是大師（他被稱作費立德勒・佛爾毛勒㉙，是那個時代最偉大的文學家

㉙ Freidl Feuermaul 的文筆時常傳述過度誇張的感情，來迎合讀者的喜好。

穆集爾對他的尊稱）。或許因為在安娜面前的關係，我並不喜歡他講話的內容。我們兩個人都很沉默。或許，在我們第一次相遇的時候，眼神的交會已經確定彼此之間的敵對關係；因為這一層關係，他對我的人生作出最無情的打擊；他的敵意以及我狂野的意志。

不過，這個時候，我坐在阿勒瑪的旁邊，也就是她的獎盃的下方。而且她並不知道音樂會的相遇。所以，她叫第三個獎盃去呼喚第四個獎盃，也就是說，法蘭茲沒有在寫詩的時候，他必須下樓來。看樣子，他似乎正在寫詩，因為他並沒有下樓來。不過，這是我喜歡的結果，因為當時我的神志已經迷失在這位驕傲的寡婦以及她的獎盃強烈的印象之下。在這樣的印象的發酵下，我已經下定決心，永遠將這個印象留在心裡面；即使韋爾弗「啊—我的天」這樣的閒言閒語也沒有辦法改變我的決定。這也是後來發生的景象。我已經不知道，我是怎樣離開那個空虛的神殿。我也不知道，當時是如何跟她告別的。在我的記憶裡，自己仍然坐在這位永遠不死的靈魂旁邊；她的話不時地縈繞在耳際：「像馬勒一樣的小猶太人。」

史特拉斯堡一九三三

我真的不知道，赫爾曼・薛爾漢在心裡作了什麼樣的盤算；如果我參加他所舉辦的現代音樂的研討會，自己到底會發揮什麼功能呢？這麼龐大的表演計畫跟我之間並沒有重大的關係。每一天會有兩場音樂會；然而，音樂會舉行的地點是音樂學院。參加表演的音樂家來自全世界各地，有些人住在旅館，然而，大部分的人被邀請到史特拉斯堡的民房住宿。

招待我的主人是哈姆（Hamm）教授，他是有名的婦產科醫生。他的房子座落在老城裡面；這間屋子的位置在離唐瑪斯教堂（Thomaskirche）不遠的薩茲曼巷。他是個非常忙碌的人，不過，他卻親自到音樂學院的辦公室來接待我的來訪；在辦公室裡，我被分配到哈姆教授的家裡。然後，我們就散步走到薩茲曼巷，同時間，他用很奇怪的方式解釋一些事情。當我站在這一棟美麗又豪華的屋子前面時，心裡是如此地感動。我可以感受到教堂的緊鄰——這是自己的夢境中不曾出現的美景。這棟屋子呈現的美景是我慾望的實現；因為教堂的緣故，所以我接收了到史特拉斯堡的邀請。我們兩個人一起觀看前廳；它是很寬敞的。人們很難想像，這麼窄的巷子會有這麼寬敞的前廳。經過寬大的樓梯，哈姆教授帶領我到一樓；這時候，他打開客房的門：一間很大的、很舒適的房間；它是依照十八世紀的品味設計的。我簡直沒有辦法想像，在這間房間睡覺。這一瞬間，我的思緒沉淪在一個漩渦裡；這個漩渦的密度是如此地強悍，所以，我的話語被壓在漩渦裡面。哈姆教授像小孩子一樣地活潑，他的一舉一動有著強烈的法國風情。我想突破漩渦的吶喊是他很早就期待的結果；誰可以期待一間更漂亮的客房呢？這時候，他認為自己有義務對我解釋一些迷惑：我置身在什麼地方。他指向教堂的方向；這間教堂似乎就像座落在自己的掌中心一樣，那麼地鄰近。他說：在第十八世紀的時候，這一棟房子是間旅館。當時它的名字叫「魯爾旅館」（Auberge du Louvre）。赫爾德[30]曾經在這間旅館渡過一個冬天。當時，他生病了，而且不能外出。所以，在那一段日子裡，歌德每一天都來拜訪他。我們不知道，這樣的傳說是不是正確的。但是，依照傳統，赫爾德都會住在這一間房間。」

在這間房間裡，歌德曾經和赫爾德談過話，這一幅景象征服了我的想像力。

「這是事實嗎？」

「他的確是在這間房間。」

我用很驚恐的眼神看著床。這時候，我仍然站在窗戶旁邊，那是剛才他向我說明教堂的風景的地點。然而，我卻沒有勇氣走回房間裡面。我的眼睛緊盯著這間房間的門，經過這扇門，我走進這間房間，在這一瞬間，我好像站在門前，接待每一位訪客一樣。哈姆教授的模樣告訴我，在他腦海裡所喚起的回憶並不只有這間房間傳奇性的歷史。他輕盈地走向臥床旁邊的小桌子，並且從這個地方拿起一本小書，一本老舊的年曆小手冊（我相信，那是某世紀七〇年代的小年曆），然後，他把年曆交給我。

「小小的禮物。」他說。「一本年曆，裡面有些廉茲㉛寫的詩。」

「廉茲的書？廉茲的書？」

「是的。這是第一版。我想，你會喜歡它。」

他怎麼會知道這些事？在他心裡，這一位年輕的詩人就好像自己的兄弟一樣；我對他的

㉚ Johan Gottfried Herder，德國的大詩人，最擅長民俗詩。

㉛ Jakob Michael Reinhold Lenz，在史特拉斯堡認識歌德。和歌德間的相遇對他造成很大的影響。他的創造一直模仿歌德的文學風格。然而，當他被歌德遺棄以後，身心造成重大的創傷，因此而導致精神分裂。最後，他的屍體離奇地出現在莫斯科的街頭。

感覺可說如手足般那麼地信任。他不像那些所謂的大詩人，會作出一些不正確的行為；世人常常被這些大詩人的名聲所蒙蔽。到現在，廉玆一直都是前衛的詩人；我對他的認識，來自德國散文中一篇很精彩的作品；換句話說，從畢希納的作品當中，我認識廉玆：來自死亡的恐懼讓他喪失了理智；但是，他卻沒有辦法找出一條出路來面對死神的召喚。在史特拉斯堡這個地方，前衛的藝術迎接著自己的時代的降臨；然而，就算我們用音樂的角度來鑒賞前衛藝術時，這裡還是廉玆自己的故鄉。在這個地方，他遇見了偶像歌德；不過，這一次相遇的代價卻必須用自己的生命來償還。六年以後，他的學生，也就是畢希納也來到這個地方；我們必須感謝畢希納，因為他把德國散文中片段的文字改寫成一部完整的作品。這是那個時候我知道的歷史典故，而且這間旅館卻是這些歷史事件發生的地點。但是，到底哈姆教授從哪裡知道這些落實典故呢？這些歷史的蹤跡對我有著非常重大的意義？如果他讀過《婚禮》的話，那麼，他絕對會瞪大眼睛地看著我；或許，因為這個緣故，他是不是會因此而猶豫不決呢？不知道是否邀請我到家裡來住宿？但是，這間屋子的驕傲反射出真正主人的本能；他的熱忱款待讓我十分感激；或許，這是我以後必須歸還的人情債吧。但是，他還送我一本廉玆的小年曆。這個姿態帶給我的回響像兄弟親情般的親密；因為他必須對過去的歷史作相對的補償；在這詩學的神殿裡頭，詩人之神並沒有真正地接納廉玆。這時候，我的行李被提了上來；我將行李箱放好。

白天的時候，音樂研討會發生了許多事件，而且似乎是永無止境的。每一天有兩場音樂會，而且絕對不是簡單的音樂或者演講（像阿洛斯・哈巴（Alois Hába）發表他自己四分之一音律的理論」。和新認識的人談話是很有趣的。除此之外，這樣的交談讓我特別喜歡的是：大家討論的內容都與音樂有關，而不是與文學創作有關的話題；當時，任何有關詩的討論是我所無法忍受的。在那個時候，我得到許多當地名望的紳士的邀請；每一天傍晚，當音樂會結束後，我們會聚在一起。我有種感覺，我的時間排滿了行程；事實上，和那些音樂家比較起來，這算不了什麼。只不過，我是薛爾漢親自邀請的客人，所以，我的參與並沒有引起任何人的質疑。我不得不對這個現象感到驚訝，竟然沒有人問我：「請問您曾經寫過那些作品？」然而，我絕對不會這麼認定，覺得自己是個行騙的老千；因為我已經完成了《康德縱火》以及《婚禮》兩部作品，而且我知道，和這些在場的音樂家一樣，自己已經完成一些新的藝術創作。除了赫爾曼之外，沒有人認識我的作品，但是，這件事實對我並沒有產生任何的影響。

夜深以後，我回到自己的房間。這時候，我的心中已經非常地篤定，在這一間旅館裡，曾經留下赫爾德的痕跡。每一天的夜晚都產生相同的悸動；這是恐懼的形式，失眠的狀態衍生瀆神的亢奮以及瀆神之後的懲罰。但是，早上我起床時，卻沒有感到絲毫的疲倦，我很願意立刻振奮自己的精神，迎接研討會的各項節目。在半路上，自己的腦子裡，絲毫沒有想到夜晚即將來臨的失眠。史特拉斯堡的這段歲月時常召喚起心靈上的激動；我可以這麼說，因為錯誤的存在，所以自己曾經墜入到這一段迷失的過去。但是，對自己的生命來說，我仍然很願意傾聽不安的呼喊；心靈的不安並不是單獨存在的；換句話說，我也體會到不安之後的平衡。這樣的平衡是美輪美奐的，因為它的存在，所以，每一天我願意耗費時間來迎接因為平衡而產生的對立：那是我房間前面的小教堂。

過去只有一次到過史特拉斯堡；那是一九二七年初的時候，我從巴黎到維也納的途中。我在依勒薩巴（Elsaß）的車站下車，為了看湯馬斯教堂以及在科羅馬爾（Klomar）裡頭的伊森海默聖壇。我在史特拉斯堡只有停留幾個小時，而且花了這幾個小時尋找教堂。那時候大概是傍晚時分，突然間我站在克羅梅爾小巷前面：龐大的西邊窗戶上的石頭所散放出來的紅光是我沒有料想到的光芒。瞬間，過去所有我看過的圖像一下子變成黑白的照片。

六年以後，我又回到史特拉斯堡，但是，這一次停留的時間不只是幾個小時，相反地，是幾個禮拜，甚至一個月。這件事是非常偶然的，或者，我可以說，它的發生似乎是偶然的。赫爾曼不停地尋找新的人物，在這樣的情況下，他邀請我參加研討會。我接收了這項邀請，但是，另一方面，我違反自己的意志，我也撕裂了自己對安娜無法抵抗的熱情；這股熱情的發生並沒有很久，而且赫爾曼必須為這樣的發展負起責任，因為他乞求我，替他轉交信件；事實上，當時，赫爾曼也作了嘗試。我並沒有真正猶豫過；或許，我們可以這樣說，在最後的那一刻，所有外在的困難都得到心靈的撫慰與補償。在那個時候，我已經開始撰寫《虛無的喜劇》（*Komödie der Eitelkeit*），而且構思還停留在第一個部分。有兩件事情把我困在維也納。對我的人生而言，這兩件事都是十分重要的：第一件事是自從我遇見薇颯之後綻開的熱情——當我寫完小說以及《婚禮》之後；第二件事是第三部詩集的撰寫；德國當時的狀況在我的心裡留下很深刻的印象。在德國政府焚燒書本之後，《虛無的喜劇》灼傷了我的手指；在這個時候，旅行已經成為必須實行的計畫，但是，因為護照的困難而耽誤之後，和安娜的感情開始產生問題。當我在法國的領事館等待護照的簽發時，撰寫了布羅薩姆（Brosam）的經文。

如果我今天問自己，當時到底什麼原因促成拜訪史特拉斯堡的決定，那麼，除了薛爾漢強烈的意志以外——他可以強迫每一個人作出這樣的決定——那是史特拉斯堡這個名字，以及我所聽到赫爾德、歌德以及廉茲在史特拉斯堡的事跡。我不相信，我可以很清楚告訴自己，在心裡面，教堂圖像的摹本是如此地無法抗拒。但是，我對德國文學中浪漫文學（Sturm und Drang）帶給我的激情是這麼地強烈，而且這一股感情與史特拉斯堡這個城市每一個時期的景象糾合在一起。現在，這樣文學把自己放置在危險當中，就如同這種形式的文學的名字給我們明確的指引一樣，嚮往自由的慾望受到了威脅。這個慾望是文學最真實的內容；它充實了我目前心靈的空虛。但是當時，史特拉斯堡這一個城市還是個香檳酒的都會，還是自由的。我不禁問自己，難道這是個奇蹟嗎？我把喜劇所有手稿一起帶在身邊，雖然那只是一小部分，但卻是表達強烈感情的語言。除此之外，畢希納不是也曾經到過這個地方嗎？因為他的緣故，所以，我才認識廉茲。同時，在兩年前，對我而言，難道畢希納不是所有戲劇的根源嗎？

老城並不是很大，或許因為這樣的緣故，人們會一直發現，自己總是站在教堂前面。這個現象的發生並沒有錯雜任何意圖；然而，如此的結果卻滿足旅人心中的慾望。教堂大門前面的雕像深深地吸引我的注意力，那些雕像是一些先知，特別是無知的處女。白色的處女並沒有讓我感動。那是愚笨的微笑，為了迎合世人的庸俗所綻放出來的微笑。其中有一個處女雕像讓我覺得最美麗；她激發了我心中的情愫。後來，在城裡的街頭，我遇見她。之後，我引導她到自己的塑像前面；在這個世界上，我是第一個人，證明她與雕像之間的關係。她用十分訝異眼光看著這尊石像，為什麼陌生的旅客會有這麼好的運氣，在這個城市裡發現了她。除此之外，她也真的相信，當她出生以前，已經來過這個都會；她微笑地站在教堂前面的大門；像個愚笨的處女。但是，在真實的世界裡，她畢竟不是愚笨的。那是天使般的微笑，在如此甜美的微笑的引誘之下，藝術家把她放在大門前面左邊第七個仙女的位置。在眾多的先知、在城裡頭，我也發現了一位市民；在這個禮拜裡，我遇見了他。他是個歷史學家；他是個躊躇的，且充滿不信任感的人。他的話不多，寫的更少；或許，只有天知道，這些先知曾經向他透露了什麼秘密。但是，他站在這些先知的面前；事實上，我並沒有引導他到教堂大門前。不過，我曾經告訴他與他剛睡醒的太太，在什麼地方可以找到這些石像。然而，他總是那麼地狐疑；所以，他沒有將自己的發現告訴其他人。關於他的人格特質，他的太太也同意我的看法。

這一個禮拜的生活帶給我豐富的經驗；這些經驗是由人們、氣味以及聲律簇擁而成的體會。然而，真正地體驗是教堂精神上的昇華。每一天，我都重複著同樣的體驗；不管哪一天，我不能讓如此的體驗散失掉。我沒有辦法作任何的考慮，我的激情是如此地強烈，所以，一下子，我就狂奔到上面的舞臺。我很焦急；我沒有多餘的時間；在還沒有來得及抓住喘息的時間之際，我飛舞到上面來。這一天還沒有開始；對我來講，這還不算是一天。當我爬到上面來後，天數的計算才可以正式地開始。所以，我待在史特拉斯堡的日子比原來構想的還要長久；換句話說，結果多了一個禮拜的時間，因為，雖然音樂會上有許多值得細心品味的節目，但是，好幾次，我還是在下午時間溜到上面的塔樓來。我很嫉妒那些可以在這上面擁有房子的人，因為當人們漫步在如此幽遠而且彎曲的小徑上，他總是領先一段路程。往下眺望城裡頭屋子的景象，讓我醉心失魂；就是往塔樓路途中每一塊石頭，都是刻畫出美豔的色彩。我看到黑森林與渥根森山脈的綜合體；而且我並沒有欺騙自己，在這一年，它們還是分開的。十五年前的戰爭仍然壓迫著我，我心裡感覺到，下一次的戰爭和自己的肉體之間的距離只有幾年的時間。

我會爬上塔樓的頂端，因為在塔臺前面幾步有一塊板子；歌德和廉茲以及他們的朋友在板子上刻下自己的名字。這時候，我想著歌德，想他如何在這上面等待廉茲，在這個時刻不久前，廉茲寫了一封信給卡洛林．赫爾德（Caroline Herder），告訴她一件讓他心狂的喜訊。「我已經沒有辦法再寫下去了。歌德在這裡，而且他已經在上面教堂的塔樓，等待我半個小時了。」

對我而言，薛爾漢的音樂會比這個城市的精神更為陌生。我並不是現代的敵人；無論如何，我絕對不是現代藝術的世仇，這怎麼會是我願意的事情呢！當在最後一場節目完畢之後，我坐在城裡頭一家非常舒適的餐廳裡，裡面還有一些陌生的音樂家。大部分的音樂家沒有什麼經濟能力，可以點昂貴的餐點。我看著赫爾曼享用他的魚子醬；他總是點土司魚子醬，他是唯一有能力享用這道菜的人。除此之外，我問自己，他是不是已經察覺到，在這個城市裡有座教堂。整天的工作消耗音樂家所有的精力，不過，他並沒有引起他人的注意，換句話說，他吃自己的魚子醬，而且又點了第二份。他喜歡這樣子，當別人睜大眼睛，看他如何吃魚子醬；他是唯一吃魚子醬的客人。當人們很飢渴地盯著看的時候，他又會點第三份；當然那是為自己點的餐點，這是為一個工作辛勞的人所點的特餐。古斯塔（Gustel）是他的太太，當魚子醬晚餐進行的時候，她很少在場。她已經在旅館等候了；在旅館裡，她必須為赫爾曼處理很多書信的工作。在他的身邊，如果其他人沒有工作的話，並不會對他造成任何的困擾；對他而言，所有的人都是有用途的，就如同交響樂團一樣。

事實上，這樣持續性的緊張是很難忍受的，但是，如此忙碌的生活實在不是他本身的過錯，因為他的緊張遠超過其他人的工作壓力。到午夜十二點以前，他會在布路格利廣場這一家餐廳享用他的魚子醬以及香檳酒，然而，在第二天早上六點，他已經安排好其他的約會；在旅館裡，他必須和一位女高音排演當天的節目。對他來說，任何時候都不會嫌太早。從一大早開始，他的肉體已經被分割成幾個不同的部分，而且他還得拖曳著如此容易引起激情的身體，繼續地工作。在這個研討會中，所有的節目都不支付任何酬勞的。所有參加演出的音樂家都是為了自己對現代音樂的熱情，而參加表演節目。音樂學院以及學院裡提供表演的場地也都不收取任何的租金。最後，這位最重要的主角也是在沒有酬勞的情況下，貢獻他對現代音樂的熱忱；依照他自己的想法，他的工作量比其他所有人的工作總和還多。在這次研討會有無數的音樂會，而且都可以正常地進行；同時，這些音樂都是非常不尋常以及異常困難的樂曲，換句話說，它們的演奏並不只是隨著人的感性飄流，而是共振出美妙的音符；事實上，就如同惡魔必須時時提防砲兵，砲兵一定得留意其他所有的事物；在這樣的情況下，才不會出現不符合音樂家理想的效果。整個音樂會的成果是令人感動的；然而，音樂會的結局卻逐漸聚焦在指揮家身上，而不在作曲家新的作品上面。他是實現構想的源泉，因為他是第一個人把所有異質的音樂素材整理在一起，頭一次將全新的可能性呈現在世人的面前；沒有他的熱忱，就不可能產生新音樂的果實。晚上，在整個城市裡，個別被挑選出來的、喜好文化的市民，可以到「布路格利廣場」這間餐廳來，和薛爾漢同桌用餐。這些人通常是借著邀請參加音樂會的音樂家；換句話說，他們提供音樂家住宿的場所，或者經過大型社團以及工會的推薦，來爭取成為現代音樂的愛樂者的身分。他們覺得，當他們得到允許，觀看薛爾漢享用魚子醬時，已經是自己的榮幸。每一個人都認為，當他啜飲香檳酒的時候，那絕對是他應得的報酬。我認識其中的一個人；我認為，他是個頗了不起的醫生。有一天晚上，他突然轉身告訴我：「他對我而言，簡直是耶穌基督。」

即使在這樣的情況下，還不到告別這一天結束的時刻。在邁森．羅格旅館裡，也就是赫爾曼下榻的旅館，人們會坐在一起閒聊，直到午夜；這時候，我們可以看到不同的小團體。在這裡的人都是熟悉內部管道的知情者，他們既不是城市裡的士紳也不是音樂家，因為只有上層社會的人才有辦法到這裡，並且下榻在這家旅館。在這個地方，我遇見年輕的耶森薴（Jessner）以及他的夫人；他也是個導演（他將在市立劇院把米堯（Milhaud）的劇本《可憐的船員》（*Pauvre Matelot*）搬上舞臺。）我也認識了古恩多夫夫人；她已經離開海德堡。不久之前，古恩多夫剛去世。儘管如此，她仍然很樂意參加午夜裡愉快、有時候毫無禁忌的閒談。當赫爾曼不沉默，或者没有意願解釋大道理時，他是犬儒的；這時候，這些被挑選出來的見證人感到自己得到上帝的眷戀，所以，他們也一同加入犬儒的笑罵人生。

我覺得，花一些心力，來旁觀這一刻是值得的；在這一刻，現代音樂的研討會正進行著。前些日子，德國政府剛焚燒書本。在半年前，這個人掌握真正的權利；我没有辦法說出他的名字。十年前，毀滅性的通貨膨脹肆虐整個德國。十年以後，他的軍隊深入俄國的領土；除此之外，他在栲卡斯庫斯（Kaukasus）的最高峰插上德國國旗。史特拉斯堡是研討會的舉辦地，是法國管轄的城市；在這個都會裡，人民的生活語言是德國方言。

在這個城市的小巷以及房屋裡，「中古世紀」的特色被完整的保存下來；但是，這幾個禮拜裡，運送垃圾的工人罷工，所以，整街道令人刺鼻不已。然而，教堂的塔樓卻依然挺立地漂浮在如此惡臭氣味的上端；換句話說，對每一個站在自己的舞臺，且嘗試去解放自我的人而言，塔樓會伸開雙手歡迎。這次研討會的主辦人是位指揮家，也因為這個緣故，所以，專制的霸氣竟也轉變成為自己矯揉造作的人格；雖然如此，他仍然拒絕在新德國的土地上舉行表演。依照他身上没有任何污點的血統以及條頓人式的工作狂熱，新誕生的祖國的確可以為他帶來無上的榮耀。他是少數人中的一個；他的堅持為自己創造了值得人們尊敬的榮耀。在那個時候，他所作努力是成功的；在史特拉斯堡這個小地方，我們看到歐洲形式的大團結；這是個由音樂家所吹奏而成的文明歐洲，一個嚮往新的嘗試，一個勇敢的、值得信任的歐洲。如果這些音樂家没有辦法眺望未來的可能性的話，那麼，他們的嘗試怎麼會有意義呢？

在這段時間，我生活在幾個不同的世界裡頭。然而，世界的中心是音樂學院，白天時，我都佇足在這個地方。當人們踏進這棟建築的時候，如同閃電的噪音立刻射穿頓時沒有知覺的耳膜。每一間房間，都正舉行著排練；當然，在音樂學院裡，這是正常的現象，換句話說，這裡每一間小房間都被音樂家占領了；他們的樂器正模擬著下一次的攻防戰呢！不過，在其他的音樂學院裡頭，人們相信，自己可以知道正在排練的音律。我所聽到的音樂，大部分是由許多熟悉的單一音符聚集而成的大雜燴。內心裡，人們可以感受到一種逃走的慾望，那是種被熟悉的瑣碎所獵殺的嚮往；這些熟悉的音律聚集成了一團混亂；但是，在混亂當中，每一個音符都是可以標示的，而且永不摧毀的。相反地，這個地方卻是嶄新的以及陌生的；而且每一件事物就像整體所營造出來的共鳴一樣。或許，正因為這樣的緣故，所以，交雜的共鳴會讓人感到如此地新奇，而且不斷吸引每一個人的來訪。音樂家永不磨滅的創新讓我感到驚訝；在新任務的困難中，這些音樂家不但得熟背演奏的樂曲，同時，還得在這個製造死屍的工廠裡頭工作，換句話說，他們不僅得辛勞地練習，在如此吵雜的環境中，他們還得判斷自己的表現是不是更突出。

或許，因為我常常離開音樂學院，所以可以一直不斷地踏進這個吵雜的人間地獄。因為當我一遠離吵雜的噪音的那一瞬間，就立刻撲向街道的惡臭。垃圾工人的罷工已經持續好幾個星期了。人類沒有辦法習慣這樣的惡臭，而且人們一定永遠記得，他們從來沒有經歷過如此的氣味。這樣的味道一天比一天嚴重。世界上，沒有任何一種感官的力量可以相比擬，即使是音樂學院所創造出來在聽覺上的混亂。

在那個時候，我的腦海裡頓時浮現出瘟疫的念頭。突然間，在沒有過渡期間，以及心理準備的情況下，我發現，自己置身在十四世紀的古代：這是個群眾運動的時代；因為這個原因，所以，我一直關注這個時代所發生的問題。在這個時代裡，我們可以發現，手持鞭子的酷吏、瘟疫、火燒猶太人；在林姆堡紀事錄㉜裡，我第一次看到相關的歷史記載，而且陸續一直讀到同樣的史料。在這一刻，我自己也生活在裡面；在一位醫生精心設計的家中；我只要踏出一腳步到街上，外面就是垃圾以及惡臭蠻橫的領土。我並沒有逃避它們腐朽的惡臭，相反地，惡臭喚醒了心中恐懼的圖像。我看到，遍地都是死屍以及生還者向天咆哮的無助。我覺得，在狹窄的巷子裡，人們互相躲避對方，好像他們害怕會受到瘟疫的傳染。我絕不抄小路，雖然捷徑可以很快地帶領自己到市中心以及豪華壯麗的新廣場；在廣場上也是研討會主要會場的所在地。我繞行所有可能的小巷，因為我感到很驚訝，在這個局限這麼大的小地方竟然可以開創出那麼多的路徑。這時候，我把所有的危險都攬在自己的身上，而且我的希望是，無論在任何的情況下，我都不會逃避它的降臨。在我所經過的每一户人家，所有的門户都是緊閉著。我不曾看見，那户人家曾經把門户打開；除此之外，我還看到，在精神上，住家裡頭的人裡面全部是垂死的病患以及死屍。在萊因河那邊被認為是民族意識的覺醒的呼喚；在這裡，我已經感受到，那是戰爭的結果；一場沒有戰場的戰爭。我無法預知未來，當然，我也無法知道，未來十年內會發生什麼事件——我怎麼可能預知未來呢？我只是回頭，

㉜ Limburger Chronik，十四世紀時，德國非常重要的地方誌。

眺望六世紀以前的歷史，在那個時代，到處是瘟疫以及死屍所造成的群眾；在沒有辦法抵抗引誘的情況下，這些沒有生命的群眾對自己發動猛烈的攻擊，但是，在另一方面，這樣的行為卻為自己帶來更嚴重的威脅。教堂上面，所有請願的過程最終都會停頓下來；這些過程並沒有產生任何的幫助，來抵抗瘟疫。因為，事實上，大教堂還是佇立在原地；教堂直挺聳立的原因並不是為了其他事物的存在；當人們可以站立在它前面的時候，這已經是種幫助，因為人們曾經進入教堂裡面。除此之外，它會繼續站立在原來的地方，沒有任何的瘟疫可以擊倒它的存在。這是過去經營的古老運動；這個運動告訴我，在所有的小巷子裡，我們一群人已經集合完畢，而且準備一起爬上教堂。然後，我們所有人會站在塔樓上面。我一個人站在上面；這或許是種感謝，不是請求。它是感謝我們竟然可以站在這個地方，因為我們頭上的天空並不會塌下來；而且雄偉中最雄偉的氣勢挺立在這個地方：塔樓。

我是最後一個人，所以，我得到允許登上塔樓——在頂峰上，所有事物都沒有遭到任何的破壞而佇立著。當我在頂峰深呼吸時，帶有屍臭的瘟疫似乎又被趕回古老的世紀；雖然，它總是不斷地嘗試擴散它的氣味。

安娜

赫爾曼的女人們真的無法抗拒他，這是非常令人驚訝的現象。在愛情的召喚下，她們是如此喜悅地接受指揮家的指使；但是，如果她們無法陪伴在他的身旁時，那麼，她們又會脆弱地昏倒在地上。她們樂意忍受這樣的煎熬，因為只需要再等待一段時間，在音樂的領域裡，她們又可以為他服務。當她們為他處理工作時，那麼，他會保持精確以及保有責任心的。因為他負責的態度，過去的氣氛常常可以被拯救回來，而且沒有一個人會放棄希望：或許，他突然對她的原始情慾又點燃起來。在這些女人身上，我們看不到嫉妒心的存在。當她們個別相處時，每一個人都可以感覺到，自己受到指揮家特別的眷戀，而她們會把自己心裡的感覺看待成私人的秘密，緊緊地鎖在回憶的沉默國度裡。這些女人會努力地守住自己的秘密，換句話說，與用嫉妒和仇視的心態來看待其他人的人比較起來，那麼，對她們來說，如何在公眾場合保護自己才是更重要的求生本能。相反地，如果把自己的嫉妒心所產生的不平衡付諸行動時，在他身上，她們完全看不到任何的回響。沒有人可以影響他；他認定自己是個貴族；他只做他自己想做的事情。事實是非常簡單的。

不過，在一個女人的身上，我們卻看到一個全然相反的現象：一個女人——人們應該說，歷史的悲情刻劃在她的臉上——肩負著面對所有嫉妒挑釁的義務；此外，讓她履行這份義務的場合可說是多彩多姿。在史特拉斯堡時，古斯塔正式成為赫爾曼的妻子；她是他第四任妻子，而且這段羅曼史還不算太長。在史特拉斯堡研討會的前幾個禮拜，她才完全地投入到他的懷抱。剛開始，她還猶豫不決，是不是願意成為他的第四任妻子。她的猶豫有個很好的理由，因為她曾經是他的第一任妻子。當他還在柏林的時候，她緊緊地依偎在他的身旁；在那一段慘淡的日子裡，他仍然没没無聞，而且腦筋裡只有一個想法，如何憑藉自己的力量闖出一番事業來。她是他的印第安女人，而且指揮家對她的記憶細微到她皮膚泛紅的顏色。她的膚色來自遺傳，就如同她的沉默以及忠誠，這些特質都是因為遺傳所造成的影響。她的話很少，但是，當她講話的時候，刻意壓低自己的話語，讓人總是覺得有點心酸。這時候，她像是站在拷問的刑臺前；她的意志是如此地堅決，而且永不放棄。克制自我是她天生的求生本能。一開始，她就利用處理文件來幫助他。沒有一件文書工作不是她替他處理的；在那個時候，信件、協定、資料以及所有組織工作都是她經手完成的。除此之外，她從沒有終止過可以達到的目的的任何作為。當她開始靠近他的身邊，而且如願以償之後，她終於看清楚了：他的成功並不能補償她不計其數以及無法中斷的苦楚；歷史的宿命又讓她重新站在自己的刑臺前面，繼續經營新的折磨。因為他也是那麼地沉默，所以，心靈中的任何話語都不會從他的口中洩漏出來，就如同她的沉默無語一樣。她未曾用言語來描繪自己內心中的酸楚，同樣地，他也不會借用任何一個字來潤色自己的幸福。兩個人都有著細長且緊密的雙唇。

還很年輕的時候，他就成為福特萬格勒㉝的繼位人，他來到法蘭克福，並且接管撒巴音樂廳（Saalbaukonzerte）的總監。這時他認識了葛達．米勒（Gerda Müller）；她是我年輕時代的希臘女神佩瑟絲蕾亞（Penthesilea），我們可以這麼說，在她那個時代，她是眾人激賞的女演員之一。因為她的原因，所以，他離開了古斯塔，而且也沒有留下太多字句。當他與葛達．米勒結合在一起後，他的命運正好和古斯塔相反。這裡，我們看到開放的、強烈的激

㉝ Adolf Furtwängler，德國指揮家及作曲家。

情，暴力以及聳動的角色和一股因她而誕生的力量，但是，這一切卻沒有辦法得到觀眾的欣賞；在這個地方，刑臺已經不代表貞操了，否則，那即是代表自己的無能。或許，是在這個時刻，赫爾曼對舞臺劇以及戲劇的興趣被點燃了。他的私生活，一定是像狂風暴雨一般，即使不是他人生當中最瘋狂的一段期間。古斯塔完全退隱回到平民的生活；她必須嘗試過著規律與沒有任何折磨的生活。她找到一個男朋友，並和他一起渡過了七年滿足的生活。

他很少跟我提起葛達・米勒，不過，卻很樂意描述他的第三任妻子；她在他生命的某一段期間留下深刻的烙印，而且她是唯一一個違反他的意志，並且離開他的女人。事實上，她也是個女演員。只不過，當葛達・米勒沉溺在酒精的迷幻時，卡洛拉・內爾（Carola Neher）卻嚮往冒險；真正吸引她的男人是任何帥勁的類型。

那是在史特拉斯堡的研討會之後發生的事情：大概是一、兩年以後的事。我到文特圖爾市（Winterthur）拜訪他：那時候，他正指揮著維內・藍哈茲（Werner Reinhardts）的交響樂團。在那個地方，我聆聽了他的一場音樂會，深夜時，我和他一起走進他的房間。在他身上，我感受到一股完全不同的惶恐，然而，這並不是他原本的樣子，平常他總是會壓抑自己的不安，然後，試圖克服心裡的焦慮。不過，這一次，他似乎受到很大的打擊，好像有人征服了他一樣；這一刻，他的音樂會已經結束了，而且整場節目的水準並不低於平常的表現。雖然時間已經很晚了，他還是請求我留下來。他以一種非常特別的方式，張望房間的四周，好像看到鬼魂一樣。他的眼睛沒有辦法對它的對象停留太多的時間，相反地，失神的目光來來回回地晃動。這時候，他完全不會正眼看人一眼，然而，他只注意到一件事：我是不是在聽他講話。他失魂落魄的樣子的確讓我嚇了一跳，在他的身上，我從沒有見過如此地焦躁，但是，我仍然保持著冷靜。突然間，從他的口中竟然爆發出激動的話語，話語伴隨著強烈的激情；這是我完全沒有料想到的：「在這裡，我們談了整夜的話。」他的聲音是那麼地急促，甚至到了氣喘的程度；以這樣的口吻，他對我描述卡洛拉與他之間的一次談話。

她想離開他，但他卻發下毒誓，希望她留下來。她想體驗完全不同的人生，因為對她而言，和指揮家的生活已經令她覺得貧乏了。她願意放棄所有的一切：她的演藝生涯、她的名聲，以及赫爾曼他本人。在她眼中，赫爾曼是真正指揮家前面的稻草人。她對他存著非常不屑的鄙視，因為他為音樂會的聽眾表演，為他們指揮，直到他的汗水不斷流下。但是，這些汗水有什麼意義呢？這些汗水是錯誤的，它們沒有任何的價值。對她來說，真正重要的是一位阿拉伯學生，那是她剛認識的學生：這位外地人願意將自己的生命放在孤注一擲的賭注上，他不會畏懼任何人，不管是監牢或者死亡。赫爾曼已經感覺到她的想法是認真的，但是，他相信，自己可以留住她的人。到目前為止，他可以強迫所有的人，也就是每一個女人最後都會順從他的意志。如果會有人離開，那麼，一定是他自己。他為什麼會離開呢？因為他覺得，這會是對他比較好的選擇。他幾乎用盡了所有的方法來挽留她。他甚至威脅要把她鎖在房間裡。他必須保護她，因為她正衝向死亡的召喚。這個學生是個無名小子；一個青澀的青年，而且沒有任何的生活經驗。他怒罵這個阿拉伯青年，此外，他還反駁她的話：為什麼會反對他的人以及他的指揮等等。她並不確定，當他怒罵這位青年時，他是不是仍然把外地人視為一個有血有肉的人。她宣稱，真正引起她興趣的是這位年輕人所做的事情，而不是他的人。

即使她的對象是另外一個人，而且他的作為會讓她感到如此痴迷時，那麼，這個人也一定會對她造成十分深刻的印象。兩個人的爭執持續了整個晚上。他想利用精神的疲倦讓她屈服，不過，她的意志是非常堅定的；這是毫無疑問的。在他肢體的攻擊下，在謾罵的嘶喊中，她慢慢地放棄掙扎。最後，當第二天早晨來臨時，他相信，她已經屈服了；因為她睡著了。直到他自己入睡之前，他的眼神非常滿足地看著她。當他醒來的時候，心愛的人卻已經消失了，永遠不會再回來。

一天又一天，一個禮拜又一個禮拜，他等待她回心轉意。他等待她捎來的音訊，但是，沒有隻字片句。他不知道，她會藏身在什麼地方。沒有人知道她的蹤跡。他委託別人調查，但調查的結果卻是，那位阿拉伯學生也失蹤了。就如同她的威脅一樣，在他的視野中，她和這位學生永遠地消失了。他找遍了所有劇院的所在地，換句話說，在所有人們認識她的地方，他都得到同樣的結果。在完全沒有蹤跡的情況下，她失蹤了，而且沒有告訴任何人一個字。經過每晚的爭執後，他應該是最清楚這樣下場的人。除此之外，他的意志告訴自己，在他的軀殼裡，她的存在被活生生地剝奪掉了。他沒有辦法忍受這樣的痛苦，也沒有任何能力再繼續工作。他的精神崩潰了；他看到了生命的終點。

他的狀況是如此沒有希望，所以，他請求古斯塔重新回到他的身邊。他需要她。他發誓，他不會再離開她。此外，她可以提出任何的要求。他不會再背叛她。但是，她必須立刻回到他的身旁；這關係到他的生命安全。古斯塔切斷了與那個男人的友情；這個男人對她所付出的一切都是好的。然而，她又回到赫爾曼的身邊；在他身上，她卻經歷了人生最悲慘的經驗。

她提出一個十分嚴格的條件；這是他必須確實遵守的規定。他必須告訴她所有的事實，而且她想隨時知道到底發生了什麼事。

在史特拉斯堡的這一個禮拜，因為當時的環境，我對赫爾曼的觀察又更敏銳了；至於這個環境包含的範圍，卻不是我的能力可以判斷的。在維也納時，他把我當成信差，並且委託我將一封信轉交給安娜；因為這個緣故，我認識了安娜。我並不知道信裡的內容，但是，他交代我必須親自把信件交給安娜，不能由他人轉交。這一項任務是嚴格的，然而，它的完成並沒有改變事實特殊的本質。我先打電話給她，然後，在希金格爾（Hietzinger）的工作室獲得她的約見。

我先看到她的人。我看到她的手指是如何在一尊龐大塑像的黏土上壓擠。我沒有看到她的臉孔，因為這時候，她的背部仍然朝向著我。小石子敲擊的聲音在我的耳朵旁邊轟轟作響，但是，她似乎完全沒有聽到如此吵雜的聲音。或許，她不願意聽到這些聲音，因為安娜把所有的精神都集中在她的人像裡頭。或許，因為拜訪的客人已經事先通知了，所以，現在並不會引起她本人太大的興趣；我的手上緊握著一封信，也就是那封將轉交給她的信。當我踏進這間玻璃房時──這間玻璃房被用來當作她自己的工作室──突然間，她轉過身來，正面地看著我。我站在離她不遠的距離；這時候，她的眼珠子深深地吸引著我。這對她來說當然不是種侵害，因為我有許多時間慢慢地走進她的身邊。但是，瞬間的感受卻出人意料的驚喜：一種永不幻滅的生命力，那是我自己無法了解的激動。這股生命力來自她的眼眸；不管這對珠子看見什麼東西，它們都是幻影；不管人們在這對眼睛裡看到什麼景象。在這個地方，每一個人都可以感受幻影中虛幻的感動，但雖然如此，我們仍然還有力量以及觀點，為自己描繪事物真實的顏色。世俗的人類為什麼承認超現實的存在呢？這對眼珠子比人本身蘊涵著更大的熱量，雖然，它們只是人類身體的一部分。在眼眸深玄的虛幻裡，存在著一個廣大空間，在這裡面，人類時時刻刻無不在豐富自己的想像力。而且，她的眼眸提供人性想像的空間，所以，這一對眼珠子已經告訴我們所有的一切。

世界上，有些眼睛會讓人產生恐懼，因為眼神散射出來的利鋒會割裂脆弱的肉體。在瞥見發生的那一刻，目光正在尋覓它的獵物；當獵物被盯上了以後，那麼，它將永遠是慾望的戰利品。即使它能逃脫獵殺，獵物這個名字卻永遠烙印在身上。完全沒有憐憫心的凝視是恐怖的。這樣的凝視已經持續了一千年了，所有的犧牲者都無法影響眼神獵殺的方向；換句話說，眼眸的凝望靜靜地等待一個開始。任何一個人墜落到這個區域時，他已經是個犧牲者了；他完全找不到替死鬼，唯一可以拯救自己的方法是完完全全的蛻變。在我們的現實生活世界裡，這樣的蛻變是不可能的，所以，為了討好眼神的凝視，造物者創造了神話以及人類。

每一個神話都是一對對的眼睛，只不過，這一對對眼睛不會像利刃一樣，割裂我們的肉體；縱使眼睛的獵殺永遠不會將凝視的焦點從獵物身上移開。這一部眼的神話成了真實，而且當人們體驗這種真實以後，他們會假借恐懼以及吸引力的協助，回想到眼睛的凝望；眼睛的淚水壓迫人性的洪災，世俗的人類將溺斃在眼眸的虛幻裡。在死亡的幻象裡，是廣闊的空間以及玄深的幽處。眼神這麼地呼喚：攜帶著你的思緒以及話語進入到這一口眼瞳的深井裡面吧！沉溺到死亡的幻影吧！

　　這對眼睛的深幽是沒有盡頭的深淵。所有掉落的生命都找不到底層。沒有任何的泉水可以重新湧上地面；換句話說，生命的殘餘會永遠留在神話的想像裡。這對眼珠子的海洋沒有任何的記憶；它們提出挑戰，然後捕殺獵物。存在一個人身上的所有東西，都是眼神的慾望。所有表象慢慢形塑的形體，在眼眸最深層的凝望裡，已經有了一個一模一樣的模型。如果人們以為，這樣的眼神會保留秘密的話，那是不可能的。在這個地方，我們看不到暴力，因為獵物的身影永遠無法逃脫眼神的慾望。如果在沒有其他原因的情況下，獵物自己清醒了，那麼，這是幸福的感覺；幸福不會來自其他的原因。

　　當我把這封信交給安娜的時候，我已經不是獵物了。她並沒有收下它，相反地，她只是用頭指向牆角邊的桌子；當時，我並沒有注意到它的存在。沿著牆邊，我走了三步，不太情願地把它放在桌上；為什麼會不情願呢，或許因為這一刻我另一隻手是自由的，但是，我並不那麼樂意向她伸出它。這時候，我再次走到她的身邊，她看著自己的右手，手上沾著泥土。她說：「我沒有辦法伸出我的手。」

　　我不知道該講些什麼話。我努力地構思著第一句話；什麼會是她的第一句話，而我的第一句話要怎麼開頭。但是，這些話語在我的腦海中沉滅了。安娜嘗試用她的眼睛告訴我什麼，但是，她卻依然沉默。雖然她的聲音很低沉，但並不特別吸引我。或許，她不太願意說話，所以，只要情況允許時，她都會放棄自己的聲音；她時常借用別人的聲音；不論是在音樂裡面，或者人群中。與說話比較起來，她似乎比較喜歡動手做事；因為她沒有辦法創造出她父親所完成的成就，所以，她希望用自己的手指來創造一些形式。我與她之間第一次的相遇，是我一生中永遠無法忘卻的記憶；那時候，我把她從語言解放出來；從她自己的語言中解放出來，因為或許在這些語言裡，並沒有任何值得保留的東西；同時，我也把她從我自己的語言中解放出來，因為我找不到任何有聲響的字眼，可以描述自己對她的驚艷。

不過，我知道，在她請我到桌子旁邊，且兩人同時坐下來之前，我們談了幾句話。她希望讀我的一些作品。然而，我告訴她，我的作品還沒有正式出版；它們都還只是手稿而已；這時候，我沒有任何羞愧的感覺。我還問她，下一次是不是可以把手稿帶過來。她很喜歡看長篇小說；換句話說，短篇的散文並無法引起她真正的興趣。她還提到她的老師費立茲·伍圖拉巴（Fritz Wotruba）；他曾經教導她雕刻。我聽過他的名字；他的作品呈現出來的獨立性讓人讚賞不已，然而，它的暴力卻也的確讓人感受到驚嚇。這時候，他人並不在維也納。稍早以前，她還是個畫家，曾經在契里哥㉞的教導下，學習繪畫。

她完全沒有注意到赫爾曼的信。這一封信仍然沒有被拆封，被擺在桌子上；她不可能沒有看見它的存在。我正思考著自己的任務；這是赫爾曼指派我完成的工作，所以，在相當猶豫的情況下，我張口說：「妳難道不想知道它的內容嗎？」冷漠地，她打開手上這封信，並用眼掃描了一下，好像這封信的內容只有三行字一樣。事實上，那是一封很長的信，而且，依照我所了解的事實，赫爾曼的筆跡是很難辨認出來的；但是，她似乎只需看一眼，就已經

㉞ Giorgio de Chirico，義大利著名的現代畫家。

讀完這封信。然後，以一種丟棄與不屑的動作，她把信放在我的旁邊，並且說：「那是沒有意思的！」我張大著眼睛，驚訝地看著她。我原本以為，他們之間有種深厚的友情，而且他想告知她重要的訊息。因為這個訊息是如此地重要，所以，他把這個任務交代給我。「你也可以看這一封信。」她這麼說。「但是，那是浪費你自己的時間。」我並沒有看信的內容。

我不知道，應該怎麼想像這封信裡的訊息；它竟然被如此任意地丟棄。她的行為是那麼地可恥；這封信竟然讓她如此地鄙視；這都是我原來不曉得的事實。但是，在這一刻，我已經不再是個信差了。我感覺，自己已經沒有任何的拘束了，因為她已經抬高我的手臂。那一隻輕盈的手把信件丟在一旁；但是，卻沒有傳達任何怨恨或者厭惡的姿態；她願意和我一起分享這股生命的輕盈。這時候，我並沒有想起這個念頭：是不是可以再問她一遍，我是不是得替她傳達她的答案，或者，她是否願意直接寫信給他，而不需要我當中間人。

我離開了她，但是，在我的身上同時又有一項新的任務：我必須盡快再次拜訪她，而且把手稿一起帶過去。三天以後，我通知她自己的到訪，但是，對我來說，這麼長的等待是種難以忍受的煎熬。她立刻開始看這一部小說。我不相信，她竟然這麼快就把這本小說看完。從那時候開始，對她來說，我是唯一的一個人；此外，她竟如此地對待我，我永遠沒有辦法看清楚──即使是自己的眼睛。她期望能夠閱讀更多我的小說，而且也告訴別人這件事。她向我施壓，跟我見面；除此之外，我還得寫信以及發電報給她。我還未曾經歷過這種形式的情書，用電報來傳達思念的苦楚；她的想法讓我感到非常震撼。剛開始時，我完全沒有料想到，她的第一行字竟然這麼快就打動了我的心。

她要求我寫信給她。除此之外，她還給我一個地址，經由它我可以傳達自己對她的想念。我們可以把信件放進一個皮信封——如此就可以多次地使用這股信封，同時，我們可以將信封密封起來，再將它放進另外一個信封裡面；上面的住址是海蒂・雷恩爾（Hedy Lehner）小姐在泊策蘭街的住所。那是一位年輕模特兒的名字；她天天都會到安娜的工作室。她是個漂亮的紅髮女郎；每當我看到她的時候，她秀麗的臉孔卻夾帶著狐狸的狡猾。每一次我去工作室時，都會先跟她打聲照面。這一刻，她的微笑是不明顯、沉默的，而且又善解人意的。有時候，當我出現時，她將信轉交給我，而且如果安娜還沒有把信打開時，她會偷偷看我的信。海蒂是非常小心的，因為常常會有事先沒有通知的訪客來工作室。她告訴我，她偷看我的信之前，都是經過非常矛盾的掙扎以後，才有勇氣跟我交談；而且在這個時候，她通常會希望，我不會來工作室。當然，我向她描述許多事情，而且她還看了許多我的散文；但是當她閱讀我的信時，我們之間的距離是最短的；它帶給她許多生活的愉悅。

「打擊的聲響以及軍樂隊的喇叭樂聲！」安娜這麼形容我寫給她的書信，而且她還把這些文字轉化為她平時接觸的媒介。她從來没有收過這樣的信件；雖然，有許多的信件——有時候，一天三封信——但是，海蒂小姐不見得可以每一次都把信件轉交給她。如果海蒂小姐一天出現好幾次，那是非常顯目的；因為安娜受到非常嚴格的監視（這是她自願的）。因為這個緣故，所以，她可以擁有一個模特兒；這是被允許的，而且她不願意因為疏忽而喪失這樣的自由。她的回信是非常熱情，同時，也是滔滔不絕的；而且她通常還會用電報來回信（當海蒂小姐離開工作室之後，她才發出電報。）她不輕易寫信，所以，電報是個十分適當的管道。但是，她是驕傲的；除此之外，還在信裡面對我的文字滋生的喜悅表達感謝之意。

我覺得安娜是很神秘的，因為她把自己藏匿在完全的神秘之中。我不知道，她的心中藏了多少的秘密，但是，對她而言，除了沉默之外，生命裡必須有些不可告人的秘密，這是十分重要的。雖然她很容易忘記這些秘密，而且這是她幸運的地方，但是，其他人卻常常提醒她那些過去的往事。最沉默的秘密是她的塑像，因為它們藏匿了她的心血與真誠：她認為，困難的工作是種潤色人生經驗的榮耀；這是她從自己父親身上得到的遺傳。但是現在，她時常回憶起年輕的啟蒙老師伍圖拉巴，如何在堅實的石頭上灌注自己的心血；這樣的記憶仍然是很強烈的。當然，她也會創造模型；特別是人類頭部的模型。這並不是很困難的工作，但是，這項工作真正的意義在於，這是她與人之間唯一的管道；母親統御的以及對女兒的愛所衍生的習慣並沒有把這條通道導引到錯誤的方向。

在信裡，她通常不會對別人奉獻自己的心思，相反地，她只是嘗試去反應；而且只要她認為，這樣的嘗試是自己的宿命，那麼，她就會感到非常滿足。當她不願意作出反應時，換句話說，當她遭受失望的打擊時——這狀況出現的機會很頻繁——那麼，她會全心地投入到音樂裡頭。她的失望是對人感到失望；通常是那些正好不是她塑造頭部模型的素材，特別是那些已經決定對她獻出真愛的人們。她可以演奏許多的樂器，但是，鋼琴卻會讓她感到退卻。我並沒有時常聽到她的演奏；我會刻意地避開這樣的場合。所以，寂寞的虛無對她個人到底代表著什麼意義，這對我而言，永遠是個謎。如此為雕刻藝術保留空間的音樂是沒有辦法得到我的信任的。

赫爾曼為什麼會挑選我當他的信差呢？這只能證明一項事實：他認定我是多麼地無害。當然，他把這件事看得非常重要，所以，他才會寫一封親筆信；他個人認為，這封親筆信遠比轉交這封信的信差更重要好幾倍。但是，他的委派可能來自另外一種想法：因為他曾經讀過我的戲劇《婚禮》，所以，他認定，我一定不會造成任何的危險。對他來說，這一部作品的氣息是冰冷的，而且也因為這個原因，他以為，在作者的骨子裡，語言是來自對性愛的敵意的發酵。或許，他甚至覺得，它的安排是有趣的；如果可以的話就委託用感情這麼貧乏的生物來傳達愛情的訊息。但是，他沒有收到任何的回信，甚至沒有拒絕的答覆。當我到史特拉斯堡，在排練之間的休息時間看見他時，在三句話的問候語裡會有一句話是問我，是不是已經把他的信轉交給「安妮」了；這是他對安娜的暱稱，然而，他仍然和往日一樣如此地吝嗇自己的語句。「當然！」我如此說，然後，以非常驚訝的口氣問他：「難道她沒有回你的信嗎？」根據我的回答，他已經在心裡刻劃出一幅圖像：我見她的次數應該不止一次，而且她或許已經對我產生了很親密的感覺。這是懊惱的；在所有的情況下，他都是個權利慾望很強烈的人，也因為這樣，所以他通常會有懊惱的傾向。「難道她沒有回你的信嗎？」對他而言，這一句話正表示，我已經是她非常熟識的朋友，所以，我會知道，她回答這個問題的方式。他所相信的事實是正確的。但是，從另一方面來看，他對一個沒有名氣也沒有份量的年輕人的鄙視卻是太過分了；而且他當然會有這樣的想法：他必須立即消滅他所鄙視的人。他運用了所有可以運用的工具來發現，他永遠沒有辦法發掘的秘密。

在史特拉斯堡的第一天，他借用讚美安娜甜蜜的句子來挑釁我。她黃色的頭髮是染色的，因為她以前的頭髮是灰色的，像老鼠的顏色。他會特別強調「灰色」這個字眼；那時候，她是恩爾斯・克爾內克二十幾歲的太太。換句話說，當他認識安娜的時候，她的頭髮已經是灰色的了；那是提前老化的髮絲。她走路的樣子，根本不像一個女人；雖然我從來沒有察覺她走路是什麼樣子。他的每一項註解都是我沒有辦法了解的表現，除此之外，我為她的辯解是激情與憤怒的；不久之後，他已經知道所有的事情。」你們之間的戀情不是那麼簡單的一回事！」他如此說：「我真的沒有辦法想像，你會有這樣的能耐。」我憎恨他，我的憤怒是因為他的註解，所以，我沒有承認他的說詞；換句話說，我的否認絕對不是因為隱私的緣故。然而，當我談到她時，音量已經提到最高，他不至於愚蠢到這個程度，而沒有辦法察覺出來我對安娜的感情。那是個非常特別的一刻，她脅迫我拜訪她的皇宮花園。當我到達史特拉斯堡不久之後，我收到她的電報以及信件；在書信裡，她冷漠地交給我一張通行證。兩個月後，或許少於兩個月，對她而言，我們之間已經走到關係最後的終點站；然而，這份情愫卻繼續追逐著我。歷經了許多年的歲月，她對我没有任何的指控。除此之外，她也没有作任何的解釋；在最關鍵的一封信裡，開頭的第一句話是這樣子的：「我相信，我已經不愛你了，M。」M是她替我取的一個愛爾蘭名字；這個名字是如此地不真實，和過去的信一樣，在信件裡頭，她如此處理我們之間的戀情。這時候，赫爾曼進來了，然而，這一刻，他還没有發現，發生在我身上的悲慘事件。我心裡認定，他是真正的原因，因為我猜測，我到史特拉斯堡這趟的旅行，讓安娜非常地失望——這時候，赫爾曼走過來，他用每一句話來摧毀我對她的印象。

非常明顯地，如此惡毒的詆毀讓他的心靈獲得十足的喜悅。每一次，他都會說一些安娜的壞話，而且我在心裡面想著，他只是在等待，如何告訴我有關她更多的壞話。

在排練與音樂會之間，我們並沒有許多碰面的機會，通常只有在布路格利廣場，他把魚子醬與土司往肚子吞的時候，或是深夜在他的旅館；在那時，只有人數甚少的小集團坐在那裡，並且交換些惡毒的對話。但是，只有當我和他兩人單獨時，他就會找機會告訴我一些有關她不為人知的醜聞。不過，不用經過多久的時間，他提出真正的忠告：「你的手指不能沾染這些灰塵；你沒有經驗而也太天真了。」在我的感覺裡，他的每一句話都是侮辱；但是，每一句對安娜的侮辱對我造成更大的傷害。不需要太久的時間，他又繼續他的詆毀，而且又提起她走路的樣子；但是，這樣的惡意是完全沒有根據的。這時候，他的話是如此地不可思議，直到今天，我仍然沒有勇氣，將這些話用自己的文字寫下來。我用很厭惡的眼神瞪著他，但同時我的眼神帶著迷惑的問句：我是不是聽錯了。他無法抵抗自己的樂趣，所以，他重複一遍所說的話。這一刻，我說：「但是，為什麼？為什麼？」我是如此地震驚與憤怒，幾乎上前將他痛毆一番。那時候，他所宣稱的描述是如此地不可思議；換句話說，這對他自己的嘲諷更甚於對安娜的詆毀。他感覺到他的話太過分了。「現在，你不需要為這些事情生這麼大的脾氣。在天堂與地獄之間還有許多美夢；如果你不要那麼死心眼的話。」

我沒有追問他為什麼知道這些傳聞。我認定，他在說謊；而且我知道，他為什麼要這麼做。我還記得當時的情景：安娜把他的信丟在一旁，並且說：「那是沒有意思的。」對她而言，他的存在沒有任何的重要性。她一直把赫爾曼丟到一旁，就好像那封在我前面的信一樣。

他沒有辦法引起她的興趣；即使他是個音樂家。至於作為一個男人，她的沉默即是對他的註解。有許多的音樂家可以引起她的興趣，而且在她的周遭有許多指揮家。作為馬勒的女兒，她有權利認定，怎樣的指揮家是好的指揮家。赫爾曼對她而言是個所謂軍隊——教會指揮家；他的外形以及舉止是嚴重的打擊。他花了許多的心力，來發現新的以及困難的作品，因為這樣子，他就可以躲在這些作品的背後；換句話說，他借用手上現代的，以及陌生的曲目，來保護自己。她堅決的拒絕是對他無法承受的打擊。他嘗試在維也納找到立足點，雖然她的母親有很大的影響力，但是，她並不欣賞他。所以，對他而言，她的女兒似乎更重要。因為她並不想對他有深刻的認識，所以，他借用詆毀來大聲說出他的不滿。

這時候，我置身在一個漸漸走向毀滅的處境，除此之外，如果沒有史特拉斯堡這個城市，它的歷史以及這麼許多縱慾的音樂家，那麼，所有發生的事件就不會對我個人產生這麼深刻的影響。這幾天裡，我認識不少身陷色情墮落的音樂家，我甚至不知道，自己是否仍然有那股力量待在這個地方。我在史特拉斯堡的經歷是由天堂墮落到世俗的塵世；我曾經被一隻神秘的手護送到天堂裡。對我而言，她是一個最美麗的天使，在她身上孕育的創造力是來自一個偉大的音樂家。她接納我，邀請我進入她美輪美奐的世界裡；除此之外，她讀過我的小說，而且認定，這部作品可以獲得她真誠的愛。而那時候，整部小說還不算是一本真正的書；很少人曉得這本書的存在。此外，很少人知道我的戲劇；在指揮家的面前，我朗讀這部戲劇；而且因為這樣的緣故，所以，他邀請我參加新音樂的研討會。我將自己對這封邀請函的感謝獻給《婚禮》，把安娜的愛獻給《康德縱火》。當我到達史特拉斯堡不久後，我就爬上講臺；

歌德曾在那個地方等待廉茲。我站在那片板子前面；他們把自己的名字刻在上面。在教堂的山腳下，也就是在老城裡頭，我被安排到一棟非常美麗的屋子裡，而且人們為我準備了一間很有歷史價值的房間；我可以用自己的肉眼親自看到，赫爾德生病地躺在床上，等待歌德的來訪。或許，自己幸運的感覺會如此不斷地湧現，是因為這樣的眷戀夾雜了對這些鬼魂的尊敬，那些曾經住在這間房間裡的鬼魂，所以，我的幸福最後竟轉變成為在精神上善惡同體的危險狀態。或許，在這一間房間裡，我應該睡覺，因為自己是文學殿堂裡新的作夢人；我聽到了那些沒有聲響的企圖，但同時，我也放棄了最真誠以及最耗費精神的真實：那些原本自己下定決心追尋的夢想。但是，我的幸運為我個人選擇了這樣的結局：在幸福溢滿的那一瞬間，不幸卻以最無情的痛楚打擊脆弱的心靈。到達這個地方三天以後，在音樂學院的辦公室裡，我收到安娜的信以及電報。這時候，交響樂的排練正吹奏著地獄來的嘶喊；在幾百隻眼睛的圍觀下，我撕開了信封，並仔細閱讀她冰冷的字句。她對我沒有任何的指責，但是，她在心裡再也沒有辦法喚醒自己對我的感覺。這時候，我可以感受她更冰冷的心，因為她的敘述沒有任何絲毫的拘謹以及妥協：她真正喜歡的是我的信，而不是我這個人。她沒有告訴任何人，心中所承受的生命輕盈；相反地，她又重新回到她的鋼琴，為自己彈奏著孤獨的樂曲。雖然，在這封信冰冷的字句裡，我並沒有感受到絲毫帶有激情的隱喻。但是，還可以體會到一種因為失望而產生的悲傷；這是種十分拘束的悲情。她希望能夠再收到我的信件，但是，她的回信，就如同她的心，卻已經化為火焰中的灰燼。在這幕天堂的戲曲裡，我無法再扮演任何的角色；我已經墜落到世俗的大地表面。但是，在另一方面，我是自由的；我可以獨自地經由信件，追逐她喘息的呼吸聲。這樣的自由幾乎是另外一種形式的喜悅，好像她永遠在我的周圍一樣；她有種非常自然的權利，可以把我抬得高高的，或者將我重重地摔倒在地面上；她不需要解釋也不需要謹慎的留意。但是，當面對如此致命的打擊時，受害者必須表達衷心的感激，因為這是來自天使的攻擊。

在我的心裡面，一股被毀滅的苦痛正在燃燒著，但是，如同中古世紀騎士間的比鬥一樣，卻將這樣的感覺留置在半空中；當天使的支持而參加一場比鬥的時候，我必須為她的尊嚴而戰鬥。一次又一次地，赫爾曼嘗試羞辱她的名譽，而且最令人難以忍受的是，他的怒罵常常經由一種性愛的解放來滿足自己；這股情色的詆毀燃燒了我心中所有的嫉妒心。在另一方面，他的作為也是一樣來自嫉妒心，而且他整個人卻錯置在一股迷失的漩渦中；這一股迷失則是來自對幸福的失望；他要求在我的身上能夠分享到這種幸福，但是，天使的眷戀卻早已經離我遠去；我的生命意志早已墜落到世俗的苦痛中。我反駁他所有的毀謗；有一些惡意的攻擊成為對他進行復仇的工具。和他一樣，我並沒有絲毫退縮的忍讓。雖然我的嫉恨早已不是那麼地確定，如同對他造成的感覺一樣。剛開始時，我嘗試約束自己的情緒，因為我不願意放棄她和我，或者說我們——這包括他本人在內，好像整個忍讓的可能性存在一樣。但是，後來，我們之間的爭執越來越激烈，而且已經超越了可以忍受的界線。這時候，我拋棄了所有的顧忌，如此地描述安娜，就如同我在信裡的文字一樣；但是，在這一刻，我已經沒有辦法再用文字傳達任何的音訊了。在抵抗赫爾曼下流的詆毀的過程中，所有存在她和我兩人之間所有的情愫並沒有任何的動搖，雖然這一段情已經成為過去的回憶，卻沒有遭到任何的損傷。我沒有辦法抱怨，我不能告訴他新的事實，但是，針對舊的戀情，我卻憑藉著力量以及堅定的信念作大聲的宣告，最後，我們之間的對話對他造成無情的打擊。雖然他的憤怒無法止息，但是，對於我個人無法動搖的信念，他也只能保持緘默。

所有與赫爾曼的談話，都是在公共場合發生的，或者，那是為公共場合所準備的應酬話。所以，這時候，一大群人會聚集在他的周遭，像皇室的家族聚會中，所有的子臣圍繞在國王的身邊一樣。然而，他們似乎都感覺到，有時候，他希望能夠和我單獨地談話，雖然這樣的時間並不很長。但是，他總是拉著我，避開公眾的喧鬧。然後，他會告訴在場的人們：「我想要和卡內提談話。」他說話的語調好像在宣告，我們倆將談論一些重要的事情。但是，事實上，在這段短暫，且揹負著密集的工作壓力的幾分鐘裡，整個話題只是繞著安娜身上作爭論。我猛烈的反擊讓他感到無比的快樂，因為我的攻擊並不是針對他的人格所作出的抨擊。相反地，那是為了維護被攻擊的人的尊嚴所採取的反擊，這股反擊的力量是來自他個人誣蔑的造謠，這是他真正需要的動力。或許，如果沒有這股動力，那麼，他就沒有辦法繼續生存下去——但是，今天，我回想這段過去的往事，我感覺到自己也需要這一股動力的存在，我必須想辦法忘記那股尷尬——那些因為與安娜的戀情所造成的屈辱。

其他的人沒有辦法知道我們談話的內容，但是，在他們的眼中，整個談話看起來，似乎是赫爾曼必須針對某些事情向我提出建議，好像我們彼此之間有種相互信任的關係一樣。然而，在研討會進行的一個禮拜裡，對他強而有力的影響來說，這樣的互信關係是絕對必要的。

他的古斯塔也是抱持這樣的觀點；她必須用她自己的方式來監督他。當他把她召喚回來時，他認為，她是絕對必要的，此外，為了讓她可以興奮地執行她新的功能，所以，他設法讓她相信，這是事實的真相，換句話說，他保證，這是絕對的真實。當他的第二任妻子以最屈辱的方式，逃出音樂家的皇宮，而且沒有留下任何可以「淡化仇恨的理由」之後，他整個人精神崩潰；直到現在，精神崩潰的狀態與他之間的距離仍然近如咫呎。這是第一次，或者，我們可以說，這是在他的女人史中第一次的遭遇：一個女人竟然擊垮了他，剝奪他所有的工作能力。一個原本沒有任何畏懼的漢子，竟然被驚嚇到瀕臨死亡的邊緣；所以，他必須找出一條逃脫死亡威脅的道路，然而，在他第一任太太薄弱的意志下，他找到了避難所。當他交代她一項新的任務以後，他並沒有讓她失望：這項任務是監控他：沒有任何一個女人可以再次傷害他。

當然，這是古斯塔自己的權利；而且她也嘗試去了解，赫爾曼和我之間的隱祕交談中所談論的內容；所以，她慢慢地接近我，希望能贏得我的友情。她說，或許，這是我帶給她的幫助；她的確是個辛酸且閉嗇的人。在完全沒有怨言的情況下，她必須忍受他所做的事情，也就是當另外一個女人進入爭奪赫爾曼的遊戲的時候。然而，在音樂研討會上，卻有許多的女性音樂家：有些女聲樂家是絕對嫵媚動人的，此外，她們對情愛是那麼地開放，像是隨時對任何可能性作好準備的女子。另外，還有一位非常美麗的女小提琴手，她在維也納的時候就已經認識赫爾曼。她有著天真的本質，而且在經過赫爾曼語言所具備的原創性的修飾之下，這樣的本質散發出更明亮的燦爛；不過，他的語言的創造性是精神層次的，而且是很慎重的。

她來自一個音樂世家，除此之外，她的家族幫她取一個名字，一個與莫札特一模一樣的名字。這個名字符合她給人的感覺；她身上每一個細胞以及呼吸間的每一口氣息都是音樂的弦律；這樣的弦律是經過非人性的辛勤爭取來的，而如此的辛勤是她的本性。同樣地，在赫爾曼的身上，我們也可以看到上述的辛勤。在她的肉體裡，音樂家所彈奏出來的韻律竟然可以蛻變成為傾聽的一種形式。對她來說，音樂總譜是不折不扣的戒規。在她的音樂國度裡，總譜以及指揮家是同樣的東西，而且指揮家對樂曲所作的安排是總譜的延續與擴張。阿曼迪亞（Amadea）——我都叫她第二個名字——也就是莫札特的名字。當這個名字被縮寫時，我們才會發現兩個人之間在音樂上的血緣。除此之外，音樂史上偉大的音樂家對她來說，沒有差異上的分別。不過，她對作品間的差異卻作了非常嚴格的區分，而且有自己的態度與信念。她在音樂上的造詣不能用技術的類型來歸類。她對巴哈有著非常透徹的了解；或許，巴哈是她的音樂之神。除此之外，她也很喜歡莫札特以及其他完全新的音樂，那些會讓維也納愛樂樂團以及「惡魔」㉟感到恐懼的音樂。同時，她也是首先演奏阿爾班・貝爾格以及安東・奉・魏本㊱的音樂家之一；有時候，她甚至被召集到倫敦，來演奏這些樂曲。但是，在既得利益者與指揮家對所有作品的指示之下，她只能任人擺布。但是，事實上，她卻不會受到這些人的擺布，因為她根本不了解他們，換句話說，她對這些人的了解僅止於威權意識下的指示。

㉟ Gottseibeiuns，音樂家保羅・德紹（Paul Dessau）的音樂劇。

㊱ Anton von Webern，隸屬維也納新古典主義重要的作曲家，也是荀白克的學生。

赫爾曼在早上六點為她安排了一場排練，在維也納，他們曾經合作過，因為她是個完全聲音透明與開放的人，所以，她沒有能力隱瞞她與赫爾曼之間的連帶關係。在古斯塔嫉妒心的催促下，她成為監控真正的對象。

我並不是很了解音樂。理論上，我從來沒有嘗試深入地去了解這門學問。當然，我很喜歡聽音樂，但是，對音樂的好壞下判斷，就不是我的能力可以勝任的。不同的音樂可以對我造成很深刻的印象，例如沙提（Saite）、史特拉文斯基（Strawinsky）、巴爾托克（Bartók）以及阿爾班・貝爾格；不過，我對音樂的認識是沒有任何理論的基礎，換句話說，我禁止自己以這樣的方式來了解文學作品。

然而，對我個人更重要的是，如何更精確地去觀察人性，以及如何去捕捉它們的多樣性；例如，在這樣的狀態下，人們如何向對方作出反應。我對這些音樂家的印象是沒有辦法抹滅的；在我的眼眸描繪出來的彩繪中，大部分的人未曾再出現過；但是，即使經過五十年後，他們卻又如此清楚地站在我的面前；在我的眼前，這些人的身影是如此地懇切。我甚至可以說，他們的身影和當時的樣子幾乎完全一樣。在整個研討會中，讓我印象最深刻的，也就是說，我的經驗中最重要的對象就是他們工作的誠心，一顆完全奉獻給音樂的心；這是這些音樂家的熱忱所召喚出來的誠意。我對這一顆誠摯的心作了很精確且冷靜的研究，就如同它原來的樣子，沒有一個字，沒有任何的沉默，沒有些許的激動；心的感動遠離了我自己。最後，我幾乎已經站在純粹的文化面前，那是我真正想知道與表達清楚的現象：一種擁有權力的傲慢。

當研討會成功地結束之後，為了慶祝它的圓滿閉幕，為了讓所有參加這次盛會的音樂家最後可以再聚在一起，指揮家便舉辦一場慶功宴，這項宴會舉行的場地是在佛格森的喜眉客餐廳。事實上，有些人已經想先回家了，但是，他們仍然想對赫爾曼表達一些心意；或者，我們可以說，向他舉辦音樂會完美無缺的成果表示感謝，所以，在慶功宴上，他必須受到大家的喝彩。因為這個緣故，所以，所有的人都參加了慶功宴。

在後花園的空地上，所有人坐在一條長桌子上面。有些人發表了一些致詞。赫爾曼刻意地邀請我，依照我的印象描述一下對整個研討會的感覺，好像正因為我不是個音樂家，而是個詩人，所以，我對整個研討會的感言是非常重要的。我覺得，這樣的處境是十分艱難的，因為我必須描述一些與真實相符的觀點，但是，在另一方面，我的描述卻不能讓其他人意會到一些深刻的事情，也就是我對赫爾曼真正的認識，以及深藏在我的內心深處的一些事情；但我卻找不到任何成熟言語的感觸。所以，我就以這樣的方式來敘述我的觀點：他如何召集所有人，如何強迫音樂家創造出共同的樂曲。對他來說，我的語句似乎太樸實了；他內心真正嚮往的不過是永無止境的讚美，就如同在這一天晚上，他所聽到絕大部分的致詞一樣。當慶功宴接近尾聲的時候，當正式的場合終結以後，他就以他的方式放縱自己：他展開了報復。

他被稱頌為大師級的指揮家，也的確是如此，在幾個禮拜不到的研討會，他與自己的學生一起營造出來的成果是驚人的。但是，他已經喝了許多酒了，這一刻，他想放鬆自己。他又為自己奉上其他大師級的稱頌，但是，在場的音樂家卻不曾意會過如此重大的成就。突然，他提出一項建議：他想看所有人的手相——一個也不多且一個也不少。不過，人們不可以爭先恐後，他們得一個一個來：最好是所有人排成一列。整件事情的發生是這樣的：剛開始時，有些人會猶豫，但是，當他開始他的工作後，原來坐在長桌子上的人幾乎有一半站立起來，而且正如他所要求的一樣，排成一列。他專心地看每一個人的手相；他先看坐在自己身旁的人。他的速度很快，好像所有的秘密都在手掌心裡；他沒有花費太多時間停留在伸出來的手上；換句話說，只要短促的一瞥已經足夠了。就如同他的方式一樣那麼地果決，說出自己的判斷。他的判斷局限在這一個人可以活多久，換句話說，他對其他的事情沒有任何的興趣；例如，人格的特質，或者未來的前景。他告訴每個人他可以有多長的壽命，但是，他卻不會說明，為什麼他會判定這個數字。除此之外，他的聲音不會很大，所以，只有站在最旁邊的人才可以知道他說了什麼。

被看完手相的人群中，有些人看起來非常滿意，有些人卻擺出一副很悲傷的面孔。所有的人都回到自己原來的座位，並且安靜地坐下來。人們並沒有談論剛剛所發生的事情，也沒有人問剛回到座位的鄰居：「他說了些什麼東西？」這時候，人們不難發覺，整個氣氛已經改變了。整個宴會已經沒有什麼樂趣了。那些可以期望壽命長的人，會把這個運氣鎖在自己的內心裡。但是，那些不必對壽命有過多期待的人卻沒有反抗赫爾曼，或者對他有任何的抱怨；這時候，赫爾曼的注意力似乎完全集中在看手相上面，而且他並沒有注意到誰來看手相，誰沒來看手相。大部分人的手相是屬於怎樣的類型，對他而言，事實上是無所謂的，他可以用非常形式的方式，解決看相的過程。不過，他等待著某些人；在很長的時間裡，我盡量避免引起他的注意，這時候，我已經可以明顯地感受到他的情緒了。我的位置距離他的座位非常地近，正好在他的斜對面。除此之外，我的臉上沒有任何的表情，我並沒有起身準備排隊。好幾次，在手與手之間，他的眼神投射到我的身上。突然間，他開口說話，他的聲音是如此地宏亮與尖銳，幾乎桌子旁所有的人都可以聽到他的命令：「卡內提，你到底怎麼了？難道你害怕了嗎？」這一刻，我不想再坐在原來的位置，讓人覺得我對他挑釁的言辭感到害怕。所以，我站了起來，並且往隊伍最後一個的方向走去。「你最好立刻來這裡！」這時候，他說，「否則，你又會躲避我。」我非常不高興地往前走；這一刻，他打斷了隊伍的秩序，這也是唯一的一次。他很飢渴地緊握著我的手，然後，頒布他的旨義；事實上，他幾乎沒有看我的手心一眼：「你不會活到三十歲！」除此之外，他還作了補充；然而，在其他人身上，他卻沒有作任何的解說：「生命線會斷掉，就在這個地方！」他讓我把手放下來，像個完全沒有用處的廢物一樣，然後，用十分明亮的眼神看著我，發出嘶嘶的響聲：「我可以活到八十四歲。我的人生只過了一半。現在，我才四十二歲。」「我才二十八歲！」「不過，不到三十歲！你的壽命不會超過三十歲！」他又重複了一遍自己的話，並且聳一下肩膀：「這是沒有辦法的事。這麼短暫的生命有什麼目的呢？」在這麼短促的生命裡，沒有一件事可以真正地開始。就算他為我增加兩歲，也是完全沒有意義的；我能做什麼呢？

我走開了；他認為，關於我的事情已經整個終結了。但是，整場遊戲仍然還沒有結束。每一個人都必須上場；他必須為每一個人決定壽命的長短。對大多數的人而言，事情進行地非常機械化，因為事情真相的確是如此。換句話說，他們跟蒼蠅有什麼兩樣呢？不過，他真的對某些人認真地看相。我不知道為什麼。我坐在他的對面，是如此地接近；我看著它的進行，並且仔細地傾聽。有些人離開他，並且繼續地喝酒。這些人並不理會集合的號令。大部分的人走到他的面前，而且分享完全不同的命運。對於那些沒有反抗他的人，不但得到他的歡心，而且或多或少還可以期待多幾年的壽命；沒有人可以活到八十四歲。這一大串沒有任何傷害性的與溫順的綿羊可以活到約六十歲，或者甚至多一點的歲月。在另一方面，有些音樂家並不是他心愛的學生，這時候，他就會毫不客氣地扣除多餘的數字。在觀點上，真正的重點是：他可以決定一切。有些女性音樂家的命運不見得會比男性音樂家好。跟她們的男人比較起來，她們的壽命會更短。他對寡婦一點興趣都沒有，因為他已經沒有辦法從她們的身上獲得什麼利益，所以對她們的慾望也跟著銳減。除了我以外，沒有人必須在三十歲以前告別人間。

第二部

鐘能博士

雙胞胎的禮物

今年，也就是一九三三年，在我對德國的印象的催化下，《虛無的戲劇》（*Komödie der Eitelkeit*）這一部作品誕生了。在接近年尾的時候，希特勒奪得了政權。從那時候開始，每一件事情，也就是政權移轉以後發生的每一件事，似乎都變得讓人感到不安，而且它的意義是晦暗的。處境改變所造成的衝擊是如此地急迫，好像每一個人都參與了這一場權力的爭奪一樣；這一刻，人們經驗中每一幕的場景幾乎都是親身體驗的事實。我們並無法預知到這樣的結果；所有的解釋、描述以及冷靜的預言似乎都符合歷史的演變，但是，事實上，這些文字的形容詞只不過是沒有能力結成果實的糧草。在每一個細節上，所有發生的事件都是無法預料的，而且這是新的現象。我們思緒的內容是如此地貧乏，它頂多只能是一種動力，但是，事情的結果與人們自己的想像是完全對立的。我們無法了解原因。但是，這樣讓世人無法了解的混沌世局中，有一件事實卻是可以徹底了解的：如果人類的情緒可以完全匯流到戰爭的狂熱，那麼，這場戰爭絕對不是一場會讓自己感到羞愧以及會製造不安的殺戮，相反地，要求戰爭的理由是高傲的，會吞噬自己的自尊心；如聖經裡愛希爾①的聖戰一樣。

---

① Assyrer，位於今伊拉克境內的一部分。

人們已經意識到好戰的狂熱，但卻又對和平的軟弱抱持著企望，希望奇蹟可以阻止這一場戰爭。但是，當人類都無法了解戰爭的真正意涵之前，又怎麼來阻止它的發生呢？

在一九二五年時，我已經確認自己畢生經營的職志：我必須確實地知道：什麼是群眾的本質。然而，自從一九三一年以後，我的經營又增加了一項新的任務：群眾的力量到底如何產生的？在這些年以來，每一天，我的思緒幾乎都圍繞在群眾這個現象上打轉；我不願意用輕鬆的方式來處理這個問題，或者去簡化它的意義，舉例來說，我可以找出來一個或兩個簡化的觀點，然後，省略其他所有可以描述這個現象的面向。然而，在這些年的觀察中，我找了一些連帶關係的蹤影，舉例來說，群眾與烈火之間的關係，或者，擁抱群眾這樣的傾向如何去增強──在烈火這個現象上，我們也可以發現擁抱群眾的特質。但是，當我對這個問題鑽研得越深時，自己的信念也就越清楚；我為自己樹立了一項目標，這項任務的完成卻有一個條件：我必須付出生命中最精華的一部分，貢獻在這個問題的研究上。

我已經作好準備，慢慢去完成自己人生中最重要的信念。但是，真實的生活卻沒有這一份耐心。一九三三年，世界的變動急劇地加速，所有的生命也隨著心靈的不安往前跳躍。這時候，在學理上，我都還沒有對這個現象有什麼深刻的認識，但是，內心強烈的衝擊卻必須得到解放；我得描述一些，自己都還無法了解的現象。

事實上，在一、二年前，當這個人生努力的目標都還沒有成為雛型以前，我花費很多的心力，觀察照鏡子這個現象；在人們反省自己的過程中，照鏡子是個禁令。當我坐在理髮廳裡時，也就是說，當一個人在理頭髮的時候，人們得時時刻刻地觀看鏡子裡的影像，那是件非常不耐煩的事情。在鏡子前面，我總是有種被擠壓的感覺，而且，很有趣的是，自己對整個空間的感覺也有種被擠縮的壓迫。我的眼神會朝左或者朝右不停地轉動，但在另一方面，這些理頭髮的人卻靜靜地坐著，賞心悅目地看著鏡子裡自己的影像。他們會很專著地觀察自己，並且審慎地深思。為取得臉部表情精確的知識，他們會扮個鬼臉，而且他們永遠不會感到疲倦；似乎永遠不會厭倦地觀看鏡子中自己的影像。除此之外，讓我感到最新奇的現象是：在如此長的時間裡，這些人竟然不會察覺到，我的眼神正在他們的身上打轉。他們對自己的投入是那麼地專注，這是如此令人無法想像。坐在鏡子前的男人們有著非常明顯的差異：有年輕人與年老人、有正直的以及不莊重的人；這樣的差異是讓人無法想像的，但是，他們的行為卻是一模一樣的；多麼令人吃驚。每一個人都專注地想像自己的面貌；在自己的影像前低頭不語地沉思。

這種對自我理解沒有窮盡的投入的現象，讓我感到特別地驚訝。有一次，當我正在觀察兩個非常奇怪的樣本時，我不禁問自己，如果人世間突然出現一道禁令，人們不能夠再擁有這個最寶貴的瞬間，換句話說，他們不能再在鏡子前面沉思的時候，那麼，會出現怎樣的後果呢？在這個世界上，我們是不是可以找到如此嚴厲而且有效的禁令，可以禁止人們把目光投射到自己的影像上面。如果人們把原來的空虛強加在自己的身上，那麼，如此自戀的虛無又會墮落到那一條歧路上呢？依照憑空的想像，來刻劃整個遊戲的結果，是個多麼好玩的遊戲。不過，這樣的想像和現實世界之間並沒有任何真實的關聯性。但是，當我們親眼看到德國發生焚燒書本的慘劇以後，突然間，如此幻想般的禁令竟然得到獨裁者的許可，而且還被確實地執行。焚燒書本這個主意假借著永遠不會錯認的自私心，創造一群狂熱的群眾。在這一瞬間，我對人性的信任從幻想的夢境中驚醒過來，原本像兒戲般的一道禁止照鏡子的禁令竟變成嚴肅的問題。

我已經忘記自己閱讀過多少有關群眾現象的書籍，但是，我卻沒有忘記，當自己在這些書本裡蒐集有關整個現象的道德過程中，我把所有的記憶都拋到腦後，換句話說，我必須從頭開始；就如同在這一輩子裡，因為群眾現象本身普遍性的特質，我自己接觸到群眾運動的發生一樣。在這樣的時空背景下，《虛無的喜劇》第一部分的整個構想誕生了——這是個偉大的誘惑。這部分大約有三十個人物，從眾多維也納的居民②，以及他們說話的態度最後一個音律音節雜亂地聚集在一個小地方；在這個地方人物出現的樣子是如此地熟悉，好像烤香腸的架子。但是，這卻是個人們從來沒有經歷過的香腸架子；熊熊的烈火成了燃燒架子的支柱，經過場景不斷地轉換，火柱越來越大。這時候，這些場景是由不同的人物編織起來，同時，一幕一幕的場景也被捆綁在人物上面。在背景音樂的配合下，觀眾可以聽到鏡子破裂的聲響；這些鏡子被排放在一個獨立的小房子裡，然後人物用球將鏡子擊破。人們拖曳著自己的鏡子以及圖畫；有些人擊碎鏡子，其他人則焚燒圖畫。當整個民族高興地圍觀這場火的祭祀時，突然間，一個鼓動群眾的人喊了一句話，這句話是觀眾時常聽到的，而且它是十分強

②維也納人的德文是（Wiener）。不過，在德文裡頭 Wiener 還有一個意思，是 Wiener Wurst 的縮寫，代表維也納香腸。

烈的：「我們」。這些場景的安排像螺旋梯一樣：剛開始的場景是漫長的，在這些場景裡，人物與事件的發生會交代場景的背景。隨著時間的流逝，場景的時間會越來越短。整個戲劇的進行會越來越接近烈火；剛開始，火的圖像來自遙遠的地方，然後，它會逐漸地逼近，直到最後場景中的人物成為火的化身；最後，戲劇中的人物跳進火的歸宿裡。

直到今天，回想當時，每一個禮拜公演會燃燒出來被魔鬼附身的狂亂，像熱血一樣在我的血肉中得到滋養。這是在我的內心裡燃燒的火焰，好像我自己就是劇中的人物，最後化身為火的宿命。但是，一股因為反抗而衍生出來的狂亂運動不斷地困擾著自己，所以，我必須保留有一些原本無法表達明確的字眼；在嘴巴裡架上一道欄杆的苦痛伴隨著每一句執著的話語。在我的眼前，在我的耳朵裡，出現了群眾；這是我無法用思緒完成的任務。正像年邁的老僕人法蘭茲・拿達（Franzl Nada）一樣，在鏡子的壓迫下，我的精神永遠地崩潰了。就如同法蘭姿（Franzi）——也就是她的妹妹——因為死去的哥哥的緣故，不但被逮捕而且還被送進監牢裡。像呼喊的人萬得拉克（Wondrak）一樣，我用鞭子不斷地抽打群眾。像愛米莉・方特（Emilie Fant）一樣，我大聲地叫喊，而且哭泣地呼喚喪心病狂的孩子。我竟然成了戲劇中的人物，而且試圖在自己心愛的人的身上找尋解釋。

在我的心裡，沒有一個人物會真正地徹底消失。在心目中，跟我這一輩子所認識的人比較之下，這些人物具有更真實的血肉。所有的人物都在我孩提時代的回憶留下深刻的印象；他們都跳進燃燒圖畫的烈火中。

當我前往史特拉斯堡時，手稿的熾熱並沒有放棄我。當我踏上旅行的路程時，我的寫作只進行到這本戲劇的第一部分中間，而且令人感到驚訝的是，雖然待在這個城市的一個禮拜時間裡，我是如此地忙碌，但是，這部喜劇的構思卻沒有因為這樣而消失。在我的腦海中，整部作品的結構是那麼地堅實，好像我從來沒有如此明亮的構思一樣。研討會後，我花了一個禮拜的時間待在巴黎，繼續我的寫作工作；再一次開始的起頭正好是我在維也納中斷的地方。我把喜劇第一部分完成，這時候，我的情緒是如此地亢奮與狂喜。我在心裡認定，自己已經創造出一齣新的喜劇；用戲劇化的手法，精確地表達群眾的現象，它的形塑，它逐步增強的密度以及最後生命力的隕落。同時，在巴黎的這一段時間，我也已經完成了第二部分中的許多場景。當時，我早已知道，整部作品會如何發展下去；換句話說，第三部分也很清楚地呈現在我的眼前。

回到維也納後，我並不覺得自己是戰敗的士兵。安娜冷漠的拒絕挑起我內心裡的感傷，但是，她並沒有讓我喪失理智；或許，這樣的狀況會發生在不同的時間吧。在喜劇的保護下，我的安全感是那麼地踏實，所以，我打電話給安娜，通知她我的拜訪，好像我們之間沒有發生任何不愉快一樣。在電話裡，我保持著冷靜，並且表現出不在乎的姿態。她喜歡我的態度；她的喜歡是真實的。她的心情放輕鬆了，因為我的話語中並沒有碰觸到兩人之間所發生的不愉快。她仇視所有尷尬的場景、指控、苦澀以及哀嘆。她對我的反應是來自自己最強烈的激動；如此的激動是種對自由的嚮往。這時候，她是滿足的。不過，我向她提起我的喜劇；在前往維也納之前，我已經和她談論過我的構想。雖然她對戲劇並不會產生真正的感動，但在我的喜劇中，她卻找到一些有趣的詞句。不過，我不能對她的參與有任何衷心的期待。自從我認識她之後，她就一直想促使我和她的年輕老師費立茲・伍圖拉巴認識。我還沒有前往史特拉斯堡以前，他人並不在維也納，但這一刻，他又回來了。當我再次拜訪安娜的那一天，她也請求他一同到訪，我們可以在她的工作室裡共進午餐。

那是個非常聰明的點子；在我們分手之後，我應該再拜訪她一次。當我走過花園時，我感覺石子的響聲比記憶中的印象更響亮。安娜正在她那一間原本是溫室之後改裝成的工作室。她穿著藍色工作服，站在工作室裡的中間，但是位置遠離駐立在中央的塑像。她的手指不作任何聲響，而是下垂的，然而，她的眼神卻篤定地盯著一位年輕人；他跪在塑像前面，用自己的手指在塑像的下方專注地工作。當我踏進工作室時，他的背部朝向著我，他並沒有站起身子來。這時候，他的手上沒有沾染任何的黏土，而且繼續地搓揉它們，然後，他把頭轉向我的方向，並用一種非常低沉以及圓潤的聲音問我：「在作品的前面，您是不是也得跪拜下來呢？」事實上，這一句玩笑話是一種委婉的道歉，因為他無法立刻站立起來，也無法為我伸出自己的手。但是，在他身上，這一句玩笑話卻有著相當的份量以及意涵。他使用「也」這個字來表示歡迎我的意思。我們彼此的作品具有同等份量；他用「跪拜」這個詞來說出自己的期望，換句話說，我一定也是如此嚴肅地看待自己的作品，就如同他對他的作品所抱持的崇敬。

這是個很好的開始。在我的腦海裡，我只能記得這一句話；他如何用這句話來開啟我們之間第一次的交談。但是，當我正眼看他時，也就是不久之後，他坐在餐桌旁邊、在我的正前方時，他就立刻開始享用他的豬排。安娜替我們準備了食物，她自己卻不參加我們的餐會。她站立著，有時候會繞著工作室走動，然後，又回到餐桌旁邊，傾聽我們之間的對話。她的參與只能說是半投入的狀態，對她來說，食物不具有重大的意義，她可以在完全不進食的狀況下，整天工作。但是，這一次的餐會安排卻是個非常週到的設想；她想獻給我一些東西，同時又想到伍圖拉巴；他對堅硬的石像永不懈怠的熱忱，他的堅決以及他的專心一致都是她讚賞的人格特質，因為這個緣故，所以她細心地照料他，並且成為他第一個學生。她心裡希望，我們第一次的交談可以撞擊出燦爛的火花，所以，她並沒有加入談話，而且也沒有說出任何的註解，換句話說，她讓我們兩個人完全地投入到交談中。在這個時候，她創造出了許多的節拍，因為她並沒有完全地遠離我們。我們倆好像在自己家裡閒聊，而且聚集在牆角旁邊的桌子進餐。在另一方面，她來回穿梭在工作室裡，繼續她的工作，但是，不到一會兒，她都會再回到我們的旁邊，聆聽我們之間的談話，不過，她停留的時間並不會太長，因為她不想打擾我們。幾個月之前，這樣第一次談話的隻字片語，或者類似後續性的交談，一定不會引起她任何的興趣。當時，她在心中下了個決定，她不願意把我看待成一個陌生人，而且她的行動遵守這樣的決定。然而現在，她卻違反了當初的決定，這時候她可以練習生命的節拍，而且讓我們兩個人單獨地自由交談。

一開始進餐時，走調的節拍卻嵌入話語的韻律。伍圖拉巴的手像鐮刀一樣地刺穿我的眼睛；他的手是那麼地長，有點神經質，而且強而有力，但卻又像是一座感情濃郁的龐大建築物。這樣美麗的手有著自己的語言，然而，我卻可以在捨棄文字的情況下，注視語言所傳達的訊息；在這個人生裡，這是我見過最美麗的手。這時候，我已經忘記他的聲音，也就是他開頭第一句話的聲音；這一刻，在這隻手感動我的目光的印象下，他的聲音喪失了真正的意義，或許，也因為這個緣故，我也忘記了當時談話的內容。他切了一片豬排，這一塊豬排是那麼地整齊，幾乎成了一個四四方方的正方形，然後，這一塊肉被一種非常堅決的速度護送到嘴巴裡。這個過程是那麼地堅定，它給人的印象並不是貪婪的；這一幕景象告訴我，刀子的切割要比肉塊的吞咽更重要。除此之外，整個場景是如此地不可思議，當他提出一個問題，或者他的嘴巴沒有辦法張開，因為另外一個人正在說話時，他的叉子幾乎只走到半途，輕盈地懸在半空中。他的咬動沒有任何的留戀，迅速地消失，然而，下一塊四方肉就已經以很快的速度替補這個位置。

這一塊豬排有點肥肉，在我吃第一口之前，必須費了很大的力氣，把油脂刮掉。後來，我卻發現更多的油脂，所以，我得將豬排四周的油脂切開。這時候，留在盤子上的是被切開的廢棄物。叉子的轉動、變換方向、懷疑、到處亂刺以及這一把馬刀本身，都明顯地傳達對這道菜慾望的銳減；我必須勉強自己，食用在自己面前的菜餚。然而，他享受美食的姿態正好與我胃口的喪失相反：他如此專注桌上食物的姿態是非常明顯的。這一刻，他的動作減緩了一些，而且謹慎地端詳我盤子裡肉塊被蹂躪的慘狀，好像我們倆原先點了兩道完全不同的菜，或者，我們是屬於兩個完全不同類型的人。因為他的進食如同一項嚴肅的工作，我們之間的交談中斷了。不過，這時候，這樣的交談卻贏得另外一種特質：他的驚訝。

坐在飯桌前面的這個生物竟然把食用的肉分割地如此破碎，這樣的景象讓他驚訝不已。

最後，他問我是不是願意放棄整個龐大的工程呢？我說了一些與肉類有關的現象，但是我的說法並沒有帶給他深刻的印象。在這樣的情況下，他繼續食用他的午餐，而且吃完每一塊四方形的肉片。這個形式是非常清楚的，所以抱怨並沒有任何伸展的空間。對他而言，在肉片上四處地切割是一件很難以忍受的事情。在我們初次見面的過程中，我的散漫留給他深刻的印象。後來，我才知道，他回到家裡便立刻對自己的太太描述他對當時餐會的印象。

在這段時間裡，費立茲．伍圖拉巴變成了我很親密的朋友——我們視彼此為一對雙胞胎兄弟。除此之外，我作為有關詩人的自我感覺也同時得到最高點。在卡爾．克勞斯的身上，我找到了攻擊的樂趣；這也是我對他最稱讚的地方。然而，我也在雕刻家的身上發現到如此的樂趣；攻擊的工作是來自每一天對堅硬的石頭無情的敲擊。在我的生命中，伍圖拉巴是一位最狂野的人物；不管我們一同做的事情，或者談論的話題，它們都具備了戲劇性的特質。我們對彼此的鄙視是很強烈的，這樣的鄙視把自己看得太容易，而且不怕與對方達成妥協，有時候我們甚至不知道，鄙視對方的原因在那裡。像兩個完全不同的人物，我們衝進維也納的巷子裡。伍圖拉巴俯衝的前進就如同從高處墜落下來般，他的前進是那麼地激烈與快速。他不斷地提出他的要求，而且他的工作也會滿足自己的想法。當人們還在思考他是不是真正地滿足時，他已經再次起步，堅定地往前俯衝。有些人會對如此的運動形式產生畏懼，然而，所有人都認識他行進的樣子；不過，我喜歡這樣的行進方式。

在他自己的工作室裡，我對費立茲．伍圖拉巴的感覺最貼切。維也納的教區把他的工作室分配到電車高架橋下的兩個拱橋之間。當他心情好的時候，會在一個拱橋上面敲下石塊。我第一次到他的工作室時，他正在進行一尊臥姿的女性塑像。他的敲擊是那麼地激烈，並表達出一個明確的訊息：對他而言，石頭的堅硬是如何地頑強。突然，他從一尊塑像跳到另外一尊，而這一尊塑像與他的距離卻是那麼的遠。在新的憤怒的摧化下，他又操弄起鑿子用力地敲擊。他如何用雙手工作，如何地依賴它們，這是十分清楚的現象，雖然，人們總是有個印象，在石頭裡頭，他錯咬了自己。一隻黑豹，他帶給我的圖像像是一隻黑豹，石頭裡爆裂出來的黑豹會慢慢地走進。他會咬掉石頭，然後，把破碎的石塊吞噬到自己的肚子裡去。人們永遠不知道什麼時候，自己會變成黑豹下一個攻擊的目標。跳躍——它是我們對貓科動物最明確的記憶，但是，他的跳躍並不是逃離現場，相反地，是從一個塑像跳到另外一個塑像的位置。在每一個位置中，他都會釋放意志集中的能量，這是一種力量，用來攻擊獵物的力量；這股力量仍然挺立著，好像在不遠的地方是跳躍終止的盡頭。

那個時候，也就是我第一次到他的工作室時，他正為女聲樂家瑟瑪・庫爾茲（Selma Kurz）的墓碑塑造一尊石像。這是從上往下俯衝的跳躍。或許，它讓我真的想到一隻黑豹，從樹枝上頭往下撲殺牠的獵物。這時候，我有這樣的想法，這一條猛獸正要把犧牲者的肉體撕裂。是的！用鑿子銼開花崗石像的身體。撕裂這一塊沒有生命的屍體的血肉到底是怎樣的感覺呢？每一刻鐘，人們都無法忘記他精神的集中；他正在思考如何去抗拒，他借用精神的集中來四處敲打屍體的化石。在一段很長的時間裡，我正眼注視著他。他的臉上沒有一絲的笑容。他知道，一雙紅透的眼珠子盯著他的專注，但他卻沒有表現絲毫自戀的滿足。這是一件血腥且嚴肅的工作，他的對象則是眼前的石頭。這時候，我才了解，他正在展現自己的本性；他的人是如何地真實。他的本性是那麼地強悍，所以，他會尋找最艱巨的工作。對他來說，堅硬與困難是結合在一起的。當他突然跳開獵物時，這一刻，他正在等待如何對眼前的石頭進行猛烈的反擊；而且這樣的反擊已經發生過了。這是一場謀殺，然而，這一位雕刻家則是執行謀殺案的劊子手。經過一段很長的時間以後，我才明白，他必須屠殺生靈。這並不是被隱瞞的謀殺案，換句話說，屠殺的現場還會留下模糊不清的線索。他會不斷地殺戮，直到自己變成了血腥的紀念碑。在一般的狀態下，他是單獨一個人的，但有時候，他也會感受到強烈的需求，在其他人的眼前執行對獵物的制裁。他完全不會改變自己，他扮演著自己，不過，他並不是演員，相反地，是個嗜殺的兇手。他希望能夠找到一個人，可以真正地了解他的工作是多麼的嚴肅。如果藝術經常被當成是一種遊戲的時候，那麼，他的工作並不是遊戲。他用血腥的雙手豐富了這個城市與整個世界。我曾響應一般人的看法認為，對他來說，工作的重心是石頭生命的持續，換句話說，如何去塑造它的形象是不會磨滅的，不會隨著時間流逝而腐化。但是，當我用自己的眼睛看待整個過程時，當每一幕無法解釋的動作呈現在自己的眼前時，我才了解他的創造目的是石頭的堅硬，而不是其他的東西。所以，他必須在每一個地方用力地擊打。石頭對他的重要性就好像麵包對其他人的重要性一樣。但是，那必須是最堅硬的麵包屑，而且他會展現如此微小的麵包屑最堅硬的強度。

從一開始，我就很嚴肅地看待伍圖拉巴，然而，在大部分的情況下，他的確是非常嚴肅的。每一個字對他而言都是有意義的，當他想要一樣東西的時候，他會說出來，然後對文字提出要求。或者，當他向我描述一些事情，那些對造成壓迫的事情時，他的敘述就不會夾雜兩個不同的字，換句話說，他所說的字就是他的認可；像這樣的人格類型是相當少見的。這曾經是我對行為的仇恨，因為行為會驅使我去找尋這樣的字眼。字詞來來回回地震盪；人們借用它們走向外在的世界，同時，卻又立刻讓文字震盪回來；這些字詞是鬆散的邊緣，我們很難避免文字的流逝以及消失，雖然，它們還是可以逃回原來的地方。在這些字詞真正地要求這樣的動作之前，文字可以產生菱形的折射，而且它們的顏色是閃動的，然而文字也是膽怯的，人們附加在文字上的膽怯以及像奴隸般的舉止——我已經沒有辦法忍受如此對文字的屈辱，因為我看待字詞的態度是嚴肅的。我甚至會反對，因為玩耍的目的而錯置文字的重要。我想要的是完整無缺的文字；我慾望的對象是可以爆裂自己力量的字詞。我認識到一項事實：每一個人都會以自己的方式來引用字詞；這是一種態度，它並不是反對更好的理解，它的發生並不是戲謔的，它也會給字詞帶來錯誤的形式，它會配合說話的人的態度，它可以發掘說話的人並且轉變成為他的一部分——我尊敬這樣的態度，所以衷心地希望，它可以保持原來的面貌。我從來沒有保持過這樣的念頭——騷擾字詞的本性；我甚至會覺得，解釋字詞本身是一件令人無法忍受的企圖。我的靈魂沉溺到字詞中令人感到顫慄的嚴肅，這樣的嚴肅存在在世界上每一種文字當中，而且因為它的關係，所有語言的文字都是不可侵犯的。

伍圖拉巴對字詞的態度抱持著如此令人顫慄的嚴肅，這樣的態度贏得我的感動。將近過了半年之後，我遇到一個抱持剛好相反的態度的人，他是F，我的一位朋友。在這位仁兄身上，沒有一個字詞具有神聖以及不可侵犯的意義，因為所有的字詞的引用都是拐彎抹角的，並且在他的認知中，字詞可以為誘惑提供忠誠的服務。有時候，這些字是一個樣子的，但不久之後，它又有另外一種意思。然而，在一個小時的談話裡，每一個字詞的意思會不停地轉換，事實上，交談的話題卻關係著似乎更嚴肅的內容；比如說，像信仰這樣的話題。在F的身上，我體驗到他如何不斷地吸收所描述的所有事件，但是，當同樣的字詞從他的口中傳送出來時，我已經沒有辦法知道它們真正的源頭。有時候也會發生如此令人不可思議的狀況：他竟然借用我的字來反駁我，或者還有更令人想像不到的巧思；字詞竟然如此地被錯用，來推翻自己原本的意義。當他的一句話可以造成我的錯愕，而且這一句話原本的所有權是屬於我的時候，他的笑聲是那麼地狂野；除此之外，他還要求我為他鼓掌。或許，他真的認為，這樣聳動的巧思是值得稱讚的，因為他對字詞的引用是那麼地精確，所以，常常會出現不同的狀況；這時候，在這樣的脈絡裡頭，我甚至會對自己的思緒感到憤怒。然後，我會提出自己的反駁。這時候，他會堅定地深信，我們倆之間正進行著一場爭論，那是意見與意見之間的抗爭；然而，事實上，這樣的抗爭是來自對字詞的錯置抱持反對的意見，而且必須在借用如此錯置的輕盈之下，他個人的生命力才有辦法展現出來。

但是，伍圖拉巴知道他自己所說過的話，而且他也不會忘記。同樣地，他也不會忘記別人講過的字詞。文字好像是由肉體所形成的兩個圓圈。兩個肉體都同時存在，它們不會消失，它們永遠保留完整無缺。如果我說，和他之間熱情的交談中，自己才真正地知道，什麼是石頭的真義，或許，這樣的描述聽起來是不知所云的。在他的身上，我並不期望可以發現他對別人的同情心。如果人們想列舉他身上的優點，那麼，這樣的做法似乎是可笑的。在他的身上，我可以找到兩件事物，而且也只有這兩件事物：石頭的力量，以及擁有字詞的力量。這兩件事物都與力量有關係，但是，在一種非常特殊的連結下，它們的元素卻融合在一起：人們會像接受自然世界一樣來接受它們，而且當這樣的行為發生時，它會自動終止下來，好像天上的閃電的出現與消失。

黑暗的佇立者

在我們的友情開始發展的第一個月中，也就是當我看到瑪麗安（Marian）的時候，她一定和伍圖拉巴走在一起。在街上，他們會一起向前俯衝，而且他們會緊跟在另外一個人的身後。他們的話題總是圍繞著彼此都很關心的任務，例如，什麼事情是他們必須貫徹的任務；哪一個人是頑強的敵人，只會阻擾任務的完成；什麼是維也納官方製造出來的麻煩，一定要有些人站出來，反對這些措施。瑪麗安像是一隻頑固的山羊，總是用自己的山羊角來衝撞一面牆，而且她的意志是非常堅決的。除此之外，她會詳細地報導事件所有的細節，詳細的程度可以仔細到毛髮那麼地精確，而且不會放過任何渺小的頭皮屑；這時候，伍圖拉巴只能讓她描述所有事件的經過，並且發出低沉的聲響來贊同她的描述。但是，如果伍圖拉巴有機會發表自己的看法時，他的話語也會很少；正當瑪麗安的描述像瀑布往下宣洩的時候，他的話卻像最後的一小滴水那麼地簡潔。任何一個人或者任何一件事都沒有辦法打斷瑪麗安的描述；

從她的嘴裡奔馳而出的話語像書寫的文字那麼扣扣相連；同時，我們也沒有辦法辨認出她的萊因口音。她來自杜賽爾道夫（Düsseldorf），但是如果用她的口音來判斷的話，除了德國南方以外，可說是德國任何一個城市。她說話的樣子是如此地急促與單調，聲調既不會上揚，也不會下沉。有個現象是十分突出且明顯的：她的描述幾乎不會中斷，整個過程像是絲毫不夾雜任何憐憫心的噪音；當她站在你的前面，而且開始講話時，那麼，直到她把所有的細節都描述清楚之前，你是永遠無法聽到，句子與句子之間的停頓。除此之外，她的報導總是最精確的描述，沒有辦法聽到更簡潔的描述了。在她的前面，我們幾乎找不到任何救贖的辦法，把犧牲者從她的描述中解救出來。換句話說，在她語言暴力之前，好像有人把石頭砸在這位犧牲者的腳上，或者他自己拿石頭重重地砸自己的腳。如果有人說他聽錯了，這是令人覺得不可思議的說法。她的字詞所產生的衝擊是那麼地強烈，人們必須確實地接收她的每一句話；直到現在，我才真正地明瞭，她的字詞也同樣是一把鑿開胸膛的利刃，她的字像利刃一樣，會讓人們感到嘔吐。不過，我從來就不是她的語言暴力下的獵物，我並不是她脅迫的對象，相反地，我是聆聽她的描述的忠實聽眾。我從來不敢那麼勇敢地想像自己成為她語言攻擊的目標。不過在這世界上，我們還是可以找到唯一的方法，來閃避如此慘烈的攻擊：我必須保留她對伍圖拉巴所提出的要求。如果她的描述會被打斷，那麼絕對是在緊急的時刻，重要的官員伸出了援手；換句話說，她的受害者得到上司的接見，或者電話的聲響提出解救人質的要求。儘管如此，她還是會一再地攻擊，不斷地嘗試新的進攻目標。最後，直到她打贏這場戰爭為止；這是個不令人驚訝的結局。

當她還是個天真的小女孩的時候，就來到了維也納，那時候，她是安東・哈納卡（Anton Hanak）的學生；在那個地方，她遇到一個年輕的學徒，也就是她的同學伍圖拉巴。然後，她就一直停留在維也納，但卻完全沒有辦法接受這個城市的腔調。我們必須好好地想像一下：幾十年來，每一天她都得聆聽伍圖拉巴的話語，而他的口音是用維也納的血肉編織出來的口音。這是他小時候在維也納街頭學習到的口音，他對這個語言有著如同宗教狂熱般的熱忱；這也是我以前從來沒有經歷過的現象。當他嘗試說些英語或者法語的時候，絕對會讓人覺得好笑；他的外語好像是一個用哽咽的語調對人提出請求的人，或者是一個街上的啞巴乞丐。就如同正常的維也納人一樣，如果他願意的話，他也可以說非常道地的官方德語。但是，他對語言的感覺是非常敏銳的，而且可以寫十分優美的德文；這樣的描述並不是可笑的。只不過，他不喜歡這麼做。除此之外，他經常身陷在強迫自己的情境下：當他重新找到自己，而且拾起天生的口音以及腔調的時候，人們會跟著他忍受痛苦，然後再放輕鬆自己，吸一口自然的空氣。從瑪麗安的談話裡，我們聽不到這樣的口音，縱使他以及他的事業是她生活的重心。因為他的緣故，在很早以前，她就已經放棄了雕刻這門藝術創作。她也沒有自己的小孩，可以以精確的口音來說父親的話，然而，她自己一點都沒有接受這樣的口音。當她從他的口中聽到一些事情時，她會在自己的身上立刻實現他的說法。但當她要實現任務的那一刻，她卻聽不到任何東西，也就是說，我們完全聽不到，在意義上她想為伍圖拉巴達成的事情。她不停地說話，而且沒有辦法停止下來。當他在場時，在她的身上，所有的事物都失去了重心；這樣的現象讓他感到不耐煩——至少在當時，他並不喜歡這樣的講話方式。當我和他單獨在一起的時候，他曾經這麼告訴我，在他的腦海裡，他的思緒碰觸的所有火化以及困擾著他的煩惱；我相信，他的說法是真實的。但是，在我的面前，他從來沒有抱怨過瑪麗安說話的方式。隨著時間的流逝，他心裡的壓抑慢慢地爆發出來，整個人消失了好幾天。瑪麗安很擔心他的安全，並到處尋找他的蹤影，有時候，她會和我一起追尋他的蹤跡。但是，我並不認為，他是為了逃避嘴巴講不停的太太而離開家裡，相反地，是因為年少就得到的名聲；換句話說，那是他對藝術創作的熱忱。從另一方面來看，他把這樣的名氣看成自己的監獄，或許是更深層的生命經驗。對他來說，被他四處敲打的石頭是監牢的一種形式。心靈的牢獄會將他困守在恐懼的夢魘當中，因為這樣的緣故，被關在鐵籠裡頭的黑豹會撩起他內心裡最深沉的同情心。

他們夫婦邀請我到夫羅里安大街的家裡吃飯；從小時候開始，他就一直住在這個地方；在這個大家庭裡總共有八個兄弟姐妹，而他是最年幼的兒子。不過，現在只有他和瑪麗安，以及他的母親與最小的妹妹住在這裡。他的母親將為我們的聚餐煮飯，所以我們可以安靜地坐下來，享用我們的菜餚。他們已經對他們的母親提起過我個人的背景。她有很強烈的好奇心，而且脾氣很壞。當她覺得不對勁的時候，會把盤子朝人們的頭頂丟擲過來，人們經過她旁邊時，必須很迅速地蹲下來，否則，一定沒有辦法逃過盤子的攻擊。除此之外，要到瑪麗安的房間，一定得經過廚房，但是，她的房間是非常美麗的，因為瑪麗安依照她自己的品味，來裝飾房間。所以，人們可以在房裡舒適地坐下來，盡情地閒聊。伍圖拉巴會來接我，這樣我就不必單獨一個人經過廚房，否則在我的頭頂上，可能會有突然飛來怒氣沖沖的盤子。我很擔心地問，我的到訪會不會對母親造成干擾。他告訴我，她很高興，所以，她會親自下廚料理豬排，而且，她是個很棒的廚師。是的，但為什麼她一定得將盤子往人們的頭頂上扔擲過去呢？他說，人們沒有辦法知道自己是否會遭受到盤子的攻擊，這不需要任何的原因；不過，她喜歡這樣，她喜歡發脾氣。舉個例子來說，在吃飯的時候，如果他遲到的話——當他在外面工作，在構架橋下面的工作室裡時，而他的腦筋裡沒有辦法容忍其他思緒的存在，所以他會晚到兩個小時——這時候，盤子就會飛撲過來；不過，到目前為止，他總是可以逃脫盤子的撲殺。他已經習慣了母親的個性，因為她是匈牙利人。她原本住在匈牙利的鄉下，而且來自社會地位高尚的家庭；當她還是個年輕少女的時候，用自己的雙腳步行到維也納來。在這個家庭，她得節制自己的脾氣，換句話說，她把如此易怒的脾氣流傳給自己的子女。撫養這麼多的子女並不是一件容易的事情，所以她才會對兒女發洩自己心中的怒氣。「當我們遲到的時候，她會朝著我們喊叫。不過，她並不會時常丟盤子。」

我們約好了時間。他堅持一定得護送我到家，這時候，他描述了更多的事情，這就是他的個性。他是個浪蕩不羈的藝術家，他沒有辦法依憑自己的能力，把秘密鎖緊在內心裡；他總是會擔心，所以在沒有知覺的情況下，說了許多的話。他很尊敬自己的母親，也很重視她的生活細節；這也是他向我提出忠告的原因。我總是有種感覺，他希望我對他的母親能夠有深刻的印象。她看起來十分地乾瘦，但這是外形造成的假象，事實上，她是結實且溫柔的，每一個人都一定會有這樣的感受。如果她賞人一巴掌，那麼，這一巴掌的感覺是永遠無法忘記的。她總是包著頭巾，就如同匈牙利鄉下的村姑一樣。這樣的裝扮一點都沒有改變，即使住在維也納這麼多年，她仍然保持一貫地樸素。她是不是為自己的兒子感到榮耀呢？這是我們無法知道的秘密，因為她不會向外人透露自己的內心世界，更不用說，對一位剛到訪的訪客述說這些心裡的秘密。一位作家的確會讓她產生深刻的印象。她很喜歡看書，但是人們還是得小心謹慎。

當他來接我時，已經幾乎遲到了一個小時。因為他告訴我那些事情，使我的心情很不安。他似乎已經預知與自己母親之間的衝突。當他終於出現時，他說道：「今天會有事情！」「我們必須立刻動身。」他從來不會為自己的遲到說聲抱歉，不過，這一次，他應該向我說明一下原因。我的憤怒慢慢地蒸發，當我們踏進夫羅里安大街的家之前，我一直感受到正在頭上轉動的盤子。當我們踏進廚房的時候，他舉起手指並示意要我小心注意。他的母親正在火爐前，剛開始，我只能看到她的頭巾，然後是矮小以及彎曲的身影。她不說一句話，也沒有轉身回頭。兒子很謹慎地捏緊嘴巴，並以很小的聲音告訴我：「噢，你得小心了！」他蹲下來，並把我拉到他的背後。正當我們站在房間前的走道上時，一個盤子飛過來，它的方向朝向他的頭顱飛奔過來，不過太高了。然後，她用圍裙把自己的手擦乾淨，並朝我們的方向走過來。她說：「我從來不跟他講話！」她的聲音是那麼地尖銳，還夾帶著非常重的匈牙利口音；她歡迎我的來訪。她說，他是故意的；他總是想辦法，讓自己的母親生氣。她已經事先知道，他會特別晚到家，所以已經做好萬全的準備。因為這個緣故，她開始調理豬排的時間才特別地晚；這時候，豬排還沒有乾扁，我們正好可以享用它。

房間裡桌子上玻璃製造的盤子以及沙發上的鐵柱閃爍著，如此閃亮的光芒是種精心企劃下的現代感，這樣的擺設正是瑪麗安的意圖，雖然它並不一定切合她個人的特質。白色的牆壁上掛著梅克勒（Merkel）以及竇布羅斯基（Dobrowsky）的圖畫。這是兩位畫家所贈送的圖畫，他們是代表前衛現代繪畫的藝術家。她對這些繪畫的同情是最近不久的事情，同時也是毫無疑問的事情。這面牆壁上並沒有任何多餘的物件，所以更能突顯這兩幅圖畫的明亮。這梅克勒學院派的激情早就引起我的注意，然而在這個地方，它更加強我跟它之間的聯繫。這房間和廚房之間並沒有相通的門，只有開放的空間。母親從來沒有踏進過這個房間，不過在廚房裡，她還是可以聽到房間裡的每一句話；至少，她可以用自己的耳朵，積極地參與對話的流暢。菜餚會經由一個窗口傳送到房間裡，這個窗口就是為了這個而設計的。從這個窗口，瑪麗安端出這些菜餚，然後再把它們擺到桌上的玻璃餐盤。餐盤上擺著一大塊的豬排，那是我們菜單上的佳餚。伍圖拉巴向我保證，豬排裡沒有油膩的肥脂，所以，我最好不要像在安娜的家裡一樣，在豬排的四周到處切剁，否則，那是對他母親的一種侮辱。然後，他就把整個頭顱拱在豬排的上方，在完全沒有話語的沉默中，吞食一塊塊四方形的大肉塊。只要盤子裡還有食物，他的視線就沒有離開過這些美味的肉塊；除此之外，在我們的談話中，完全沒有他的參與，即使是一句音節或者一個動作。

在我們的談話中，瑪麗安單獨地與我爭辯。首先，爭論的主題是關於我的罪行，也就是那個在安娜的工作室裡犯下的不可原諒的惡行。那時候，我把豬排切剁成一塊塊細小的肉片，而且還讓它們留在盤子上，好像整道食物是沒有辦法入口的剩菜，這是費立茲一生當中從來沒有見過的慘狀。那時，他回到家裡後，他這麼說：「在馬勒的家裡，有一條神經緊繃的狗。」除此之外，他還在她的面前示範，我怎麼制裁完全沒有味覺的豬排。他的示範引起她異常強烈的好奇心，所以，她得到了一個結論：我不僅僅是油脂的敵人，同時一定也是個抗拒肉食主義的烈士。我是不是真的那麼痛恨肉類呢？這時候，我們可以證實，這樣的說法是否是正確的。不久之後，她立刻發覺，他們的看法是錯誤的。當我結束盤子裡的菜餚後，在沒有徵詢我的意見下，立刻又端來另外一份，而且同樣是那麼大的豬排。瑪麗安向我道歉，因為在他們家裡並沒有其他的食物，特別缺乏任何的點心。費立茲從來沒有碰過乳酪；從小時候開始，他就沒有吃過任何乳酪。不過，他也不吃甜點；當水果被切成一塊塊如骰子般時，那是他沒有辦法忍受的慘狀。這時候，我用懷疑的眼神看著他，然後從他的口中發出咕嚕聲，來表示上述說法的真實性；只要盤子裡面還有豬排，我們根本無法從他的嘴裡聽到任何一句話。不過，任何發生在他身上的事情，都會引起我的興趣；就好像這時候在他的身體上出現的肢體語言；否則，這樣的談話很容易讓我轉移注意力。我傾聽著這個語言，好像他正在講述雕刻的藝術。母親從廚房裡大聲地喊叫：「他是不是吃下去了，或者，他又在肉排的四周亂切？」哈，我們第一次相見的結果也傳到他母親的耳朵裡去了。瑪麗安把我的盤子拿到房間外面，親自地證明我已經把第一份豬排吃乾淨了。因為這個緣故，我又得到第三塊豬排。但是，在稱讚的語詞下，我委婉拒絕了前面兩塊的豬排。

他吃完飯之後，費立茲又重新找回自己的聲音；而且這時，我可以聆聽一些真正有趣的事情。我問他是不是一開始就用身體作雕塑的對象，因為他的雙手完全沒有石頭留下的烙印。我描述這雙手如何豐富感官的內容。當我們兩人握手寒喧時，對我來說，它的觸感並不是完全無所謂的。在我們倆幾十年的友情中，我都一直感受他的雙手傳遞出來的感動；但一開始時，在我的心中，這樣的感動總是喚醒自己對兩隻不同的手的記憶；在一幅圖畫中，兩隻手串連在一起成為新出現的親密感。同時，這兩隻手是那麼地懇切，所以沒有一隻手必須擺在另外一隻手的上方。我回想起西西提那（Sixtina）教堂裡的天花板上畫的上帝手指；當亞當誕生的時候，上帝伸出自己的手指，我沒有辦法解釋，因為這是唯一的手指，它將生命傳遞到亞當的手臂上。在這裡，上帝伸出一隻全能的手。但是，我的感覺告訴自己，我感受到創造生命的力量，這樣的力量可以經由每一個人的手指傳送到未來人類的身上。我也想到亞當，想到他完整的手。

他說，他很早就把石頭當作創作的對象，但並不是一開始就以它為創作的素材。那時候，他的年紀還很小，不會超過六歲；當時他把窗户的黏膠刮下來，然後，把它塑造成模型。這時窗户的支架散掉了，一扇窗户掉了下來，碎掉了。人們朝他的方向走過來，他因此被揍了一頓。但是，他仍然繼續刮窗户的黏膠，否則他沒有其他的素材；他必須用一些東西來塑造模型。當時，連一塊麵包都很難掙到，而他家總共有八個小孩要養。在手上，窗户的黏膠要比麵包更理想，所以他又被揍一頓，不過，這次打他的人是自己的母親；她打人的方式是沒有辦法跟他的父親相比的。

父親會叫最大的兒子們過去，然後狠狠地把他們揍一頓。他揍人的樣子是那麼地狠毒，所以這些兒子們後來都成了罪犯。之後，我才慢慢地發現，他很少提起自己的父親；所有的兄弟姐妹都痛恨他；而且在自己母親的面前，他是不會提起父親的名字，但這一次，她並沒有走開廚房。他父親是來自捷克的裁縫師，已經死去很多年了。因為搶劫謀殺，最大的兒子被判終身監禁，最後悲慘地化身為多瑙河河畔的石頭。當我們成為雙胞胎以後，他才告訴我這個秘密。暴力的烙印是他身上沉重的負擔；它所造成的莫名恐懼是創作的形式，也就是為什麼他會在石頭的四處擊打。當我知道自己兄弟的命運後，才開始慢慢地了解這樣的現象。在警察的視線裡，伍圖拉巴兄弟一直是被監視的對象。費立茲是最小的兒子，他比那些很難管束的哥哥年輕很多歲。如果沒有警察的監視，他是沒有辦法回到夫羅里安大街的家裡。當他還很小時，就已經深刻地體驗到父親如何管教他的哥哥們。那是皮鞭與恐懼的叫喊交織而成的制裁。與哥哥們所犯的罪行比較起來，父親的冷酷對他造成更深刻的印象。他確信，父親對兒子們的教養是促成他們日後罪行最主要的原因。不過，他也說，父親的粗俗以及暴戾一直活生生地呈現在他的眼前；除此之外，他把這些人格特質完全遺傳給自己的兒女。

他對遺傳的畏懼一直持續著，後來，這樣的畏懼竟然蛻變成為對監獄驚嚇的恐懼，而且這種恐懼的束縛深深地灌注到他每天敲打的石頭裡面。石頭是那麼地堅硬與厚實，它成為他自己的牢獄；它咬食他的血肉，像夢魘一樣一直注入血液裡頭；當他敲打得越用力，夢魘的驚恐也越強烈。每一天，他會花費幾個小時敲打石頭的四周；它對他而言是那麼地重要，所以，沒有石頭他也就沒有辦法繼續活下去——石頭的重要性更勝過麵包；石頭就像是自己的血肉一樣。我們的確沒有辦法相信這樣的事實：他的作品必須感謝父親與兒子之間的鬥爭，以及其他兄弟們的宿命。在這些石頭雕像上面，我們確實無法看到如此感恩的情懷，但在精神上，他們之間的連接是那麼地深刻，所以這樣的關係竟然鑿進血肉的本質裡面。人們一定得知道他人生的歷史；在他的生命經驗中，這樣的歷史是一直存在的；那是對被關在籠子裡的黑豹產生一種激情的愛戀——除了黑豹之外，沒有人可以造成這麼慘痛的傷害——，所以，他對後代產生了恐懼，因為嗜殺的狂熱會遺傳給後代的子孫。因為這樣的緣故，所以他飼養一隻貓，來取代兒子的地位。我們應該早一點看出來所有事實的源流（而且如果觀察力夠精確，我們還可以發掘更多的秘密）。只有這樣，我們才可以了解，為什麼他一定得把石頭的血肉肢解開來，而且距離還那麼遠；當他用鑿子將石頭銼開的那一剎那，這些石頭像沒有頭顱的軀幹雕像，圍繞在他的四周。

當我在這一間房間看到他時，整個房間是依照包浩斯（Bauhaus）的基本原則設計的。牆壁上掛著一幅格奧爾格・梅克勒的拱形畫以及一幅竇布羅斯基優美的圖畫；這是間非常平常的公寓；特別是廚房，在這一間廚房裡曾經佇立著揮著怒拳的父親，但是，現在母親取代了父親無上的權位——飛馳以及破碎的盤子卻也取代了父親永無止息的拳頭。當她表示反對他的遲到，並且宣誓狂怒的開戰，而他的身體必須蹲在飛奔的盤子下方時，我並沒有意識到，整個過程是個文明化的過程；如何地遠離自己的父親以及或許已經死在監獄的兄弟們。這是一場爭奪戰，但是，這是不流血的爭奪戰，這是與自己母親間的遊戲；她的口音是主宰一切的號令，而且這一聲號令可以經由最小的兒子傳達給其他的人；然而，這時候，過去的住所，從房間到廚房，以及到夫羅里安大街的石子路上的景物都沒有絲毫的改變。

當我第一次拜訪他位於電車高架橋下面，也就是工作室的所在位置的時候，看見了一尊用玄武岩搓成的高大站立人像。世界上，沒有一個活生生雕刻家的塑像可以對我產生這麼大的震撼力。當我站在雕像前，可以聽到電車經過的隆隆聲響，因為它會從高架橋的上方疾駛而過。每當我站在它的前面，一定得聽到如此吵雜的噪音。在記憶中，我無法將噪音與這尊雕像區隔開來。那是在聲響如此猛烈的侵襲下，經過漫長歲月的浸潤而誕生的一件非常困難的作品。在這個地方，我們還可以看到其他的作品，雖然並不是很多。工作室並不是完全沒有通道的，它是介於高架橋的兩座拱橋之間；然而，當他正在雕塑其他的作品時，這一尊站立的雕像可能會造成一些干擾。天氣不錯的時候，他喜歡在外頭工作。剛開始時，我可以強烈地感受到，整個地點的冷靜以及電車的吵雜形成了不安的感覺；但是，這個地方我們看不到多餘的景物，所有佇立在這裡的一景一物都吸引著我的注意力，而且它們是如此地真實。不久之後，人們可以很快找到自己在這個地方的位置，而且會認定這個位置是正確的；我們找不到更適合自己的位置。

但我並沒有真正仔細地觀察這尊塑像——雖然，在我的心目中，如何向藝術家表達自己對作品的尊重是非常重要的——因為「黑暗的佇立者」沒有辦法消散我心中的黑影；那時候我們這麼稱呼這尊雕像的。這尊雕像在我心中所投射的陰影，就好像正因為它的緣故，我才會來到這個地方。我不斷地嘗試將它的陰影從我心裡解放出來，然而，它卻用無語的沉默對我進行反擊，同時，在這樣的情況下，我還得作一些描述。但是，不管我站在什麼樣的位置，不管我用自己的眼睛注視什麼樣的對象的時候，「黑暗的佇立者」總是站在我的面前；我的目光總是重新地回到它的身上。這時候，我用任何智慧可能營造出來的觀察角度來注視這尊雕像，除此之外，我必須用沉默來證明它的存在；它將沉默移植到我的心靈裡頭；這是多麼崇高的尊榮。

這尊雕像消失了。就如同伍圖拉巴告訴我的事實一樣，在第二次世界大戰的期間，它被埋在地底下，而且永遠不會再出現在人們的眼前。這尊雕像遭受到很多的批評，所以，可能他不願意再對它獻出沒有代價的奉獻。或許，之後流浪到外國的放逐把我們兩人分開後——他住在瑞士，我卻住在英國——他的創作對象變得狹窄了。這尊雕像使我深刻地體會到他對藝術創作的熱情，然而，當他移民到國外後，他的創作走向一條完全不同的道路。所以，當他重新回到維也納時，已經不願意再拾回過去創作的理念，他那二十五歲時所堅信的藝術創作。這是真實的；當我後來跟他提起這尊雕塑時，他會把整個話題引到新的東西上面。和他一樣，我也是沒有辦法妥協，所以，整個討論讓他很不耐煩。第二次世界大戰之後，當他第一次到倫敦來拜訪我時，我已經知道，當時他從事的藝術工作以及「黑暗的佇立者」的情形，在這樣的情況下，我讓他曉得我的失望。對我而言，他真正新的創作路線只有和過去的創作理念結合起來的時候，才可以確實地辨認出來；過去創作的深遠是他自己沒有辦法意識到的；換句話說，在一九五〇年以前，對他來說，新的創作並沒有真正地開始。這尊雕像消失了，那是我們雙胞胎之間的聯繫。這樣的說法是正確的：在一九三三年的秋天，我第一次看到他，那時候同時也是我第一次參觀他的展覽會；直到二十一年後的某一瞬間——大概是一九五四年秋天時——我才開始寫第一篇有關他的文章；在這一篇文章裡，我並不想更改任何真實的記憶。

直到今天，在「黑暗的佇立者」的身上被放棄的東西，都深深地刻劃在自己的心裡。所以，我只能從第一天與它遭遇的經驗，來描述烙印在心中的陰影。

這一尊站在人們面前的雕像是黑色的，而且比例比正常人的體形更高大；它的一隻手伸到背後，換句話說，它的左手是隱藏起來的。上半部的手臂與軀幹之間的距離是很明顯地，所以，它和下半部的手臂形成了一個三角形。它的手肘非常強而有力地肢解自己與軀幹之間的聯繫，好像它已經做好了萬全的準備，當人們走得太近時，它可以隨時驅離不受歡迎的陌生訪客。手臂的兩個部分以及軀體形成空無的三角形表現出十分明顯的空虛；這樣的空虛呈現在這尊雕像的身上，而且如此的視覺意味著危險的存在。危險的氣氛可以觸動我們對那一隻看不見的手的疑問，也就是說我們會好奇地想繞到後面去看個仔細。這一隻手似乎是被隱藏起來的，而不是插在背後的手。人們不敢嘗試去尋找這一隻看不見的手；因為當人們站在高架橋底下時，電車所發出來的聲響會阻止他們離開自己的位置。當人們開始進行找尋的工作時，他們可以說服自己，另外一隻手是清晰且明顯的。在另外一隻手裡，可以感受到和平的氣氛。右手是施展開來的，張開的手掌可以垂直到膝蓋附近的地方；這一隻手臂是安靜的，而且沒有遭受到任何敵對企圖的挑戰。一隻手是如此地安靜，所以人們幾乎忘記它的存在，因為眼前的圖像是那麼地明顯，所以另外一隻手會慢慢地消失不見。

蛋形的頭顱坐臥在硬朗的頸子上頭；雕像的脖子會往上延伸，因此顯得更年輕，看起來好像比它的頭更寬廣。狹窄的面孔則是被削平，所以整個頭會往前凸翹。這樣的刀削法是全面性的簡約，所以整個頭顱看起來不像個面具，反而像是真實的臉孔，那麼地辛酸與沉默。

雕像的雙唇併合成的一條直線是那麼地堅韌，它痛苦地閉合著，來抵抗逼供所帶來的煎熬。胸膛與肚子刻劃出一條非常明顯的地帶，它的平滑像一張沒有表情的臉孔，除此之外，整個地帶被圓柱形的肩膀支撐出來；膝蓋的部分像顆半圓形的球，兩隻大腳往外延伸。兩隻腳不僅被放大，而且還交叉在一起；對玄武岩來說，這是多餘的。雕像的性別沒有掩藏，而且也不會造成任何的干擾；換句話說，性別的認同並不會屈服在自我的形塑底下。

但突然間，人們會分開自己，而去找尋那一隻被視覺肢解的手。在沒有任何期待的情況下，人們發現了它，橫貫背後的下半部，手的拳頭往外緊握，與這尊塑像比較之下，它的比例是被放大的。除此之外，這是真實的描述：這一隻手所夾藏的暴力對我造成了著實地驚恐。我無法將邪惡的描述橫加到這一隻手上面，但它的確可以製造任何可能的罪惡。直到今天，我仍然確信，因為這一隻被掩藏的手的緣故，才促成這一尊塑像的誕生。此外，那一位將這尊塑像從玄武岩的巨石中敲打出來的藝術家，必須掩藏這一隻手，因為惡靈的力量太強大了；那張不願意說話的嘴巴必須保持緘默，還有那向外界施展威脅的手肘，必須保護通達到這股暴力的入口。

我無數次駐足在高架橋底下，我對這尊塑像所保持的熱情蛻變成我們倆友情的核心。伍圖拉巴在工作的時候，我的目光總是注視著他的雙手，經過了好幾個小時，就如同他創作旺盛的精力一樣，這雙手並沒有任何絲毫的疲憊。然而，令人感到驚奇的是，他總是能創造出新的創意；如果沒有在黑暗的佇立者的面前證明自己的崇敬之前，我是不會朝他的方向走去。有時候，我發現他會站在寬廣的空地上，好像人們已經知道我即將到來，所以趕快把這尊雕像搬到外面來。有時候，人們會把它放在拱橋開放的門的後面，這樣人們才可以單獨地欣賞它，而不會干擾到其他的塑像。我没有和他談過有關這雙手的話題；我們也未曾談過許多的事情，但是他是如此地聰明，所以不會不知道，我已經了解他到底想在玄武岩當中傳達什麼樣的訊息。他是如此地驕傲，可以把這些訊息用字詞表達出來。他有個哥哥，名叫凱恩，他曾經犯下殺人罪。在他的一生當中，他必須揹負這樣的恐懼，那就是有一天，他也會拿起刺刀銼開活人的胸膛。但是，他並没有這麼做，他必須感謝石頭，而且這一次，至少對我來說，在「黑暗的佇立者」的身上，他嘗試去了解到底什麼是真正威脅他的恐懼。

或許，他想在這一尊塑像身上傳達的訊息是在自己的身上無法改變的事實。他的語言也屬於無法改變的事實。他的字詞填充了那麼多的力量，依靠這股力量，他把自己的字詞注入到寡言的深沉裡頭。他本人並不是那麼地沉默，而且時常表達很多自己的意見。但是，他知道自己在說寫什麼；在他身上，我從來没有聽過喋喋不休的廢話，即使當談話的內容並不是那麼符合他的興趣的時候，他的句子仍然有個明確的方向。當他想迎合一個人時，甚至可以說一些令人驚訝的話，那會引起很粗俗的效果。他對說話的經營可以經由明顯誇張的說法，讓別人認定這樣的內容是種玩笑，但其實這樣的效果與他心中策劃的企圖完全相符。但是，在另一方面，他也可以放棄所有的企圖，用一種非常明確的，同時也帶有強烈暴力色彩的方式說話；他們會沉迷他的講話方式，而且他本人在這個時候也變得明確與暴戾。他不會借用別人的語言；這些語詞是維也納派所慣用的字眼；這是小時候，在人行石子步道玩耍的字詞。除此之外，人們會感到如此地驚訝，所有的事物竟然可以以這樣的方式講出來，即把所有的字母岔開來講。這不是內斯特洛伊③的語言：那時候，我已經確定這一項事實。維也納的成語可以創造出令人感到震驚以及有價值的可能性：這樣的成語可以吸引最快捷以及最容易走私的念頭；它們是那麼地奇怪，永遠不會枯竭，具有多樣性的變化和高度的敏銳性；我們可以這麼描述：在這樣慘淡的世紀裡，那是我們人類無法迎頭趕上的語言——或許，伍圖拉巴和內斯特洛伊只有一個共同處：辛酸，然而它的對立體正好描繪出維也納的甜蜜；這是世界上僅存的，而且還得忍受世人無情的詆毀。

在這個地方，我對他的描述是他當時的狀況，也就是那個我剛認識的伍圖拉巴。當時，他才二十六歲，正為石頭與創作的企圖所著魔；這些企圖卻無法將他和石頭劃分開來。他沒有任何的權力，但是整個人卻充滿了企圖心，不過，他從來沒有懷疑過自己。他對自己的作品的認定是那麼地堅決，就如同我對自己的創作那麼地肯定；我們兩人感受到兄弟之間的親密，沒有任何的害羞，沒有任何的遲疑，沒有任何的羞恥，也沒有任何的蠻橫。我們可以彼此討論一些東西，那些別人無法了解的事理。然而，至於那些世界上唯一關閉在自己內心的隱私，我們會向對方表白；而且這是再自然也不過的真誠。他的殘酷會導致我的反彈，就如同他對我的「道德」感到不屑。不過，在情緒高昂的情況下，我們之間的爭執只會到達爆裂的邊緣。我向自己解釋，他的殘酷與他的工作過程的堅定是一體的。他認定我的「道德」是藝術企圖的純粹；這樣的純粹讓我保持清醒，就如同他的企圖心——他永遠沒有辦法滿足自

③ Johann Nepomuk Nestroy，維也納民俗文學的詩人。在他的作品中已經出現強烈的寫實主義風格。

己的成就。當他宣告自己對低級藝術品的控訴時，我們的靈魂以及血肉是融合在一起的；我們有一顆共同的心。在我的耳朵裡，他把這樣的藝術勞動視為賄賂。對我而言，如此的藝術品只是為了金錢；然而，對他來說，這樣的企圖心太軟弱了，太輕渺了，所以無法延展成為形式。我的生命史是在金錢短缺的困頓下成長；他則是在他的哥哥的監牢下長大。

我將《康德縱火》這本小說的手稿交給他閱讀。這部小說對他造成的衝擊是那麼地強烈，就如同我對「黑暗的佇立者」的感動一樣。費雪勒（Fischerle）這個人物對他造成心靈上的震撼。他認識費雪勒的成長環境，此外，他對企圖心所散發出來的魔力召喚，有著更深入與更宿命的理解。在唾棄小矮人沒有形體的軟弱上面，他並沒有發表任何的反駁；然而，他自己也不會有任何的畏懼，如果問題本身是要如何弄清楚石頭的本質的話。對他來說，德蕊沙並不是特別地「誇張」，因為他見識過更誇張的現象。在他的心目中，輪廓最清楚的人物似乎是貝內第克・費夫（Benedikt Pfaff），一位退休的警官，然而，這是正確的，也最自然的。但是，在另一方面，那位沒有性別的漢學家卻讓我醉心不已，不過伍圖拉巴卻沒有辦法忍受漢學家的弟弟，那一位精神官能學家。他曾經問我，是不是因為出自我個人對最小的弟弟的愛，所以，在這個地方，造成錯亂的安排呢——我曾經跟他提起我的弟弟。他認為，虛構人物裡這麼多的肌膚是不可能來自活生生的人類身上；換句話說，我塑造了一個理想的人物，這是在詩人的構想下出現在書中的人物；然而，因為這樣的安排，所以，在他的生命中，格奧爾格・克恩沒有辦法找到真正的意義。他把漢學家看待成一隻「大猩猩」；依照這樣的見解，所以醫生可以借用狂野的意志，來實現克恩的生命意義。基本上，他看待「大猩猩」的心態，就如同格奧爾格·克恩如何看他。但是，他責怪克恩，因為書中的人物最後將自己獻給無上的恩寵。在那個時候，他是反對宗教的救贖的，而且還這麼地解釋：對他來說，冶金匠強恩（Jean）是個受到局限的年邁老人，不過他絕對勝過瘋狂但成功的醫生。他認定我的創作是成功的，然而，在這本書的結局裡，他卻失敗了，而且一段幾乎沒有說出口的話撲滅了漢學家的火葬。他曾經這麼地告訴我，他無法理解書的結局是令人懊惱的失敗，但是，最後這些書中人物還是跟他達成了妥協。

博物館咖啡廳裡的沉默

博物館咖啡廳是我以前常去的地方；每當我到市中心的時候，在這一家咖啡廳裡，總會看見一個人；他的身影時常引起我的注意，因為他一個人單獨地坐在咖啡廳裡，而且不會和其他人講話。當然，這並不是什麼特別的現象，因為在所有的咖啡廳裡，常常會出現一些這樣的人。不過，這個人會特別引起我的注意，因為他始終把自己的臉孔藏在報紙的後面。這是奇怪的，而且是非常奇怪的，因為他會從報紙的上方往前看，在這一刻，報紙的上方出現了一張讓我感到非常驚訝卻又很熟悉的臉孔；那是我所熟悉的卡爾·克勞斯的面孔。當然，我知道他並不是克勞斯。在這一間咖啡廳裡，到訪的客人全是畫家、音樂家以及詩人，所以克勞斯是無法得到片刻的寧靜的；如果真的是他本人的話，那麼，克勞斯也一定有其他人的陪伴。雖然他不是克勞斯，但是他似乎總是隨時隨地都在思索，怎麼樣才可以將自己藏起來。那是張非常嚴肅的臉孔，而且一動也不動；這是我在克勞斯身上未曾發現的現象。一副幾乎沒有辦法辨認、但是卻有帶點痛苦的表情；有時候，我以為自己認得這副面孔；這時候，我又把自己的注意力轉移到報紙的文章上面。我會試著去抓住機會，我會慢慢地等待，在什麼時刻，他的面孔會再顯現出來。我時常中斷閱讀報紙上的文章，因為我想確實地知道，這一顆頭顱是不是仍然完全地埋藏在他的報紙裡頭。當我踏進博物館咖啡廳的時候，我首先會尋找他的存在，然後確定那個人是否坐在那個地方，因為我沒有辦法看到他的臉孔，所以，只能認清楚他緊瞪著報紙的樣子；這時候，他的手拿著報紙——他似乎把整個身子捲曲起來；他喜歡將身體往報紙的方向前屈，用這樣的姿勢來守護著一種紙張上傳播的危險訊息，不過，他仍然仔細地閱讀上面的文章。我把自己的坐姿作一些調整，好讓自己的目光可以注意他的行蹤；最好是坐在他斜對面的座位上。面對他的沉默，我會有種莫名的害羞；不久之後，他的沉默對我則是越來越重要，而且我也不敢在他旁邊空下來的位置上坐下。大部分的時間，我總是一個人；在常去的咖啡廳裡，很少會有自己認識的人；對我來說，就如同對他而言一樣，不受到任何的干擾是非常重要的。一個小時或者更久的時間，我會坐在他的斜對面，而且一直等待著一個機會，希望能夠看見他的臉孔。這是我們兩個人之間的距離；我對他懷有相當高的敬意，然而，我卻不知道他到底是誰。我可以感受到他注意力的集中，而這樣的神情好像他就是卡爾・克勞斯本人；但是，在克勞斯身上，我還未曾體驗到如此的現象：沉默。

他每一天都會到咖啡廳來。在大部分的時候，當我走進咖啡廳時，他就已經坐在他的位置上。我不敢這麼告訴自己，他正在等待我的到來。但是，如果他不在的時候，我會感覺到一種不安，好像我正在等他一樣。我專心看報紙，那卻只是種假象。我像是完全不知道自己手上報紙裡的內容，而且我的眼睛會不停地注視著入口的方向。後來，他還是會走進來。那是個高大且瘦長的身影；他走路的樣子總是死板的，漫不經心的，甚至可以說非常自大，好像他不希望人們跟在他的後面一樣，而且希望將這些聒噪的物種與自己的軀幹分隔開來。當我第一次如此正面看他的時候，我回想起我當時的訝異，他像一位勇敢的騎士，朝著我的方向奔馳過來，好像他沒有辦法好好地坐在馬上一樣。我所期待的人是一個矮小且有著彎曲的背部的人，但是，他的頭有著令人感到困惑的類似性。當他找到位置，並坐下來時，在這一刻，他又是卡爾·克勞斯。他又把頭顱埋在報紙裡頭，在這裡，他正進行著狩獵。

因為我不知道他的身世，所以我也沒有辦法描述這個人。

有半年的時間，我都這麼地看著他；他竟然成為我身上沉默的一部分。我沒有告訴任何人有關他的事情，而且也不會向別人問起他的行蹤。假使他一直都沒有出現在咖啡廳的時候，我才有可能會向侍者詢問他的蹤影。

那時候，在整個事件還沒有發生之前，我已經感受到一個轉折點，這樣的改變是卡爾·克勞斯在我的內心裡早已經作好的布局。我已經不再那麼地喜歡他了，此外，我也不一定會參加他所有的朗誦會。然而，在自己的思緒裡頭，我還是不敢挑戰他的權威；我從來沒有想過要反駁他的觀點。我沒有辦法忍受發生在他身上前後不一致的矛盾，有時即使這樣的矛盾是沒有辦法避免的時候，我還是希望他能夠沉默下來。所以，每一天，我在博物館咖啡廳裡看到的人是他的複製圖像，而且對我來說，這個圖像的存在是絕對必要的。因為我已經不再乞求他帶給我啟發。他是個複製圖像，他並不是個替身，因為不論他是站著或者走動的時候，他和克勞斯之間並沒有任何相似的地方，但當他坐下來看著報紙的時候，人們很容易將他們兩人混淆在一起。他從來不會寫下任何的字句，也從來不作任何的筆記。他只是讀自己的東西；把自己真實的面孔掩藏起來。他從來不閱讀任何的書本，雖然，人們總以為他應該讀過很多的書籍。不！他只看他的報紙。

在咖啡廳的時候，我總會把一些感想抄寫下來。這幕的景象卻無法脫離他的視野之外；對我來說，這樣的想法是很不舒服的，似乎當他眼神的餘光在場時，寫字是一件很無恥的事情。當他的眼神顯露出一點逃避的目光時，我就會把筆放下來。我的注意力總是很專注的，尤其當他的臉孔出現的時候，我的警覺性可以說升高到極限的地步；不過，他的臉孔一下子又會消失不見。在我的臉上浮現沒有過錯的怨恨一定讓他很失望，我不相信，他曾經成功地抓到我寫字的那一瞬間。但是，依照我的看法，他不喜歡他看到的任何事物，換句話說，我並不是他厭惡的唯一對象。對於在他眼中出現的任何景物，他都會表現出一副很不屑的表情，而且還會很快地把自己的喜怒收回。在我的認定中，他是個可以洞悉人心的大師，因為我知道他是卡爾·克勞斯。他不需要太多的時間，他的注意力也不會長久地駐留在同一對象上，而且或許就如同我所希望的一樣，這些景物對他而言是不重要的，因為他必須處理更重要的事務；從報紙對他所產生厭惡的情緒來看，我認定這樣的可能性是存在的。對他來說，報紙的錯字是無所謂的。他不會哼唱奧芬巴哈④的戲曲，或者我們應該說，他根本不會唱歌。他應該非常清楚，自己的聲音絕對不適合唱歌。他也會閱讀其他的報紙，他不只看維也納的報紙，也看德國的報紙。在他的膝蓋上面，還有一份英文報紙；這一份報紙是服務生拿過來給他的。

他沒有名字，對我來說，這是正確的。如果我認識了他，那麼，他就不再是卡爾・克勞斯了，此外，這位偉人蛻變的過程也會隨著落幕；不過，這樣的蛻變確是我熱切希望的事實。後來，我才慢慢地發現，在我的內心裡，在如此沉默的關係進行的過程中，有件東西分裂開來了。尊敬的力量慢慢地從卡爾・克勞斯的身上分裂出來，而且這股力量的對象轉化成為沉默的圖像。這是深入到我自己內心裡的轉變；在過去，對克勞斯的尊敬經常扮演著相當重要的角色。然而，當這樣的轉變以一種沉默的方式慢慢地進行時，它的意義也往上提昇。

席津的喜劇

結束史特拉斯堡與巴黎之旅後的三個月裡，我都在處理《虛無的喜劇》這一部戲劇最後完工的工作。我把第二以及第三部分完整地抄寫下來，對我而言，這個步驟所產生的安全感

---

④ Jacques offendach，法籍德裔的浪漫派作曲家。

是一種幸福的感覺。它是一件工作，一件不是在苦痛的煎熬中誕生的作品。我並不是為了批評自己而寫作；它不是審判我的法庭，而且也不是嘲笑我自己的鬧劇。這一部作品的重心在處理心靈的虛無，然而，虛無的本性並沒有在我自己的身上造成嚴重的影響。那是人性自由地觀看世界的目光，然而，這樣的目光卻沒有造成自憐的創傷。在第二部分當中，借用根本念頭，鏡子與圖像的禁令之間的變換，我放棄了一位偉大作家的影響；在我的心目中，他是所有喜劇作家裡創意最豐富的，最能引起人們感動的作家：亞里斯多芬尼茲（Aristophanes）的創作天分是不容懷疑的。此外，我可以很自由地這樣說，我沒有隱藏任何的想法，雖然他和我的創作之間的距離是那麼地遙遠，但或許這正是這一份手稿文字中，真正被解放的聲律。

如何秉持著對過去景象的讚嘆，如何看清楚事實上無法再一次拾回往事的彩繪的無奈，是亞里斯多芬尼茲沒有成功的地方。人們必須思索如何朝他的方向跳躍，而且將危險攬在自己的身上；如果這一項跳躍失敗的話，那麼，嘲笑聲所氾濫形成的沼澤會讓一個人活生生地溺斃。人們必須用自己沒有辦法達成的境界保護自己；好像對自己的意圖來說，挑戰自我的可能性是絕對正確的選擇一樣。但是，人們還是得讓自己冷漠的心靈感動起來，燃燒出喜悅的火化。

我希望喜劇能夠產生直接的效果，或許，這是我與這位天才作家之間有關聯的親密感。當時世局的情勢是那麼地急迫；德國的演變讓世俗的人們感受到越來越緊張的壓迫，不過，我還是一直以為，如此險惡的局勢並不是沒有辦法改變的。如果現實的世局是借用語言所造成的存在條件的時候，那麼，語言還是可以制止它自我的毀滅繼續地往前推進。如果這一部喜劇完成了，在我自己的認定裡，它是對抗焚燒書本這種毒素最有效的解毒劑。現在這個時刻，這齣戲碼必須正式地上演，除了在所有的劇院表演之外，它還得盡快地上演。不過，我和舞臺劇之間並沒有什麼淵源；卡爾・克勞斯對舞臺劇詛咒的宣判麻痺了我對它的激情；換句話說，我還是那麼地厭惡當代的舞臺劇，而且對它的發展並沒有放下很多的心思。一九三二年秋天時，我把《婚禮》寄到柏林的費雪（S. Fischer）出版社；他們把這一部的作品收錄在出版社的舞臺劇的部門，但是我的動作太慢了，所以，這齣戲碼沒有辦法得到演出的機會。後來，原來出版社裡接受《婚禮》的編輯離開了柏林，並且承接了維也納保羅・茲索勒耐（Paul Zsolnay）出版社舞臺劇部門主管的工作。

如果人們想要理解舞臺劇，那麼，他們必須傾聽它的音訊；一齣舞臺劇是一些基本元素營造出來的，我把這樣的元素稱為「音律的面具」，換句話說，每一個人物會借用字詞的選擇、聲律以及韻律來區分自己與其他人物之間的差別。除此之外，在戲劇的世界裡頭，我們找不到永遠不會改變的樂譜。在我的認知裡，自己只能完全地用朗誦來理解這部戲劇的真義。所以，安娜向我建議，在茲索勒耐的家裡舉行一個朗誦會；這場朗誦會必須在一個小型的社群前面舉行，然而，這個社團必須是有經驗的，而且在實際的層面上，可以判定這部舞臺劇的劇本是否可行。在這樣的情況下，所有有關連的編輯都會被邀請，也就是那些認識《婚禮》的編輯，以及當時在柏林雖不認識我的作品，卻可以認同我撰寫戲劇的形式的編輯。這個提議讓我看清楚自己的機會，不過，我還是有一些顧慮，那就是劇本的長度。

「整齣劇本大概是四個小時。」我這麼說。「我不會漏掉任何一幕的場景。我也不會刪掉任何一句話。誰可以忍受這麼長的朗誦會呢？」

「那麼，我們只能把整個劇本劃分成兩個部分，然後舉行兩次的朗誦會。」安娜如此地建議。「最好，連續舉行兩天。如果這樣沒有辦法的話，那麼，我們可以在一個禮拜後，再舉行第二次的朗誦會。」

她並不認識這部劇本，但是依照她對小說的理解，讓她對這一部劇本產生了堅定的信念；我曾經跟她討論過這部劇本的內容，所以，她堅信這部作品會有成功的機會。她對舞臺劇並沒有太大的興趣，我個人相信，她對戲劇的反感是天生的。不過，在這一件事件當中，我為她與戲劇之間建立起一座溝通的橋樑，而且敘述是唯一的重點；她喜歡我的作品真正的原因是我的敘述。

保羅，茲索勒耐的母親是這一家出版社真正的主要人物，安娜都叫她安迪姑媽。除此之外，她可以對自己的兒子產生重大的影響力。整個出版社是依照安迪姑媽的希望而誕生的，換句話說，這是韋爾弗的家庭出版社。當時，這家出版社爭取到了一些有名的作家，其中一些作家還是重要的文學家，例如漢林希．曼（Heinrich Mann）。安娜曾經把《康德縱火》這部小說的手稿交給她的婆婆看；然而，這一部小說讓她很感動；事實上，她也屬於小說中邪惡的女人。她是出版社真正的皇后；出版社的皇宮座落在馬欣大街，這裡也是朗誦會舉辦的正式地點。我向安娜表達強烈的希望：她的母親阿勒瑪不能參加朗誦會。她向我保證，這樣的危險性是不存在的，因為我還是個沒有名氣的年輕作家，在這種情形下，她的母親不會有如此的念頭，來參加朗誦會的。但是，韋爾弗卻取代她母親的出席，來參加我的朗誦會。他的好奇心是非常強烈的；當他還在替庫爾特．伍爾夫⑤工作時，如何去發掘新興詩人是他工作的重要部分。「我不相信，他會對這個新發現產生任何的興趣。」我如此說，然而我卻沒有料想到自己的想法與事實的真相差這麼多。那一天，在我的目光中，他帶著強烈的好奇心出席我的朗誦會。然而，我並不畏懼他的現身，雖然他的書無法得到我的讚揚，而且當我們兩個人第一次在音樂會上見面時，我就已經肯定自己並不喜歡他這一個人。

賀爾曼．布羅赫是被邀請的重要客人之一。一年多以來，我一直把他當作我的朋友。我可以感覺到，他衷心地期待我可以成為一位成功的劇作家。當今年晚秋，我從巴黎回來的時候，在安娜的工作室裡，我把他介紹給安娜認識。除此之外，我們兩個人也一起得到她的母親「光榮的召見」。「布羅赫的眼睛像神話一樣。」這是她在布羅赫面前所說的話，然而我們三個人：安娜、布羅赫以及我對這樣稱讚的形式感到非常地難為情，因為這意味著最高層次的快感。我曾經不斷地跟布羅赫討論這部戲劇，我認為他真的很想認識這部作品。依照《婚禮》對他產生的印象，我堅定地認為這一部戲劇可以對他「陳訴」一些道理。我對他抱持了很大的希望。在這個圈子裡，對大多數的人來說，我並沒有任何的重要性。除了安娜以外，他是唯一一個不會把我視為破壞和平的人；換句話說，他是唯一和我站在同一陣線的盟友。此外，出席朗誦會的人是出版商保羅．茲索勒耐本人——在我的心目中，他並不是個有能力的人——，以及總經理克斯達（Costa）——他是個永遠帶著微笑的沙龍英雄——，還有出版

⑤ Kurt Wolff，德國的出版商，他出版的重點擺在印象派的詩集。

社戲劇部門的負責人。

朗誦會舉行的時間是在下午，而且是在一個很小的圈子內舉行的；我不相信參加的人數會超過一打。過去，我曾經好幾次去拜訪這個出版社，並且受到年邁的茲索勒耐夫人熱忱的歡迎。她非常地看重詩人。直到她用自己兒子的名字成立這一家出版社之前，已耗費了許多的時間，然而這一家出版社卻是為詩人成立的。我必須在這個地方朗誦我的作品，但在朗誦會的會場裡，我卻感受到這一間精緻的沙龍內部的不協調：這部作品的第一部分發生的地點像是烤香腸的烤肉架，而且劇中人物的口中並沒有調節說話內容的文稿，在完全沒有慚愧之心的情形下，所有的話語會從這些人物的口中奔馳出來。我害怕這一間沙龍會影響我，在違背自己的意願下，朗誦會變得輕柔且小心翼翼的，這樣的朗誦完全不符合劇中的真實人物。這樣脫軌的狀況絕對不能發生，而我也這麼明講了。當我開始朗誦之前，我走到這間沙龍的女主人面前說：「這是一齣民俗戲，所以整個場地的布置不應該那麼地精緻。」這樣的註解是善意的，雖然聽話的人臉上泛出遲疑的表情。就「民俗劇」來說，出版社已經有一位受歡迎的劇作家，卡爾・祖克梅爾（Zuckmayer），不過他本人並沒有出席這一場朗誦會。當人們提到民俗劇的時候，都會想到他的作品；關於這個事實，我本身沒有辦法找到更合適的敘述。

我感受到在這個圈子裡，我是個陌生人。我是那麼沒有經驗，所以不知道為什麼他們一定得聽我的朗誦。如果我曉得的話，我一定會事前好好地保護自己。我把期待交託在兩個人的身上，我把他們認定是真正的朋友，而且我期待他們會對我伸出援手，這兩個人正是布羅赫以及安娜。一個是我尊敬的人，另外一個是我深愛的人，雖然她對我執行短暫的審判，並且交給我一張通行證，但在我的感覺裡，我對她的情意卻沒有任何的改變。這兩個人座位之間的距離有點遠，但是，他們仍然可以清楚地看到對方。對我來說，她的認同是非常重要的，同時，她的身影也從來沒有離開過我的視野。坐在我的前方的是韋爾弗，他的影像是那麼地巨大，所以我完全沒有躲避他臉上的表情絲毫的跳動。離我不遠的地方是沙龍的大門；他經過這一扇門走進沙龍，因為對他來說，他是這個圈子最重要的人，所以他是最後到達朗誦會的人。有個現象是非常明顯的：在場其他所有的人都用異常緊張的心境來觀察他的反應，特別是出版社的親屬。他有著一副值得信任的樣子；當他走進沙龍，並且向每一個人說「你好」⑥的時候，表現得好像個小孩子一樣——開放的，沒有仇恨的，沒有惡毒的心思，換句話說，是一種面對上帝、你或者我天真的態度。他是個歡愉的祈禱者；在自己的心靈中，所有的生命都會找到屬於自己的位置。我雖然不但不欣賞他的書，更沒有辦法看重他的人品，但還是天真地回敬他的歡迎。然而，在這個朗誦會的場合，我更不能希望，他會採取任何敵對的態度。

我把戲劇中呼籲者這個部分作為朗誦的起頭。「我們、我們以及我們，我的主人！」朗誦的聲響用盡了所有的力氣，而且朗誦開始進行時，在烤香腸的架子這個地方，暴戾的聲韻逐漸地升高；我本來沒有辦法忍受安迪姑媽的沙龍以及保羅．兹索勒耐這個人，但這時候，

⑥ Grüß Gott 是德國南方的方言，字面的意思是歡迎上帝，但實際的意義則是歡迎你。

我已經完全地忘記自己的厭惡了。我只是為安娜與布羅赫兩個人朗誦。在我的腦海中，我朗誦的字句是獻給費立茲・伍圖拉巴，雖然他沒有辦法出席這一次的發表會，但他一定會喜歡劇中的人物的。因為我的思緒惦記著他，所以祈禱者就借用他的音律咆哮；這樣的聲韻或許並不是完全正確的，但是，這是一種相當特殊的幫助，而且在這樣的場合裡，我對它的需求更是特別地強烈。

剛開始的時候，我根本沒有注意韋爾弗的反應，然而，如此的狀態一直持續到他刻意地突現自己的存在，而在這個時刻，我也已經沒有辦法忽略他的姿態，因為我的朗誦已經進行到第一部分非常深入的地方，換句話說，正好到了抄錄經文者布羅查木（Brosam）。對韋爾弗來說，抄錄經文者是激烈的狂熱份子，布羅查木那帶著巴洛克音律的聲音是那麼地令人厭煩，特別會引起他的騷動；事實上，如此的巴洛克聲韻是來自亞伯拉罕・阿・參克塔・卡拉⑦。啪地一聲，他用張開的手掌打了自己的臉頰一下，然後讓這隻手掌緊緊地貼在臉頰上面，並且還用相當無助的眼神觀望這個圈子裡的人。我聽到「啪」的聲響，自己專注的目光不得不投射到他的身上。這個時刻，他正好坐在我的正前方，他那蒼白的臉孔幾乎已經作了一個堅持的決定，絲毫没有任何意願來改變如此令人尷尬的表情；這時候，他的手掌把自己的臉孔壓縮地更緊，我没有讓自己遭受到任何不理智的干擾，所以繼續朗誦；不過呈現在眼前的這一副痴肥的面貌讓我感到很不耐煩。

---

⑦ Abraham a Sancta Clara，他的本名為約漢・伍里希（Johann Ulrich），被公認為巴洛克演說藝術的大師。

這一刻，我轉移自己目光的焦點，尋找著安娜；我心裡希望在她身上找到認同以及幫助。但是，她的眼眸裡並沒有我的影像，換句話說，她的眼睛並沒有盯著我看。她的眼神落在布羅赫的目光所讚頌的神話；然而，在他的眼眸裡，泛照著安娜眼睛的明亮。我認得這樣的目光，安娜曾經用這樣的眼神看著我；而且就如同我自己的想像一樣，這樣的眼神創造了我的存在。但在這一瞬間，我並沒有得到如此目光任何的施捨；我無法回答這樣眼神傳送的任何訊息。而且，我的眼睛在這一刻所看到的景象是一個新的事實：布羅赫得到謎樣般的眼睛的眷戀；兩道眼神所散射出來的光芒交錯在一起，而且在心的鏡子裡反射出戀的回響。這時候，我知道她聽不到我的朗誦；他們兩人以外的世界是不存在的。對他們而言，戲劇中的人物所呈現出來是世界空虛的輪轉，這些人物是不存在的。他們找不到任何的理由來拒絕虛無的空轉，除此之外，他們也不會覺得，自己遭受到空虛的折磨。在這個地方，他們兩個人是消失的，然而在他們的世界裡，我和我的人物卻是虛無的，以後他們也不會意識到這些劇中人物的存在。他們的心靈已經融化為一體，並且也切斷自己與一切世俗的連帶關係。

安娜目光的遊戲是那麼地有效，所以我已經完全不在乎韋爾弗的反應了。當我繼續朗誦時，已經忘記抒情詩人的存在。當我唸到一件非常悲慘的情景時，也就是這個段落第一部分最後一幕場景時——一個婦女跳進熊熊的烈火中，卻在最後的一刻被解救出來——在我的心裡，在安娜的眼珠子裡公演的戲曲再度地拍動我的意識；我從來沒有辦法脫離它的約束。在這個狀況下，我曾經請求她，把目光的焦點投射到其他的對象上，然而這個對象是個受人尊敬的詩人；我耗費心中無限的熱情，來尋求這人的認同，但卻沒有辦法實現。她有最好的資源來贏得他的心，這也是我當初將他引見給安娜最主要的原因，而且如果我的想法實現了，那麼，我就是這段相遇的見證人。這一部即將發生在不久的未來的戲曲有屬於自己的背景音樂，這也是我的作品的背景音樂；整部戲劇隱藏我個人許多的希望。

當第一部分完成後，我停下來休息。這時候，韋爾弗站起來，然後用和「歡迎你」一樣歡愉的語調跟我說：「您朗誦得很好！」他的語調是拘謹的，不過至少他似乎已經忘記先前的煎熬。他的語調是否和朗誦本身有直接的關係，並不能打動我的心；他對朗誦的內容並沒有發表任何的意見。或許，他感覺到，對在場的聽眾來說，整個劇情的發展並沒有真正地感動他們，但越來越短促的朗誦方式逐漸地提昇戲劇的張力，而這股張力持續到火的祭祀這一幕場景，聽眾的感動是沒有辦法隱藏的，所以他只能壓抑住自己真正的判斷。安娜並沒有說任何的話；她沒有聽到任何一句話，她的心思完全在別的地方；雖然如此正式的聲調會對她產生心靈上的震撼，但因為布羅赫謎樣的眼神，所以她的思緒不會迷失在發出聲響的字詞中。同時，布羅赫也是沉默的；我感受到我的朗誦並沒有激發他真正的興趣，除此之外，他的沉默也不是歡愉的無語。我的感覺是震驚的；雖然，我對事物的觀察曾經是感受的基礎，但這樣的基礎已經不存在了，而且他的幫助已經不是我可以期待的對象了。這一刻，我感受到非常明顯的精神麻痺；他沉淪在感情的麻木之中，而且這樣的麻木對我竟然是沉默所化身的打擊。在休息的片刻當中，我對戲劇的熱情已經完全地消失了。在我的心目中，那些不是我的朋友的人，似乎已經沒有任何的熱情要求我，繼續把整部戲劇朗誦完畢。這時候，有人大聲地叫喊：「讓他好好地休息吧！他一定很累了。朗誦那麼長的一部作品並不容易。」那是安迪姑媽，在完全沒有任何害羞的為難下，她洩露了自己對聽眾的同情。事實上，她最強烈的反抗正是我所期待的；當我向她描述劇中「民俗的人物」時，她對如此形式的人物的厭惡是非常堅決的。但是，當嬰兒在烈火前哭喊時，她的笑聲是那麼地大聲，這時候卻像捆綁的繩子一樣，和她的笑聲緊密地接連在一起；雖然抒情詩人的生活那麼渺小，但卻可以完完全全地體會她的息怒，所以他也跟著笑起來了；或許，這正是韋爾弗為什麼平常這麼拘謹的原因：他會用絕妙的舉動來傳達一些甜蜜的訊息。

我開始進行第二個部分，這時候，我感受到整個朗誦有了完全不同的氣氛。人們甚少意會到劇中感情最好的三姐妹，寡婦威勞赫（Weihrauch）、路易斯（Luise）修女以及邁爾（Mai）小姐三個人聚集在派克斯．巴爾羅赫（Packers Barloch）的公寓裡頭；然而，這一間公寓和現實生活中馬辛大街上的皇宮沙龍形成強烈的對比；沙龍是那麼地令人無法忍受，而且我們所有的人，朗誦者以及聽眾，都聚集在這一間沙龍裡。戲劇中的這一幕場景不僅是貧乏的，和維也納的風情相比較之下，同時它是醜陋的，甚至是不道德的。老婆和情婦處在同一間公寓裡——如果人們可以把這樣的住所稱為公寓的話——除此之外，這個地方將提到兩個小女孩的名字；雖然她們也會經驗上面的情況，不過，這兩個人物不會登上舞臺。在這一幕中，威勞赫的女性朋友正好來拜訪她，然後她們兩人討論一些令人感到驚訝的生活關係；那些發生在如此狹窄的空間裡的生活關係；整個話題是由威勞赫依照她自己的方式來陳述。這時候，叫賣的小販手裡拿著鏡子的碎片出現在舞臺上，而且他叫賣的口頭禪必須對惱人的困擾作出特別的反應，正因為這樣的口音是準確以及為人熟悉的。

這時候，韋爾弗立刻展開他的反動。雖然，他已經不再給自己賞耳光了，但是，沒過一會兒，他用一隻手拍打自己的臉，然後，用雙手矇住自己的眼睛，好像他已經無法再看朗誦者一眼。不過，一會兒後，他的目光又往前看，並且尋找其他人的眼神，特別是出版社的同仁，因為他想傳達自己不高興的訊息。每當一出現夾帶著骯髒字眼的句子時，他總是猛烈地搖頭，然後整個人重重地往椅子後傾，並且左右搖晃。當我在朗誦小販的話語時，他突然大聲地叫喊：「模仿野獸聲音的工匠！這是你的真面目。」他指控的對象當然是我。他把自己的叫喊認定為辱罵，這樣的辱罵是粗魯的，沒有任何顧慮的，以及具有破壞性的；我不認為，世界上還可以找到更離譜的叫罵聲。他真正的意圖是想讓我停止朗誦，但他的行為卻造成了相反的效果，換句話說，叫罵聲所產生的效果正是我想要得到的：戲劇中每一個人物與另外其他人物之間的衝突必須清楚地分辨開來；每一個人物都是一頭野獸，而且我們可以從他的聲音辨識出來。我把野獸之間的差異轉換成為不同的聲音世界，而且當我朗誦這些粗俗與骯髒的字眼時，它們對我的撞擊正好像一道閃電一樣。所以，韋爾弗已經意識到正確的方向，然而他卻不知道，在戲劇中，模仿野獸的聲音到底有什麼目的。

我的思緒並沒有被錯誤地引導，所以我繼續朗誦自己的喜劇。這時候，我的眼前所出現出來的挑戰是明顯的敵意，而且他嘗試把這樣的敵意傳染給其他在場的人。在派克斯・巴爾羅赫憤怒的叫喊聲下，他讓小販離開，這時候整個場景也結束了。韋爾弗說：「你的戲劇給人的感覺好像一個誇耀的暴發户以及他愚蠢的富貴税。」但這一刻，他仍然坐著，因為他想發動一項驚人的舉動。下一個場景，人們可以聽到老邁的僕人法蘭兹・拿達的出場；他站在大街的角落，靠著諂媚別人來維持生活。聽眾的心境有了明顯的轉向，突然一股暖流撞擊我的心懷。然而，這一幕還沒有結束之前，韋爾弗站起來，並且大聲地咆哮：「這是令人無法忍受的。」然後，他把背部朝向我，並且往門的方向走去；這是一條離開沙龍的路徑。當他走到門旁邊的時候，再度轉向我，並且喊叫地說：「你最好還是放棄你的想法！」這是他所作的最後侮辱；他的真正企圖是想毀滅這一部戲劇，不過喪失理智的怒吼喚醒了玆索勒耐女士的同情心，她大聲地呼喊著自己的兒子：「你一定得看那一部小說！法蘭玆！」他聳一下肩，並且說：「好的，好的！」然後，就走開了。

這一部戲劇的命運就這樣被決定了。或許，他很喜歡用這樣的方法來解決問題。或許，整個朗誦讓他認識到一個新的現象：在朗誦的過程當中，他看清楚了，在我的內心中站著了一個卡爾・克勞斯的學生。我個人非常地清楚在當時的那一刻到底發生了什麼事，但我並不願意承認自己的失敗，所以我繼續朗誦。我不在乎所有人的注意力，我的思緒迷失在這一部戲劇的幻想世界中。我不知道韋爾弗的舉動是不是影響了安娜；我也不知道，她眼睛所彈奏的戲曲是不是被錯誤地擺到其他的對象上面。我倒是願意相信，在這一刻，她的注意力並沒有意識到仇視性敵對的蔓延擴大，而且佇留在其他的事物上面，那些對她而言在這一刻最重要的事情。就如同事前的計畫一樣，我的朗誦在中間的地方中斷：這時候，德蕊沙在產房產下嬰兒，然而，在被魔鬼附身之前，她所說的最後一句話是「惡魔！惡魔！」

當我結束朗誦時，我第一次聽到布羅赫提出他的看法。就如同年邁的玆索勒耐夫人，他內心也感受到對我個人的同情，然後，他重新地描述，如何來轉述我自己對文學的要求：「我們可以想一想，這是不是未來的戲劇。」他並沒有贊同任何一方的立場，他只是提出一個問題，然後認定我的企圖心：我想嘗試新的文學創作。對年邁的茲索勒耐夫人來說，這樣的訴求太嚴重了，所以她這麼說：「這一部劇本不一定得立刻成為未來的舞臺劇。當時，您曾經說過這是一部民俗劇，這又是怎麼說呢？」所談論的一切都是空虛的。在這個地方，沒有任何一句話有隱含著意義。在這一間皇宮裡，真正有權力的王室是韋爾弗。他已經表達了他的真正意見；他的審判是再清楚不過了。但是，人們還是保留了應有的禮貌以及尊重。再過一個禮拜以後，也是在下午時分，我應該把這一部戲劇朗誦完畢。

除了最重要的人物以外，當時所有在場的人士都出席了。我的朗誦是為了劇中的人物；我可以他們更大聲地講話。在心裡，我已經不抱持著任何的希望，也就是說，人們不會處理這項出版計畫。但是，雖然這一次的朗誦會沒有帶來任何的希望以及目的，我對戲劇的信仰卻無限量地增強，這是我沒有辦法說明清楚的現象。這樣的大災難所有造成的屈辱帶給一個詩人繼續活下來的勇氣。

善良的現身

當我還住在維也納時，周遭有些朋友，我經常看到這些人，而且也沒有辦法拒絕這樣的場合。然而，這些朋友可以被分割成兩個完全不同的團體。其中的一個團體大概有六、七個人，讓我感到欽佩的地方是他們的工作以及對這份工作所秉持的堅持。這些人會走自己的道路，他們也不會因為別人的勸說而改變自己的堅持；換句話說，他們憎恨所有世俗的喜好，而且對一般人認定的成功感到退卻。然而，他們生活的根源是在維也納，縱使這不一定是他們最早的根源。他們很難想像自己可以生活在維也納以外的地方，同時，他們也不認為這個原始的居住地會造成生命的腐朽。他們讓我感到欽佩，在他們的身上我學習到許多的東西，如何由無到有創造出一個生命，而且不受到外面世俗的想法的影響，即使全世界對這樣的創造沒有任何的興趣。雖然，他們每一個人都希望，在自己生命結束之前，努力可以獲得世人的認同，但是，他們的智慧可以讓自己看清楚如此殘忍的事實：他們的希望是沒有基礎的。除此之外，他們在心裡也作出十分堅決的決定：直到他們的生命終結為止，即使生命號角吹奏的樂譜都盡是一些違反自己心願的樂理，他們仍然堅持自己的選擇；在完全沒有任何悔恨的惆悵下，堅持實現自我的工作。或許，如果人們把他們的立場作這樣的定位，這聽起來像是英雄般的史詩；但是，這些人是如此地聰慧以及嚴肅，所以他們一定得看清楚自己的宿命。不過，他們還是有勇氣以及耐心，有些時候，甚至已經到達超越人類潛能的極限。

然而，我還認識其他一群人；他們正好代表完全不同的人生態度，這些人追求的目標是金錢、名聲或者權力。不過，有些人也讓我感到非常地驚奇，只是這樣的驚奇有著完全不同的方式。我想完全全地認清楚他們。我想知道，在他們的內心世界裡，這些目的有著什麼樣的真實面貌；我希望如同纖維一樣細膩地看透他們，好像我靈魂的光輝是建立在這樣的任務上面——如何去理解他們追求的目的，以及如何去體驗這樣的目的，就如同戲劇中一個完整而且活生生的人物一樣。我常看到這些人，如同常看到其他一群人一樣，不過，我對這些人的慾求似乎更強烈一點，因為，事實上，我自己根本沒有辦法相信，在他們的身上散發出來的現象，所以我必須得常常面對這些不可思議、又如此吸引人的醜陋。然而，事物的真相並不是這樣子：在他們的社會裡，我可以原諒自己。換句話說，我沒有辦法調整自己來適應他們，而且我的經驗並不是那麼愉快。除此之外，他們並不能立刻體會到我對他們的想法。這個團體的成員大概有六或七個人，然而，其中的代表人物是阿勒瑪・馬勒。

對我個人而言，最難以忍受的事情是從一個團體轉換到另外一個團體之間的關係。阿爾班・貝爾格是我敬愛的人，但是，他同時和阿勒瑪・馬勒有著很深厚的交情，他時常和她一起進進出出；在許多大型的聚會中，他時常被列為上賓款待。不過，我總是發現他和太太海倫（Helene）坐在角落的一角；這時候，自己面對他的心境就顯得非常輕鬆了。事實上，他常常會刻意地與其他人分割開來，而且當阿勒瑪・馬勒想介紹新的朋友或者「特殊」的朋友時，他也不會積極地參與。除此之外，他也很喜歡對在場的人下自己的註解，然而，他的註解就如同火炬散發出來的光芒一樣，那麼地犀利；在這樣的情況下，我的心會和他浮動的情緒一樣，那麼地不平靜。不過，他在那裡，他總是在那個地方，而且從他的嘴巴裡，我還沒有聽過任何反對宴會女主人的字詞。

同樣地，布羅赫也會尋找所有不同類型的人類。雖然，當我們兩個人單獨時，他會告訴我他心裡面對阿勒瑪・馬勒真正的想法，但他似乎從來沒有想過要逃避她的存在。如果面對的是我們重視或者值得尊敬的人物的話，這樣的情況也會發生。所有的人都有第二個劣等的世界；在這個世界裡，人們會自主地活動，但在道德上，卻不會有任何的指控。從外在形形色色的人性互動看起來，第二個世界的存在好像是必需的，因為我們可以借用它來保持另外一個世界的純粹。在我認識的人當中，羅伯特．穆集爾會將自己和所有人隔離開來，而且他的作法十分極端。他會試圖找出最精確的人出來；例如在咖啡廳或者其他的地方時，他看到什麼人，什麼時候他違反其他人的期待。如果他不喜歡周遭的人的話，那麼，他就會保持沉默，除此之外，沒有人有辦法可以強迫他從嘴中洩露一個字出來。

在我和布羅赫的交談中，曾經出現這麼一個問題，而且這個問題似乎是很神妙的：世界上是不是存在著善良的人呢？如果這樣的人存在的話，那麼，為什麼他一定得有善良的行為呢？在他身上是不是缺少了一種人格特質，而這種特質在其他人的身上卻造成淫逸的追求呢？一個人是否一定得遠離世間的煩躁，或者在群居生活中，他仍然可以自在地與他人互動呢？當他必須對所面臨的挑戰作出反應的時候，他仍然可以有「善良」的行為嗎？對布羅赫或者對我來說，這是一個隨時值得思索的問題。我們無法經由定義的找尋來弱化它的重要性。我們倆有一個共同的疑惑：在我們的世界當中，就如同我端詳周遭的每一個人的結果一樣，每一個人都有自己的行為方式，那麼，一個所謂良善的人是不是真的存在呢？假使我們碰見了他，是不是可以立刻知道他是個良善的人。我們在討論這個問題的時候，態度竟然是那麼地懇切。除此之外，我們有一個共同的結論，我們可以確實知道說話者真正想表達的意思。什麼是良善的，這個問題的討論並沒有一個終點。這樣的現象本身就很神奇了，因為我們對這麼多不同的事物有這麼多差異的想法，而且這些想法卻相互有關聯。儘管如此，所謂良善的人存在他的身上，也存在我的身上，這是沒有辦法否定的圖像。但是，他只是一個圖像嗎？他是不是真的存在？他會駐足在哪裡呢？

我們的討論像是一本十全十美的劇本，但在我們認識的朋友中，卻找不到可以真正擔任這個角色的人選。剛開始時，我們先提起自己知道的人，但事實上，他們是我們不認識的陌生人。事實的結果顯示，我們對這些人的了解太少。當我們無法借用自己的觀察來控制觀察的對象時，那麼，一個贊成他或者反對他的判斷到底有什麼意義呢？所以，我們定下一個結論：我們所討論的人必須是原本認識的人，而且我們對他必須要有深入的了解。一個個的人選不斷地出現在布羅赫的面前，也出現在我的面前，然後，接受我們兩個人的檢驗。

如此的作法聽起來像是學院派大師的理論，但實際上，對我來說，我們只要描述這個人周遭的環境——什麼人可以當證人，換句話說，我們必須為自己這樣的描述提出證據。事實是明顯的，我們的任務並不是在找尋一項簡單的定義；在我們的認定中，一個良善的人必須知道他正在做什麼。他可以選擇許多活生生的人格特質，然而，我們必須在他的身上找到這些特質。除此之外，他也不能是個簡單或者人格被簡化的人，他對世界應該有自己的看法，而且不能沉溺在沒有概念的狀態下，他必定得透徹地看清楚一個人。他不能被其他人所蒙蔽，同時也不可以讓自我的理性沉睡。他必須是清醒的以及集中精神的，有靈敏的感受力，活生生的，以及能夠喚醒生命的訊息。然而，當這樣一個人完全符合上述的條件之後，我還是可以提出一個問題：雖然如此，他真的是個良善的人嗎？我們所提出來的人物——不管是我或者布羅赫提出的人物，都是我們認識或者曾經謀面的人，但每一個人都有缺點。然而，其他的人卻像一隻一隻的矛落地倒下；不久之後，我們兩人找尋良善的人的過程中爆發出低等的品味，好像握手把的遊戲一樣。我們不禁問自己，到底誰有更好的能力可以來審核這樣的判斷呢？在布羅赫的面前，我感到十分地羞愧，因為我没有核准任何一個人。或許，在我的面前，他也感到一點羞愧，因為他的人格不會有那麼強烈的情緒。突然間，他說：「我認識一個人！我認識一個！我的朋友鐘能（Sonne）！他是個良善的人。對的，就是他！」我没有聽過這個名字，所以我問他：「他真的叫鐘能⑧嗎？」「是的，你也可以叫他鐘能博士。這樣聽起來比較没有神話的意思。他正是我們要尋找的人。他是那麼地善良，或許就因為這樣，所以我才没有辦法一下子想起來，他就是善良的人。」後來，我才慢慢地了解，他的生活是非常隱蔽的；他的朋友很少，而且他拜訪他們的次數更是少之又少。「剛才你提到格奥爾格．梅克勒畫家，」他是我們的「候選人」之一，「有時候，梅克勒也會去拜訪他，他住在培恩金鎮（Penzing）的外圍。在那個地方，你可以認識他。這是最簡單的方法。我們完全不需要花費任何的功夫。」

格奥爾格．梅克勒是個畫家，我參觀博物館的展覽會時，他的畫早已深刻地吸引我。他的年紀大概和布羅赫差不多。當我坐在博物館咖啡廳時，跟其他的畫家比較起來，他來的次數比較少。他額頭上的一個凹洞會讓人產生深刻的印象；這個洞位在右眼的上方。掛在伍圖拉巴的餐房以及卧室裡的他的繪畫讓我深深地著迷；這幾幅畫散發著濃郁的法國風采，這樣

⑧ Sonne 亦指太陽。

的畫風可以說受到早期新古典主義的影響。在這些畫家的調色盤裡，每一種顏色都有自己的亮彩，然而，這對傳統的維也納風情來說，是不尋常的色彩。那時，我曾經向伍圖拉巴提出這個問題，並傾聽他的描述。後來，在博物館咖啡廳裡，我認識了他本人，就如同我認識當時著名的畫家，像是那些描繪時代意義的畫家。然而，我跟他之間的友誼還是經由伍圖拉巴介紹的。他的德文是由經過仔細挑選的字句所組合起來的，這樣的德文立刻打動了我。它有著波蘭的腔調，語調非常地緩慢與高尚，每一個句子都夾帶著深刻的意涵以及信念，換句話說，他口中的話語像是聖經上的經文那樣典雅與慎重。然而，他所說的內容卻是完全不同的東西，和聖經上的故事沒有一點關係。但是，他的語調則是建立在歡迎的、呵護的以及榮耀的情感上；這些情感證明了他所描述的景物。當他的話語是針對說話的對象時，聽話的人的感覺一定是高尚與謹慎的，不過，除此之外，他一定可以感覺到畫家對自己的態度是嚴謹的，也就是他不會高興地忘了自我。如果從他的口中出現了一次某個人的名字的話，那麼，人們會覺得這個名字會以他的方式一直在耳朵裡迴繞。有時候，人們會想嘗試用他的方式講話，但這樣的方式是可笑的，因為在別人的身上，這樣的語調鼓動起內心激情，但在梅克勒的身上，這是自然呈現出來的尊嚴。他的信念會不停地擴散，一直到感情的邊緣；換句話說，沒有人會突然想到和他一起討論事情。如果人們用一個句子向他提出問題，那麼，這個句子等同是針對他整個人所提出的質問。他沒有任何的能力來面對一句惡意的句子或者一項卑鄙的行為。在這麼一個如此強調感情的人身上，惡意似乎是不可能的。不過，人們應該體會他如何地反抗惡意的詆毀：那是一股異常的激憤與力量；當情緒迸裂的那一瞬間，他完全無法原諒自己激情的宣洩。同時，他還會觀看自己的四周，看是不是每一個人都可以聽到；而這時候，額頭上的凹洞會為圓形的雙眼描繪上晦暗的色彩。人們會想嘗試激怒他，但當他憤怒時，他的話語卻那麼地奇妙，所以他們內心裡對他的愛與尊敬就很自然地產生了；人們會放棄自己原來想嘗試的想法。

這種面對維也納的情懷而產生的斯拉夫自我意識是那麼地豐富，對我來說，如此的自我意識已經化身在格奧爾格・梅克勒的身上。他在波蘭南方的克拉考（Krakau）出生，並且跟隨維皮安斯基（Wypianski）學習藝術。這一段歷史或許可以說明，在語言上，他與波蘭語之間的聯繫為什麼會持續如此長久的歲月；即使他生活在法國以及維也納那麼長的歲月之後，還是沒有辦法喪失這個語言的口音。當他的年紀非常大的時候，他的法語聽起來仍然像波蘭語，就如同他的德語一樣。有一些字母是他無法發出來的。在我面前，他始終沒有辦法將「ö」（德文的母音）正確地從嘴裡釋放出來。在他的生命中，有兩個字是最重要的，它們是「美麗」（schön）以及「奧地利」（Österreich），但是，他永遠沒有辦法正確地說出這兩個字。他會說：「義地利」（Esterreich）。然而，有一個字聽起來更是令人陶醉：當一個女人的美艷讓他痴狂，而不能控制自己的時候，他會這麼說：「她是不是很妹呢？她是那麼地妹！」薇颯聽到他的讚美時，由於他的話語是那麼地有影響力，所以這樣的腔調竟然也傳染給我們。沒有辦法！不管他來拜訪我們，或我們到他家探訪，或我們約在博物館咖啡廳喝茶的時候，他永遠沒有辦法控制自己：只要他看薇颯一眼，他總是說：「她是那麼地妹！」然而，這時候，整個效果更加地突出，因為從他的嘴裡說出來的德文是經過選擇的，是傳達愉悅心境的言語。

和布羅赫討論這個話題不久之前，我才認識梅克勒；這個時間點剛好是我們兩人討論有關「良善的人」之前。他有許多符合我們定義的人格特質，但最後，我們還是無法認定他是個良善的人，真正的關鍵在他自視為畫家的自我意識。我們可以這麼說，依照他的本性來看，他是反對世俗的人性：凡人不願意認識藝術，它們的所作所為是為了滿足自己的要求。因為這個緣故，我們在他的身上所發掘的「良善」必須被撤銷。

第一次世界大戰真正爆發的前幾年，梅克勒移民到巴黎，由於這位年輕的畫家住在這個大都會很長一段時間，所以他永遠無法切除巴黎歲月在他身上所留下的烙印。在這一段日子裡，畫家們多樣化以及豐富的學社還沒有成立。這些畫家來自世界各地，而且每一個人都懷抱著無比的希望。他們並沒有嘗試去選擇一條簡單的道路，換句話說，他們並沒有藉著詐騙的手段，來贏取認同以及得到榮耀的成果。繪畫本身對他們來說是那麼地重要，所以他們根本不會被其他的事情分心。在這個大都會裡，尋找靈感並不是那麼困難的事情；這裡有許多的畫家，而且來自不同的地域，此外，亞洲與非洲的影響是十分明顯的。但是，中世紀的古典的傳統並沒有消失；這些傳統成為與新潮流敵對的反動藝術，因此而保存了自身的意義。繪畫的意圖是無比繁複的，因為年輕的畫家一直在找尋屬於自己的新的創作靈感。在這樣的環境下，如何在貧苦的困境中求生存成了一種藝術創作的力量。但或許另外一個力量扮演著更重要的角色：當年輕畫家面對這麼多創作以及感官的刺激時，他們不能放棄自我的選擇；換句話說，他們必須選擇自我的風格，而且把其他的創作理念擺到一邊。在那個時候，一個新興的國家在巴黎這個大都會誕生了；這是一個畫家的國度。當時在巴黎，人們讓「大道」（Revue）這個名詞廣泛地使用；這些藝術作品為我們描繪時代的意義，並且開啟一條人性的出口。讓我們感到驚奇的是，這些繪畫創意的根源竟然是那麼地多樣化，在巴黎，我們可以看到每一個國家的年輕人；好像這個國家有許多不同的城市，而且每一個城市都是最高的部門；然而，這些部門隨時等待召喚的服務項目是繪畫。但是，他們並沒有得到整個時代真正的召喚，他們強迫自己成為自由意志的藝術家；創作本身成為一種無法切除的慾望——不畏懼後果的慾望。如此的慾望描繪出誘惑的外貌，一種與自我有相同面貌的創意；如何描繪出誘惑的容貌並不是件簡單的藝術，但是它滿足了信念所化身的慾望，換句話說，在這個地方，在畫家所聚集的世界首都，慾望的藝術一定可以贏得榮耀。

當第一次世界大戰爆發時，對住在巴黎的梅克勒產生了極大的震驚；當時，他和太太露伊斯（Luise）懷抱著對這個大都會的熱情一同住在巴黎——他的太太也是個畫家。原來圍繞在畫家的氣氛慢慢地堵住呼吸的窗口；戰爭窒息的狀況已經改變了花都浪漫的氣息。後來，他不斷地嘗試搬回到巴黎，這裡刻劃著人生歲月中三分之一的生命記憶。但是，當時，也就是一九一四年七月的下旬，他的腦子裡只有一個念頭：他必須跟自己的太太奔回奧地利，因為他想成為戰場上的士兵。那是個有極大冒險性的旅行；當他回到奧地利的家園時，已經經過了好幾天了。之後，他就報名從軍，很快地就上前線打仗。在知識程度高的猶太人當中，存在著一股奧地利的愛國主義。這個時候，人們親眼看見了俄國大屠殺的景象。所以，猶太人把奧地利皇帝法蘭茲・約瑟夫（Franz Joseph）當成猶太人的保護者。像梅克勒這樣的人當然會為奧地利的民族情緒感到痴狂。對他來說，這樣還是不夠的，他願意在任何一個戰區的文宣總部服務，在那個地方對其他人灌輸戰爭的熱情。在畫家的認定裡，作為一個士兵是不用懷疑的信念。當他克服所有的困難與遲疑，並且從巴黎逃到奧地利的時候，他立刻成為一個士兵。

他貞節的奧地利情操為自己換得嚴重的肢體傷害。砲彈的碎片擊中他的額頭，正好在眼睛的上方，所以他失明了。幾個月——我不知道到底經過多久——他的生命蹉跎在黑暗當中。對他來說，身為一個畫家，這是一段最黑暗的歲月。他並沒有和我談論這件事故，我想他也不會透露給其他人知道。他的額頭留下了一道深刻的疤痕：如果人們無法看見他那一段在黑暗找尋光明的日子的話，那麼，就無法清楚地端詳黑暗在他的額頭留下的痕跡。後來，他重新得到光明的眷戀，然而，繪畫的主題都是這個奇蹟所認定的色彩。他的眼睛看到的景象是一個天堂，一個曾經遮蔽他的雙眼的天堂：當他重獲光明以後，已經沒有辦法再看到其他的東西了。他從來不會感到厭煩，不斷地去描繪「美」的面貌。他的繪畫是對眼睛的光芒所傳達永遠的感謝。

我們碰面了。在我和布羅赫兩人之間有如兒戲與充滿期待的談話之後，我獲得格奧爾格．梅克勒的邀請函，他將在自己的家裡開展覽會。他的房子與工作室都在這個地方：有時候，在星期天的下午，他會邀請一些朋友到這裡來參觀他的繪畫。當時，我對他的認識並不是那麼地深入，但他的故事——特別是關於他的傷痕以及額頭上留下的疤痕這些故事——對我來說並不陌生。他那像歌唱的說話深深地吸引我，除此之外，還有他的繪畫：那些我認識的繪畫，將調色盤的感官刺激轉換成心靈的慰藉。還有其他的創作元素，那些讓我感到驚奇的現代繪畫所剪貼出來的創意，都是滋潤內心激動的彩繪。所以，我的內心一直期盼著，能夠端詳存放在他的工作室裡頭更多的作品。畫家如何展示他們的作品一直是我觀察的重點。那是種被驕傲、精神的耗費以及細密的感受瓜分出來的姿態；然而，在每一個畫家的身上，這三種元素的比例也完全不一樣。

我比較晚到，當時他們已經開始喝下午茶了。有些人是我曾經親自見過的朋友，有些人，我則只知道他們的名字或者作品。在遠離眾人的角落裡，我看到一個人，他一半的身體在黑暗裡；他是那麼地害羞，幾乎像是躲藏起來一樣。從這半年以來，每天我都會看見這個人的面孔。每天下午，他都會到博物館的咖啡廳，把自己的臉孔藏在報紙的後面。他看起來像卡爾・克勞斯（這是我已經描述過的事實），不過我知道，他並不是克勞斯本人。但是，我真正的興趣是，沉默地觀察卡爾・克勞斯；沒有任何的指控與破碎的圖像。我嘗試去想像這一位沉默的讀者就是克勞斯本人。每天，我都會遇見他的臉孔，一張沉溺在無語的臉孔；當他說話的時候，我必須想盡辦法，將自己從這張臉孔沉重的力量中解放出來。

這時候，這顆頭顱坐在黑暗的角落。我受到驚嚇，所有的話語哽咽在自己的心頭。梅克勒感覺到有些事情發生了。所以，他很細膩地拉著我的手臂，然後帶領我到這副臉孔的前面，並且說：「這是我的好朋友鐘能博士。」他介紹朋友的方式夾帶著濃郁的感情；換句話說，他不喜歡單調的交情。除此之外，當他把兩個人串連在一起的時候，這是一種面對生活的態度。他不可能知道，我這半年來一直很仔細地觀察這個人的每一個小動作。他當然也不會知道，剛好在一個禮拜之前，我才從布羅赫的口中聽到這個名字。良善的人所堆砌起來的遊戲，我們兩個人都那麼認真地看待這一場遊戲，然而，它竟然已經轉變成為事實，而且這樣的改變有著很重大的意義：在這一個經由說話像歌唱的畫家的家裡，在我的心裡原本各自獨立存在的名字與臉孔突然蛻變成一個完整的個人。

太陽

什麼是鐘能博士真的吸引我的地方呢？為什麼我願意天天拜訪他，而如此的喜好竟然會上癮呢？這麼有智慧的人對我來說有什麼重要的意義呢？

首先，我可以這麼地描述，在他的身上，我們找不到任何人際上的喜怒。他從來不會陳述有關自己的私事。他從來不會用第一人稱來描述現象。所有的描述都是用第三人稱來描述，因為這個緣故，所以他的語詞也變得疏遠。我必須想像一下維也納這個城市以及它的咖啡廳生活：這個都會瀰漫著「我的描述」，對自己價值的看重、告解式的言談以及自我的宣稱。每一句話最後都會匯流到對自我的同情以及對自己意義的珍惜。每一個人都會抱怨，每一個人都會鑽研小毛病，每一個人都會吹噓自我。在公共場合裡，所有人都依賴著不同的小團體一起生活，因為在這樣的團體中，人們都會注意每一個人的話語，並且忍受其他的團體成員。所有的話題都會被熱烈地討論，然而，這些話題卻是來自報紙的頭條新聞。這是時間——在這一段時間裡——會發生足夠的事件。但是，時間並不只是已經發生的事件的總和，在這個時間裡，人們可以感覺到，還有更多的事件即將發生。當時在奧地利發生的種種狀況讓人們感到非常地失望。不過，大家心裡都很清楚，發生在同語言的鄰國的事件是更嚴重的。每一個人都可以在空氣中嗅到災難的來臨。在違背世人的期望下，大災難的爆發是一年又一年地逼近。國家的狀況真的越來越糟糕，從失業人口的增加就可以知道情形的嚴重性。每當下雪時，就代表「失業的人可以高興起來了。」因為維也納的社區會雇用失業的人來剷除積雪，這樣的話，他們可以獲得短暫的酬勞。當人們看見，沒有工作的無業遊民正在剷雪的時候，心裡就會期待下更多的雪。

對我來說，如果能看到鐘能博士，即使是如此冰冷的天氣仍然可以忍受。他是個療養心靈的部門，每一天，我都可以自由地進出這個部門。無法預知的事件發生了，它們可以發生在任何一個地方。此外，當人們和站在某一方立場的人在一起時，人們一定會討論到即將發生的災難所造成的威脅。當人們將這些心靈的恐懼當成私人的話題來討論的時候，他們應該感到羞恥。雖然這些即將爆發的災難會依照自己的觀點向世人宣告到來，但是沒有一個人有權利預測它的發生，這並不是說話的人所擔負的危險，相反地，這是帶給所有人恐慌的災難。將這樣的災禍保留在心裡或者討論它的存在，都不是人性的美德，問題真正的重點是智慧，而不是其他的東西，但是，智慧卻是人類最難爭取到的目標。如果人們以為，自己可以向鐘能請教一些道理的話，那麼，這樣的態度是錯誤的。人類無法事先構想討論的話題。他會在討論進行中提出的話題，事實上，依照他對話題的解釋，這些話題是自然產生的。基本上，他在言談中所說的內容與思想的源頭已經很接近了。對我來說，他永遠不會假造自己的情感，但他的話語卻不會因此而冷淡或者嚴厲。除此之外，他也不會站在某一方的立場，並且為了這樣的立場提出辯護。人們從來不會有這樣的感覺：他正為這一方或者另一方辯護。在這個地方，我必須作如此的補充，當時那個時代已經被文字的標題污染了，而且我們很難找到一個污點，一個沒有被標題口號污染而且又不會感覺擁擠的污點。我可以這麼描述他話語中最高的德行：他的描述是非常精確的，然而，他永遠無法作簡短的陳述。他會述說自己應該描述的內容，然而，話語的輪廓是那麼地銳利與清晰，卻又不會跳過任何一個細節部分。他從來不會遺漏任何一個細節，他的描述是完整的，要不是他的陳述是如此吸引人，我們可以說，他的說話像是一篇學術鑑定的報告，但是，他的話語比學術鑑定報告更豐富，因為他的字詞具備了自我改良的胚芽，即使他不用這個名字來描述這樣的元素。

事實上，在我們的互動中，世界上沒有一個主題沒有被討論過。我會描寫一些現象，那些對我而言十分明顯的現象。或許，他想認識更多話語的內涵，不過，他的求知慾望所提出的請求卻不會以問題的形式出現，因為每一個問號都是對內容的疏離。他會慢慢地接近問題的素材，但被提問的人卻覺得很輕鬆。這個過程看起來，好像這個問題的對象並不是同桌談話的夥伴，而是事實本身——他的精神意志所追求的事實。不過，當第三人在場時，人們會立刻發現上述的想法是錯誤的，因為他談話的對象會轉到這第三人身上，然後，再轉向另外一個人。他自己當然會作區分，但談話的當事人卻沒有辦法辨識這些區分的痕跡。除此之外，如果在場的人在他的面前自覺被冷落的話，這是無法想像的事件。他無法忍受任何的愚蠢，而且他會避開愚蠢的人們。不過，在他的聚會中，人們不會意識到自己是多麼地愚蠢；通常在這樣的場合，他沒有辦法針對狀況產生影響力。

一旦我們的話題稍微開始有點眉目的時候，那麼，我們就可以經歷這樣令人讚嘆的時刻，因為他可以確實地掌握話題的素材，詳細地且精確地開始描述它們。我不曾想過要打斷他的描述，也不會向他提出任何的問題；雖然當其他人談話的時候，我總很喜歡發問。我會放棄所有外在的反應；這時候，我像是嘉年華會中一件坐姿不良的面具服裝，同時卻可以很輕易地集中注意力傾聽他的說明。我過去從來沒有經歷過這樣的聆聽方式。我已經忘記說話的主體是一個人；對我來說，他不曾是一個人物，他是個與人物相反的存在。如果有人要求我模仿他講話的神情，那麼，我會拒絕這樣的請求，我拒絕的原因並不單是因為我對他的尊敬，事實上，不管在任何的狀況下，我都沒有能力成功地扮演他的角色。直到今天，這樣的想法不但會讓我感到生氣──因為這是惡意的毀謗──同時，如此的想法似乎象徵著我個人完全的失敗。

他針對一件事物所作的描述是完整且詳細的，但人們應該清楚一件事實：在這之前，他從來沒有針對同樣的事物發表過自己的想法。他的描述總是新鮮的，就如同還沒有乾裂的水彩色調一樣。他的描述並不是對一件事物的評判，相反地，這是它的規則。尤其讓我感到特別驚訝的現象是，它的話語並不會只是單單局限在一些特殊的素材，也就是那些對他而言已經準備妥當的資料。他並不是一位專家；或者，我們可以描述地更妥善一點，對於我所聽到的話語來說，不管在哪一個領域裡，他都不是專家。經過他的描述，我才真正地體會到，我們可以很實在地陳述完全不同的事物，但在另一方面，這樣的描述卻不會聽起來像是沒有用處或者沒有意義的閒扯。如果我這麼地補充，我沒有辦法完整地重複他剛剛所說的道理的話，那麼，這聽起來像是偉大的讚美，此外，我的描述也像是沒有辦法讓人們相信的說詞。但我的講法絕對不是刻意的誇大，因為他的每一句話不僅是真誠的，同時也像是一篇活生生的文摘；這一篇文章是那麼地完整，所以話語的完整面貌沒有辦法填裝到我心中已經被讚嘆占據的記憶。任何一個片段，任何肢解他的語詞的重述都是一份偽造的文書。他不是編造成語格言的文學編劇，因為所有和他有關聯的語句只是字詞；我對這些字詞懷抱著真切的敬意，雖然有些字詞頗像輕率的字眼。他是那麼地完整，所以他不會編寫任何的格言，除此之外，在他的身上，我們找不到偏頗的立場，以及一心想對他人造成驚嚇的樂趣。當他把一件道理陳述地非常清楚的時候，他的聽眾在這一刻所感受到的智慧就像是向太陽購買散射出來的溫煦，就如同一道滿足內心慾望的神采。這時候，話語的結束好像生命的完結；假使有些素材可能必須再詳細說明，除了在話語終的地方加上一個句點之外，我們的確找不到更好的詞句。

如果我不想造成錯誤的理解，來重複地描述他原來所說的道理，在這一刻，我們會發現一種文學現象；這也是他自己很喜歡的比擬。每一年，我都會閱讀一些羅伯特・穆集爾的作品，而且他的《沒有人格特質的人》（*Mann ohne Eigenschaften*）永遠不會讓我覺得枯燥。當時，我看的書是兩本書中已經出版的第一冊；整本書大概有一千多頁。對我來說，縱觀世界上所有文學作品，我找不到可以和這本書相互比較的類型。不過，有一個現象總是讓我非常驚訝：不管我打開兩本書中間的那一個段落，他的文字與故事總是會讓我有種熟悉的感覺。

這是一種我熟悉的語言：那是思想的韻律，那是我沉浸在文學的惆悵裡的一種領略：此外，就我所知道的文學作品中，我沒有辦法找到同樣的文學創作。經過了一段時間以後，我才慢慢地明瞭鐘能和穆集爾兩人之間的關係；鐘能所說的話語就如同穆集爾書寫的文字。但是，我的意思並不能被誤解而認定，鐘能自己在家裡撰寫了一些創作，但因為某種理由，所以沒有辦法將撰寫的文字發表出版，或者，在他的言談中，他只是引用一些已經完全成形的以及思考過的句子。他不會在家裡寫作，而且他所有的語句都是在陳述的過程中誕生的。但在他陳述的文字中，他塑造了完全的精確性；對穆集爾來說，這樣的精確卻是只有在書寫的過程中才能贏得的特質。我是個可以享受文學喜悅的特權階級，每一天我所聽到的話語是另外一種方式的《沒有人格特質的人》中所傳述的一個章節，這是讓人在其他的文字中沒有辦法享受的喜悅，一種沉浮在智慧呵護下的心靈沐浴。但是，智慧的喜悅並不是每一天一定會產生的慣例，換句話說，它的產生是每隔一段時間，然而，到時候喜悅的展現卻是另外一個章節。

有時候，我可以感覺他的話語碰觸到在自己周遭的現象，但是，他卻一定得真的和現象有實體上的接觸。每一天，當我們在咖啡廳碰面的時候，在我們的周圍總是有一些人，然而，他卻從來不會把這些人的是非當成我們談話的題材；我認定，這是一種生命的韻律：他不會和任何人有肢體上的接觸，但是，這樣的現象卻也適用在如此的一個人，一個不曾體會這樣韻律的人。他對任何一個人的界線所抱持的敬意是永遠不會改變的。我把這樣的矜持稱為他的Ahimsa：這是印度文，代表著對每一個生命的珍惜。但是，就如同我今天認識到的事實來看，這樣的現象夾帶英國風潮的東西。他最重要的歲月都是在英國度過，然而，這件事實屬於二、三個不同的情境，我可以從他的用字來辨識這樣的連帶關係。事實上，關於他的人格如何，我並不是那麼地理解。而且當我們和其他認識他的人聊天、談論他的事情時，他們也沒有辦法針對他真實的人格作具體的說明。或許，這是一種羞澀，我們不好意思談論他以及其他人的隱私，因為真正造就他本人的特質是那麼不容易描述的現象；而且，除此之外，如此的現象是無法用世俗的標準來認定，但從另一方面來說，雖然這不是個標準，卻仍然是種用來欣賞他的標準，所以當人們在談論他的時候，他們的交談會以細水長流的方式，慢慢地控制他的肉體在比例上的腐化。

沒有人會對他提出任何的問題，就如同他不會對自己提出問題一樣。人們會向他作出建議，換句話說，人們會描述一個對象，好像他會在腦海裡頭慢慢地體驗這個對象一樣；這時候，他的神情是遲疑的，但不是緊急的慌張。然後，他會用很遲疑的態度去接受它。如果他繼續述說其他的事情的時候，他的建議也會隨著變少。突然間，他的想法會像閃電一樣劈向頭的上方，這時候，他的思緒會比刀鋒更為銳利；他會將思考的對象肢解開來，然後，把每一個辦法清楚地陳列開來；如此的清晰度像玻璃一樣地剔透。這時候，有關他本人的說法會呈現完整的面貌，而這樣的面貌是強而有力的。如果我們把這明晰的事實界定為冷酷，那麼，如此的描述並不會是個錯誤的引導。清楚的說明會像剔透的玻璃一樣，在事情的真相被說明清楚之前，它不會和混淆的是非攪雜在一起。當他把語言當成一把手術刀，把一件事物肢解開來時，事實上，他正在分析人們談論的現象；不過，儘管如此，他談話的重心還是留守在整體的完整面貌。他不會把心裡的想法像一幕的場景陳列出來，相反地，它會像智慧的色澤發出光芒。但他會找尋一部分的題材，然後，將這一部分說明清楚。然而，他的分析會如此地小心，把獨立的部分肢解出來，然後，再依照心中的藍圖，把被抽離的部分小心地崁入整體裡面。對我來說，新的經驗所傳出的韻律是明澈的，它可以穿透聽眾的心思。它的力量是那麼巨大，但它的韻律卻是那麼地令人讚嘆，所以，我們不會畏懼這個力量任何的細節。每一個小細節都是那麼地重要，因為它是值得愛惜的。

他不是個收藏家，因為他已經認識所有的事物，所以他不需要把這些世間所有的生命現象當作自己的資產。每當我看到他，他總是閱讀所有的文字資料，卻從來不曾閱讀一本書。他本人就是個圖書館，然而，他卻没有擁有這個圖書館。在我的感受裡，他閱讀中的喘息像是在很久以前已經讀過所有的書籍。不過，他從來不會嘗試隱藏心中的感覺；換句話說，他自己已經洞悉在內心有一座圖書館的存在。他不會炫耀這件事，同時也不會浪費時間在這上面。這一刻來臨時，在他的描述裡，事物的面貌可以完整地呈現出來；令我們感到十分驚訝的是，竟然没有任何一個細節會遺失。當他跟女士說話的時候，他的講話方式並不會因此而改變。事實上，這樣的態度是非常不容易的，他的精神意志不會否定自我，就如同他嚴肅的性格一樣。他不會忽視美人的容貌，但從來不會為了美女，說出一些刻意討好的玩笑。他對姿態優雅的美女會發出內心的敬意，但這樣的事實卻不能改變他在態度上的誠意。當仕女在場的時候，他不會有任何的改變；鐘能博士的本性像木乃伊般地堅定。有時候，當一些美艷的女子在場，而且其他人為了討好她們，竟然會變得好辯起來的時候，這一刻他卻會保持沉默。然而，當某一個人突然停止說話時，他才會又知道自己的語言。這是呵護最高級的層次，這是他對仕女的尊重，可惜沒有一位女子明瞭這個道理。或許這是一個形式：在這樣的形式裡，一個男人為了一個女人作好了充足的準備，但卻始終看不到她的身影。一開始時，這個男人用非常不合適的方式介紹自己，然而，這樣的形式只會讓女人們感到不耐煩；她對自己的愛包含了愛慕的元素，然而，如此的愛慕卻好像我們生活的氣氛一樣。如果一個女人從別的地方聽到另外一個人的愛慕，而且這樣的愛慕是真實的與正確的時候，那麼，她怎麼可能接受沒有改變自己的人呢；就好像她願意讓自己迷失在一種混亂的失落中，而且失落的真正原因是來自一個男人信仰上的堅持。

事實上，這也正是他與薇颯之間的關係。她完全沒有辦法認同鐘能博士，而且她的態度是這麼地堅決。在心靈上，她對布羅赫有種親切的善意，但是，她並不想知道有關鐘能博士的任何事情。當她第一次看到鐘能博士的時候——那是畫家格奧爾格・梅克勒也在場的聚會——她跟我說：「他看起來根本不像卡爾・克勞斯！你為什麼說他看起來正像卡爾・克勞斯的木乃伊？」她是指他臉上禁慾的表情帶給人們的感覺；同時，他的沉默也是造成她的描述的重要原因。我感覺到薇颯的美貌讓他深深地感動，但為什麼她只注意到他臉孔呆板的注視呢？不管我或者其他人如何描述自己對鐘能的經驗，就如同一些她完全沒有期待的事情——例如他述說薇颯的美麗動人——她無法改變自己的認定。

當與他進行了非常精彩的交談之後，我從博物館咖啡廳回到家裡；這時候，她毫不掩飾對我敵對的態度：「你剛才和那個七歲的小孩子在一起；現在我正眼看著你。你這樣浪費時間在這尊木乃伊上面，只會傷害我的心。」她為什麼說他是七歲小孩子呢？她想告訴我他是個沒有教養的人；與一個完整的、正常的人比較起來，他缺少一些重要的本質。我很習慣她極端的反應，我們對人們的感覺會挑起我們之間的嫉妒心。她總是可以說出一些正確的道理，然後，以激情的，以及沒有辦法妥協的方式誇張事情的原貌。因為我有類似的反應，而且我的作為也是一模一樣，所以，最後兩個人之間會爆發出非常激烈的爭執；但是，我們兩個人都喜歡這樣的衝突，因為這是陳述一種完全真理的永久證明；我們給對方這樣的證明，換句話說，它也是我們關係的烙印。只是，當我們的爭執牽涉到鐘能博士的時候，我可以感覺到，她的思緒已經被一種深沉的敵意所征服了；那是針對我的敵意，而且我自己沒有辦法壓抑對它的氣憤。即使我對卡爾．克勞斯有著無法釋懷的怨恨，但在我的心中，我還是可以找到受到保護的地域。但在這裡，完全沒有遲疑的情況下，我總是得立刻壓抑自己的情緒，因為她從來不曾聽過任何一個句子，任何我對鐘能博士產生懷疑的句子。

我不能說我真的認識鐘能博士；他是由自己的句子結構起來的肉體。然而，這些句子是如此精密的建築；它們是支撐身體的支架，那麼地細密，好像如果人們在他的句子之外發現其他的身體部分，恐懼會在這一刻立刻吞咽心靈的虛渺。這些身體的部位不會散落在他的周遭；就如同發生在其他人身上的情形，沒有病痛，沒有抱怨。這是他的思緒；思緒的流轉讓他沒有辦法發掘自己的存在。人們不需要和他約定時間，而且如果發生一次他沒有出現在咖啡廳的時候，那麼，他也不會認為自己有義務解釋，為什麼他會不在場。當然，我會猜想他可能生病了；他有著非常蒼白的臉色，而且看起來是那麼地不健康。但是，這麼多年以來，我根本不知道他的真正地址。事實上，我可以向布羅赫或者梅克勒詢問他的住址，但是，我並沒有這麼做。對我來說，他沒有住址，這是非常適當的現象。

如果有個愚蠢的長舌婦——我總是盡量避免遇見這樣的人——過來坐到我的身邊，然後直接地問我是不是認識鐘能博士，我不會對如此突來的狀況感到意外。我會非常迅速地說：不！但是，這個人並不會因此就沉默不語，因為他的心中充滿了疑慮，無法找到寧靜，此外，有一件是事情是他永遠沒有辦法理解的謎：上天賞賜的財產。他說，這個鐘能博士是來自皮則米思勒（Przemysl），他是一個有錢富翁的孫子，而且繼承了一筆相當可觀的遺產。然而，因為慈善捐助的理由，他竟然把這一筆祖父留下來的遺產全數捐出去。但是，鐘能並不是唯一的瘋子。同樣的行徑也發生在路易．維根斯坦（Ludwig Wittgenstein）的身上：他是哲學家，也是斷臂鋼琴家保羅．維根斯坦的弟弟，保羅也做了同樣的事情。只不過，這筆遺產是來自他們的父親，而不是他們的祖父。除此之外，他又提到其他的例子：他細數同樣情況的例子以及捐款人確實的資料：我們可以這麼說，他稱得上一個收集家，專門收集敗壞祖產或者捐贈遺產的專家。我也認識這些人，而且也已經忘記他們的名字，或許我並不想知道其他的事情，因為這一個有關鐘能的故事已經滿足我的好奇心了。我並沒有針對這個故事作更深入的考據；我喜歡這樣的故事，所以願意將自己的信任託付給它。然而，因為這樣的信任，所以關於維根斯坦的故事就顯得更加地真實。鐘能了解戰爭的恐怖，而且如此的體認是來自非常切身的經驗。不過，他從來沒有當過士兵；這是我從許多的談話所得到的結論。他知道什麼是難民的苦痛，然而，他的認知是那麼地真實，好像自己曾經是個難民一樣。但事實的真相並不只是這樣而已，換句話說，他為難民承擔了更多的責任。他擔負了難民逃難的旅程，他還陪同他們，最後並將這些人安頓好，讓他們生活在一個沒有危險的地方。依照這個多話的人所描述的這些故事，我下了一個結論，鐘能把他繼承的所有遺產全數用在難民的身上。

鐘能是個猶太人，這也是一開始我就知曉的外在境況，而且事實上，人們很難把它稱作外在的境況。在我們兩人的相遇中，我們常常談起宗教——印度的、中國的，以及以聖經為基礎的宗教故事。當談論中出現有關信仰的問題時，他可以很精確地證明自己的專業知識。然而，讓我感到最為驚訝的是：他對希伯來聖經的理解簡直像一位大師的講析似的。在他的講述中，每一段落的經文像有生命的精靈一樣，自動地發出意會的聲響。除此之外，完全沒有任何遲疑以及疑惑的狀況下，他可以直接把這些經文翻譯成德文；他的翻譯是那麼地優美，像是一位詩人在耳邊細聲地詠讚過去的神話一樣。這樣的談論通常會產生在我們對聖經的布伯式信仰⑨；在那個時候，這樣的信仰蔚為風尚，而且也是他所反對的宗教理念。因為這樣的緣故，所以我很喜歡用聲韻的傳遞，把我們之間的談論護送到它的根源，來認識聖經故事的原始意義；這是我自己意識到的情況。直到現在為止，我一直避免更精確地體驗事物的本相；對我來說，這實在狹隘了。如果我能夠勤勉地努力，永遠不懈怠地努力，來面對其他宗教的真實面的話，那麼，依照我的根源來看，這些事物的真理竟然距離我那麼地近。

鐘能對宗教故事的註解是明白以及堅決的，這樣的特性讓我想起穆集爾撰寫的風格。當

⑨這裡是馬丁・布伯（Martin Buber）的宗教信仰。布勃是宗教哲學家；同時，也是個猶太教神學家。

穆集爾的寫作開展出一條道路來之後，他就不會再背離這條道路的方向，直到他對文字的闡述達到這一點，因為寫作本身自然的倦怠，所以前往另外一條道路的轉折發生在這一點上面。在他的寫作裡，隨性的跳躍是應該避免的。在兩個小時的過程中——當時，這是我們倆每天固定的生活工作——我們談論了許多不同的話題。如果我們把這些話題列出一個圖表的話，這個圖表一定很長，而且，它會有亮麗的色彩以及充滿緊張氣氛的冒險；這是和談話內容不一樣的地方。這只是視覺上的錯覺，因為人們可以聽到完全的聲韻。如果我們把這樣的談論製作成唯一的一封書面紀錄，不難看清楚一個現象：直到另外一個話題出現之前，每一個正在談論中的話題都會得到詳盡地分析。這是個無法複製的過程，除非有人願意嘗試這樣的冒險，除非他願意針對鐘能博士，撰寫一部《沒有人格特質的人》的話，不過，這一定是令人覺得好笑的冒險行為。除此之外，在這一部書本裡，整個寫作一定得像穆集爾本人一樣那麼地確定與透明，它必須那麼地完整，從第一個字到最後一個字一定得貫徹創作上的要求；這樣的創作意志是很遙遠的，它像睡夢或者晨曦那麼地遙遠；然而，當讀者打開書本時，在那一個段落，如此的創作氣勢竟然會活生生地顯露出來，而且不會有任何鬆散的自憐。在創作上，穆集爾並沒有找到一個終點，然而，如果一位作家把畢生的理想建立在這樣的職志上，不斷地改良寫作上精確的過程，那麼，他會永遠被困在穆集爾的情結裡——他的生命將永遠地監鎖在創作的煉獄當中，沒有止盡地繼續寫作的工作。這是真實的，換句話說，這是這樣的作品最真情的永恆。這個道理深藏在它的本質裡，如此真情的永恆會灌輸到讀者的內心裡，然而，讀者自己也找不到任何一個終點，所以他也會繼續地閱讀下去，直到閱讀本身終止為止。

當時，我對這樣經驗有雙重的體會：穆集爾一千頁的書本以及上百次與鐘能的談論。從一樣東西發現另外一件事實的存在——例如在討論當中，聽到書本文字的詩律——這是一件很幸運的偶然，沒有人會否認這樣的說法。然而，存在精神內涵的偶然以及言語層次當中的偶然是無法比較的；或者，我們可以說，依照內在的層次來看，它們甚至是敵對的。穆集爾的強處是他的經營；在細心的籌劃中，思想的自由被保留下來。但從另一方面來看，不管發生什麼事件，他會一直覺得自己受到寫作目的的約束。他的肉體是自己認同的身體，這是他永遠不會放棄的事實。然而，透過這個肉體，可以豐富整個世界。他會觀察其他作家的文字遊戲，怎樣去經營寫作，雖然他自己也從事寫作。除此之外，他可以看透作品如此虛無的結果，這也是他的控訴與譴責。他認同紀律，特別是科學的紀律，但他卻不會因此而否定其他人的創作形式。在他的經營下誕生的作品有個無法蔑視的目的：所有的寫作是為了征服。他正想辦法贏回一個正在没落的帝國，然而，他征服的東西並不是他的榮耀、他的安危，或者他的青春，相反地，他征服的戰利品是不同的道路，在精神層面中渺小的與壯觀的道路交雜在一起的血脈；一張由人性的血肉編織而成的地圖。人們對他的作品所發出的讚嘆可以被比喻成一張地圖。

但是，鐘能不需要任何的戰利品。他對自己高尚以及正直所做的期許只是一種假象。或許，他曾經想過如何去征服一個國家，但這個時期已經過去了。是不是因為這個緣故，所以他經營的對象轉化成為語言，這是我没有辦法知曉的猜測。他似乎無法開啟信任自己的這一道門，縱使在他的眼前存在著那麼多值得信任的事物。他不會受到任何一種企圖的約束，而且沒有人必須遵照他的意思。但是，他會參與別人的想法，思索他人的想法，然後提出自己的批評。除此之外，當他必須依循最高的標準，來經營這一項工作的時候——在許多時候，我們沒有辦法說這是一件好的事情——他的經營並不能被當成一種冒險，相反地，這是最後的結論。

他對所有的人所造成的影響是實際的，當然，這倒不是說，這樣的結果對其他人來講是重要的，相反地，那只是他並沒有想得到的任何代價。許多人知道什麼是無私的，而且自私的行為讓他們無法忍受；當世俗的人們用自己的眼睛觀看自己的時候，總是會想辦法掙脫自私的束縛。但當我待在維也納那一段時日裡，我發現只有很少的人可以真正地擺脫私心的包袱。**然而**，即使當我離開維也納以後，我再也沒有碰見和他一樣無私的人。在人類過去的歷史裡，**東**方的智慧找到無數的弟子，他們放棄由群眾現象所架構而成的世界性目標；這是個心靈的問題，而且問題的重點是這樣的目標對精神抱持的敵對態度，就如同發生在歐洲文化裡類似的演變。所有的東西都必須被去除掉，特別是精神的銳利；如此的銳利是被禁止的，就如同世人參與世界的任務，對世界的參與散布在人們的四周，但人們對世界的責任卻被剝奪了。如果人們對一件事情沒有參與的意願，那麼，他們也不會感到愧疚。「這樣的結果對你們是好的。」這是得到廣大支持的態度。鐘能已經放棄了他在這個世界上的工作。為什麼他會放棄經營世界的理想呢？這是我無法解答的問題。但是，他還是停留在這個世界裡；每一個念頭都附著世界的肖像。他讓自己的雙手垂下來，但並沒有轉過身子，背對我們的生活世界。在如此強調社會公平的言談中，我可以聽見他對這個世界的激情。我的印象是：他只是沒有去做，他不願意只是因為自己的作為，就把不公平加諸在其他人的身上。

從鐘能的身上，我第一次可以有意識地領會到，真摯的人格可以造成怎樣的影響：如果一個人不放棄人格的動機以及歷史，那麼，人格的正直不會對任何問題產生質疑，而且它可以界定自我的價值。我不曾針對他的人格提出質問；即便在我的思緒中，我也沒有這麼做。他說了很多事情，而且當他不喜歡一些事物時，也不會省去他的批判。但是，我卻不曾尋找他字詞的動機；而這些字詞的存在是自主的，此外，它們也非常清楚地與自己的根源區分開來。如果我們依照這些字詞的品質來判斷的話，在當時那個時代，如此明晰的區分是相當少見的現象。心理分析對語言所造成的污染有了明顯的進步，非常顯著的進步，這是當時我在布羅赫身上看到的現象。在布羅赫身上，就如同在其他人的身上一樣，它並沒有對我造成重大的影響。人性中平常的本質都是有自己的意義的。就如同我已經說明過的現象一樣，這是人類特殊的本性；一些非常膚淺的解釋——例如這些現象怎麼地流行——都不會對人性的本質造成任何的影響。就一般普遍的現象，我們可以這麼說：如果這樣的情況不會經過動機而變得微弱，——在談話時，動機是我們隨手可得的素材——那麼，不論在談話中的那一個時刻，討論本身並沒有說出任何的內容。但在另一方面，如果每一個人都可以發現談話的動機時，這就是一種無法言語的無趣，而且這樣的無趣會逐漸地擴散。在這個時刻，上述的現象所造成意義的消逝並不會對任何人造成困擾。在這個世界上，現象可以反應出許多事物的真實，但總是同樣的結果：沒有意義的背景；人們站在這些背景的前面，人們討論它們的存在，人們認為所有的疑問已經解釋清楚，所以這些過去也就不再令人驚訝了。然而，在思想運作的地方，我們突然聽到撲通一聲，一群青蛙正一同齊鳴。

在他的作品當中，穆集爾並沒有遭受到這種疾病的傳染；他的作品就如同鐘能博士的話語一樣地健康。他不問我一些私人的隱私。我不會描述我自己的故事，同時，我也會保護自己的信仰。他的德性是我的典範，而且活生生地展現在我的眼前。我的行為就如同他的舉止一樣，除此之外，我也會描述一些非常激情的現象，但是，在我的描述中，所有觸及到他個人的語詞都會自然地被排除掉。在他的言詞裡，並不是沒有指控的存在，但這並不會刺激他的樂趣。如果他事先看到一些不好的東西，他會精確地說出來，但如果他的說明是正確的，他也不會因此而感到高興。雖然他的行為是正確的，但怒氣還是怒氣。沒有人可以和他一樣，那麼明確地看清楚事物的走向。然而，和他比起來，我無法用自己的語言，把所有可怕的現象表達出來；這正是我膽却的地方。不過，當時他已經知道我的顧慮。他嘗試努力掩飾他所知道的事實，然而，事物真實的面貌卻又對他造成痛苦的折磨。他對人的態度是那麼地小心謹慎，不會利用這樣的情境，來懲罰或者威脅他的對象。他對聽眾的呵護與對他們的感覺是適當的；他可以很清楚地認識這樣的感覺。他不會提供任何的方法，縱使他有很多解決問題的處方。他是那麼地堅定，好像他一定得下一個正確的判斷一樣，但是在另一方面，他也知道，只要一個簡單的手勢，他的談話對象就可以免除這個判斷的指控。人們沒有辦法描述他的呵護行為，因為他的德行比呵護更豐富。或許，我們可以用溫柔這個字詞來描述他的舉止；這樣的溫柔到底如何結合絲毫沒有差錯的嚴謹，直到今天，它仍然是讓我讚嘆的現象。

直到今天，我才知道，如果我沒有天天遇見鐘能博士，那麼，我一定沒有辦法逃脫卡爾·克勞斯對我所造成的束縛；在我的想像裡，這兩個人的面孔是一模一樣的，在視覺上呈現出來的景象像一幅生動的圖畫（但事實上，這一幅畫是不存在的。）但是——我不知道，如何用自己的感覺說服別人——，我也發現另外一副臉孔；三年後，卡爾·克勞斯的面貌真正地浮現在我的眼前，那是一副死人的面具——那是巴斯卡⑩的臉孔。我的憤怒轉變成苦痛；這是人們自己劃上的傷痕，也是人性的苦痛。這兩副臉孔串連在一起：一個是類似預言家的辛勤工作以及帶有忍耐的面孔；這張臉具有強大的力量，只要他的說話對象是個精神的產物的話，那麼他可以貫徹自己的優勢，卻又不會有傲慢的氣勢。這樣的串連把我從工作者的統治下解救出來，然而，他卻沒有剝奪我的感覺，那個我從他的身上感受到的訊息。這時候，在我的心裡充滿了對他的敬意；這是我個人沒有辦法完成的成就，在巴斯卡的身上，我意識到他的成就，但在鐘能博士的身上，我可以用自己的肉眼，看到這些成就的存在。

在鐘能的腦子裡，儲存了許多的記憶，而且這些記憶是那麼地完整。就如同我剛才描述的現象，他對聖經的掌握是如此地精確。除此之外，在沒有任何遲疑以及考慮的情況下，他可以引用希伯來文的原文註解。但是，他並不會宣揚自己如照相機般精確的記憶，所以他記憶的能力並沒有轉化成為重大的事件。我認識他已經好幾年了，直到後來，我才描述自己對

---

⑩ Blaise Pascal，法國的物理學家。

德國人宗教信仰的反感——布伯式的聖經信仰讓他們深信不已。然而，他不單認為這樣的批判是一件好事，同時，他還列舉了無法計算的例子，而且這些註解都來自希伯來文的原始經典。有時候，他會用簡短的文章向我描述，以及簡潔地闡明它的道理，然而，對我而言，這樣的形式像是眼睛裡頭的頭皮屑：我認定，他一定是個詩人，而且是一個用希伯來文寫詩的詩人，就如同他對我引用註解的希伯來文。

我不敢向他提出這個問題，因為他信守自己的決定，放棄成為詩人這一條道路；那麼，人們應該避免觸痛這條傷痕。這一次，我的好奇心釋放出來的頻率並沒有走得很遠，此外，我也沒有詢問其他人——那些已經認識他許久的朋友。後來，我才知道事情的真相——這樣的說法聽起來像是，它的真相早已經轉變成為一件秘密了——，他曾經發起用新的形式來創作詩，也就是用新的希伯來文寫詩。

當他還非常年輕、十五歲時，曾經用亞伯拉罕・賓・依茲查克（Abraham ben Yitzchak）的名字，撰寫許多希伯來的詩；懂得兩種語言的專家將他比喻成費德瑞克・賀德齡⑪。那些詩的數量並不多，似乎不像那些十二行詩那麼有完整性，因此，我們不能說他是個用消失的語言來創作的大師。不久以後，他立刻停止寫詩的工作，後來也沒有任何作品公諸於世。人們總是這樣地傳說，自從那時候開始，他放棄自己，而且放棄寫詩的工作。他自己未曾談論過這一件事。然而，至於他還保留了多少的詩，我們只能從他不發一語的沉默，找到問題的

---

⑪ Friedrich Hölderlin，德國浪漫時期的大詩人。

答案。

我必須為自己感到羞恥：為了體驗新的經驗，我違背了他的願望，整整一個禮拜都沒有到博物館咖啡廳。對我來說，他已經成為一位智者，這樣的智慧是我在其他人身上看不到的。後來，我知道他年輕時對詩的憧憬——這聽起來似乎是十分敬仰的說詞，然而，在另一方面，也同時代表他個人的限制。我對他的敬意變得少了一點，這是因為他以前曾經獻身在詩的創作上。但後來，他完全停止對詩文的經營，這是我後來慢慢才知曉的事實。特別是他改變了自己的志趣，雖然沒有寫出大師級的作品，但這並不會對他造成影響，他的思緒並沒有因此而變得貧乏。不過，因為對自己的忠誠，他放棄了寫作的企圖心。然而，如果現在我們忠實地看待他以前創作的企圖的話，他還是一位詩人。在這個地方，我們可以聽見他的話語創造出來的神奇、精確的描述，以及優雅的姿態，這些特質幫助他在困難的對象裡找出一條道路來；換句話說，這些特質並沒有喪失它們的光彩，那是值得我們觀察的現象（不過，有一項例外，那就是他本人）。在觀察者的眼前，這些人格特質會那麼生動地展現出來，而且觀察者也不會感到任何惡意的埋怨；他可以感受到惡意造成的束縛，然而，這樣的束縛是察覺在聽眾身上產生的騷動，也就是說，任何舉止的改變都無法躲開他的觀察，但是我們難道可以把它稱為呵護的溫柔嗎？現在，我知道，我們可以把他認定為一位詩人。然而，當我在追尋成為詩人的認同時，當我自己還不是個詩人時，他已經拋棄這樣的認同。我對自己感到羞愧，因為我認識事情的真相：他曾經是個偉大的作家，但後來他卻認為詩文的創造不再有重大的意義。在我還沒對他提出這個問題——為什麼他會對詩文這麼地蔑視——之前，我需要與他見面嗎？他會鄙視我嗎？只因為我那麼地看重寫作，他會不會因此看輕我呢？他還沒有閱讀過我的書，只能依照我們之間的談話來認識我；在這些談話裡，所有的話題幾乎都是他爭辯的對象，而我盡量避免這樣的爭辯。

無法看見他的人是那麼地令人無法忍受，因為我知道在這一個小時裡，他會坐在那個角落，而且，或許他會朝轉門的方向尋覓熟悉的人影來確定我是不是來了。一天又一天地過去，我的感覺越來越深沉：如果沒有他的存在，我幾乎會崩潰了。我必須鼓起勇氣站在他的前面，但我不能告訴他，我已經知道的事實。在那個地方，我得延續被中斷的對話。除此之外，直到我的書出版之前，我必須放棄，經由他的意見來認識我人生的內涵，到那時候，我願意消化他的批判——他對我的作品的批判。

我認識著魔逐漸高昇的密度，不斷重複造成的缺口；練習了一千遍，但仍然不會流失自己的力氣，這是一種魔力，然而，卡爾・克勞斯就是運用這樣的力量，來對他人造成影響。現在，坐在我旁邊的人臉上掛了一副克勞斯的面孔，表情也是一樣地嚴肅，但另一方面，這副面孔卻是平靜的，因為我看不到宗教的狂熱，此外，他也沒有想過要用暴力制服他人。對他而言，世界上當然存在著善與惡之間的分別；什麼人屬於善良的，什麼人是邪惡的，這是毫無質疑的。但是，區別善惡的決心以及任何為自己的決定所下定的決心，必須讓當時人來決定。

在這麼有侵略性的力量中，唯一缺少的元素就是對人的控訴。人們必須細心地想一想，卡爾·克勞斯借用怎樣巨大的力量，來對一個人進行永無止盡的控訴，如此的攻擊是那麼地尖銳，像尋找棲身的地方的病毒一樣，永遠不會離開受害者的身體（當然，今天，在自己的身上，我發現了這樣的力量所引起的傷害，但並不是所有的傷害都會得到適當的醫療，而慢慢地轉變成疤痕。）這些控訴是種命令，一種具備完整的力量的命令。在剛開始時，人們都認為這樣的命令是好的，而且不應該削弱它們的力量。如果這些命令所造成的壓迫是發生在自己的身上時，那麼，對當事人是件好事，因為，這樣子的話，人們就不會把命令看待為矛上端的尖刺，而且有權位的人也不會隨便下命令。但是，如果像卡爾·克勞斯一樣，用密度那麼高的句子來建築城堡的圍牆，整個城堡還是那麼地沉重，對每一個人來說，它都是無法承擔的包袱。這是人們願意自己承擔的負擔：它會麻痺心靈中活潑的知覺。雖然在去年的一整年，我應該像奴隸一樣地撰寫小說，而且當自己對戲劇的熱情爆發了以後，就逐漸遠離小說的寫作，但我的創造生涯一直處在危險的情境裡：我對自我的戰鬥的解放可能走上錯誤的道路，不過，最後，在心靈的奴役中，我找到這場戰爭中自己的歸屬。

我對心靈的解放是一項艱巨的任務，如何了解自我的過程，來解放一副面孔的束縛：這一張臉像是奴隸的面孔，但他的表情卻傳達完全不同的訊息——更複雜的、更豐富的，以及更多歧路的訊息。我並沒有接受莎士比亞或者內斯特洛伊的作品，相反地，我接受了聖經，但這樣的選擇並不是來自任何的壓迫，換句話說，我可以選擇的對象是無法評估的。然而，當這樣的選擇以準確的音律出現時，它是完整、沒有缺憾的。當它出現時，不管這樣的故事的脈絡在那裡，我總是聽到很長的引文，縱使自己不懂它的意思。但是句子的傳送是那麼地迅速，剛從口中蹦出的句子急忙地解釋前面的一個句子。然而，引文中的每一個細節無不印證著詩人堅定的信念，我想全世界的人都會嫉妒我的特權。我可以獨自一個人擁有這些引文，不過，這卻不是我個人提出的要求。我得到它們的眷戀，因為這樣的結果是自然產生的。當然，在引文裡面，我也獲得其他的東西，但那些都是我熟悉的經驗與事物。當這些熟悉的話語出現時，我也沒有那麼深刻的感覺：那是最忠實的描述，是說話者在智慧上以及孩提經驗裡的真實。當時，在這些引文的聲韻裡，聖經的預言家距離我那麼地近；他們的形體所造成的印象是那麼地可怕，所以這些聲韻讓我遠離字詞的存在。現在這一刻，從獨一無二的人的口中，我認識了這些預言家，好像這一個人把所有的預言家都召集起來。他把自己比擬為預言家，但他沒有辦法作如此的比擬，因為他不是個辛勤的創作者，因此這樣的比擬是不適當的。相反地，人類未來的處境折磨著他，當他跟我敘述人類未來的出路時，完全沒有夾帶任何的激情；無論如何，如此的描述缺乏預言家們最可怕的激情；當他們對人類宣告神的旨義時，都可以像鐘能博士的敘述，堅實地保有真誠的激情；在喘息之間，這些激情隨著緩慢的聲律，慢慢飄浮到虛渺的未來。他親眼看過戰爭，而且他仇視它的發生。他知道戰爭是可以避免的，但是他並沒有這樣做，因為預言家不想讓他們對未來的宣告變得軟弱無力。我們兩人之間的友情持續了四年，一直到我移居到英國，而他遷徙到耶路撒冷的原鄉。我們並沒有互通信；就如同他跟我描述的每一個細節一樣，疲倦的紙筆像逐漸喪失活力的生命，我們之間的互動慢慢地停止下來。這樣的演變對我個人的打擊是雙倍的傷害，因為我曾經體驗過從他的口中吐露出來智慧的光澤。我盡量把這些話語保存在自己的內心裡，而且沒有一點憐憫的自戀，這是我最忠實的描述。

自從鐘能博士死去後，我才理解為什麼他的姿勢總是那麼地筆直；當他在行走的時候，他的體態是那麼地僵硬。他年輕時喜歡騎馬。我相信在耶路撒冷時，他曾從馬上摔下來，脊椎也因此而受傷。後來，他的傷勢被治療好了，但是，後來他是否得撐著拐仗，來支撐他的脊椎，這倒是我沒有辦法知道的事情。這是造成他的姿態的真正原因；如果我們用詩文的描寫，來誇張他的體態，我們可以說那是他身上散發出來的「王者之尊」。

當他為我翻譯舊約聖經的詩篇，或者智慧的格言時，對我來說，他像一位具有王者風範的詩人。然而，當他把自己的頭顱掩埋在報紙底下的時候，同樣的人，那位兼具詩人以及預言家的王者竟然消失了。雖然如此，圍繞在他的周圍的氣氛並沒有改變，只是這樣的氣氛遺失了色彩的光澤。除此之外，最讓人們驚訝的是，他竟然可以在完全沒有要求的條件下，塑造生活的愉悦。

在博物館的咖啡廳裡，我們談論了許多的話題，然而，聖經是唯一被我突顯出來的話題。在這個地方，我並沒有悉數其他的話題，這樣可能會造成一種印象：鐘能博士屬於這樣類型的人，他全心全意地彰顯猶太文化。然而，事實正好相反。從他的口中，或者從我的言語裡，他都不曾引用「猶太人」這個字。這是一個他不願意碰觸的字眼。就如同暴徒獵殺的目標一樣，對他而言，這樣的要求是沒有德行的。在他的身上，傳統就像血液一樣，不需要加註更豪華的裝飾。從小開始，他就認識傳統的精髓，而且也不會將它視為一種應得的榮耀。依照我的感覺，他似乎不是教徒。他對每一個人都抱持尊敬的態度，然而，如此的謙稱會提出這樣的要求，基於對人性的尊重，把人際間最低等的態度完全地去除掉。

從許多面向來看，他都是個典範；自從我認識他以後，就再也找不到其他可以成為典範的人了。這樣的人格有著那麼吸引人的形式；為什麼人類需要樹立典範呢？因為它可以產生效果。當時，也就是在五十年以前，我還沒有辦法達到他的境界，然而，直到今天，他仍然是我沒有辦法實現的典範。

歌劇大街

在位於歌劇大街的平房工作室裡，安娜常常會有許多的訪客。歌劇院的位置在維也納的中心點，這個地點是整個城市的重心。在另一方面，當安娜終於掙脫了婚姻對她的束縛之後，作為馬勒的女兒，她住在這個地方似乎是正確的；她的父親是維也納的音樂皇帝，而且這個城市是他執行統治權的國土。每一個都知道她的母親；至於那些在這棟別墅受到上賓款待的人，在他們忙完事業後的休息時間，也很喜歡到這裡來拜訪安娜；然而，這些訪客的來訪並不會有什麼任何特殊的目的，因為他們自己已經很有名氣了。

但是還有一些其他東西可以吸引人到這個音樂殿堂來拜訪；他們是被製作肖像的頭顱，

換句話說，安娜將訪客的頭顱當成形塑肖像的模特兒。這些肖像會描繪出那些人的面孔，而且他們通常是那些阿勒瑪喜歡結交的人士；這是她的收集品。此外，隨著時間的流轉，她可以挑一些人出來；她的目的可能是為了婚姻，或者因為她個人的喜好。不過，在安娜的工作室裡，這些收集品會逐漸地減少，就如同我們聽到的描述，這裡已經成為肖像的藝廊。如果一個人的名聲夠響亮的話，那麼，他就會受到一封邀請函，然後奉獻上自己的頭顱。事實上，只有很少數的人不會很樂意地奉上自己的頭殼。所以，在她的工作室裡，人們常發現，在生動的對話正進行當中，安娜會依照訪客的頭顱，拿捏出幾個肖像模型。所以，我的拜訪並不是不受歡迎的，因為在對話中，我可以發展自己和他們之間的聯誼；這時候，安娜的工作會特別地順利。當她工作時，她會傾聽進行中的對話。有些人抱持這樣的看法：她真正的天賦應該是在這個領域裡。

我可以說出一些訪客的名字；他們來拜訪安娜，而且在這裡造就一些有趣的東西，也就是他們自己的藝廊。有些人是我曾經見過的，例如在馬辛街，或者馬勒的家裡。祖克梅爾屬於其中的一個人；安娜也為他的頭塑造一個模型。他剛從法國回來，並且描述他對這個國家的印象。他的描述是那麼地生動，好像噴水池的泉水一樣地清新與流暢。在那個時刻，他曾經描述一個相當有趣的現象；只要人們到法國旅行，他們一定會看到拉瓦勒（Laval）先生。在巴黎，他是出現率最高的一個人；拉瓦勒先生有著一副普通人的長相。當人們踏進餐廳，而且身體剛穿過餐廳的正門時，你猜誰會迎面走過來呢？拉瓦勒先生。當人們走進一家咖啡廳，尋找一個位子，然而，這家店卻擠滿了客人；這時候有個客人急速地走開，好讓位子空出來。這個人是誰呢？拉瓦勒先生！在大旅館裡，大夜班必須換班時：拉瓦勒先生。當一位體貼的先生陪自己的夫人到商店街購物，誰會是那熱情的招待者呢？拉瓦勒先生！我還聽到許多與拉瓦勒先生相遇的故事。在法國，拉瓦勒先生是一個公眾人物。他的相貌是法國人的平板臉孔。就如同大家平常知道的事實一樣，事物的發展聽起來是那麼地令人懷疑。當時，有許多完全沒有意義的故事，而且，事實上，這些故事所造就出來的戲劇效果是被字詞刻意地壓榨出來的，那是描述的人親切的自愚，但如此愚蠢的說法卻又是那麼地貼切，而且討人喜歡。事物的真正重心在不斷地重複；一直不斷地重複，最好重複個一百遍，然後，把光線的焦距設定在同一個人的身上。他是所有的現象，所有的人都是他自己。然而，當我們把所有的目光焦距都聚集起來時，我們的肉眼卻看不到真正的拉瓦勒先生，相反地，他是祖克梅爾；當他站在舞臺上時，自己便化身為拉瓦勒先生。他單獨一個人講他的故事，而且他並不在乎聽眾是不是專心地聽他描述。事實上，除了安娜之外，我是唯一的一個聽眾。我在心裡感覺到，自己的周遭有許多的聽眾，就如同祖克梅爾扮演那麼多個拉瓦勒先生一樣，我也扮演了許多不同的聽眾。我一個人是所有的聽眾，不過，對我來說，如此的自愚幾乎是無法置信，但是它卻沒有任何的傷害，而且這自己扮演聽眾的角色竟然是那麼地驚奇，那麼地生動。在這個地方，邪惡是不存在的，所有的邪惡都被喜劇轉換以及替代了。在今天，當我把這個拉瓦勒先生的故事拉到現在的時空時，有一個現象讓我產生了非常深刻的感覺：在喜劇的情境裡頭，祖克梅爾如何忠實地把一個人物的可怕表現出來，而且令人感到恐懼的景象是他口中那一張平凡的臉孔。

在那裡，我也看見了一些模型，然而，它們的美麗是被逼迫出來的；對我來說，肖像的美麗就如同戴著一副死亡面具的肉體。當我看到德・薩巴塔（de Sabata）的人頭時，我的內心裡竟產生一種很深刻的感動；他是一位指揮家。他在國家歌劇院當指揮；排練期間的休息時間，他會來到這個地方。他只需要越過一條街——歌劇院大道。安娜的工作室好像舞臺上的布景一樣。他一定是這麼的感覺，因為他的舞臺是馬勒的指揮台，只要走幾步路，他就可以找到安娜・馬勒。另一方面，她是捕捉臉型的藝術家，她有權利借用永恆的線條勾勒出他的容貌。對我來說，它的意義並不只是這樣而已，這還代表著為指揮家的一生成就戴上不朽的皇冠。有時候，我也在現場。當他出現時，他的行動是那麼地急促與堅定。他的身軀很高大，雖然在快速地走動中，這一具身體仍然帶有些像夜的氣質一樣的神祕。他的臉孔是非常蒼白的，正好符合死亡的美麗，但這樣的美感是沒有辦法比較的，因為他的臉形是那麼地平滑。當他行走的時候，總是閉著眼睛，但一對眼睛仍然是明亮地注視著外界的事物。當這一對眼睛的焦距放在安娜的身上時，眼神的凝望裡有些炙熱的火花。對我來說，這不是偶然的：德・薩巴塔屬於安娜的藝廊中最明亮的頭顱之一。

在歌劇院大街，韋爾弗總是喜歡坐在安娜的花園裡，而且他的頭顱也被塑造成一個模型。當然，對他來說，自己的肖像被存放在這個偉大音樂殿堂的附近，是件非常值得高興的事。他喜歡坐在這個地方：這是間非常簡單的工作室，再過去一點就是接待貴賓的別墅，再走一步路，就可以到達座落在馬辛街的皇宮，也就是他的出版社。當我知道，他在安娜的工作室時，我會避免來這裡。但有時候，我根本沒有通知她就直接過來了。我特別喜歡這樣，而且朝向坐著的韋爾弗走過去，他坐的位置是地板平順的、用一層玻璃當天花板的後花園。他會向我打招呼，好像什麼事都沒有發生過一樣；在他的笑臉上，也不會顯露出任何的敵意。也就是在朗誦會上那樣敵視的衝突。事實上，他甚至會顯現出有些人性的關愛，並且問候我最近如何，然後立刻把話題轉移到薇颯的身上；他非常讚嘆她的美貌。在一次馬勒夫人接待貴賓的聚會裡，他跪在她的面前，深情地唱著一首情歌，而且直到他把情歌唱完之前，都一直跪在地上。他把薇颯比喻成羅維娜（Rowena），羅維娜是位非常有名的舞臺劇女演員。她曾經在維也納一齣名劇中扮演一名被魔鬼附身的主角，當時所有的觀眾都為她精彩的演技叫好。我想，對薇颯來說，再也找不到更好的讚美詞了，因為像安達路西亞⑫的美女這樣的讚美已經讓她感到厭煩了。如果他這麼說的話，他的心裡一定也是這麼想，這並不是刻意的讚美。他似乎只能講實話，或許，這個現象可以說明一個道理：他具有批判的本性，但這樣的特質卻常造成令人質疑的後果。如此的人格特質會引起其他人的反感，但如果人們仍然願意為他辯解，那麼，人們會把韋爾弗稱為「令人驚奇的工具」。

我眼前看到的現象是很奇怪的：韋爾弗只是坐在花園裡，沒有任何的舉動。人們常習慣聽他發表聲明，或者聽他唱歌，不過這兩種不同的行為時常交錯在一起。除此之外，在人與人之間的交談中，他總是用大話來取代談論；他總是習慣站著講話。在談話中，他常會有些不錯的點子，但他不適切的字詞常破壞這些有創意的想法。人們常會思索一些事情，所以會

⑫ Andalusia，西班牙城市，代表熱情與活力。

希望自己能有短暫的休息時間——短暫的一瞬間，就這麼一下子而已，完全沒有聲響的沉默。但突然間，腦海裡出現了一連串沒有章法的字詞，這時候，所有的想法已經幻滅掉了。在他的認知裡，自己所有的意念都是重要的。然而，最愚蠢的是，這些意念的陳述聽起來不僅是那麼地懇切，也是非常地不尋常以及令人驚訝的。如果在完全沒有感情的催情下，他是沒有辦法說話的，這樣的現象不僅是符合抒情詩人的個性，同時也是出自他最深刻的認定。韋爾弗和抄寫經文的神父之間的差別是他對歌唱的熱愛。但在另外一方面，他又像神父一樣，永遠站在世人的身旁。如果他正在寫作，那麼，他一定是站在講臺上面。對他而言，讚詠的詞語是對人性的一種愛戀。除此之外，他唾棄知識以及思量。為了不讓自己陷入思量的困惑當中，他會立刻把所有念頭轉換為口頭文字。因為他的話語裡有許多別人的文字——那些可以傳送意願的語詞，所以他的話聽起來好像他自己就是這些偉大描述的泉源。他會不斷地來回詠嘆感情，而且自己的內心會因此而得到感情的潤色；愛情與感情對他的催情是那麼地濃厚。但是，一般人卻沒有辦法發現這些詠嘆的基礎，換句話說，兩腳下的土地沒有辦法找不到這些感情的源流。整個談話是那麼地令人沮喪，無趣的鼓譟不僅摧殘著他，同時也糟蹋其他人專注的聆聽。當他坐著時，他不會有任何的舉動，除非他聽到音樂的聲韻，因為音樂是他存在最根本的渴望；在這重要的一刻，他的感情立刻像春泉一樣湧現。

除此之外，他常常問我，如果有整整三年，在我們的地球上，都聽不到歌劇時，人類的命運會變得如何悽慘呢？我相信，他整個人會完全瘦下來，成為乾扁的骷髏。而且當最糟糕的狀況都還沒有發生之前，他的肉體已經化成帶著怨恨的塵土——殘碎的、沒有意義的。當人們無法忍受這樣的摧殘時，其他人會把知識當成維生的糧草，然而，他則是吞噬琴韻；聲律慢慢地被消化成浪漫的情感。

如何將醜陋的頭殼塑造成藝術品，這是安娜最精巧的天分。如果奇怪的面貌沒有被附上童話的色彩，那麼，他們一定是安娜創作最好的素材。她會誇張整個頭部的厚度，好像它所有的組織全是油脂一般。此外，她會賦予它一個被放大的比例——這是一種新的生命衝擊，原來的模特兒並不具備這樣的氣質。在安娜的工作室裡，到處堆放著許多有名人士的頭顱，而且增加的速度非常地迅速。在這些人頭模型中，韋爾弗的樣本看起來倒是不差。當然，這顆頭顱並不能和德．薩巴塔的模型相比——這件藝術品像波特萊爾⑬的死亡面具一樣地優美。不過，人們倒是可以把它放在祖克梅爾的模型旁邊。

對我來說，來拜訪安娜的訪客裡，有些人對我造成極大的驚訝。例如，安娜在歌劇院裡認識的一些朋友，他們也被吸引到她的工作室——工作室產生的吸引力是可以理解的、正當的。除此之外，有些人則是她在卡特蓴大街認識的朋友；這一條街是維也納的購物商店街，也是安娜平時購物的地方。有一天，我已經坐下來了，並準備對她描述一些事情。這時候，法蘭克．特易斯⑭和他的太太突然插進我們的談話；這一對優雅的夫妻穿著亮麗的絨毛大衣，而且手指上掛滿了剛採購的物品。這些東西並不大，也不重，有著各式各樣的形式，都是一

⑬ Charles Baudelaire，法國詩人，最注目的作品是《惡之華》。
⑭ Frank Thiess，德國文學家。

些價格昂貴商品的試用品。當他們把手伸出時，樣子看起來好像這一對夫婦為人們提供許多不同選擇的禮物。但是，他們向我們表達抱歉的意思，因為他們沒有太多的時間，必須立刻離開，所以就沒有把禮物放下來。特易斯講話的速度非常地快速，他的德文具有北方德國的色澤，而且音調也相當地高。雖然他沒有足夠的時間，但我還是認為他可以不必那麼地匆忙，用這樣的方式和藝術家打招呼。或許，下一次，人們可以更仔細地端詳事物的面貌。雖然人們的腳步很匆忙，但在這一條商店街發生的情景仍然像一條河流，一幕幕的場景像水滴一樣不斷地湧現。我未曾進入這條街上的任何一家店，如此的說法聽起來像是一篇有關異文化的冒險事跡，但事實上，整個現象更像是一條狂瀉的大河，因為人們沒有時間把大衣和禮物放下來。然而，他輕輕地揮動自己的手臂，掛在手指上的禮品似乎對我描述，法蘭克正在述詠祖國的原始風情。不久以後，這些禮物像是掛在手指上的洋娃娃一樣，不停地搖晃。這些禮物都噴上了香水。安娜的工作室的花園旁邊有一間小房間，她把它用來招待客人。然而，不到一會兒的時間，整間屋子都瀰漫著最高級香水的氣味；這樣的氣味不但驅離了禮盒不停地擺動，或者，我們更應該說，剛才購物街上擁簇的景象散失在濃郁的香水氣味中。除了關心安娜的母親的話題之外，我們之間的談話並沒有牽涉到其他的話題，然而，這樣的談論是那麼地小心與謹慎。當他們離開的時候，人們不得不問自己，剛剛是不是有人來拜訪過；當他們告別的時候，他們會很小心地確定並沒有把禮物留下來。安娜本人並不喜歡小心謹慎的讚美詞，她走到自己的塑像前面，然後把無言的冰冷敲進塑像裡頭。不管對她或者對我來說，購物的世界是陌生的。在她的工作室裡，每一件禮物像流水一樣地進進出出；她常陪自己的母親到卡特薴大街，並走到父親的墳墓前，但安娜沒有辦法了解她。這應該是她所憎恨的世界——她和丈夫離開了這個世界——為了家族政治的基礎，她的母親強迫她與她的丈夫結合在一起。

馬辛大街裡所有與接待客人結合在一起的義務已經不再是她生活的一部分，她掙脫了枷鎖。這時候，她不必再顧慮到任何一個社交團體。她不會再遺失時間，她不再受到任何的控制。當她生氣時，她會立刻祭起敲打的鑿子。這是她從伍圖拉巴學習到的經驗，不過，她和他之間並沒有任何深刻的關係。對紀念碑的慾望需要辛勤的工作。意志的緊繃切實地呈現在她的臉孔的下半部，幾乎與她的父親一模一樣。

特易斯來拜訪她的形式是正直的。或許，他不知道，他跟她之間沒有交集的話語。他說話的音調會隨著字詞的堆砌，逐漸地升高；事實上，他可以對其他所有的人展現自己在這方面的才華。但是，保羅・玆索勒耐——安娜上一個離開的情人，是他的出版商。他巧妙地利用卡特薴大街購物的氣氛，來經營暗地裡的期待，這是一種依賴的舉動，也是種宣示中立的形式。他會為自己的出現感到很滿意，或許，他也知道，像手上的禮物一樣，所有的一切都維繫在他的指掌之間；這些是安娜離開玆索勒耐時所喪失的東西。

所謂「真正自由的人」通常是已經很有名聲的，且他的作品已經擁有廣大讀者群的作家；換句話說，這樣的作家可以擺脫出版社的依賴，因為其他的出版社一定也會出版他的作品。像這樣的作家才可以藉著拜訪的機會來呵護安娜。拜訪的人來來往往，而且他們到處談論，什麼人曾經是這文化殿堂裡的過客。如果一位作家被認定是出版社的奴隸時，那麼，他最好不要出現在她的面前。有些人是安娜早期非常欣賞的作家，而且她也曾為他們付出所有的心力，還把這些人引近到她的社交圈裡；但今天，她卻盡量避免和這些人來往，希望用這樣的方法來保護歌劇院大街的聲譽。所以，有人開始說安娜的壞話。她的母親對這個音樂大都會有著很大的影響力，因此可以免除惡意攻擊的騷擾——雖然輿論可以從每一個小裂縫來衝擊她的考量以及家族權利的政治鬥爭。

安娜挺身地面對世界上所有的詆毀，她是那麼地勇敢，而且不會改變自己的態度。除此之外，她在歌劇院大街小小的工作室裡，建築一家收集名人頭顱的模型博物館。只要她可以找到名人的頭顱，那麼，這樣的作法是沒有瑕疵的，然而，例外的情形是少之又少。只不過，她完全沒有意識到，這是她的母親的生命裡慢慢熄滅的燭光。

這一道逐漸熄滅的光芒是種追尋權力的慾望。它可以化身為每一種形式，特別是名聲的爭奪，此外，還有金錢與權力，這些都可以喚醒人類原始的慾望。相反地，對安娜來說，在她的生命中樞裡，存在著更重要的東西——那是她的父親偉大的壯志。她渴望工作，而且在工作的時候，將自己鍛鍊地更堅實。在她的老師的身上，也就是伍圖拉巴的身上，她也同樣用盡全部的力量敲擊；這是漫長的、艱難的工作，但也是她所需要的挑戰。對她來說，男女之間的差異是不存在的。她堅持苦實的工作，就如同這一位年輕而且強壯的男人一樣——這位教導她雕塑的老師。但她並不曉得，事實上，他如此苦力地工作來自一個完全不一樣的命運。她並沒有分辨出身背景的差別。除此之外，當她的母親說「普羅」這個字的時候，她會覺得這是形容奴隸的用詞，好像這一句詞彙是在人性這個範疇以外的地方，它是可以販賣的、必要的，至少在特別美麗的人種身上——這字詞對愛情而言，是有用的。當她的母親用更高的聲調轉用這個蔑視的字，而這個字本身原來的意義已經很負面了，這時候，安娜已經無法分辨出人與人之間的任何差異了，對她來說，出身背景以及社會地位都是沒有意義的。不過，這樣的現象顯示：這美麗的、高貴的思緒是不夠的，她沒有辦法知道什麼樣的人是有價值的。事實上，我們並不能單單只是累積經驗，我們也得對這樣的體會投注誠意的目光。

她對自由的感覺是更重要的，這也是為什麼她會那麼快地截斷與他人的關係。這個現象是如此地強烈，或許，人們會說，她對每一段新的關係的經營都是不認真的；換句話說，從一開始，她就把它認定是短暫的關係。不過，某些現象正好和這樣的說法相反：她會寫「絕對的」信件，而且她特別期待「絕對的」說明。或許，因為這個緣故，人們為她寫詩的信件會比男女之間的愛情更重要。然而，最能讓她感到痴心忘我的是：詩人描述的故事。

我時常在安娜的身邊，尤其當她在歌劇院大街擁有一間工作室之後。我會向她描述我正在忙的事情，以及世界上發生了什麼事情、我發現了什麼現象；在她的面前，我會把心靈的感受與她分享。當我的精神得到鐘能博士的滋潤後，很可能把一些很重要的訊息再傳遞給她，這時候，她總是那麼專注地傾聽著，這樣的描述似乎讓她深深地感動。我把自己的想法付諸行動——這是我時常思考，而且都一直拿不出主意的想法——我是不是可以把鐘能帶到工作室引見給她認識——他對古斯塔・馬勒的女兒有著強烈的興趣；我是不是應該給她最好的東西，而對我來說，鐘能博士是全世界最好的東西。鐘能可以提供人類世界裡最清淡的話語，這是讓我感到敬佩的語詞。我虧欠他一份人情，而且我也願意在安娜的前面，隱藏這些智慧的真言。她用最真切的熱情來回報我的建議——這是她最美艷的人格特質——她接受鐘能博士，她真的接受他沒有經過任何修飾的自我——縱然他禁慾的外貌不是可以吸引每一個人的歡心。她仔細地聆聽他對世界的描繪，就如同她對我的故事的專注，但是，她用更歡愉的領會來歡迎鐘能的話語——這也是我對她的期盼。除此之外，她請求鐘能博士能夠再一次地拜訪她的工作室。不久之後，當我下一次單獨看到她時，安娜一直稱讚鐘能，並且她覺得他比其他全世界的人類還更有趣。除此之外，她總是問我什麼時候鐘能博士可以再一次造訪。

無論如何，鐘能向我描述她伶俐的腦筋，並且讚嘆她的聰慧——事實上，那些安娜從我這邊聽到的描述。然而，在她支架頗大的身軀裡，他也看到了完全沒有被消耗、而且浪漫的慾望。除此之外，對她來說，悲劇性的性格是不存在的；她和伍圖拉巴之間沒有任何相同的特質，因為音樂的饗宴塑造了她的魂魄，而在伍圖拉巴的雕塑裡，我們看不到任何音符的跳動。這是她真正的塑像——它們屬於她父親的音樂；在某些人像中，靈感的浮現是來自強烈的意志，而不是突發的念頭。人們無法說這樣創作泉源可以造就怎麼的巨作，但如果她的生命裡出現戲劇性的轉折時，她的藝術會有更深層的意義與價值。她說話的神情是愉快的；當時，他已經知道安娜對我有多麼重要，而且在絲毫沒有任何原因的情況下，傷害我的感情，但這種傷害的形式就如同他對她創作的期望一樣，他把希望放在未來的歲月。這時候，我在內心裡感覺到，他的觀察沒有任何令人讚嘆的原創性。相反地，他一直稱讚她的頭腦。事實上，他一直很稱讚阿爾班・貝爾格的頭腦，然而，他卻覺得韋爾弗的想法是色澤逐漸退卻的蒼白，就如同他的愛情小說一樣。他痛恨這樣的小說，並且說韋爾弗把自己平庸的意念傳染給安娜；在她的腦筋裡，這些虛無的幻滅與病態的呻吟得到昇華的羽化，換句話說，有些人的面貌是醜陋的，他們的頭殼沒有任何美學的品質，但在藝術的肖像中，這樣醜陋的容貌卻被認定是有意義的。

她聆聽著鐘能對事物的體會，就如同我傾聽他的話語一樣。她從來不會打斷他的描述，也不會提出自己的問題；此外，她永遠不覺得這樣的經驗是足夠的。因為每當他拜訪安娜時，他停留的時間很少會超過一個小時。他的體態是禮貌的，而且當他端倪身邊周遭的石頭、灰塵以及鑿子的時候，他認定安娜想工作了。從工作的工具，他可以看出來安娜對這項藝術的堅定，而他並不會將精神耗費在塑造這些人物的工具上面。除此之外，安娜的面容也激發他深刻的感觸；她下半部的面容所呈現出來意志的堅持，就好像她的父親面對音樂的神采一樣。事實上，大家都知道安娜是馬勒的女兒，但他們的面貌、眼睛、額頭以及鼻子完全不相像。當她一動都不動地傾聽智慧的口語時，那是她最美麗的一刻；她明亮的眼睛睜得大大的，而且沒有任何的騷動可以改變它們的凝視，在水汪汪的眼眸裡，讓她感動的話語滲出滿足的回音。這時候，她像個小孩子，聆聽著枯燥但像課堂講述一般完整的童話。當我為她描述一些經驗的時候，她的神情也時常如此。然而，當鐘能在場時，描述的字詞活像是聖經的經文；當他試圖在我的面前，豐富這些語詞的色澤時，我聽到了完全不同的東西，這是他為安娜用語言著色的彩繪。在這一刻，鐘能博士可以在完全沒有顧忌的情況下，注視安娜聆聽的神采。

在這個地方，我有種感覺，她已經不再置身在她母親的世界——一個充斥著成就以及功利的世界。我知道她的本性比任何一個人都要精緻與高貴，她既不是貪婪的，也不是偽善的。但是，長輩全然的貫徹自己對權力的慾求，常常逼迫她去接受一個情境，一個和她的本性完全沒有關係的情境，在那個地方，並沒有她可以做的事情。當她必須依照母親的指示來處世時，她只是個被邪惡的意念所操縱的洋娃娃。

只有在工作室裡，她才是自由的，或許，也因為這個關係，所以安娜才會那麼依賴工作。除此之外，這是她的母親影響下的最後一塊淨土，因為這一份工作所需要的勢力並沒有辦法贏得燦爛的榮耀。當我在她的工作室時，她並不是最自由的。雖然她很期待我帶來的創意與發現，但所有一切都仰賴著沒有止境的努力。所以，我在內心裡已經很明白地意識到，如果我的腦海中沒有浮現任何新的念頭，我沒有辦法賦予自己這樣的權利，駐留在她的工作室。當我帶著鐘能博士一起來的時候，她的屏息得到最自由的出口。在沒有任何猶豫以及情感的束縛下，她的心思可以直接地投入到一門學問；在這裡，她可以感受到智慧的深刻與純粹。對她來說，這樣的智慧事實上是沒有用處的，她無法應用這一門學問；在她母親皇宮的後花園裡，她無法善用智慧的真言，對其他人產生印象，因為鐘能博士是沒沒無名的。因為他不要求盛名，所以我們可以說，他沒有的名字；因此他永遠沒有辦法收到一封印著自己姓名的邀請函。

經過一個小時後，他起身離開安娜的工作室，而我還留在那裡。他一定認定我想再多停留一會兒。但事實上，是羞愧的心把我留在她的工作室。我覺得自己沒有任何的歸屬，換句話說，我沒有辦法站在他的一邊，一同地離開安娜的工作室。這是一種很特殊的感覺：我帶他到這個地方，他自己像個服侍皇室的孩童，知道回家的道路。現在，他知道回家的路，而且把所有的企望掩埋在自己的心裡。在他的內心深處，任何人都不應該打擾他。他的肉體停駐在思緒裡頭，即使當他離開以後，他又會立刻和自己進行歡愉的對話。如果他表達了他的意願，那我會和他一同離開。他一定認定，因為我時常在那裡，所以有些特權。但這也是他知道的所有訊息。我從來沒有如此的經驗：在他的面前談論私人的事情。或許，他可能意識到我遭受多麼嚴重的打擊。但是，我不相信如此，因為他從來沒有嘗試過安慰我沮喪的心靈；然而，他安慰人的方式是沒有辦法模仿的，因為他會描述一個似乎完全不同的情境，但事實上，他的描寫只不過轉述我自己過去的情境而已。這是我堅持的認定。白天我們在博物館咖啡廳再度碰面時，他並沒有針對拜訪安娜之事述說一個字。當他離開工作室之後，我也沒有久留。我只是慢慢地等待，直到他走到夠遠的距離。然後，我會找個藉口跟安娜道別。我和她之間並沒有談論過鐘能博士。他是沒有辦法觸及的。

第三部

際遇的偶然

穆集爾

穆集爾武裝自己，他的武裝不僅是防禦的戰備，同時也具備攻擊的戰略——然而，人們卻沒有察覺這個特質。他的態度也是他的安全感。人們可能把他想像成一輛戰車，但事實上，他更像一片薄薄的蛋殼。在他自己與世界之間有一條明確的界線，他沒有獵殺他的自我，相反地，這一條界線讓他的成就有更高聳的成長。驚嘆號是他沒有辦法允許的句子結構。他避免使用任何情感的語詞，對他來說，所有情感的連結都是令人質疑的。為了他的自我的存在，所以他會在所有事物之間加註明確的界線。雜成的、兄弟情誼的、多餘的，以及洋溢的感情是他懷疑的對象。他像是一組穩固的機制，除此之外，他躲避任何像瓦斯一樣的溢流。物理是他熟悉的一門學問，他不僅對這一門學問作了非常深入的閱讀，同時，理論的精萃也注入他的血肉裡。一位詩人，同時也是一位物理學家；在他畢生成就的陶塑中，這樣兩種精神層次上的不同面向不曾動搖過，但在他之前，似乎也沒有出現過同樣類型的詩人。他不會參與任何不明晰的談論；當他置身在一般閒聊的情境裡時，他會退回到自己的蛋殼裡，並且保持沉默；然而，在維也納的社交圈裡，人們幾乎沒有辦法避免這樣的對話。在科學家的周圍，他感受到自己的歸屬，而且他的舉止是那麼地自然。他對事物提出這樣的要求：我們的談論應該有明確的起點，而且朝向明確且具體的方向前進。他痛恨與鄙視一條用強迫與壓制所堆砌起來的道路。但是，他絕對不會追尋任何簡單的存在；他對簡單的缺憾有著無法壓抑的直覺，除此之外，他具備堅實的能力，借用完整的素描來摧毀這些簡單的結構。為了明瞭如何在簡單的事物裡發掘令人滿足的本性，他對精神的裝備是豐富的，時時刻刻不停地輪動，此外，整個氣勢是緊迫的。

在任何的社群裡頭，他都不會有卑下的自覺。在許多的社群裡，雖然人們無法察覺他的意圖，但他會形塑這樣的自覺，並且將自己推上戰鬥的前線。除此之外，他會把這樣的情境看成一個可以蛻變成自我的挑戰的契機。當他獨自一個人的時候，這樣的戰鬥出現了，不過這是以後的事，好幾年以後的事。他會保存每一種由衝突衍生出來的震撼，每一個細密的小細節。因為他本性中內在的壓迫，他總是想打贏每一場戰爭。但是，如何構想一本包含所有生命意涵的書籍？如何將這一本的作品撰寫完成呢？這幾乎是一件不可能的事情。

任何非慾求的肢體接觸是他躲避的對象。他希望成為自己身體的主宰。我相信，他並不那麼喜歡伸出自己的手。像英國人的社交禮儀一樣，他得閃避任何握手的問候；他曾經是個完整的英國紳士。靈巧地轉動自己的身體，他如此地界定自己身體上每一個小細節。當他和同時期文化界的名人聚在一起的時候，總是花費更多的時間來思索自己的身體。對他來說，運動與衛生是同一件事情，每天的作息都是仰賴這兩件事情在時間上的分配。他是依照法則的規範來生活。在每一個他有清楚認識的人物裡，他都會注入一個健康的人，這個人就是他自己。他的身上會形塑一股最特殊的氣質，那是他對健康以及生活能力的意識。穆集爾對許多事物有著無窮盡的了解，因為他的觀察是精確的，然而，更精確地是他的思考，所以他永遠不會迷失在小說的人物裡。他清楚眼前的道路，但又喜歡背棄這一條路徑，因為如此他自己的道路才能得到更安全的保護。

即使人們強調他身上垂死的氣質，但他的意義也不會因為這樣而有絲毫的減少。他對男人的態度也是他對戰爭的態度。當他身處在戰爭中時，他不會覺得有什麼不合適的地方。他是個軍官；他細心地照料自己的士兵，因為他希望，因為自己的作為，生活的暴力對他個人造成的壓迫可以得到適當的補償。對於求生存這個問題，他的態度是自然的，或者我們可以說，那是傳統的態度，而且他不會因此而自覺慚愧。當戰爭過去之後，競爭會占據原來的位置；在這個位置上，他曾經是個古希臘吟詠的詩人。

一個男人挽著他的肩膀，好像想用這樣的肢體語言平息衝突，或者贏得所有一切；這是他書中的人物裡最持久的特質。他無法得到拯救，而且最後被謀殺了。在二十年的生命裡，他的手臂厭惡任何肢體的碰觸。

當我們聆聽穆集爾的語言時，那是種非常特殊的經驗。他沒有任何的習慣用詞。他是那麼忠實地看待自己，所以他不會試圖去爭取一個演員。我還沒有聽說過，那一個演員對角色的扮演可以引起他的注意。他說話的速度頗快，但他的話語卻是同樣地明晰。當他說話的時候，我們感覺不出來，許多不同的念頭對他形成強大的壓迫，在他把這些念頭表達出來之前，他必須與它們進行一場抗爭。在他所傳達的話語中，我們可以發現一個可以博得人們好感的秩序。靈感所造成精神的亢奮是絕大多數表現主義者用來襯托自我的媒介，但是他卻看不起這樣的元素。靈感對他來說是可貴的，因為靈感可以被運用在展現展示的目的上面。世界上沒有比韋爾弗的嘴巴讓他感到更討厭的東西，因為它會滲漏出誇張的感情。穆集爾有著吸引人的特質，而且不會讓靈感赤裸裸地暴露在眾人的目光之下。在沒有辦法期待的、令人感到驚奇的圖像裡，他會為靈感挪出空間來，但同時，他的句子清楚的走向卻限制這些空間。他反對語言裡被膨脹的感情；當他把這些多餘的修飾抽離出來的時候，語言本身立刻展現出令人驚訝的效果。這時候，他的句子是那麼地堅韌，像是在洪水中游向源頭的暗潮，他想證明自己可以為最混淆的濁水找到靠岸的土地；然而，這是在感官經驗裡找不到的一片土地。如果眼前出現了一些必須被克服的困難時，那是最令他感到高興的事情。這時候，他會傾聽心裡的決心來接受戰鬥的挑戰，但外界並不會感受到他內心的掙扎。突然間，他整個人已經投人到材料裡面了；人們無法察覺在他的內心世界爆發的戰爭，因為創作的素材深深地感動人心。雖然勝利者是靈巧的，但當他固定地站在世人的面前時，人們從來不會想到作者本人內心的掙扎：事物本身是太重要了。

這只是觀察穆集爾如何在公眾場合中居處的一個觀點罷了。伴隨著如此的安全感，手牽手地帶領讀者進入作家的感覺世界，我從來沒有看過更偉大的感覺世界。為了跨越自我的局限，他必須生活一個社會裡，一個可以認同他的等級的社會。他的想法並不能得到成功的保證，他需要一些特定的、宗教儀式的機會。他可以無言地在某些人面前保護自己。他像是一隻背著殼的烏龜，許多人只認得它的殼；這是相當明顯的現象。如果一個環境不適合他，那麼，他不會說出任何一句話。他可能會走進一間酒店，然後，稍過一會兒，又離開這間店；然而，店裡的人們不知道他是否曾經說過唯一的一句話。我不知道，對他來說，這樣的人格是不是容易的。從他臉上的表情，我們沒有辦法知道他內心的想法，但一整天的沉默會讓他感受到侮辱。當他不認同任何人的優勢時，他的想法是正確的：在文學作家裡，在維也納沒有一個作家的地位與重要性可以跟他相比；當然，如此的認同也可以適用在整個德語世界。他知道自己在文學史上的價值；在這個領域，他對文藝創作而言扮演一個十分關鍵的地位，而且沒有遭受到任何質疑的加害。只有少數的人知道這個道理，但對穆集爾來說，這仍然是不夠的，因為這些認同的人對他所提出的要求會帶給他更大的衝擊力；在他的名字旁邊，通常會再排放一個或者兩個文學家的名字。在獨立的奧地利最後四年或者五年間，穆集爾從柏林回到了維也納，這時候，人們可以聽到三個串連在一起的名字，在前衛文學的告示榜上，這三個人的名字擁有最明亮的光芒——穆集爾、喬伊斯、布羅赫，或者喬伊斯、穆集爾、布羅赫。然而，過了五十年以後，當我們稍微思考一下，為什麼這三個人的名字會串連在一起時，如此的結果似乎是非常容易了解的：文學創作上，這麼特殊的三位一體讓穆集爾感到非常地不高興。在那個時候，《尤里西斯》（*Ulysses*）剛被翻譯成德文，他完全否定這一部著作的價值。語言的「原子化」（Die Atomisierung）對他造成無法了解的厭惡，雖然他很不願意對這一部作品發表評論，但如果他這麼做的話，他會把這樣語言描述為過時的語言，因為如此的描述完全來自「聯合心理學」（Die Assoziationspsychologie），而這是一門已經被其他的潮流趕上的學問。當他在柏林的時候，身邊有一些草創「形體心理學」（Die Gestaltpsychologie）的朋友。對他來說，這一門學問更重要，而且他似乎把自己主要的作品歸類到這一股思潮裡。喬伊斯這個名字是他沒有辦法忍受的，他對文學的經營與穆集爾沒有任何的關係。一九三五年我在蘇黎世遇見了喬伊斯。當我向穆集爾描述這一段遭遇的時候，他的反應是不耐煩的：「您竟然會覺得，這是重要的作品嗎？」事實上，我可以說我的運氣還不錯，他避開喬伊斯這個話題，但並沒有中斷和我之間的談話。

但是，在文學上布羅赫這個名字是他完全無法容忍的。他結識布羅赫已經很久了——他是個工業家、贊助藝術的慈善家、上了年紀的數學系學生。在穆集爾的眼裡，布羅赫不是位嚴肅的文學家。對他來說，布羅赫的三部曲是他自己作品的翻版；那是穆集爾歷經幾十年，在文學創作上發掘出來的了解。然而，他認定布羅赫並沒有真正地找到這一條道路的起點，在另一方面，他卻又依照自己的認知，完成了這一段文藝創作的歷程，極大的質疑瀰漫在穆集爾的內心裡。從他的嘴裡，人們聽不到他主動提起這一件事。除此之外，我不曾聽到他讚美過布羅赫任何一句話。我已經無法回憶他對布羅赫表達任何一句評論，或許，我自己處在一個很可能的處境，沒有在他們兩人之間找到平衡點。他們之間的緊張，或者我們可以把它視為戰爭，是我個人所無法忍受的衝突。對我來說，他們兩個人屬於人類史很少數的小團體：這些人的創作讓文學變得更艱澀，然而，他們的創作企圖並不是為了世俗的詠嘆或者平凡的成就。在我的認知裡，這樣的意念甚至比他們的作品更重要。

當他聽到這三位一體的名詞時，穆集爾似乎懷有非常奇特的心境。他很難說服自己，讀者是不是真的了解他作品真正的意義；如果讀者用喬伊斯的口吻來描述穆集爾小說的創意，對他來說，這樣的聲律所化身的形體正好與他的文學創作有著相違背的極端。對那些讀者——那些每一年都會拜讀茲懷格（Arnold Zweig）以及韋爾弗的通俗文學的讀者——而言，穆集爾是不存在的。雖然人們會把他的名字留在文學史的告示榜上，但在一個社會裡，他的出現是錯誤的。當他的朋友向他傳達，某人很讚賞他的《沒有人格特質的人》這一部作品，而且表示如果能夠認識作者本人，那將是非常榮幸與歡愉的相遇時，他第一個問題是：「那他還讚賞那些人？」

他的感受時常違背他自己。雖然我是如此感受的犧牲者，但來自心裡堅定的信仰，我仍然想保護這樣的感受。他把自己置身在一個巨大的構想裡，思考如何去經營自己的創作理念，他希望自己可以走完這一條布滿荊棘的石子路。他完全沒有意會到，這一條路徑的兩端是兩個極端的永恆，交錯地編織成這一條道路底下流通的血脈。一個永恆是靈魂的永恆，然而，另外的一個永恆是永無止境的道路。蘊藏在這個國度裡頭的智慧並不是來自他的子民，相反地，這樣的知識是從他本身創作的中心匯流出來的精神之泉，事實上，還有什麼人能自稱可以擁有如此歡愉的智慧呢？這一部作品到底還蘊涵什麼深刻的體驗呢？在這個地方，我並不願意開始講述這些事理。但是，作品所呈現出來的意識是一個正在沒落的奧地利；除了他以外，沒有一個人可以賦予這樣的感受力一種獨有的權利，這是所有人從來都沒有考量過的文學意識。這樣的素材是沒有辦法比較的——然而，如此的文學素材一定要來來回回地相互撞擊嗎？難道有什麼人會將未來的元素附加在這些素材上面，而且允許如此的指控，這文學的素材已經渾濁了，已經沒有清澈的視野了？對自己創作的人物引發的感受力，聽起來像是可笑的描述，但如果這個人物是馬勒沃里歐（Malvolio），這就不是那麼地可笑了；或者我們可以這麼描述，感受來的對象是一個特殊的、高度複雜的，而且結構豐富的世界，這是一個蘊涵在自我裡且借用感受力來保護自己的世界。當作家還沒有真正成功地創造如此一個世界之前，感受力已經描繪出它的輪廓。

他的感受力是抵抗渾濁與交雜的自我保護。描寫現象的清楚與透明並不是自然產生的特質；如果一位作家掙得這樣的特質時，那麼，如此的寫作風格永遠是追尋的目標；換句話說，作家必須一次又一次地，永無止境地爭取精神的純淨。作家必須得到一股力量，並且告訴自己的慾求只是如此而已。我想表達的意思可以這麼地描述，我必須是明確的化身，此外，任何形式的破壞元素都不可以滲進這樣的明確性裡。明確性是由兩個極端的起頭所緊繃出來的緊張，在這一道路的一端是一個已經被世人接受的世界，而且這個世界有著豐富視野的色彩，然而，另外一端是即將來臨的未來，必須被拒絕的衝擊；這樣的緊張是可怕的。什麼是我們必須拒絕的衝擊呢？這是一個判斷，它得蘊涵一個世界，它還必須創造一個未來的生活空間，讓其他人可以根據自己的觀察定下自己的判斷，特別是那些沒有辦法了解忍受這個世界的人們；他們是傲慢的，也是令人同情的。

問題的重點在一種感受力，文學的感動必須反對任何因為咀嚼錯誤的精神糧食而產生的感受。但是，在這個地方，一個伸張作家情懷的名字需要不斷地進食，因為它必須正確地領導產業的經營，那是持續這個名字生存的產業。這個名字會不斷地成長，它有自己的精神糧食，那種它可以認識清楚的糧草，自己可以選擇的五穀。當一部作品借用旭日初昇散射出來的色彩，來潤色人性的彩繪的時候，如此感受力的名字是最好的。

後來當他死了之後，當他借用感受力來保存自我，並且完成他的作品，而這個名字變得醜陋以及腥臭，活像菜市場的死魚的屍體發出來惡臭一樣時，這一刻在我們的文學世界裡會出現一個偵探。這密探對所有的現象有更好的了解，他不但為所有正當性的行為發明一套規則，而且公開地清算文學家的感受力，認定作家的感情造成的阻礙是許多不同層面的。這時候，作品已經完成了，這些密探已經無法阻止作品的影響力；同時，這些偵探的無恥會被作品的影響所吞滅，密探的存在與批判就變得沒有任何意義了，而且沒有留下任何足跡在創意的世界裡消失。

在物質世界裡，穆集爾是無助的，這是人們嘲笑他的地方。布羅赫可以清楚地認識他對文學史的意義，而且對他的成就也沒有任何惡意的嫉妒，而且他對人性有著毫無代價的憐憫心。當我第一次向他提起穆集爾的時候，他作了這樣的描述：「他是紙筆世界裡的國王。」他的意思是說，穆集爾只是坐在書桌前，當他面對他的紙筆在描述人性與事物的現象時，他是尊貴的國王，但在現實生活中，不管面對事物或者生活的情境，他都必須讓步，他沒有任何的抵抗能力，沒有任何的觀念，並且依賴他人的幫助。那是大家都知道的事實，穆集爾不知道如何運用金錢，而且他對金錢有種敵視的態度，不願意用自己的手去接觸金錢。當他需要獨自一個人時，他就不會出門。所以，他的太太會一直守護在他的旁邊，她必須為他買電車票、在咖啡廳裡為他結賬。他從不把錢帶在身上；我從來沒有看過，他的手上拿著紙鈔或者錢幣。人們或許可以這麼猜想，金錢和他對衛生的潔癖是不相容的。他拒絕把自己的思緒放在金錢上面；如此的煩惱會讓他感到無聊，會為他製造許多麻煩。在他的認知裡，他的太太手上的金錢會對他造成污染，就如同身上的蒼蠅一樣。因為通貨膨脹的緣故，他喪失原來擁有的財產，而且身陷在一個財務上非常困難的狀態。他讓自己投入到企業的經營上面，然而，當企業經營的時間越久，正好與企業的資本形成強烈的反比；換句話說，他可以運用的金錢變得越來越少了。

當他再回到維也納時，他的朋友們為他創辦了一家穆集爾學會，而且會員有義務準時繳交每個月的會費；會費可以支持他繼續撰寫《沒有人格特質的人》。我不相信他會為學會的成立感到羞愧。他的見解是正確的，人們一定知道，這個學會成立的目的。對這些會員而言，會費是個標籤，代表這些人參與了這一部作品的形成。如果更多人可以借用這樣的方法，對這一本書形成更大的壓力的話，那會是件更美的事。我一直有這樣的疑慮，這個穆集爾學會可以被看待為一種勛章的類型。如果能夠成為學會的會員，在文學上會是一種很高的榮譽；我時常問自己，他會不會把低級的人品排除在會員名單之外。事實上，在這樣的狀況下，來繼續《沒有人格特質的人》這一部偉大著作的撰寫，屬於對金錢沒有辦法忍受的蔑視。當希特勒占領了奧地利時，這個學會的生命也正式地宣告結束；學會大部分的會員都是猶太人。

在他生命結束的前幾年，幾乎完全沒有收入的情況下，他在瑞士度過餘年；他對金錢的蔑視造成了非常可怕的後果。當生活困難的苦楚到來時，才來想像他的狀況對自己那麼殘忍與無情；我真的不希望他的感受和我的想像會任何的差異。他對金錢的蔑視和他的生活態度並沒有直接的關聯性，換句話說，他提倡禁慾的生活。他欠缺賺取金錢的能力，然而，這樣的能力是普遍的而且是正常的。人們或許不忍心用「能力」這樣的詞彙來描述他的概念，不過，對我來說，這個名詞屬於代表他的精神的內在標記。即使在這樣狀況下，他並沒有為自己創造出新的機會，他沒有做出任何抗爭的姿態。這是他平靜的驕傲，而且不會為這樣的驕傲記下任何的筆記。雖然如此，他仍然很正確地保存了這一份自負，直到最後，他都沒有放棄自己的執著，那是一份對其他人有重大意義的自信。

布羅赫也是穆集爾學會的會員，而且會按時繳交每個月的會費。他自己沒有提起這一件事情，我是從別人那裡知道的。穆集爾對布羅赫的態度是粗暴的，在一封書信裡，他提出一項嚴重的指控：他拒絕認定，布羅赫是個作家：在《夢遊者》三部曲裡，他模仿《沒有人格特質的人》的計畫藍圖。這麼嚴重的指控一定會讓布羅赫很氣憤。當他在我面前，把穆集爾說成「紙筆世界的國王」時，人們應該仔細地想一想他的描述。對我來說，如此諷刺的描寫並不是件令人高興的事。當這兩個人去世這麼久以後，我必須嚴正地反駁這樣的說法。布羅赫的父親遺留下來龐大的遺產對他造成了很大的苦痛，然而，就和穆集爾一樣，他的生命也是在極度窮困的潦倒中完結。在《沒有人格特質的人》的國度裡，穆集爾是個國王。

沒有鏡子的喬伊斯

對我來說，一九三五年的開啟誕生在冰岩與花崗石裡頭。在寇莫羅格諾（Comologno）的瓦勒．歐斯爾諾恩（Val Onsernone）那裡，我和瓦勒第米爾．夫格勒①一起為一齣新的歌劇工作。或許，我的嘗試是沒有意義的；我的想法必須屈就一位作曲家對樂曲的觀念，我必須配合他的需要，但我並不會為此感到懊惱。在我的想法裡，就如同夫格勒自己對我說的話，這是一種歌劇新的形式；在這樣的形式裡，作曲家與詩人的比重是同樣重要的。然而，事實上，結果卻告訴我們，這樣的合作不可能成功的。我向夫格勒朗誦出我寫的東西，他很平靜地聽，而且態度很拘謹。他聆聽的樣子是如此的：他會點頭，或者只說一個字「好」，來表示他的同意。然後，再鼓勵我：「您再繼續吧！」在我的內心裡，這是種屈辱。如果我們兩個人大吵一架的話，那會對我好一點。在他的同意以及鼓舞下，我對歌劇的熱情也慢慢地消失。

我自己保留了一些原始大綱，然而，這些念頭原本根本沒有機會成形的。當我離開寇莫羅格諾時，我聽到他再一次的告訴我：「您再繼續吧！」但我覺得，他不希望再聽到我的任何一句話。我對自己感到非常地羞愧，因為我告訴他，什麼原因讓我對這一部歌劇的創造喪失興趣。這是個充滿疑惑的情境，在我的生命中，如此的情境不斷地重複：我自覺尊嚴遭受到沉痛的打擊，然而，真正的「兇手」完全沒有意識到我發生了什麼事件；事實上，他真的什麼都沒做。在幾乎無法察覺的情況下，他讓我感覺到自己的地位高於我的成就。當然，只有在自由意志的服從下，我才願意承認自己沒有辦法和他相抗衡。不過，我必須自己決定，誰是真正勝過我的天才。我可以自己發現信奉的神祉；我會為他們取名字。除此之外，如果

---

① Wladimir Vogel，蘇聯的流亡音樂家，生平的多半時間在柏林從事作曲以及音樂評論。

一個人認為，他可以成為被眾人膜拜的對象，但事實上，或許他的認知沒有事實的根據時，那麼，我會遠離這一條欺騙自己的道路；我認定這樣的路徑是種威脅。

待在寇莫羅格諾的那個星期並不是完全沒有收穫的。在冬日溫煦的陽光照耀下，在空曠的草地上，我為夫格勒以及我邀請的朋友朗誦《虛無的喜劇》。與茲索勒耐的出版社相比之下，我在這裡得到更好的聽眾。在我的感覺裡，主人以及他的夫人對這一個小時的朗誦感到很滿意，所以他們建議，當我離開寇莫羅格諾的時候，可以在他們蘇黎世的家舉行一場朗誦會；他們的家座落在史踏勒赫夫大街。因為朗誦會的原因，所以他們把會場裝飾地很美，而且負責邀請在蘇黎世所有文化界的人士，來參加這一場朗誦會。一月時，一場《虛無的喜劇》真正大型的朗誦會就如此拉開序幕，參加的貴賓都是文化界的名人。詹姆斯・喬伊斯也出席這一場朗誦會，我也借這個機會認識他本人。當我在朗誦《虛無的喜劇》的第一部分時，我的口音是絲毫沒有變調的維也納方言，而且我也沒有作任何清楚的導論。在會場的人們的意識會引用這樣的方言，但實際上，他們的口音是變調的。當時，我完全沒有考慮到他們可能聽不懂。在我的維也納人物身上表現出來的嚴謹以及前後因果都讓自己感到很滿意，所以，我本身完全沒有感受到當時會場的氣氛，雖然它不容易喚起聽眾的共鳴。在休息時間，我認識了喬伊斯，他的反應是那麼地粗俗與私人的，他說：「我用刀子刮鬍子，而且不用鏡子！」他講話的語氣強調「不用鏡子！」——我注意到他微弱的視力，他幾乎已經瞎了。他的反應讓我感到非常地痛心，他的敵對是那麼地尖銳，好像我對他進行人身攻擊一樣。在我自己的想像裡，鏡子的禁令這個主意是整部喜劇的中心主旨，然而，這個概念似乎在諷刺他衰退的視力，因此引起他的不滿。長達一個小時的時間，維也納方言所傳達的陌生感切斷了他對事物的感受，雖然他在語言上的造詣是凡人無法比擬的天分，但他還是沒有聽懂我的朗誦。我的朗誦裡，只有一幕場景是用普通的德文朗誦，所以他可以聽得懂在鏡子前面刮鬍子這一句話。他對朗誦薄弱的評論就是針對這一句話。

由於他沒有辦法了解語言的意思，換句話說，他不會有沮喪的感覺，所以才會把自己和照鏡子這一幕令人猜疑的場景放在一起——事實上，他懂許多不同的語言，這樣的懷疑是他在整個朗誦過程可以聽懂的地方；為了在道德上解釋如此的疑惑，所以才把自己牽扯進來。除此之外，他用如此的解釋來聲明自己的反應，他告訴我，他刮鬍子的時候不用鏡子。雖然他用刀子來刮鬍子，然而，割裂自己的脖子的危險性是不存在的。他如此男性的——沒有意義的解釋就如同他對這一次相聚的解釋一樣。我的疏忽讓自己感到很苦惱，因為我用這一齣戲劇斷絕他理解作品的可能性。我的朗誦是我自己想得到的效果，然而，我並沒有對主辦人提出任何的警告。相反地，當他接受邀請的時候，我只是感到很高興，而且當我認清自己用鏡子造成無法收拾的後果之後，已經太遲了。當他告訴我，他不用鏡子的時候，這是他的防禦，然而，這樣的反應對我造成莫大的心痛，所以我也為他感到羞愧；他的感受是困惑自己的牢獄，因為這樣的緣故他把自己的影像抽離我的眼界之外。然後，他離開了會場，或許，他以為，在休息時間之後，鏡子這一幕還會繼續下去。但對我來說，他能出席這一次的朗誦會已經是我個人莫大的榮幸了；無論如何，我原本已經期待他會對我的朗誦提出非常嚴厲的批評。

在這一段休息時間，我還認識了許多有名的人士，但休息時間並不是很長，而且我也沒有注意到，這一場朗誦會到底會對多少人造成打擊。我以為，人們是好奇的；或許，他們的感受也真的如此。我可以感受到他們猶豫的心境，而且允許我繼續進行第二部分的朗誦。在這一部分裡，我挑選了〈好父親〉——這是我的小說裡一部分的情節；後來當這一部小說出版的時候，它的標題是《迷惘》（*Die Blendung*）。在維也納，我已經朗誦過了許多次，不管是在私人或者公開的場合。除此之外，我對這一本書的感覺是那麼地肯定，好像它是一本眾人熟悉而且廣受閱讀的一本書裡不能缺少的一部分。但是，在那個時候這一本書還沒有正式出版。在維也納的文化圈裡已經流傳許多謠言，而且有關這一部陌生的書的謠言強而有力地流傳到讀者的耳朵裡。

我還沒有把最後一句話說完，突然間，馬克思・普勒維②挺直地站了起來；他是唯一穿著晚禮服的人，而且他的呼喊宏亮地在會場上迴繞：「今天晚上的性虐待是新鮮的，而且振奮我們的精神。在這一刻，惡意的魔力已經切斷道德的枷鎖，所有惡意的拒絕自由地四處奔流。」人們還聚集了一段很長的時間，此外，我也認識了當時在場的所有人，但每一個人都用自己的方式告訴我，第二部分的朗誦如何讓他感到特別地生氣。在聽眾群中，也有一些友善的人，他們的思慮是那麼地細密；這些人將我認定為一個似乎不是沒有天分的年輕作家，但必須有一個人為我指引出一條正確的道路。

---

② Max Pulver，瑞士的筆跡學家。

沃爾夫岡・鮑利（Wolfgang Pauli）是一位物理學家，也是我自己很尊敬的科學家，他也在聽眾群裡。他為我作了一場小型的、友善的講座；他指出我的思想是錯誤的，同時他要求我注意聽他講話。然而，無論如何，他也專注地聆聽我的朗誦。事實上，我並沒有真正地仔細聽他講話，所以現在，我無法重複當時他說了什麼。為什麼他的話會讓我緊閉自己的耳朵呢？真正的理由是他沒有辦法料想到的：他提醒我一個人，法蘭茲・韋爾弗；當然，這只是表面上的閒聊。然而，正好在一年前，韋爾弗已經讓我產生一直無法釋懷的經驗，而且現在這一刻我又得面對他的存在。不過，鮑利講話的樣子是完全不一樣的，他的話語並沒有任何的敵意，相反地，那是和善的建議。或許，我的認定是錯誤的，不過我相信，他希望引導我走上一條正確發展的文學路。順著他的警告，我成功地控制自己的情緒，我留神地聆聽他的話，直到他結束對我的忠告為止。我甚至感謝他，對自己提出詳盡的建議。在雙方最佳的理解下，我們向對方告別。

本納德・奉・布倫塔諾③坐在前面第一排，對他來說，聲律的面具所展現的衝擊力是無法忍受的苦楚。他帶著不愉快的心情走到我的面前，然後，用一種沒有高低的聲調告訴我：「我沒有辦法這樣子站在所有人的面前盡興地表演。」小說人物的生命刺痛了他的感覺神經，他認定我是個暴露狂，因為對他神秘的本性而言，這是令人反感的。

在場的聽眾一個接著一個走向我，努力地說明他們的拒絕是多麼地明確；因為許多在場

---

③ Bernard von Brentano，德國文學家。

的聽眾都是很有名的文化界人士，所以這樣的過程有點像一場公開的審判。每一個人都很看重出席的價值，而且聲明他們為什麼會參加這一場朗誦會，而當作品真正地呈現在世人的面前時，就不會在這個世界消失，所以他們必須以非常明確的方式表達自己拒絕的態度。這個會場是爆滿的，裡頭有一些很有名氣的聞人。我知道，當中有一個人還活在世上，所以我不願意提起他的名字，他對我的評價是在附和其他人的意見，因此我把不願意將這樣的恥辱加諸在他的身上。主辦人對我的境遇感到同情，所以最後把我到帶領到一位先生前面；他是位版畫家——我已經忘記他的名字了。在路上，主辦人告訴我：「他說的話會讓您感到高興。跟我來吧！」之後，我終於聽到這一天傍晚唯一一句讚美的話：「您讓我想起哥雅④！」這一位版畫家這麼說。這樣的安慰只能算是一半的公正，然而，事實上，這是不需要的，因為我絕對沒有受傷或者遭受怎樣重大的打擊。喜劇中的人物對我造成心靈無法平息的衝擊；這些人物是無法妥協的，除了真理之外，他們沒有辦法說出別的字詞。人物的真理撞擊著自我精神上的愉悅；在這個發表會之後，我的感受是愉快的，我的精神不斷地往上提昇。自己聽到任何負面性的意見都在增強如此的感受。自己的作品帶給我的信心是從來沒有過的。喬伊斯曾經在朗誦會上，雖然他的評論是無語的，但他畢竟參與了。

這一天傍晚的輕鬆時光持續了很晚，聽眾的反感也逐漸地消逝。有些人竟然可以成功地吹噓自己，而且認定自己是這個發表會的中心人物。馬克思・普勒維的自我炫耀是最明顯的。

---

④ Francisco Goya，巴洛克藝術後期的繪畫家，被認定是現代藝術的鼻祖。

他身上穿著晚禮服原本就很醒目，他那適當而且深刻的描述把朗誦界定為一場性虐待，更是突顯了自己。他的評論是熟悉的用語，可以引起一般人的注意力。在這樣顯赫的圈子裡，他作為詩人的身分是沒有重大意義的。但在很久以前，他就把創作的對象轉向到筆跡學上面。他的書《筆跡的象徵意義》（*Symbolik der Handschrift*）已經出版了並且受到廣泛的談論；這一本書被認定為自路德易・克拉格斯（Ludwig Klages）之後，筆跡學中最新的以及最重要的著作。

他問我是不是知道，現在在他手中需要鑑定的名人筆跡。我沒有一點概念，但當時我對筆跡學還頗有興趣的，所以沒有辦法壓抑自己的好奇心。他並沒有讓我花很長的時間反覆地猜測，而且他對我信任的聲響是那麼嘹亮，在場的客人不必靠近，就可以聽到這些人的名字；這些對世界政治有重大意義的名字：「事實上，我不應該講出來，但現在我還是告訴您，在我的身邊有郭貝爾與戈林⑤的真跡，以及其他人的筆跡。甚至還有一個您完全沒有辦法想像的人的真跡，但這是完全秘密的。這是希門勒⑥交託的任務，我必須鑑定這些筆跡的真偽。」

他的話讓我印象深刻，於是短時間裡，我已經忘記朗誦會的事情了。所以我又問他：

「是嗎？那麼，這是什麼樣的筆跡呢？」

在那時候，德國的政變已經有半年多了。而且希特勒也已經掌權二年了。我的問題正好

⑤ Goebbel，第三帝國的宣傳部部長。Göring，當時德國的空軍總司令。

⑥ Himmler，蓋世太保的領導人。

迎合他提供的資訊，他自傲得像小孩子一樣。當他回答我這個問題的時候，他的口氣並沒有任何改變。除此之外，它聽起來並不像吹噓，相反地，似乎是種秘密的結盟；這時候，他的口音幾乎是維也納的口音（他曾經在維也納住過一段日子）。他抱歉地說：

「很有趣，真的很有趣！我很想告訴您，但是，我必須遵守保密的義務，保持緘默。就如同醫生不能透露病人的病例一樣。」

在這個地方，從他口中說出來的名字都是些危險的人物，而且引起許多人的注意力。這一刻，女主人靠了過來。她已經得到消息了，所以用警告的口吻對馬克思・普勒維說：

「他說的每一句話都會關係到您的生命安危。」

但是，他強調他會保持沉默，否則，對方也不會把任務交付給他：

「從我這邊，沒有人可以知道任何蛛絲馬跡。」

與當時互相比較下，今天我所作的描述要比他分析的聲頻更多。

在被邀請的名單中，還有榮格（C. G. Jung）以及湯瑪斯・曼⑦兩個人。我問自己，在湯瑪斯・曼的面前，普勒維是不是仍然會拿這些筆跡來吹噓——那是蓋世太保，即祕密警察——交付他來分析的任務。那些移民的出席似乎沒有為他帶來任何的困擾。在會場上，有許多移民到國外的德國文化界人士，如本納德・奉・布倫塔諾就是其中的一個移民。除此之外，漢堡歌劇院的庫德・希爾須費德（Kurt Hirschfeld）也出席這一次朗誦會。我甚至有這樣的印

⑦ Thomas Mann，德國大文學家，一九二九年諾貝爾文學獎得主。

象，他們的出現讓普勒維對自己的「彰顯」更感到興奮，而且想辦法爭取我的同情，但是，至於要他收回性虐待的指控，他則是太膽小了，在另一方面，他的名氣也太小了。

這一天傍晚真正的明星是會場的女主人，所有人都知道，她和喬伊斯與榮格有很深厚的交情。所有知名的詩人、畫家以及作曲家很少不會到她的家中作客的。她非常地聰明，所以人們可以與她交談。除此之外，她也能明白這些男人跟她傾訴的話語，換句話說，在完全沒有任何自負的情況下，她可以和他們交談。在夢境中，她體驗了生命的真實——它把她和年輕的男性連結在一起，但是，坊間的耳語流傳，喬伊斯也屬於她夢境裡的詩篇。在寇莫羅格諾，她蓋了一間屋子，她在這裡收留了一些藝術家。在她經營的事業中，包括女人以及一些與她的榮耀不相配的產業。在我的腦海中，我把她比喻為維也納的人物，以一種沒有精神的生命方式擴張自己的影響力，而且也沒有任何的輿論與判斷；在這一幕場景中，貪婪、慾望以及酒精是真正的主角。經過這麼多年以後，今天我可以更清楚地理解這個現象，然而，當我觀察自己認識很久的人後來經歷的演變時，他們的人生際遇是令人感到驚訝的。不過，我相信，對朗誦會的女主人來說，這樣的比較是正確的，而且我想，如果今天她仍然活在世上，那麼，她可以體會我善良的意見。

這一天傍晚，在她的家裡有那麼多客人——有些人支持我，有些人反對我，因為他們對我的理解是不完全的；這時候，我又重新發現我的自信。兩天前，我還為自己的嘗試感到羞愧；我得屈從一位作曲家高高在上的權威，提供自己的服務。因為他是我敬佩的作曲家，所以我有理由懷疑，他是不是可以感受到同等的對待。當時，在瓦勒．歐斯爾諾恩這位女主人的家裡，屈辱是我唯一的感受，然而，沒有人必須承擔這樣的責任。現在，她賞賜給我這樣的機會，在她蘇黎世的家裡舉辦一場朗誦會，發表我最近的一部作品，而這一部作品的字句正好像自己的血液奔流的血脈一樣。然而，我必須在眾人面前遭受失敗的責罰；我一個人獨自地站在失敗的惆悵中，未曾中斷的力量與信仰堅實地面對失敗的落莫。

慈善家

尚・赫夫納（Jean Hoepffner）是《史特拉斯堡新聞》（*Straßburger Neuesten Nachrichten*）的創辦人。在愛勒薩斯（Elsaß），這是一份廣為閱讀的報紙；每一天，它以兩種不同的語言發行，即德文與法文。除此之外，報紙的特色是，它的報導沒有任何的局限，而且不會牴觸任何的規範。這一份報紙需要的消息正是愛勒薩斯的居民需要的消息。所以，除了有些重要經濟必要的資訊以外，報紙的內容很少會超越地方新聞的框框。在史特拉斯堡，我還沒有認識到一個人和這一份報紙沒有任何的關聯性。它的發行是非常廣泛的，在大街小巷各處都可以看到這一份報紙的存在。但這一份報紙不會撞擊出精神的喜悅，因為它的文化版並不是報紙的特色；如果有人對文化消息有濃厚的興趣時，那麼，他應該看份量更多的巴黎報紙。

報紙的印刷廠以及公司座落在藍天大街，這是棟龐大而且堅固的大樓，在這一棟大樓的每一個角落，都可以聽到刺耳以及響亮的噪音。尚・赫夫納並不住在這一棟大樓裡。不過，大樓的三樓有一層公寓，裡面有兩間房間。當朋友從遠地來拜訪時，他可以提供住宿的地方。房間各個角落擺滿了傢具，這些傢具是幾年來，他到跳蚤市場收集過來的。他最大的興趣是在跳蚤市場來回地閒逛，而且當他相信自己找到寶物時，也就是當這些東西可以為朋友的客房增添懷古的思情時，他心中的喜悅更是無法用紙筆來形容。在辦報人的認定中，這兩間客房有著比較好的傢具，而且這不需要花任何的費用。只有那些可以在這個地方過夜的朋友，才可以親眼端詳這些傢具。當這些朋友張大眼珠子直直地瞪著某一件傢具時，他們會感到目眩以及昏沉，但會在完全沒有任何概念的情況下，稱讚這些古典的擺飾。然而，事實上，這些朋友並沒有憐憫的心，來說出事情的真相；他們根本沒有辦法喜歡這樣的擺設。人們會沉默地和他一起享受喜悅，如果可能的話，可以與他談論一些其他的事情。

如果人們像我一樣，在這間客房住上幾個禮拜，每一天，都有一些醜聞與逸事來引起人們的興趣；在這個地方，人們不需要去探聽它們，如此的小道消息會不斷地增加。幾乎每一天，他都會有一些消息——通常是小道消息。然而，這些小道消息正好像客房的擺飾一樣，他一定得為訪客提供一些放鬆心境的消息，所以在這一間房間裡，他一直擺飾著新的，以及令人驚訝的傢具。這一間公寓已經沒有空間了，為新的傢具找出存放的位置並不是件容易的事，不過，他還是辦到了。我相信，過去自己不曾住過這麼樣的場所，它完全違背我的品味；雖然每天都有人清掃，但所有的東西看起來都布滿了灰塵，而且似乎沒有人使用過的樣子。所以，人們看到到處都是發霉的樣子，不過，這只是象徵性的發霉，因為如果我們仔細看清楚的話，那是令人尷尬地乾淨。換句話說，它是事物的特質；這些傢具帶來發霉的印象，不過，這與清潔的本質是不相符的表象。

只有當我要睡覺時，才會停留在這一間房間。早餐時刻，咖啡會送到我的房間來，這時候，我可以享受一番熱情親切的談話。每一天早上，當赫夫納先生到一樓辦公室之前，都會到房間來拜訪我，並且陪伴我一同享受早晨的咖啡。在他心目中，有一位永遠的詩人，他的詩詞永遠無法讓赫夫納感到厭煩，而且他想和我談論這位詩人。他是阿達貝爾特·史迪夫特⑧，他幾乎認識這位詩人的所有作品，其中有些是他熱愛的詩詞。就如同他所作的描述，他閱讀這些作品的次數已經超過上百次了。每一天傍晚，當他從辦公室回到家裡的時候，他都會歡欣地拿起史迪夫特的詩詞。他沒有婚姻的牽絆，可以獨自一個人和自己的狗生活在一起。除此之外，還有一個女佣人，已經跟他很久了，她負責廚房以及家裡的經濟。他不會浪費時間在沒有意義的事物上面。他喜歡美食，除了愛勒薩斯傳統的佳餚之外，他還會喝一點美酒。當他和他的愛犬玩了一陣子之後——他常告訴我，這樣的遊戲深得他的喜愛——他才坐下來。從他的口中，我們可以聽到，他提起那些在偶然情況下得到的傢具，這時候，他的語調會是嚴肅的。但如果有人說，在傢具和史迪夫特之間存在著一層無法相容的關係，那麼，他想不出有任何的理由來拒絕這樣的說法。

有一次，我問他為什麼一直重複地閱讀同樣的作品。他對這個問題感到很驚訝，但沒有感到生氣。是不是也有讓他喜愛的其他作品呢？他沒有辦法容忍現代的作品，因為那都是絕

---

⑧ Adalbert Stifter，奧地利的劇作家。

望的、晦暗的人生。但是，如此無奇不有的想法卻是正確的；在他的生命中，他收集了許多的經驗。因為職業的關係，他遇見了無數的人，然而，在這些經驗裡，他卻沒有發現真正邪惡的人。我們得仔細好好地對待他們，就如同他們自己展現出來的本性，而且不能假借錯誤的企圖來貶低人性的價值。在這個領域裡，史迪夫特是最好的詩人。自從他發現詩詞的真義後，其他的詩人只會讓他感到無趣，或者只能讓他沉痛地搖頭。

我有這樣的印象：他從來不看其他的書籍。不過，不久後，我的猜想被證明是錯誤的。因為他承認，他還有一本心愛的著作，而且閱讀的次數並不比史迪夫特作品的次數少。他的告白讓我非常地驚訝。整個情況是這樣子的：當他要透露這一位作家的名字之前，好像他還得為自我的坦白感到愧疚一樣。就如同他的描述，人們應該知道，如果人性真的是邪惡的話，那麼，這個世界看起來會是什麼樣子呢？人們需要這樣的經驗，但它是種幻覺。這一位作家描述如此的經驗，雖然他知道這一本書裡敘述的形像有許多都不是正確的，然而，這一本書的描寫是那麼地深刻，人們一定得閱讀它。所以，他一直不斷地閱讀這一本書。就如同有些人閱讀偵探小說，在實際的現實世界裡，他們假借閱讀來放鬆自己。他也是抱著這樣的心態來閱讀斯湯達爾的小說《帕爾瑪宮闈秘史》（*Chartreuse de Parme*）。我必須承認，他是我最喜歡的法國文學家，我把他當成我自己的老師，並且不斷地努力學習他寫作的精髓。「人們可以向他學習！」人們只能學習他，因為，非常幸運地，我們的世界不是這樣的。

他深信《帕爾瑪宮闈秘史》是一部經典，但是一部驚悚小說的經典，他的認定是這麼地純粹，以至於在他的面前，我必須感到慚愧。所以，我必須告訴他一切有關我的事實，不久之後，自己所寫的作品也成了表白的內容。我向他描述《康德縱火》的故事，而且他很有興趣地聆聽我的陳述。「這似乎是比《帕爾瑪宮闈秘史》更好的驚悚小說。不過，我不會看這一部小說。但這樣的小說還是必須存在著，讓讀者有閱讀的機會，或許，它會產生好的影響。看過這一本書的讀者的感覺，可能像從夢魘驚醒一樣地不安，然後，他們會反省，事實的真面目是不是不一樣的，是不是和這夢魘完全不一樣。」但是，這時候，他了解，到目前為止，沒有任何一家出版社表達出對這一本書的敬意，並且考慮將它印行出版。這樣的舉動是需要勇氣的，但這也是出版社經營上最缺乏的元素。

我相信他想幫助我，不過他用很巧妙的方式，來掩飾他的意願。我知道他是不會閱讀這一本書的，因為我在他的面前所作的描述是如此地令他厭棄。不過，他也聽了我們兩個人共同的朋友梅・哈特（Mme Hatt）的看法；對一個即將超過三十歲的詩人來說，這並不是容易推薦的事情。這當然不是他可以改變的事實，所以，他為一本小說的存在設想出教育學的觀點——驚悚小說的教育學觀點。在同樣的討論裡頭，在完全沒有拐彎抹角，沒有遲疑的情況下，他說我應該尋找一位好的出版商，而且這位出版商必須相信這一本書，並不會有太大的風險。他——尚・赫夫納，願意提出這樣的擔保，即出版商不會承擔任何的損失。「但是，也有可能沒有人願意閱讀這一本書。」

「如果這樣子的話，我可以承擔所有的損失，」他這麼說。「我相當地富裕，而且我沒有一個家庭要養。」聽起來，這話似乎是世界上最理所當然的話了。不久之後，他就可以向我證明，這是他很樂意去做的事，而且沒有比這更容易的事情。除此之外，他還向我證明，我們的生活的世界是由善良的人所組成的，不會像書本中所描述的一樣；讀者只要閱讀書本，然後，重整自己對真實世界的信仰，即這個世界是由善良的人類所組成。

當我又回到維也納的時候，已經擁有那麼多可以描述的經歷。我的旅行經過了寇莫羅格諾、蘇黎世、巴黎以及史特拉斯堡這些地方。有些原來沒有期待的事件竟然發生了；除此之外，我也遇見了一些奇怪的人們。我向布羅赫描述這些經歷。這時候，他的話語是如此地公開以及急促——這是他說話的方式。因為與詹姆斯．喬伊斯的相遇，讓他很羨慕我的經歷。這一刻，事實上，我並沒有任何理由，把這樣的巧遇看待成一種榮幸。但是，布羅赫有著相反的意見，而且這樣的反應顯示，有些東西觸及他的心靈。這樣的回答得到他真心的稱許。愚蠢並不是喬伊斯的專長。那麼，一句平實的以及沒有任何關聯性的句子是不是會讓我更高興呢？他把這一句話反覆地拆解，並且嘗試借用這一句話來解讀不同的意義。他很喜歡這一句話裡的矛盾。當我指責他幾乎把這一句平常且幾乎完全不重要的句子看待成聖經上的神諭時，在完全沒有遲疑的情況下，他承認這一句話的確像神諭一樣；然後，他又開始嘗試更深遠的意義。

如此的現象可以說是對喜劇的肯定；它讓喬伊斯更難理解。當然，他聽懂這一段朗誦所有的意思，但我問自己是不是願意相信，這樣形式的人——他已經在義大利特立斯（Triest）生活了一段期間——仍然可以完全地掌握到維也納口音的奧妙。當他的想像力超越了這個對象真正的範圍時，我嘗試繼續報告我的旅行，但這個嘗試立刻被打斷，布羅赫又重新回到喬伊斯的身上——這時候，在他的腦海裡又浮現出另外一種可能性。這時，我已經理解，喬伊斯對他來說是個典範，這樣的人物是人們一直追尋的偶像，而且是永遠都沒有辦法忘卻的感動。在布羅赫本人身上，我們沒有辦法察覺絲毫的驕傲，而且他總是那麼地和善與親切。所以，他不會對任何的傲慢感到恐懼；然而，在我的認定中，喬伊斯的驕傲是可怕的。如果人們真的可以這麼形容的話，這樣可怕的傲慢是眼睛手術的後果，而且它沒有任何的意義。讓布羅赫感到興趣的是他堅決的果斷，這是與喬伊斯的名聲共生的特質，這樣的特質是布羅赫尋找的目標，同時，他也希望自己能擁有和喬伊斯一樣的名氣。除了引起喬伊斯的矚目之外，已經沒有可以讓他更嚮往的慾求了。除此之外，他總是希望能夠有和喬伊斯一樣平行的發展，如此的憧憬對後來的作品《維吉爾之死》（*Tod des Vergil*）有著關鍵性的影響。

然而，當我跟他提起尚・赫夫納的時候，他打從心裡替我高興。除此之外，他也和我一樣對赫夫納的提議感到驚訝。一位幾乎只看史迪夫特的小說，而且拒絕其他所有文藝小說的狂熱分子，在看完《康德縱火》的第一頁，就會立刻憤怒地丟開這一本書的人，竟然會做好準備，試圖讓我的手稿化身為一本書出版在世人面前。「當這一本書正式出版的時候，」布羅赫這麼說，「書本自然會走出自己的路。這一本書是那麼地紮實，或許有一點太恐怖，所以讀者不會忘記它的存在。但是，我不敢判定，你的書是不是可以帶給讀者一些好的東西。他反抗自己的偏見。他永遠沒有辦法理解這一本書的意義。但他一定不會看這一本書。他這麼做並不是為了在身後的世界增加自己的榮耀。他已經明白，你是個詩人，所以想為所有的詩詞作一點好事，因為這是他對史迪夫特的詩詞的感激。讓我感到最欣賞的是，他生活在隱藏的偽裝中——一位生活在印刷廠以及報紙的創辦人。這樣的偽裝已經沒有辦法再做更多的事了。現在，你可以很輕易地找到一家出版商。」

假使這不是他的真正意圖，他的行為也是正直的，而且他甚至親自去做這一件事情。幾天以後，他見到文學家史帝芬・茲懷格（Stefan Zweig）——他為什麼會停留在維也納呢？這有兩個理由：他必須接受整套的牙齒手術，而且他為自己的書成立了一家出版社，一家德國的島嶼出版社已經不願意再出版他的書籍了。我相信，他全部的牙齒都被拔光了。他的一位朋友赫伯爾特・萊赫納（Herbert Reichner）是一本雜誌《藝文文獻》（*Philobilon*）的總編輯；這是一本很好的雜誌。茲懷格已經決定，把所有的書交給他發行。為了裝飾這一家出版社，所以他們必須尋找其他的書籍，這樣出版社才不會寒酸地難為情。

在一次偶然的機會，我遇見了茲懷格；那時候，我正好走回皇家咖啡廳。他獨自一個人坐在咖啡廳後面的一張桌子，而且他把手捂住嘴巴，來掩蔽被拔掉的牙齒。雖然在這樣的狀況下，他不願意讓人們看到這一副模樣，但他仍朝我的方向招手，並請我坐在他桌子旁邊的位子。「從布羅赫那裡，我已經知道您的所有事情，」他這麼說，「您認識喬伊斯。如果您可以找到一個人，對這一本書提出保證的話，那麼，我可以建議我的朋友萊赫納出版您的書。但是，您得請喬伊斯為這一本書寫前言。這樣子才可以引起眾人的注意。」

我立刻告訴他，這是完全不可能的事情。我沒有理由對喬伊斯提出這樣的強求。他根本不認識我的手稿。他幾乎已經瞎了。人們怎麼可以指望他閱讀這些手稿。但即使他可以和一般人一樣輕易地閱讀，我也不會向他提出如此的要求。我不會向任何一個人請求為我的書寫前言。如果這一本書可以得到讀者的青睞，那麼，這是書本身建構出來的張力，換句話說，它不需要任何前輩的扶持。

我的話語聽起來是那麼地粗暴，連我自己都嚇一跳。「我只是想幫助您，」茲懷格這麼地說；在這一刻，他很迅速地用手捂住嘴巴。「但是，如果您不願意的話……」我們之間的會談就如此地結束。然而，自己如此堅決地拒絕這一項建議，倒是讓我沒有一點悔恨的懊惱。我維護了自己的自尊。但事實上，我也沒有遭受到任何的損失。我完全拒絕這樣離譜的建議；即使當這一項建議可能實現，只要我想像自己的書與喬伊斯的前言結合在一起，不管那會是多麼引人矚目，對我來說，這是沒有辦法忍受的圖像。因為他的建議，使我鄙視茲懷格。但非常幸運地，或許，正因為我的睥睨不是那麼地強烈，過幾天後，我收到赫伯爾特・萊赫納先生出版社的來信。這一封信裡，提到了保證人的事情，但完全沒有提到有關前言的建議。除此之外，他們請求我盡快把手稿寄給出版社。我和布羅赫商量了一下，然後，將手稿寄給了出版社。

聽衆

昇華的自我感受產生的第一個影響發生在一九三五年四月十七日，那是一場在史瓦爾茲瓦勒德中學的朗誦會。

雖然不是經常，但我已經拜訪過史瓦爾茲瓦勒德（Schwarzwald）博士的家裡好幾次了。這是瑪莉亞・拉紮爾夫人引見的關係，也是因為她的緣故，我才認識布羅赫。她真實的樣子要比傳說中傳奇性的以及能言善道的女教育學家更吸引人；當她出來歡迎我第一次的來訪時，熱情地把我的身體緊貼在她的肚子上，好像我是她的學校裡的學童一樣，好像我和她之間並沒有任何由隱私建築起來的城牆一樣，當我們擁抱的時候，有好幾次，我的心幾乎被熱情搖晃出身體來。然而，除了令人感到慰藉的人際間熱切之外，沉默的史瓦爾茲瓦勒德博士（她的先生）讓我覺得特別地喜歡；他有著瘦小、彎曲的身子，總是拿著拐杖來回走動，而且常一個人憤怒地坐在角落。在這個角落，他得忍受所有訪客沒有意義的閒聊，以及女教育家沒有止境地發表意見。人們可以從柯克西卡的肖像，認得他的頭顱——人們可以用樹根來形容他的頭顱——我想，我們再也找不到更好的形容詞了，然而，這樣的描寫是來自布羅赫。

她接待客人的地方是一間小房間。然而，這一間房間要比史瓦爾茲瓦勒德博士更有傳奇性，因為我們不知道，有那一位名人沒坐過這房間裡的沙發。真正維也納的名人都會來這裡拜訪，而且這發生在他們都還沒有成為知名的公眾人物之前。阿道夫・羅斯（Adolf Loos）曾經來過這裡，而且把年輕的柯克西卡介紹給史瓦爾茲瓦勒德博士認識，還有荀白克（Schönberg）、卡爾・克勞斯、穆集爾。人們可以列舉許多的名字，而且這些名字都是很響亮的；這些名人都曾經駐足在這一間斗室，然而，不久之後，他們的作品才正式地與世人見面。事實上，並不是只有一位訪客會覺得史瓦爾茲瓦勒德博士的話語活潑有趣。她可以算得上是一位熱情的教育學家，她的科學研究的方向是開放的以及現代的。除此之外，她的學生將她認定為教育之神。有時候，她的確會幫助某些人，並且她對很多的禁忌抱著開放的心態，因為在她的身上，所有的現象是相互交錯在一起，而且沒有任何死板的章法。對一個注重精神層次的人來說，如此特殊的氣質不止是有趣的，同時也是令人感到麻煩的；換句話說，有人會覺得她的話語迭迭不休。不過，這樣的形容並沒有夾帶任何惡意的企圖。但是，拜訪的客人並不會這麼地認為。有時候，他們在這裡會碰巧遇見其他的客人，而且很少的客人只會來一次。人們傾聽她的描述，並且仔細地觀察她；此外，她也會相當地投入，好像這些客人來訪的目的是要坐在她的前面，讓她完成一幅肖像的速寫。或許，人們會借用這樣的方式，奪取這一位偉大肖像家的角色；她認識這些知名的訪客，也真的為他們畫一幅肖像。

這是沉默的史瓦爾茲瓦勒德先生沒有辦法比較的現象；他總是坐在他的角落。他的無語所煉製的嚴肅會立刻讓所有沒有內容的話語變得更輕盈，他的嚴肅讓女博士令人著迷的語句變得更輕渺。在這一間小房間裡，還有一個人，她被看待為屋子的心臟。她是令人迷戀的瑪俐得・斯提亞斯耐（Mariedl Stiasny），她是史瓦爾茲瓦勒德先生的女性友人，為他照料所有的事情——行政上與學校、學生以及家庭經濟大大小小的相關事務。除此之外，她是個美麗的、迅速的、害羞的不喜歡講話且沉默的女人；她是一個沒有缺點的人，她的笑語是維持生命的空氣；這一股和煦的風情只會駐足在這裡，或者我們可以這樣地描述，它會不斷地由靈魂的窗口進出。當客人來訪時，是沒有辦法看到她的身影，因為她總是太忙了。但她會出現一兩次，用迅速的眼神捕捉整個情況的過程，知道是什麼人坐在這裡？什麼人是精神世界的皇后已經認識的貴賓；一瞬間，她的眼眸描繪出客人的名片。人們可以捕捉到這一瞬間，他們一直在等待斯提亞斯耐的出現。當門縫一打開的時候，訪客的夢想有個清楚的畫面：她的身影是不是拉開了眼帘的序幕呢？如果真是她的話，人們會感到高興。但如果不是的話，那麼，我擔心，就像進入神殿卻看不見神靈的顯現一樣地不尋常，人們會因此覺得失望；神畢竟不是她。在我和布羅赫之間曾經產生過如此近似可笑的爭辯：「誰是良善的人」，然而，直到今天，我還是沒有辦法想像，當時我們兩人為什麼都沒有聯想到女人的名字。如果那一刻我們說出這一個人的名字時，所有的問題立刻得到解決，我們的爭辯也會隨之消失。

費立兹‧伍圖拉巴屬於很久以前的訪客——這是理所當然的事情。他不是個常客，而且他的拜訪也沒有持續很長的時間。為什麼他會中斷他的拜訪呢？真正的理由倒不是因為女博士找不到終點的閒談——他已經很習慣他的妻子瑪麗安的迭迭不休；相反地，那是他內心裡強烈的不安，他總是惦記著街頭的石子路——他真正的家座落的夫立安大街。他總覺得，與其在室內閒聊，在室外工作會更有意義。當他完成第一次義務性的拜訪之後，就一直沒有辦法找到再次造訪的動機。在並非完全沒有任何驕傲的情況下，我對他描述在蘇黎世舉行的朗誦會，在場聆聽的貴賓一致地否定我的創作。他這麼說：「這些人沒有辦法聽懂維也納的語言。現在，你必須在這個地方舉行一場大型的朗誦會。」他認為，「喜劇」的元素與精髓是在於如何引用維也納的語言。在他的認定中，如何在真正維也納的公開場合舉行一場朗誦會，是關係到這種語言的榮譽問題。

他的妻子瑪麗安是個非常實際的人，她想到史瓦爾兹瓦勒德學校的禮堂。朗誦會並不屬於學校的活動，但是，學校可以提供禮堂。其他的事情都屬於瑪麗安・伍圖拉巴負責的範圍。如果她對實際的狀況有特別的想法時，都會得到我的允許。會場擠得滿滿的。會場上的人如果不是教會組織或者支派的成員的話，大多數的人是新藝術組織的畫家、雕刻家以及建築師，其中有些人是我自己認識的朋友。但是，有些在場的人完全和藝術組織沒有任何的關係，他們是詩人以及其他的人，這些人對我的意義是重大的。

我必須提起兩個人的名字，他們是我個人最看重的人：一個是我的守護天使蓋比勒⑨，平常我稱他為鐘能博士，他這個名字是如此地神秘，就如同他自己將這樣的神秘感注入我的身體內。因為他的出席，我放棄明說他的名字，這是第一次也是唯一的一次。他可以理解我的想法，他不願意他的存在被其他人發現，然而，我仍然可以感覺到，自己一直躲藏在他的保護下。第二個人是羅伯特・穆集爾，他和他的太太出席我的朗誦會，陪伴在他的身邊的是他的密友法蘭玆（Franz）以及瓦樂麗・蔡司（Valerie Zeis）。他們也是我的好朋友，而且一直伴隨著穆集爾；他們之間如此深刻的友情則是依照著節奏與智慧不斷地往前發展。對我來說，與兩個月前出席蘇黎世的朗誦會相較之下，穆集爾的首肯蘊涵著更重大的意義。當時喬伊斯的名聲已經達到高峰，我自己也曉得，這樣的名氣是他應得的榮譽。然而，最近一年來，我才開始認真地閱讀穆集爾的一些作品。對我來說，他也應該贏得這樣的榮譽；另外在我自己的認知裡，他是更親近的。

⑨ Gabriel，聖經裡天使的名字。

我的朗誦和在蘇黎世一樣，但前後順序剛好相反。一開始，我先朗誦小說中〈好父親〉這個章節，然後是《虛無的喜劇》的第一部分。這樣的順序似乎比較合適，但我不認為，如此的改變會那麼決定性地影響讀者的接受程度。伍圖拉巴認定，當時我為朗誦會尋找的聽眾無法感受維也納絲毫的風情。除此之外，在這裡人們懷著完全不同的期待。在蘇黎世，除了女主人之外，沒有人聽過我存在任何的聲響；對所有人而言，朗誦的作家只不過是沒有任何色彩的一張素描。除此之外，當面對這樣的除夕市集時，我也沒有事先解釋作品裡的人物與聲韻。但是，在維也納，聽眾已經知道誰是朗誦的作家，而且如果有些人不知道的話，瑪麗安也會提供詳盡的資訊。在蘇黎世的時候，劇中的人物如美酒的香醇，讓我如醉痴狂。角色是變換是如此地迅速，在同一時間裡，人物間不同的性格假借振奮的聲律展現出來。這時候，聽眾沒有辦法找到任何的空間，細膩地品嘗角色間的差異。我沒有注意到聽眾的面孔，朗誦會在一般正常狀況下進行著。我的目光不會停留在任何一個人凝視的專注上，所以，稍後的時刻，當朗誦會即將結束之前，我自己都可以感覺到全然的不解與排斥。

但是，在這個地方，一開始，我可以立刻感受到期待與驚奇。我朗誦的時候，聽眾的鼓勵如瀑布下瀉般，注入我的生命中，與鮮血匯流在一起。驚悚的〈我的父親〉撩起聽眾內心的恐懼。屋主主宰的力量是維也納市民熟悉的生活現象，我不相信，當劇中所有的人物活生生地展現在會場時，任何一個聽眾會懷疑這個人物的真實性。與如此恐懼的人物比較下，接下來的喜劇是一種解放，直到這樣的解放慢慢地昇華為己身的恐懼為止。朗誦會結束後，許多人沒有辦法用言語來描述自己的驚嚇，因為這是事物的本性，在朗誦的語詞傳遞中，這樣的本性得到完全的形式，但卻又不會附著在形塑的表面上。我可以聽到聽眾內心恐懼所發出喘息，它屬於這間屋子親密朋友的聲音。我曾經體驗過真正的辱罵，那是卡琳·密夏耶利斯（Karin Michaelis），她是丹麥的女作家，她控訴我的作品是非人性的。這一次在現場上，史瓦爾茲瓦勒德女士卻沒有任何的話語，這也是唯一的一次。她始終沒有將平日親切的迭迭不休賞賜給我，那是緊緊把我的生命扣聯在一起的歡笑聲。直到整個朗誦會成功結束後，她都以最嚴肅的沉默參與這一天的傍晚。

兩個人的出席讓我的心境得到最貼心的滿足，他們是我剛才提到的兩個名字。穆集爾坐在我前面第二排的位子，而且他的出席在我的內心裡泛起了小小的驚懼；當我朗誦完第一部分，也就是〈好父親〉之後，我作了短暫的休息。這一刻，他似乎想站立起來，立即離開現場，就如同在蘇黎世時喬伊斯聽完《喜劇》的舉動一樣。但是，他並沒有站起來，也沒有離開會場，相反地，他的神情是專注的，身體所有的神經都緊繃在一起。他筆直的上半身往前傾斜，正面地對著我，而且他的頭顱像一顆即將發射的彈頭一樣，而我正是被鎖定的目標。但非常慶幸的，還好他可以穩定住自己的情緒，所以扳機並沒有扣下。這一幅景象永遠地植入我的腦海中，這並不是欺騙自己的幻覺。不久之後，我知道了事情的真相；雖然，對我來說，這解釋是令人驚訝的。

這一次，我把鐘能博士的名字擺在第二位，因為他的身影消失了。我知道我沒有辦法發現他，所以也沒有再尋找他的足跡。但是，對我來說，這一刻是我們之間的友情最關鍵的一瞬間。一年來，我們之間所有的談話都是他對我最正直的對待，然而，今天他第一次真實地認識了我的創作。我之前沒有將手稿讓他過目。針對這一件事，他從來沒有說過半句話。他知道，我對自己感到很慚愧，因為我的書還沒有真正地出現在世人的眼前。在他的面前，也只有在他的面前，我才能丟掉自己的愧疚；他是個捨棄公共場合的智者。他從來沒有提出這個問題，他從來不會說：「布羅赫曾經對我描述過這一本書，你為什麼不帶來讓我看看？」他不發一語。他知道，當這一本書正式出版時，當書中的每一句話都不能再更改時，我會把書帶到他的身邊。

他知曉，在他的批評前，我必須保護自己的書，因為任何一個字，即使只是一個字而已，都會毀滅這一本書的存在。我很清楚這樣的危險性，所以不管是小說，或者兩部戲劇都必須得到周全的保護。除此之外，我沒有辦法認定這是自己的懦弱，因為這三部作品是我所有的財富，而沒有一本創作曾經被送到出版社審查過。在其他所有人的面前，我的自信心是如此地充足，可以保護這些作品。但在他面前，這些文字就沒有任何的抵抗能力，因為我的本能以及旅行思考得到的結論，鐘能博士已經成為我內心中最高的主管部門，是我必須跪拜的神祇。他是我熱切需要的神明，就如同這三本著作的意識一樣。但是，這一刻，他來到了會場。因為一切都那麼地順利與美滿，所以，當這一尊神靈降臨時，我已經沒有任何的畏懼了。

布羅赫並不在維也納，至於安娜則必須照顧她的妹妹馬儂，因為她病得非常嚴重。去年這個時候，那些對我個人造成莫大屈辱的人，沒有一個人出席這一場朗誦會。韋爾弗惡毒的評語不曾浮現在我的腦海中，雖然在我的內心裡，怨恨的毒針仍然刺痛蠕動的心肌。不過，這樣的景象應該是躲避我所有作品的大逃亡，因為逃亡這整個計畫已經在《喜劇》的朗誦會中攤開來了，這是我深信的事實。我從來沒有嚴肅地看待茲索勒耐出版社，在這個地方，它離我那麼地遥遠。對我來説，現在我所面對的是真正的維也納世界，我挺身支持的世界，而且就如同我的信念一樣，這個世界以後會證明自己挺立與高昂的存在。

畫家們的舉止助長了朗誦會結束時在形式上高漲的聲勢，這是一批由伍圖拉巴領導的羅馬軍團，他們没有吝嗇任何的掌聲。或許，當時他們的任務就是為了造成這樣的印象：喜劇已經發現了它的聽眾。然而，後來，事實證明如此的想法是錯誤的，不過，這是個可以原諒的錯誤。這一次，我可以被自己的感受説服：這一齣喜劇已經得到人們的理解，而且在這一段時間裡，可以説喜劇是為這一段時間撰寫而成的，這一齣戲劇將產生它的影響。

後來，穆集爾走到我的面前。他本人跟我講話的時候，是那麼地真心，而且没有任何的保留；如此的人品是眾人皆知的。我是如此地疑惑，心境則是振奮的，在我面前的是一張臉，不是他的背部，這一張臉給我的震撼是那麼地強烈，所以在那一刻，我已經没有辦法聽清楚他講的話。和他之間的談話也没有持續太久，我就感覺到自己的肩膀被紮實地，緊緊地握住；一股很強的力量扳過自己的肩膀，那是熱切而且真摯的擁抱——那是伍圖拉巴，這時候，兄弟情的興奮喜悦是完全没有任何顧慮的。我偷竊他的擁抱，並且將他介紹給穆集爾認識。這是非常熱烈的一瞬間，這一刻蜕化成他們兩人之間友情的種子。後來，這一份友情產生了許多的事跡。如果這兩個人把這一顆種子隔離開來，那麼，對他們而言，這些事跡不過是隨著時間消逝的遺忘。然而，對我而言，這是我生命中最閃亮的一刻，一顆永遠不會黯淡的慧星。

出席的人們被分開了，有些人跟我們一起走，有些人則先回家。我們一群人走到史丹德勒酒館，我們已經預定了二樓的一間房間。那是一列很長而且輕盈的火車，向預定的目標直直地前進。當我到達酒館，向預定的房間裡看時，所有人都已經坐在一條長長的馬蹄形桌子。在房間前面，我看到穆集爾和他的太太猶豫地站在那。法蘭茲・蔡司——也就是我信任的朋友——他站立在旁試圖說服穆集爾，他應該和大家坐在一起。他仍然很猶豫，用眼睛往房間裡看，但沒有更進一步的行動。當我走向前，並且很有禮貌地邀請他時，他很抱歉地婉拒，表示這裡太多人了，對他來說，這房間太擁擠了。這一刻，他的樣子看起來仍然是很猶豫，但已經很明白的表示拒絕，很難再收回原來的決定，所以就去尋找房間外面的桌子；在那個地方，他和夫人以及兩位蔡司坐在一起。

或許，這樣的結局是比較好的，因為如果他在現場，我怎麼可能會覺得自由呢？他享受我崇高的敬意，因為如果他和其他人坐在一起慶祝，用吃飯、喝酒以及破壞的方式慶祝年輕詩人的朗誦會，那是不正確的。當我看到他站在開著的門旁，而且感受到他的猶豫時，我必須向他提出邀請。與邀請他一同慶祝比較之下，如果他完全不參加慶功宴的話，那更是不敏捷的作法。或許，事物的真相並不是那麼地複雜；事實上，他只是在等待我的邀請，然而，他的目的是想拒絕這一份邀請函。這是穆集爾的戲劇「防禦」（Abwehr）裡頭所有的場景。同時，這也是我對他其他作品的認識，或者我與他本人交往的經驗；如此的描述沒有任何的瑕疵，完全正確。如果我對他沒有任何不一樣的體驗（非常幸運地，事實不是這樣！）那麼，在他的身上，我們可以看清楚和他的作品完全相符的語言：正確以及精簡的描述。

房間裡瀰漫著不羈的氣氛。有些畫家在那裡沒有目的地釋放出對自由的嚮往。我告訴自己，正在作樂的人當中，沒有一個人會讓我感到羞恥。在這樣的場合裡，眼前呈現出來的歡笑可以放棄任何死板的認定。但在我的感覺裡，似乎缺少了什麼東西，當朋友們向我敬酒的時候，我總是有點猶豫，似乎在等待什麼東西一樣。我不知道，當時真實的面貌，因為我已經忘記真正重要的事情了。或許，在這些一般的朋友面前，這些緊緊擁抱著我的朋友面前，我沒有辦法宣示，真正關鍵的戰役還沒降臨。我必須等待判斷的來臨，但我並沒有尋找它。當時，我並沒有置身在清楚的狀態，所以沒有辦法確認，當時在場有些什麼人。一個接著一個朋友向我敬酒，他們都是我可以信任的朋友。但是，有一次，也是這個晚上唯一的一次，我感受到一道目光。我並沒有聽到任何人的呼叫。我沒有尋找這一道目光的來源，相反地，只是朝著一個特定的方向看去。這個人距離我相當地遙遠；這一道目光相當的細密，幾乎瞇成一條直線；他坐姿是完全的寂靜，那是鐘能博士。當他目測到我的眼神時，輕盈地舉起他的酒杯，微笑地向我敬酒。對我來說，他的嘴唇似乎蠕動著，說了一些話，但我聽不到任何聲響。他的手和酒杯有著不真實的擺動，兩者的高度一樣，好像瞇成一直線的目光。

他並沒有跟我講更多的話；第二天以後也是如此，那天我們又在博物館咖啡廳碰面，一同坐在一張大理石的桌子旁。高舉著酒杯，擺動中的酒杯高聳的站姿是他向我恭賀的語詞；對我來說，這比任何的叫喊，比任何有聲響的字詞更有意義。他只有聽到一部分，還沒有看過整部作品，所以沒有辦法說出自己的判斷。但是，他也沒有阻擾我的去路，也沒有向我提出任何的警告，因為他已經看到有些危險的存在。他的眼神是呵護的，這是對每一種生命的敬重。然而，在我的感受裡，如此的姿態是種允許；或許不只是種允許。

出席史丹德勒酒館同歡的朋友裡，我也發現一個人的身影——恩斯特・布洛赫⑩，我知道他的作品《湯瑪斯・閔采爾》（*Thomas Münzer*），但卻還沒有真正的開始閱讀。他出席這一場朗誦會引起了很多人的注意，後來，我才知道，這甚至引起了穆集爾的注意。當穆集爾婉拒我的邀請之後，我踏進後面已經擠滿人的房間；這時候，布洛赫站起來——當時他已經預定好了自己的位子了——並且走向我。儘管當時房間裡擠滿了人，但他還是把我盡量拉到旁邊；事實上，他相當看重一份完整的，特別的評論。這份評論以非常懇切的姿態作為序幕。「非常真切的印象！」他這麼說，並且把兩隻手掌舉起來，兩掌之間有一段距離，但逐漸地朝著對方閉合起來；這時候，兩隻手掌像是肩膀上突出的小沙丘。他的聲韻是那麼有節奏地，他說：「它突出！」「它」之後的間距是那麼地長，那麼地令人矚目，像是手掌的高度。在「它」這個字之後拉了很長的音調，這時候出現的「突出」是驚奇的，是壓迫的句點，像一棟哥德式的塔樓一樣地聳立。我失措地看著長方形的，有節度頭顱，它的曲線被手掌的突出所肢解。然後，他說了一些東西，他想證明，自己立刻了解《喜劇》真正的意思。他知道，整部作品牽涉到真正的重心，除此之外，他預言第二部分將處理那些內容，而他的判斷並沒有任何的閃失。他的判斷是完整的，而且表達細膩的陳述與反應。我想我自己沒有辦法期待更好的結果。但對我來說，整件事情的發生活像是一句外來語。「它突出！」是唯一還

⑩ Ernst Bloch，美學哲學家。在他的主要著作《希望原則》（*Das Prinzip Hoffnung*）中，分析不同的藝術對象，例如繪畫、電影、夢境與白日夢、宗教或者流行服飾。在他的認定中，追求美好的生活是人類藝術創作最主要的動機。

駐留在我的心裡的印象。

至於這個傍晚的安可曲，我並不想保持緘默，但對我來說，那是令人尷尬的節慶。這與穆集爾以及他在朗誦會上的舉止有關；在那一刻，我並沒有任何的知覺。他的出席與他對我的態度像興奮劑一樣，讓自己如痴地振奮，但如果我沒有從法蘭茲．蔡司那裡得到更精實的消息，如此的振奮將完全地消退。

法蘭茲．蔡司是主管專利權的政府官員，他認識穆集爾已經很久了。他是個很忠誠的朋友，並且在很早的時候，就已經認清穆集爾的重要性。在維也納，這樣忠實的朋友可能只有一打的數目，然而，這些人的真誠是他們可以伴隨在詩人左右的代價，因為他們的真摯並沒有附帶任何的好處，相反地，如此真誠的對待更像是無法接受的貴重禮物。有些人隸屬一些小團體，像荀白克以及他的學生；然而，有些人是獨立的。他為自己的感受力證明，他的本能是細緻與精確的。他可以了解，這些詩人希望獨自的沉思，但他也可以體會，他們忍受如此孤獨的折磨。他對穆集爾的認識是最深刻的，他深深地了解馬莎的不信任──馬莎是穆集爾的太太，她一直用敏銳的眼神監視著他，使蔡司不能太靠近他們的身邊；對如此重要的精神所遭受的折磨來說，在她不信任的眼神裡，每一個小細節都是重要的知識。除此之外，對法蘭茲．蔡司來說，他的行為是如此隱蔽的，任何可以預期的反應是熟悉的，而且他是如此地聰慧，已經為穆集爾設想所有有益的作為，而且他的考慮是周延的，顧忌到所有的面向。

我對穆集爾的想法是他深信不已的事實，而且他的認同是來自內心深處且無法動搖的信仰。在他轉告給穆集爾我的景仰之前，也就是當穆集爾接受這一份敬仰之前，法蘭茲會謹慎地、精確地檢查一遍。法蘭茲・蔡司對待自己的態度像是參加國家考試一樣，他會仔細地推敲每一句話，然後，把這一句話放在天秤上測量。然而，最後他總是認為，它的份量不夠重。如果這些仰慕的話語中，有那麼一點點真誠，並且可以博得穆集爾絲毫的認同時，法蘭茲就不會放棄向他傳達這樣的訊息。事實上，在這裡我們可以看到兩種不一樣的傳遞消息的信差。其中一個信差會想盡辦法，將一個人分化為兩個部分。他會傳遞每一個負面的消息，然而，這些詩人孤獨的惆悵會讓負面的消息更無法接受；這是詩人們的反擊——一種敵視的對立衝撞。除此之外，如此激烈的遊戲的危險性會逐漸地升高，直到可以把最好的朋友分裂成為兩個部分。這個信差喜歡權力的感覺，這是一場遊戲催化出來的色彩，有時候，他甚至會將這樣的感覺施加在過去的朋友身上。在另一方面，另一個信差只會傳達好的消息，但這樣的情形是相當少見的。他會想盡辦法來降低對立的撞擊所帶來的影響。當詩人們對這樣的衝擊保持沉默的時候，內心裡一定會燃起好奇心，逐漸地蛻化成為信任的情懷，直到沒有辦法再避免這一刻的發生。在這一瞬間，兩個人會很有耐心地接近對方，最後，在事理的真實裡彼此相遇。法蘭茲・蔡司屬於這種類型的信差，而且我也相信，他真的想辦法來化解，孤獨對穆集爾所造成的惆悵；而且他的努力也為我帶來喜悅，使我更進一步接近穆集爾。

當他說服穆集爾參加我的朗誦會時，他的努力是成功的。當我們後來重聚的時候，他還為我描述穆集爾的反應。從他的口中得到的消息，讓我一點也不會感到驚訝。首先，穆集爾驚奇地說：「他有很好的聽眾！」而且口裡傳送出恩斯特・布洛赫以及奧圖・斯特斯勒⑪的名字。如此的景象對他造成深刻的印象。但是，當朗誦會進行到〈我的父親〉的時候，突然間，背後的椅背緊緊抓住他的身軀，他告訴他的夥伴：「他竟然朗誦得比我還好！」當然，他的描述並不是真實的：穆集爾的朗誦是如何地巧妙，在德國文學界裡，這是每一個人都知道的事實。但在他的描述中，讓人們感到驚奇的並不是真理的內容，而是他用如此的形式來表達自己的看法。這樣的形式衍生了一種所謂垂死的掙扎，這是我在穆集爾身上感受到的非常強烈的現象。他必須找尋其他人對自己下的挑戰書；對他來說，每一場朗誦會都是場希臘時代的競技賽。對我來說，那是荒謬的，我從來沒有自己可以和他一評高下的念頭；在我的認定裡，他的詩詞遠遠超越我之上。然而，對我來說，或許因為前一年的屈辱所留下來的苦痛仍然帶來感嘆的聲響，所以當時我並沒有了解事物的真理——這是一場爭取更好的聽眾的戰爭，而且我一定得贏得勝利；這是沒有辦法避免的宿命。

天使的葬禮

幾乎長達一年的時間，她都坐在輪椅上；她被打扮得很漂亮，臉上小心地上了妝。她的膝蓋上有一條很珍貴的毛毯，此外，生命的光彩在像臘一樣光滑的臉龐活生生地閃爍著；然而，她的未來卻沒有一點真正的希望。她的聲音沒有一點變化，還是來自無邪歲月的春啼。

---

⑪ Otto Stoessl，維也納舞臺劇與電影演員。

這一隻小羚羊瘦弱的小腳一步一步地踱著，為所有來訪的客人服務，她的任務是呈現出一幅與自己的母親完全相反的圖畫。這樣的對立是沒有辦法理解的，但現在這個時刻，如此的對立又被擴大了。她的生命以到目前為止熟悉的方式繼續下去，而且自己心愛的小孩子的不幸似乎是一件好的事情。在這樣的情況下，答案是肯定的，而且麻痺的小孩子會因此而得到稱讚。

那應該是會帶來好處的訂婚。訂婚的對象是為祖國在前線戰鬥的年輕秘書，他是一位道德神學教授的寵兒，這一位教授控制這間屋子裡如貴族般的女主人的心。這一位秘書並沒有帶著恐懼的心和這一隻受傷的小羚羊訂婚——她存活的時間已經沒有多少了。然而，這一位年輕的秘書可以在這一家音樂殿堂裡自由地行動，除此之外，他也認識了所有來訪的名人；他們拜訪的原因是相同的。他那討喜的微笑，很有架勢的鞠躬，以及悲鳴的聲音都成了眾人談論的話題：這一位年輕人將會有大好的前途，然而，過去卻沒有人聽過他的名字。這一位青年犧牲了自己，他的出現會帶給了小天使一種幻覺，讓這位小女孩以為，身體康復是有可能的。也許當他們訂婚了以後，她的心裡會浮現出一個希望——在未來的某一天，他們兩個人可以結婚；然而，他的舉止只是浪費許多時間的無奈。

當這一位年輕人穿著晚禮服親吻未婚妻的手時，給人們帶來很深刻的印象。在維也納，人們常會說「親吻小手」這一句話，它的意思是輕輕地吻女士的小手；然而，事實上，人們的行為也和語言的描述一模一樣。他會憑藉著美好的感覺告訴人們，在這個儀式性的禮節中，他成了眾人矚目的焦點；特別是當他親吻這一隻手的時候，在眾人的心目中，這樣的姿態會成為一個標記——當他彎曲著自己的身子親吻麻痺的小女孩瘦弱的小手之後，這一位的年輕人為他們兩個人的未來，挺直腰桿站出來。有些人為了讓她的母親相信奇蹟，因此會這麼地說：「這小孩子會康復的。未婚夫帶來的喜悅會讓她康復起來。」

但是，另外的一批人只能無奈地觀看這一幕由貪婪與怨恨共同譜成的戲曲，心裡頭抱著完全不一樣的看法。我是屬於這一類的人，我只有一個希望：天上突然出現一道閃電，劈向她的母親以及未婚夫，然後，在同一瞬間，兩個人被傷害成半身不遂，卻沒有辦法死去。同時，因為驚嚇過度，小羚羊從輪椅上跳起來——她竟然康復了。從這一刻開始，她的角色被自己的母親取代了，她的母親會坐在輪椅上面，被推著在音樂殿堂裡四處行走。每一天被打扮得漂漂亮亮，臉上小心地上了妝，而且在她的膝蓋上有一條美麗的毛毯。除此之外，未婚夫緊緊地依偎在輪椅旁邊，活像是一條鎖自己身上的鏈子一樣，然後，他會彎下身子，親吻她的手，直到他無法再虛偽下去；這也適用在這一位老女人身上。雖然這位小天使犧牲了所有的天真與良善，希望獻給母親自己的健康，跟自己的母親替換角色，回到往日的情景。但是，未婚夫沒有止境的親吻與彎腰的虛偽成了最大的阻礙，這時候，三個人竟然變成三具蠟像；有時候，這三具蠟像可以經由外力的動力，被來回地移動。從這一刻開始，這三具蠟像成為音樂殿堂裡接待貴賓的擺飾，直到時間的幻滅為止。

但是，事實並沒有認識到社會公平。她的未婚夫穿著亮麗的晚禮服，依偎在神聖殿堂的柱子旁邊，他所得到的報酬是教會的葬禮。他和馬儂・格羅皮斯的訂婚也結束了——她去世了。這是預期的結果，他的婚禮變成了葬禮，他應該感到滿足了。

她被埋葬在格里茲寧（Grinzinger）的墳墓。在這樣的情況下，最後的事實也被挖掘出來。整個維也納的名人都到齊了；整個維也納！一個字都錯不了，那些曾經在音樂殿堂裡得到接見的名人都到齊了。其他許多人也來到這裡；這些人是那麼地渴望能得到邀請函，但卻沒有辦法出席葬禮。然而，人們也沒有辦法用暴力把人潮隔離在葬禮之外。在一條很窄小的道路上，很長的汽車車隊慢慢地往墳墓的方向行駛。事實上，這是一條小巷子，不是一條路。坐在汽車裡的每一個人都想爭取到一個尊貴的位子，所以我們實在無法想像，一輛汽車如何可以超越另外一輛車。人們只能站在原地，很緩慢地往墳墓的方向前進。

我、伍圖拉巴以及瑪麗安三個人坐在一輛計程車上。瑪麗安的情緒最為激動，她一直用手臂拉住坐在前面的計程車司機，而且這樣的催促沒有停止過：「您得往前面開！我們必須往前面走！難道您不能超前嗎？我們太落後了。我們必須前面走！您得往前開！」她的話語就如同一條皮鞭，不斷地抽打。但她抽打的對象並不是一匹馬，是一位計程車司機，而且他的神情總是那麼地鎮定：「沒有辦法！親愛的女士，沒有辦法！」這時候，瑪麗安的情緒更急躁了：「一定有辦法！」她大聲地叫喊著。「我們必須往前進！」她的情緒是那麼地急躁，因此她的喘息喪失了頓挫。「我們不能成為最後到達的人！這是可恥的！這是可恥的！」

我從來沒有體驗過她如此暴躁的脾氣，就連伍圖拉巴也是一樣。長久以來，他努力地經營，希望能得到馬勒－紀念碑的合約。人們一再地要求他重新設計藍圖。但沒有任何意義的藉口卻一直妨礙他的工作。安娜——也就是他的學生——已經用盡所有的力量，在她的母親面前，為他爭取合約。但是卡爾‧莫勒（Carl Moll）卻讓他的努力化成烏有。莫勒曾經在很早以前，為柯克西卡出過很多的力量。然而，他也為伍圖拉巴盡了不少的心力，但在最後一刻，有些事情是不對勁的。我曾經懷疑這一位有很大權力的寡婦，事實上，她也真的是關鍵所在：她解除了伍圖拉巴承辦馬勒－紀念碑的資格。她很喜歡伍圖拉巴，但是瑪麗安總是在他的身邊，所以，她完全沒有任何的機會來誘惑伍圖拉巴。她提著一大串的豬肉，走到正在工作室裡的伍圖拉巴面前，而且當她很失望地離開工作室時，她會告訴自己的女兒：「他不適合馬勒家族。他只是個沒有教養的老粗。」但是，瑪麗安在維也納的公共場合到處地宣揚與煽火；然而，這樣的舉動對事情的決定卻沒有絲毫的影響力。她對馬勒家族有一股強大的熱情，這一面墓碑對他們兩個人來說，是意義重大的。在到達馬儂‧格羅皮斯葬禮的半路上，這一股熱情的爆發到達了頂峰。事實上，馬儂和馬勒一點關係都沒有，對她來說，她的母親和馬勒之間複雜的婚姻關係並沒有真正的意義。現在，她已經死了，所以，她和馬勒家族之間的關係也消失了。

但是，瑪麗安‧伍圖拉巴的情緒仍然無法穩定下來。因為到墓園的車隊可以慢慢地往前行進，這時候她有足夠的時間：「現在可以了！您現在試試看！我們必須往前開。您趕快開吧！我們必須往前。否則，我們會是最後到的客人。我們必須往前開。」伍圖拉巴看著我，好像他真想開口說話：「親愛的女士，夠了吧！」但是，他卻小心地保護自己，沒把話說出來，否則瑪麗安施加暴力的對象會改變——從計程車司機轉換成自己。然而，他並不是對整件事情漠不關心。他希望站在人群的前面，更接近馬勒墓碑的位置。

對一位雕刻家來說，墓碑與墳墓之間的聯繫有著無法抗拒的吸引力。非常肯定的，這裡像是最早石頭聚集的場所，這裡是他成長的環境。除此之外，死者是一位值得人們懷念的偉人的繼女，所以這兩者之間的關係是永遠無法消失的連結。

我已經無法知道我們是如何下車的；瑪麗安借用旁觀者的一條厚厚的圍巾，把我們拉到前面。最後，我們站在墳墓的附近，這時候，我聽到侯勒史丹寧（Hollensteiner）的致詞——他屬於這一位悲泣母親寂寞心靈的歸屬的一部分。母親痛心地哭泣；我這時候突然發現，她的淚水形成一種非常不尋常的類型。世界上，懂得哭泣的人並不多，但她算是其中的一個；她的淚水聚流在一起，繪製了一幅壯大的景致。我從來沒有看過這麼大顆的淚珠，像顆圓滑的珍珠，那是珍貴的裝飾。如果人們沒有辦法為爆裂出來的母愛感到驚奇的話，那麼，他們也沒有辦法正眼地看著淚水的流瀉。

這是肯定的！一位年輕的姑娘承擔了痛苦的煎熬，就如同侯勒史丹寧的陳述所描繪出來的景象一樣。那是超越人類極限的忍受力。然而，她母親的痛苦也是同樣地令人無法想像。整整一年來，她必須用自己的雙眼仔細地感受，這一個隨著小小心靈慢慢消失的世界。在相同的時間裡，如此悲慘的事實也發生在世界的另外一個角落：母親被謀害，兒女因為飢荒而死去。但是，任何的痛苦沒有辦法比得上阿勒瑪身心所受的煎熬；她的心靈只是個替代品，必須承受這所有的痛苦，然而，她並沒有崩潰。在墓碑前面，她仍然沒有崩潰；她是個優雅，但是非常堅強老邁的懺悔者。她站立的樣子實在不像聖母瑪莉亞，臉龐注流的淚水取代了內心裡的悔恨，這是一幅多麼光彩的景象，然而，卻沒有任何一位畫家可以為她描繪出如此活生生的肖像。在墓園裡，每一位朋友都對小天使發表致詞，致詞中的每一句話都會讓淚珠膨脹地更大，好像在她肥胖的兩頰旁邊不斷掉落的葡萄。她希望所有人都可以看到這樣的神情；事實上，幾乎所有人都看到了她的悲泣。除此之外，他們的觀望夾雜了另外一種目的，因為他們也希望自己得到阿勒瑪的注意。因為這樣的目的，所以這些參加喪禮的人讓她的悲傷獲得公眾認同的加冕，這也是為什麼人們來參加葬禮的原因。對維也納來說，這是個大日子；不久之後，這個大都會沉淪了，而且新近入主的主人宣布，這個城市只是一個小村落。

但是，在這裡也有其他出席的人；他們的身影只是有點離開眾人的視線，但仍然是所有人注目的焦點。對這些人來說，如果只是單單參與母親的榮耀，那是不夠的，他們想要向世人證明，自己內心的痛苦並不下於死者的母親。在剛完成的墳墓旁邊一塊突起的地方——這個地點有一點偏離眾人的視野，但並不是那麼地嚴重——馬莎跪在墳墓內緣的地帶，她的頭顱低垂地朝向地面。馬莎是亞哥・瓦瑟曼⑫的遺孀，他是在一年前去世的，當時他的聲譽幾乎到達了最高點。馬莎找到一個好位子，就在墓碑的旁邊，所有人都可以看見她的存在。她把瘦弱的雙手合在一起，有時候，這雙手會經由內心的感動而抖動。她的兩眼緊緊地閉合起來，完全看不到世界的面貌；她喜歡用自己與世界的隔離引起人們的注意力。如果她的姿態不是那麼地嚴肅的話，人們一定會深信她的真誠。當她用這樣的姿態站在墓碑的內緣，她消

---

⑫ Jakob Wassermann，德國文學家，他的作品專門描寫猶太人的生活。

瘦的臉頰活像一位焦慮的村姑；她的帽子是圓形的，如此的形式似乎是對頭巾提出來的警告一樣。整個儀式是為了強調一種印象；這時候，雙手的抖動更少了，有時候，她的眼睛會睜開一下。如果剛挖掘好的墳墓不是被選定在這麼良好的地點，而且死者是其他人而不是這位小天使的話，大家一定會以為她的悲痛是真實的。但是，人們無法信任如此懇切的景象。人們會不止一次地問自己，馬莎禱告的對象是誰呢？她的丈夫嗎？原來的病情就很嚴重，直到死前都在工作著。還是小天使嗎？她的天真和侯勒史丹寧虛假的致詞，以及母親邪惡的淚水沒有任何的關係；還是她自己的寫作，她認定她的文筆比自己的丈夫更好，而且當他死去之後，她把怨恨轉化成堅決的決定，決定向全世界證明這一項事實。

在格里茲寧墓園整個公開的葬禮中，這兩個人物的舉止是可恥的，但在我的認知裡，他們並沒有造成重大的損害。跪在地上的馬莎；我親眼看到她如何準備跪在地上，不過，我卻沒有看見她如何站起來。哭泣的母親，她借用永不枯竭的感情，製造沉重的淚珠。我努力地強迫自己，不去懷念虛假下的犧牲者，她是人人喜歡的小天使。

最高部門

一九三五年十月中旬，我的小說《迷惘》正式出版了。在這之前的一個月，我們搬到天堂路的新住家，這棟房子是在格里茲寧地區半山腰的山丘上面。對我來說，這是種解放的感受。我們已經遠離了氣氛晦暗的費迪南大街，同時，手上還握著自己的書；然而，維也納最黑暗的觀點正一步步地逼近這一本書。我們現在住的天堂路可以通往到另外一個地方；它被稱為「天堂人間」，我還被這個名字嘲弄了一番：薇颯為我印製附有地址的信封，但上面的地址並不是天堂路三十號，而是「人間天堂」三十號。

她感覺搬家以及書的出版都是相對於小說世界的一種解放；對她來說，這一本小說總是夾帶些不詳的徵兆。她深深地知道，只要這一本小說還沒有出版，而且一直以手稿的形式放在我的身邊，我就永遠沒有辦法遠離它；她把這一本小說認定為一種危險。在她的認定裡，自從那時候開始，有些不明的力量一直引誘著我。《虛無的喜劇》是她最喜歡的作品，因為這一部作品可以正確地證明我成為詩人的可能性。她的思慮是那麼地有節奏；我並沒有發覺到，這一本書的出版讓她最感興趣的事情是我會把寫上感言的《迷惘》寄給什麼人。當她看到，我所想到的人大概只有一打的時候，她的心境是滿足的。她認定我的小說會讓人們感到受傷。那些文學批評家會對我進行猛烈的抨擊，這是無法避免的事實。不過，有一些朋友非常了解我，並對我的天分有相當執著的認同，雖然許多人並不一定這麼認為。所以，小說的出版不能導致這些好朋友的遠離。

在她的認知裡，公開場合的朗誦會與自己的著作有著明顯的區別。除了一定朗誦的〈好父親〉之外，通常我還會再念一段〈散步〉（這是這一本書的第一章）以及第二部分的某些章節；例如〈理想的天堂〉以及〈駝背〉等等。因為在這些章節裡，費雪勒是故事的主角，他狂躁的傲慢總是可以吸引聽眾的注意。但是，〈好父親〉這一段也會讓聽眾深深地感動，因為這個章節會讓聽眾的心裡預留空間，對被侮辱的女兒產生同情。或許，有些人會很想閱讀原著，但當時這一本書還沒有正式出版。在這幾年來，人們已經知道全部的情節，而且德蕊莎與克恩之間讓人無法忍受的鬥爭是吸引人的，聽眾不能錯失整段鬥爭的完整性。所以，人們沒有理由對作者咆哮，而且會繼續出席下一次的朗誦會，來加強原來的意見。維也納的文學圈是很小的，而且它對新出版的作品的興趣通常是虛假的名聲；當新書剛出版的那一刻，就立刻會宣判死刑。

我自己並沒有任何的焦慮，否則薇颯得把所有的後果攬在她的身上。當出版社拒絕出書的時候，我對這一本小說的信心反而增強了。即使這一本書無法得到當代的青睞，對它的價值，我仍然抱持著絕對的信賴。我並不知道自己的自信來自何方。或許，在完全沒有考慮下，人們會把身後的世界當成審判的法官，然而在這樣的認定下，當敵對來臨的時候，人們總是會保護自己。所有細微的考慮與顧忌都會因此消失無蹤。人們無法想像，這一個人或者那一個人可以對自己的書有怎樣的看法。作者本人根本不願意猜測，如此的想像會有什麼結果。除此之外，作者也不會嘗試去了解，對自己喜歡的詩人而言，過去當代的人對他的著作有什麼樣的評論。老舊的書本是人類共同生活的夥伴；讀者把這些書看待為自己的資產，而且不受所有的細節的約束，然而，這些細節卻是作者本人耗盡歲月的生活天地。在有些人的生命經驗裡，書本竟然蛻變成為上帝。它不僅代表書本永遠是重要的，同時，它也表示書本是永遠存在的。

雖然，對身後世界的信仰也讓一個人滿足，但這一份信仰並不是絕對的。同樣地，這個世界也有審判的法官。我們很難找到這些法官，如此辛苦的尋找過程會讓人們感到不快樂，我們永遠沒有辦法與一個人相遇，他的良知可以被認定為身後世界的法官。我與這樣的一個人相遇了，經過半年來的相交相識，每天我們有著漫長的言談。隨著時間的滋長，我對他的尊敬也隨著升高。如果他對《迷惘》宣判死刑的話，我也會認同這是自己的宿命。在等待他的判決之前，我活了五個禮拜。

在書裡面，我為他寫了一句獻詞；然而，這是只有他才看得懂得一句話：

鐘能博士，給我更多。……E・C

在其他的贈書中，像是給布羅赫、阿爾班・貝爾格，以及穆集爾的書本裡，我也沒有節省我的獻詞，這些語句是明白、清楚的，同時也是自己內心最真實的感受。不過，給鐘能博士的贈書就不太一樣了。我們兩個人之間，沒有一句話是關係到「私人」的事務；因為我對他是如此地敬重，所以，我沒有勇氣和他聊一些私人的事情。除此之外，如果沒有加上「博士」這個稱號，在公開場合我也不會說出他的名字。不過，這並不表示這一個學位頭銜對我有重大的意義；在維也納，自己周遭的朋友裡，每兩個人當中就有一個具有博士頭銜。相反地，這個字代表著一種全心全意的呵護。人們不會一下子立刻指名道姓；在鐘能博士的面前，人們總是借用一些中性——也就是沒有任何色彩——的東西作準備。在如此的狀況下，人們知道沒有人有權利宣示自己可以擁有對這個名字的親密。對任何一個人來說，他總是非常遠遠的，是不可侵犯以及拘謹的。然而，在博士的旁邊緊貼一個輝煌的字詞：太陽（Die Sonne）。這個字是照耀的、燻焦的、有翅膀的泉源。除此之外，就如同當時的人的想法一樣，它也是所有生命的結束；雖然他的身軀是渾圓的，他的話語是簡單易懂的，但他仍然沒有辦法蛻化為日常生活中買賣的錢幣般那麼地親切。這都得感謝這個會讓人產生距離的感覺，我對這個名字並沒有其他的想法；當我想到這個名字的時候，活像一個人站在我的面前，而且他叫「鐘能博士」。現在，也就是五十年以後，我覺得這個名字太形式、太肅穆了，所以我把自己抽離出來。但我還是很少把它寫下來。

在當時那個時代，對收到獻詞的人來說，換句話說，對他而言，他當然知道他對我的意義更勝於太陽。然而，他也是唯一的一個人，在自己的名字面前，名字的原始意義竟然消失了。在輝煌的名字下面，我的筆跡仍然是十分有自信的；沒有任何一個人願意在這個世界上消失掉。這一本書秘密地苟活了好幾年，但這一刻，作者終於可以借用它，向全世界提出挑戰。不過，作者還是會消失在一個人的面前；在他的生命裡只有思想的存在，而且和個人的私事沒有任何的關係。

十月中旬的某一天下午，在博物館咖啡廳裡，我把這一本書獻給鐘能博士；這是以前他完全沒有看過的一本手稿，但我曾向他提過它的存在，之前他只能從朗誦會中聽到唯一單獨的章節。或許，他曾經從其他人的口中，例如布羅赫或者梅克勒的口中，聽過這一本書的存在。對他來說，布羅赫對文學的看法是重要的，但並不是絕對的關鍵。他只相信自己的判斷，否則他不會那麼地保護自己，而不會告訴我他對如此偉大作品的看法。從這一刻開始，每一天我可以和往日一樣親眼看著他。每一天下午，我走進「博物館」，然後坐在他的旁邊，然而，他也沒有掩飾一件事實：他正等待著我的出現。我們之間的談話讓我三十歲的生命得到重生，這樣的對話又繼續地延續下去。所有的一切都沒有改變，雖然每一次的談話都是新的，但它嶄新的面貌和以前並沒有什麼兩樣。從他的口中放射出來的語句，我看不出這些和我的小說有任何的關係。然而，他的沉默是如此地堅定，我也只能學習他的沉默。在自己的內心裡，我急切地想知道，他是不是會和我開始談論我的書，至少有個起頭。但是，我並沒有對他提出這個問題。我已經習慣尊重他的沉默所建立的國度，因為只有在完全沒有任何期待下，當他開始講述一些現象時，他才能登上頂峰。他的自主性有著異常清澈透明的形態，如此地保護自己，而不會錯用任何的暴力。這樣的自主性可以帶領我們學習，如何了解什麼是精神的自主性。除此之外，在他面前，我們不可能忘卻，自己從他身上學習到的生命經驗。

一個禮拜又一個禮拜過去了。我只能壓抑自己內心裡的急躁。如果他對這一本小說的態度是否定的，而且他的說明是如此完整的，他的陳訴是如此壓迫的話，那麼，這將代表我文學生命的毀滅。他是唯一的法官，他有權利對我宣判精神上的死刑，這是我絕對認同的判決。他只是沉默！然而，在薇颯的面前，我沒有辦法隱瞞決定性的關鍵。每一天傍晚，當我從博物館咖啡廳回到家裡時，她總是問我：「他有沒有說什麼？」這時候，我只能說：「沒有。我相信，他還沒有時間來看這一本書。」「沒有時間！沒有時間！但是，每一天花兩個小時跟你耗在咖啡廳。」每一次，當我想隱藏自己真正的想法，隨便找一個藉口：「這不是事情的重點。我們兩人已經針對《迷惘》的內容談過許多次了。」換句話說，每當我嘗試借用類似的方式來轉移話題時，她就會變得很生氣，而且會大聲地抱怨：「你已經成為一個奴隸了。你希望認定一個主人，你以為我不知道你的想法嗎？現在，這一本書終於出版了，而你已經成為奴隸了。」

我當然不是他的奴隸。如果他做了一些鄙視的事情或者說出一些輕蔑的話語，我是不會遵從他的指示的。從他的身上，我沒有感受到任何低級以及狡詐的元素。除此之外，我也相信，低級以及狡詐並不是他可以勝任的事情。這是絕對清醒的信任；然而，薇颯將它界定為一種奴役關係。她對現狀的了解是非常透徹的，因為這正是她對我的感覺。她相信自己的感覺是有根據的，而且可以經由小說的感受來得到印證；在這一本小說裡，最後只剩下三個人。但是，鐘能博士寫過任何一本書嗎？如果真有這麼一本書的存在，就他的理解，他會把它隱藏起來。為什麼他會這麼做呢？對他來說，難道平常周遭相處的人是不值得的嗎？當然，她知道這是他的禁慾，然而，這也是布羅赫、梅克勒以及其他人對他最讚賞的地方。但是，現在這一刻，他的禁慾卻達到如此無法忍受的地步；雖然我們每一天都會碰面，但幾個禮拜以來，他對這一本小說完全抱持緘默。在薇颯的認定裡，如此的禁慾是非人性的。她的口中沒有道出她的譴責，但在另一方面，她也沒有呵護我的感受。她用所有的方式來攻擊鐘能博士。平日她對自己的玩笑有著非常豐富的感覺，但當她提到他的時候，她的幽默感似乎也隨著消失不見了。因為她自己對小說的認同並不是那麼地穩定，所以她害怕他的沉默就是代表拒絕，而這樣的拒絕會對我產生怎樣的後果，她是非常清楚的。

有一天下午，在博物館咖啡廳裡，我們互相打過招呼之後找到位子坐下來。在沒有任何的導論，沒有任何的廢話，也沒有任何的抱歉的情況下，鐘能博士告訴我他已經看過小說了，並且問我是不是願意知道，他對這一本小說有什麼看法。然後，他花了兩個小時的時間，來描述自己的感想：在這一段時間裡，他並沒有談到其他的事情。他的話語照亮了小說的精髓，而且將故事的前後關係整理出來，雖然我是這一本書的作者，但他的觀點卻是我自己沒有看清楚的一層關係。他把這一層關係看待為一本書的本身：那是已經存在很久且會繼續存在下去的一本書。他說明這樣的關係來自什麼地方，而且指明它即將蛻變的未來方向。如果他只是說出一般性的認同的話，對我來說就已經足夠了，就可以很高興了，畢竟我等待了五個禮拜，我的心中曾不斷地懷疑對他認同的誠意。但是，他的說明理清了更多的疑慮。他深入地檢討每一個細節，是那些我自己寫出來、但卻沒有好好證明的細節：他並向我解釋，為什麼這些細節是正確的，為什麼它們沒有辦法用其他的形式表現出來。

他的描述是如此地吸引我，他的講述像是一段尋寶的奇異旅程，並且拉拔著我，一同踏上這一段路程。我跟著他學習，好像自己變成了另外一個人，不再是個作家了。他在我的面前描繪的現象是令人驚訝的，我甚至沒有辦法確定，這竟然是我自己的文章。那是非常驚訝的景象：他把每一個很細微的細節看成戒律一般，就好像他正在學生面前，評論經文一樣。他為我個人以及小說之間創造一道更深的鴻溝，跟四年前比較起來，當這一本小說還在我的身邊，還是手稿的時候，作家與作品的作者的距離與界線更大了。在我的面前，我親眼看到了一棟很有意義，而且在每一個細節都經過周詳考慮所建構的建築物；除此之外，在這一棟建築物裡，他的說明所展現出來解說人的尊嚴並不比他對文章的見解更薄弱。他的思緒所呈現出來的景物都讓我深深地感動，景物與感動之間的碰撞是沒有預期的相遇，這時候，我的心裡只有一個想法，希望這一刻永遠都不要結束。

慢慢地，我可以感受到他的話語夾藏了一個企圖：他清楚地知道一個事實，這一本書有著非常艱苦的宿命；而且他希望我能夠為這樣的宿命犧牲，武裝自己，來迎接未來所有的挑戰；這是他內心期待的結果。

當他講述了這麼多內容之後，他讓自己的話語與這個企圖脫鉤，不管怎麼樣，如此的企圖總是隱藏在他的字句裡頭。那是當事人的責任，必須假借自己的智慧來理解任何可能的攻擊，並且用自己的語言將它表達出來。或許，人們會把它認定是一本由一位古老且沒有性別的人所撰寫的書本。但是，他用很精確的方式向我證明完全相反的事實。讀者會抗拒劇中的人物費雪勒，因為他是猶太人，此外，他們會向作者提出指控，為了迎合時代的大環境的不滿以及憎恨的情緒，來利用這樣一位猶太人的角色。但是，這個人物是真實的，就像小說中受到局限的鄉下來的女佣人，或者時常毆鬥的管家。當災難過去後，這些原來依附在人物身上的虛無也會消散而去。然而，不管怎麼樣，這些人物卻依然站在原來的地方；人物是造成災難的真正原因。在這個地方，我只有描寫這一個細節；後來，費雪勒造成的事件繼續進行下去，然而，在自己的內心裡，我感到極度地不舒服，而且總是在鐘能博士對我所作的辯解裡，找尋逃避的棲身處。

他借用這樣形式的前後關係來滿足我的需要，然而，這一層關係的重要性是無法比較的。在這裡，我並不想陳訴這些道理。在過去的五十年來，有些道理被我的文字闡述出來。在書本以及文章裡頭，我用自己的文字仔細地描繪如此重要的生命經驗。在每一本書裡，作者都會建造一道防止秘密洩露的水壩，而且這樣的建築是隱祕的。所有文字的意義會慢慢地從這一座水壩裡一點一滴地流出來，直到最後所有的秘密得到完整的宣示，再也沒有辦法發揮他的用處。這個時間點是讓我感到恐懼的，但它還沒有到來。當時鐘能博士送給我一部分的寶藏，我把它保存在自己的內心裡，沒有應用它。除此之外，在每一個嚴肅的反應裡，當我用自己的好奇心來回答這些反應時，會讓有些人感到驚奇，然而，如此的驚奇和這些寶藏有著很密切的關係。這些寶藏是在我的生命中，自己可以看清楚透徹的部分，而且我也盡力地保持它的完整。

直到今天，許多憤怒的讀者對我作出了嚴肅的指責。然而，這些譴責並不會對我造成真正的傷害，這些讀者是無邪的，他們是我熱愛的人們，而因為這一本書的內容，我也曾經向他們提出過警告。有時候，因為我沒有間斷的懇求，所以有些讀者可以與這一本書保持適當的距離。但對親密的朋友來說，雖然我沒有辦法永久地禁止他們碰觸這一本書，但我的本性已經不再是當年撰寫這一本書的作家了。我感覺到當有些讀者在書本裡發現到惡靈的身影，他們也想在我的身上找到它的存在。然而，我自己也曉得，他們是沒有辦法找到它的存在，因為這一刻在我身上的邪惡，已經不是與當時一模一樣的罪惡了。當這些讀者因為這樣而變得無助時，我卻沒無法幫助他們。我不知道該怎麼向他們說明，當時鐘能博士已經把暴戾的邪靈從我的身軀裡驅除出來。那一刻，在我的面前，他把這一本書的支架以及血肉徹底地肢解，然後，自己退回到與我相隔一段的安全距離，再把這些生命的元素重新地安裝在我的軀殼裡。

第四部

格里茲孽

天堂路

當時我們正在找尋一間不會被拍賣的屋子，意外碰到了德魯克（Delug）小姐，她曾經在我們家裡當過三年的女傭。這是我們臨時搬進去的屋子，也是我住過最美麗的屋子；我們可以一直待在這個地方，直到有人願意承擔整棟屋子的租金，租下這一棟房屋。我們有四間房間，這是非常理想的，不過，房間裡沒有很多傢具。地下室是一間很寬敞的工作室，有一條非常窄小的走廊。另外四間房間還是空的。當訪客看到我們的屋子時，它的長度、空間的大小，以及不同的風景，都讓他們感到喜歡與羨慕，這時我們就會帶領他們參觀所有的設備，包括空的房間。

很少有訪客不會羨慕我們的住家。然而，這樣的感受卻是非賣品。德魯克小姐機靈且無法改變的口才是我們的守護神。她將房間出租給我們，也就是我們現在住的房間。但有一個附加條件：如果有人願意一次租下來所有的房間時——那是非常昂貴的租金——那麼，我們就得搬出去。否則，我們可以單獨地住在這一棟屋子裡。經常有人給她建議，但她拒絕讓其他人搬進屋子裡。德魯克小姐並沒有親口告訴我們這些建議，我們是間接地知道這個消息。在完全沒有考慮的情況下，她就直接拒絕這些建議，雖然除了我們的租金之外，她還可以收另外三分之一的租金，這樣她可以有更多的收入。但她表示，如果沒有和我們一同談論這些建議的話，對我們來說是不正確的。她的話不多，但在這些稀少的字詞中，「正確」這個字出現的次數倒是很頻繁。她說話時的喉嚨音很像提洛①地區的人。她的聲音讓我想起瑞士的喉嚨音，也因為這個原因，所以我很喜歡她。她像是吊在一串巨大的鑰匙圈上的一個小人物。在這一棟屋子裡有那麼多的房間，原來是想成立一間藝術學院的。她每天都會巡視一邊，是為了避免打擾我們，白天時，她都會事先通知我們她的例行工作。這一棟房屋的所有比例是龐大的，前廳以及樓梯都是由舒適的小階梯切成的，就如同城堡一樣。然而，這一棟城堡裡發號施令的並不是公爵貴族，而是一位瘦小的、有一點駝背的、頭髮有點灰白的女士，伴隨這不停搖擺的鑰匙串，來回地行走。她很少發出聲音，然而，如此尖銳的聲音是刺耳；不過，這只是我自己小心的敘述罷了。

她一直是一個人孤零零地。我從未曾見過什麼人可以與她分享親情的溫暖。或許，她有親戚住在南提洛。因為她從來不會提這些事情，所以從她的話語中，人們沒有辦法推斷她和其他人之間的關係。只有在屋子或者花園這些地方，我們才可以看到她的人影。換句話說，她從來不會出現在天堂路這一條可以通達市區的路。除此之外，她也不會出現在店家裡頭，在我的印象裡，她不曾上街買菜。當她想要到花園拔蔬菜時，她的身上會背著一個袋子。我們倆得到一個結論，她是依賴著水果以及蔬菜來維持生活。此外，她可以從佩赫特（Pächter）那邊得到牛奶——他住在後面房子的一樓，或許，他也會幫她購買麵包。她自己住在塔樓裡

① Tirol，奧地利、瑞士以及義大利交接的地區，是度假聖地。當地的葡萄酒非常有名。

的房間，當薇颯繳房租時，才能望見裡面的擺飾。裡頭有許多老舊的東西，很可能是她由提洛美麗的老家帶過來的。不過，這些東西雜放在一起，無法看清楚，這些擺飾都沒有一個正常的秩序，因為房間裡已經沒有任何的空間，所以擺飾都被堆放在一起；然而，這一棟屋子裡的許多大的空間卻是空蕩蕩的。這一間房間是這一棟屋子的中心，它是一間辦公室。德魯克小姐嘗試把所有的設備都擺在裡面；但這樣的操勞已經超越了她身體所能承受的負荷。所有的東西都已經超過二十年，幾乎都得修補一下。然而修補的費用已經超過租金的所得。畫家德魯克希望建造一間藝術學院，這也是他一輩子的夢想，但這一筆經費似乎已經花光了。她從來不會提起這一件事情。她從來不會埋怨金錢的短缺。她像個皇宮裡的農婦，希望能夠繼續她哥哥的夢想，她幾乎是完全單獨一個人，在她的腦子裡完全沒有其他的念頭。

這一棟輝煌的建築座落在天堂路，原先是要成立一間繪畫藝術學院，但這個目的卻沒有實現。當德魯克去世時，整間學院還沒有蓋完。他的妹妹就肩負起這個責任，為這一棟建築物的生存而戰鬥。整個學院有六棟大樓，每一邊有三棟，並且都分租出去。除此之外，旁邊還有幾間房間以及窄小的地下室。學院的花園以三個不同的方向往外延伸，此外，美麗的階梯把花園劃分成幾個部分，園中的活生生的雕像讓花園的景致更豐富了；這些雕像讓花園看起來像是剛被挖掘出來而且經過風蝕的勘察現場。至於是不是能將它看成一件藝術品，或許，每一個人有不同的意見，但整個花園依照義大利的宮廷花園設計而成，有著普遍吸引世人的美感，這是沒有任何疑問的。因為這一座花園座落在葡萄園的中央，所以場地非常廣闊；此外，模仿的設計也帶有一些人為的美感。旁邊矮小的陽臺可以直通到一個個被風化的階梯，人們可以從這裡望見多瑙河平原；整個平原看起來並不是那麼地平坦，而且平原最靠近的部分是由維也納的房屋所組成的。

這些由房屋所描繪而成的景致是令人難以忘懷的，它本身就是美麗的。它是三十八號電車的終站，人們可以坐電車到下面的格里茲薴；它距離上面的森林還有一大段路程。人們可以從天堂路的中段開始往上走，經過寒酸的別墅，最後到斯文巷上景觀會富麗的一點——這裡被稱作「人間天堂」——然後，在往上走，就是森林。如果人們沒有勇氣走進森林，那麼，可以走一條不太寬闊的街道，這一條街道會繞一個大圈子，再通到寇本則（Cobenzl），在這個地方，人們可以得到非常廣大與寬闊的視野，並可以眺望下面的平原；然而，更近鄰的景致，人們可以看到藝術學院，這一棟建築驕傲地佇立在平原上頭，住在屋裡的人也會很習慣這樣的住家。

在德魯克藝術學院的斜對面，也就是在天堂路的下方，是恩斯特・巴能迪克（Ernst Benedikt）的住家，不久之前，他成了《新自由日報》的發行人以及總編輯。他是《火炬》這一份雜誌的重要人物，這是大家都知道的；正如同他的父親莫里茲・巴能迪克（Moritz Benedikt），他也屬於《火炬》這個團體的一份子。當我知道這一件事的時候，我們已經搬進新家了。但當安娜來拜訪我們，參觀這一棟被許多人稱讚的工作室，並且對我指出巴能迪克的屋子時，我卻感受到這一間屋子的近鄰所帶來的戰慄。我們站在花園裡觀看外頭豐富的景致，我想讓她瞭望下方的平原，讓她享受風景的寬度與廣度都座收在她的視野裡的感覺，但是，讓我感到非常驚訝的是，她指向緊鄰的一棟房屋並且這麼說：「這不是巴能迪克的房子嗎？」她很少去那個地方，而且也不會真誠地看待在這一間屋子裡發生的所有事情。《新自由日報》的影響力已經很大了，但她母親的權力更堅實。因為《火炬》幾十年的存在，巴能迪克這個名字已經成了惡魔的代名詞，她極可能知道這一件事情。但是對她來說，這是沒有意義的，它比一齣諷刺劇更陌生。她從來沒有讀過《火炬》中的任何一句話，她更不會看完一整頁，並且保持沉默。當她說「巴能迪克的房子」時，對她來說，好像它只是一棟簡單的屋子，而且也不會驚訝地端倪一下，她無害的說明讓我感受到恐懼標誌的侵害，而且必須戰慄地想像這家可怕的家庭竟然離自己這麼地近。

「那是同一個人嗎？」我又問了一次，「而且離惡魔這麼近！」

「你根本不用正眼去看它。」她這麼說。我的目光驚慌地避開這一幕景象，並走回藝術學院。對我來說，與注視這一棟房屋的存在比較之下，其他的事情都是仁慈的。

「他是無趣的。」安娜這麼說，「他有四個女兒，而且還會拉小提琴，拉得還不錯。他練習太多了。他總是想向人炫耀，自己的學識有多麼地豐富，而且涉獵許多不同的領域，但事實上，他只能讓人感到乏味。」

「他也是《新自由日報》的發行人嗎？」

「那是他買下來的，和編輯的工作一點關係都沒有。」

「那麼，他現在做什麼事情呢？」

「他在寫作，是有關歷史的書。」

我繼續提一些問題，但我的問題並沒有任何的目的。我只是想繼續說話，來掩飾內心的激動。在過去的歷史裡，如果一位虔誠的基督教徒知道，自己的鄰居應該是位異教徒，而且又是個這麼可怕的人，任何的接觸都會造成生命的危險的時候，人們應該賜予他深厚的勇氣。在這個時刻，人們應該再告訴這一位虔誠的教徒，在這個地方並沒有一個異教徒，或者因為在這個平原中央，要舉行一場拯救聖潔的靈魂的祭祀，而他只是一個無害的人物，不需要放太多精神在上面。

惡靈竟然只在咫尺之間，如此的近距離讓我感到十分地驚嚇；過去幾年來，在我的心中，卡爾・克勞斯造成的陰影已經慢慢地撫平，但這一瞬間，自己的耳際再一次聽見黑暗的私語。我只得繼續提問題，因為我不想讓安娜發覺，被教會詛咒的鄰居竟然可以對我造成如此驚愕的恐懼。她還是看出我心中的不安，但是，她並沒有對我的舉止發出任何的嘲笑。事實上，她不會嘲笑任何一個人，對她來說，嘲笑不是美學的化身。除此之外，她也認為如此的舉止是不聰明的；母親帶給她的經驗，讓她特別地害羞。但是，每當我想到鄰居，就失去自我的穩重，在她的內心裡一定覺得，這是不夠莊嚴的。她似乎想穩定我不安的情緒，所以將我們的談話引到另外一個話題。事實上，我們兩個人之間的談話總是那麼地有趣，而且談論的主題時常是重要的。

我又恢復到平常的樣子。我為巴能迪克的家加封一幅禁令，而且看不見它的存在。房間的窗户前擺著我的書以及桌子，是我寫作時用的桌子；這一扇窗户可以直通天堂路那端的空地，不過，我卻看不到這一棟屋子。還要再往下走，它在我們屋子的斜對面，它的門牌號碼是五十五號。從任何一間房間，即使是沒有人住的房間，都看不到它的存在。然而，如果人們站在花園裡最大的那一部分可以觀看景觀的陽臺上時，才可以望見它的影子——我就是帶著安娜到陽臺上來。對我來說，她的呼叫在我的心裡泛起了戰慄的顫抖，所以我盡量避免踏上陽臺。我只是靠在附近，周圍有著豐富的景觀花園，它圍繞著建築物的四周。當我們介紹給訪客花園的時候，並無法遺漏陽臺的存在。但是，當我順著破落的街道到市區時——我通常會坐電車——在完全沒有考慮下，總是轉頭往左邊看，直到電車開過五十五號的房屋為止。

九月我們搬新家到冬天，正好有四個月，我的防護措施是足夠了。私底下，我對巴能迪克的屋子有著非常精確的影像。開放的門廊可以通向外面的街道，窗户的位置、屋頂的形式，以及通到大門的階梯，這些都是我的視覺裡非常具體的圖像。我相信在自己的腦海裡，沒有其他任何一間房屋有這麼精確的圖像，我甚至可以把這一棟屋子精確地速寫下來，不過，這一定是個很糟糕的寫生，因為我從來不正眼看它。如果我有機會可以揣摩出一幅更精確的圖像，我會立刻把頭轉向左邊，也就是屋子位置的另外一邊，對我來說，它的存在還是一個謎。我需要一幅圖像，把禁令的封印貼在它的大門上。

當安娜來拜訪我們的時候，我告訴薇飒這件事情。她嘲笑我的震驚。《火炬》的墮落對她造成的衝擊，並不亞於我的恐懼；然而，在禮堂裡，當她坐在卡爾・克勞斯的前面時，這樣的衝擊便消失了。後來，如果她有興趣的話，她會看他們的書，除此之外，在沒有任何忌諱下，她可以認識克勞斯周遭的人。在她的眼前，是她親眼看見的景象：卡爾・克勞斯似乎未曾描述過這一棟墮落的屋子的存在。過去，住在名聲如此惡劣的鄰居附近，是她無法忍受的居住環境。然而，現在她似乎很喜歡呈現在眼前的事實：在這一棟屋子裡，有四個小女生，巴能迪克的四個女兒。正如同她對其他的小女孩的好奇心一樣，她也對這些女孩感到好奇，所以薇颯便用我的驚嚇來作弄我。她想知道這些女孩是不是很漂亮，但安娜並不知道如何來回答她的問題。所以，她就問安娜我會愛上哪一個女兒。安娜告訴她，她相信一個都不會，因為她們都還是年紀未成熟的小呆鵝，人們甚至無法和她們正經地交談。她們是善良的，但跟平凡的母親，而不是愚笨的父親，比較親密。薇颯及時停止她的嘲笑。當她證明，在這一件事情上，她的自主性是不容懷疑之後，她馬上意識到我需要她的支持。當我宣告這一棟屋子造成的困擾之後，她保證會幫助我，薇颯對這些女孩的好奇心並沒有對她的保證造成任何的困難，或者感到疑惑。

我並沒有因此而喪失理智，去想像這些女孩的外形是怎麼樣子。因為她們出身在《新自由日報》的家庭，所以她們是腐化的。

當人們朝著天堂路往下走到市區的時候，常常會在同樣的時間遇到同樣的人。這時候，跟她比較起來，一般人會有點優勢，因為上坡的關係，她的腳步明顯地放慢。當人們考慮，是不是要越過她的時候，她似乎把自己當成供人觀賞的對象。每一次的相遇總是一樣的，從下坡的方向，有一個小女孩迎面走過來的時候，人們總是會放慢自己的腳步。敞開的淺色大衣、黑溜溜的頭髮、急促的喘氣聲；她黑色的眼眸直視前面的目標。人們不認識她，她是那麼地年輕，大概只有十七歲，像一條黑色的美人魚。當人們聽到她的喘息聲時——她的聲音並不是很響——可以感覺到一些東方的聲韻（不過和同年紀的日本小女生比較起來，她又顯得太高大太重）。然而，她的腳步是那麼地急促，幾乎是盲目地往前直衝。這時候，人們會感到遲疑，而且害怕她會莽撞地撞上路人，但她只要眼睛一留神，就可以閃避和其他人之間的衝撞。她的眼神完全沒有任何逃避的羞澀，人們會感受到自己竟成了這一道色彩注目的對象。從她的身上散發出來如泉水湧現的生命，這一道泉水像是初春冒出頭的胚芽一樣，那麼地年輕。這一刻，人們會感到害羞，並且不敢望向她的背影。除此之外，人們也無法知道，什麼地方是她奔逃的目的地；那一定是天堂路下面的那一間屋子。

只有在中午時刻，她才會出現，然而，在這個時段，我都得到前面的地方辦一點事情，這絕不是我自己憑空想像的。當我碰到這一條速度急促的黑色美人魚幾次後，我幾乎每天都會在同樣的時段裡走到街上去，而且完全沒有意識到，自己的舉止是因為她的緣故；雖然我會注意不能太早走到主要道路旁邊分叉出去的小巷子。我會走自己的路，至於她是不是會在這時候迎面衝過來，那是她的事情。我並不承認，因為她的緣故，所以我每一天都會走上街頭。

她的名字一定是個東方的名字；所有的名字都不會讓我失望。在這個時候，我對日本的版畫正好有相當不錯的了解。正如同俳優劇一樣，日本版畫填滿了我心靈上的需求；這是某一個禮拜，在民族歌劇院一場客座表演裡，所得到的深刻體會。東洲齋寫樂（Toshusai Sharaku）的版畫表現出俳優劇的精髓，這是我最喜歡的藝術作品，因為在一個禮拜裡整整七天的傍晚，我體驗到俳優劇在自己的身上產生無法壓制的影響。在這一幕戲劇中，演員全部是男人，而且在他的彩色版畫裡，絕對沒有一個人物可以每天以不同的裝扮出現。不過，這一條美人魚往上衝撞的喘氣聲和俳優的粉墨是一樣的；今天這個時候再來回想這一件事情的時候，我可以說，如此急促的喘息是我走上街頭的真正原因。這一條街連結這個市區與市中心；當我要到市中心時，一定得走這一條路，每一天的固定時間會將我和這一條街連結在一起。然而，這時刻——下午一點的時候，舞臺前面的幕帘就會拉開來，對她來說，我成了準時的訪客。後臺發生了什麼事情，並不能引起我的興趣，但當布幕被拉開的那一刻，我已經無法再阻止演員登場演出的序曲。

當時序進入冬天後，天氣變寒冷了，她出現的模樣也變得更戲劇化了，因為這一位小女孩開始冒蒸汽了。她的大衣似乎太大了，她的模樣也變得更匆忙，急促的呼吸在冰冷的空氣中化成急速上升的雲朵。我有種感覺，她的呼吸一次比一次急促；當冷空氣更加寒凍時，從她張開的口中，熱呼呼的蒸汽會更急促地噴出來。當這一股熱氣幾乎輕抹到我的臉頰時，我聽到她的氣喘聲。

當她的時間即將來到時，我都會放下自己的工作。我會將鉛筆放下，然後站起身，經過一扇特別的門離開；這一扇門連結我的房間以及房屋的前廳。當我離開屋子的時候，並沒有人察覺我的異樣。我沿著扶梯走下樓，再走到前廳。我站在前廳時，會抬頭觀望自己房間的窗户，而且在沒有任何的想法下，直接走到街上去。我總是有一點擔心這一位扮演俳優的人物，這一位東方美人，已經辭幕退場了。但是，事情的真相與自己的想像永遠是相反的。我總是有一點時間，可以走幾步路，避開五十五號的房子；這時候，我會順從這一道禁令，也就是我為這一棟房屋加封的符咒，我的眼神會自然地往左邊偏斜。然而，在五十五號房以及史特拉斯街之間的十字路口瘋狂的人群總是湧向我的面前，內心的衝動沒有辦法被壓抑下來。我捕捉許多人們的景象，甚至超過了自己的能力可以承受的範圍；我想，到了第二天，他們的模樣仍然是清晰的。在這裡我認識了許多剛搬過來的人，我會尋問他們，讓他們告訴我他們的來歷。不過，我從來沒有探聽這一位女孩的消息。當她出現時，是那麼地大聲以及大膽；對我來說，她慢慢地化身為秘密的代名詞。

最後的版本

在我們搬到格里玆寧的半年前，也就是當我們還住在費迪南的時候，我和薇颯結婚了。我對住在巴黎的母親隱瞞了這一件事情，或許，她早已經猜測到隱藏在天堂路這個地方的真相，但她從來沒有說出這一件事實。格奧爾格，也就是我的弟弟，也知道了婚禮的舉行，他也認清自己沒有辦法再隱瞞這一件事情，所以選擇了沉默；在他的認定中，這是最好的方法。後來，婚禮和小說的出版都讓她知曉了；這一本書讓她感到非常地驚訝。當她提到這一本書時，她的語氣是屈服的。然而，這是非常不尋常的。同時，在所有的消息裡，她會把婚姻這一件檔案歸到不重要的部分。這一刻，我的心裡浮現了一個希望——我們之間最糟糕的戰爭已經過去了。過去幾年來，因為我和薇颯之間長久以及無法消逝的關係，讓她很失望（我為了薇颯，也為了母親，必須面對讓世人最為痛心的醜聞所帶來打擊），我希望，這些過去的事情不再有那麼重大的意義。

她以傲慢的姿態來傳述她對我的認同，這一本書正如同她自己寫出來的書一樣。換句話說，書的內容是她的思緒，而我只是得到這樣的權利來撰寫它。我得到這樣的權利，把一切其他的事務擺在旁邊，那些對詩人來說所謂化學反應的東西。拋開這一切吧！我應該堅定地抗爭下去，應該堅決地反對她，來證明自己，我可以用這一本小說來證明自己的期望。這是她書信中的內容，然而，當我在巴黎再一次看見她時，她嘗試去為自己的「屈服」作出反擊，如此的屈服是我在她身上從來沒有經歷過的現象；這樣的「屈服」是我難以忍受的，它的壓力卻是越來越強。

她突然提到父親，提到他的死亡；它決定了我們一家人後來的命運。母親不願意再照料我；這一刻，她的態度是非常嚴肅的，而且告訴了我真相。我第一次知道她對我隱瞞實情：過去一段歲月裡，長達二十三年的時間，在我的面前，她總是借用新的以及不同的版本來掩蓋事實的真相②。

在英國的萊因哈爾（Reichenhall），當她在療養院的時候，遇見了一位醫生，他說她的語言，而且每一個字都描繪出內心情愫堅韌的輪廓。她覺得自己遭受到了挑戰，必須回覆他的話語，而且發現了一個事實，那就是自己那麼地冷靜，沒有任何的期待。他送給她一本史特林堡③的書，讓她閱讀。從那時候開始，她就沉睡在史特林堡筆下描繪的夢境中，因為和

② 請參閱卡內提回憶錄第一部《得救的舌頭》。

她一樣，史特林堡也認為女人都是邪惡的。她向他坦白，什麼人是她的「聖人」——他是克利歐蘭④。他並沒有覺得這有什麼奇怪，相反地，因為這樣，他非常地讚賞她。醫生並沒有質疑她，為什麼作為一個女人會把這樣的人物看待成英雄的畫像。相反地，她的勇氣以及面貌都觸動他內心無法壓抑的情懷，這是他的情慾。她覺得，聽他講話是一件非常愉快的事情，但並沒有答應他的要求。她容許他所有的話語，但並沒有回答任何與他自己有關的問題。在她的對話裡，醫生這個人物從來沒有出現過，她只是想談論他帶給她的書籍以及那些人的事理；換句話說，在醫生的認知裡呈現出來人的現象。他所有的描述都讓她感到讚嘆，但是，她並沒有作任何的猜測。他卻規勸她離開父親，然後跟他結婚。她的德語得到醫生傾心——除了她之外，沒有人會說德文；然而，對她來說，英文從來就不具任何的意義。連續兩次，她向父親請求延長療養的時間，她表示療養對她的健康有長久的幫助。在萊因哈爾的療養中心裡，她的生命綻開最美麗的花朵，但她自己知道，真正滋潤她的生命的是醫生的字句。當她第三次向父親提出，再一次延長療養時間的請求時，他拒絕了，而且命令她立刻回家。

她回到家後，在意識裡自認，沒有任何一秒鐘，她曾經考慮過接受醫生的要求。所以，她沒有任何的恐懼，將所有的事實告訴父親。當她重新回到父親的身邊時，她的勝利也是父親的勝利。她觀察自己，以及所有發生的事情，而且把所有的事實放在父親的腳下——她直

③ Strindberg，瑞典的劇作家。
④ Coriolan，莎士比亞戲劇裡的人物。

接用這個字來形容。在他的面前，她重複醫生讓她傾心的話語，但卻沒有辦法理解，為什麼父親的情緒越來越激動。他總是想知道事情的真相，他想知道所有的一切，然而，當母親告訴他所有的事實以後，而且已經沒有任何可以隱瞞的事實時，他還提出更多的問題。他想要她的表白，但她沒有任何需要交代的義務。他無法想像，為什麼在好像什麼事情都沒有發生的情況下，醫生會向她提出婚約的要求，但是，她已經是個結過婚且有三個小孩的女人了。她並不覺得這裡頭有什麼值得懷疑的地方，因為她知道，談話的內容如何慢慢地演變成沒有辦法成為事實的慰藉。

她沒有感受到任何的同情，也沒有放棄自己的執著。除此之外，她感到療養對自己的健康有很大的幫助，在這一刻，她的感覺是如此地美好。因為這個緣故，所以她才回到家裡來，而且她很高興她又回到家來。但是，父親總是提出一些很奇怪的問題。

「他有沒有檢查妳的身體？」他這麼問。

「但是，他畢竟是我的醫生啊！」

「他用德文跟妳講話嗎？」

「是的，不然，我們怎麼交談呢？」

他想知道醫生是不是會法文。她說，她認為那是肯定的，因為談話裡，曾經出現一些法國文學的話題。為什麼他們兩個人不用法文交談呢？她從來沒有辦法理解父親這個問題。她只能一再地思考這個問題。他怎麼會有這樣的念頭，一個住在萊因哈爾療養院的醫生可以用德文跟她交談，這是她熟悉的語言，為什麼他一定得跟她用外來語講話呢？

我很驚訝，她竟然不知道自己做出什麼事來。她的不忠實是用德文跟這一位醫生講話——他希望得到她的真愛。但是，德文是她與父親之間最親密的語言。在她的生命中所有重要的事件——她的訂婚、結婚，以及掙脫祖父君王式的控制，都是依照由宿命的指令以德文撰寫而成的劇本。或許，她已經無法意會到，在曼徹斯特的時候，父親得花費那麼大的心力去學習英文。但當他看到，母親的熱情重新回到德國人的身上時，心裡面的感覺是那麼地敏感，而且睜大眼睛觀看，整件事情到底會往哪一個方向發展。當母親還沒有完全的表白以前，他拒絕跟她講話。在晚上的時候，他是沉默的；在白天的時刻，他找不到可以和她談論的字詞。當他去世的時候，他堅信，她欺騙了他。

我找不到可以跟母親坦白的心：用清白來慰藉自己，但是，她的清白是種罪惡感。因為她允許了這個語言裡的一些字眼，然而，對我來說，這些字眼是永遠無法被允許的。這樣的對話持續了好幾個星期，而且正如同她自己承認的事實，在父親的面前，有一個字是她永遠沒有坦白過的秘密：克利歐蘭。

她說他永遠無法理解她的心。當他們兩人還很年輕的時候，曾經聊過民俗劇。當他們還是小毛頭的時候，都住在維也納，那時候，他們還不認識彼此；不過，他們兩個人都有相同的想法。後來，他們才對對方表白自己的熱情，當他們已經在一起的時候，如此的交心才得到真正的鼓勵。他的偶像是鐘能塔勒（Sonnenthal），她的偶像則是伍特勒（Wolter）。跟母親比較起來，他更熱愛表演，他會模仿演員的表演，而她只是喜歡談論他們。針對戲劇本身，他沒有辦法描述太多的內容；當他朗誦劇本的時候，她會在家裡把劇本再看一遍。父親比她更可能成為一位出色的演員。她有著太多的思緒，而且她的態度是嚴肅的。她並沒有放太多心思在喜劇上面，如同父親一樣。他們曾經共同看過的舞臺劇表演，是連結兩個人心靈最緊密的臍帶。他從來沒有看過《克利歐蘭》這一齣戲劇，而事實上，他也不會喜歡它——傲慢而且缺乏同情心的人是他無法忍受的。因為她周遭的人都那麼地驕傲，所以他和她的家人之間有許多的困難——她的家人也反對他們的婚姻。如果他知道，莎士比亞戲劇中的人物克利歐蘭是她最傾心的偶像的話，那麼他一定會覺得病態。她完全領會到這點，所以過去她一直避免和父親談論這一件事情，但在萊因哈爾的療養院，當她說出克利歐蘭這個名字的那一刻，她又回想起這一段往事。

她是不是對某些事情感到不滿足呢？父親是不是讓她覺得很失望呢？我並沒有問她太多的問題，她自己會講述這些過去的往事，這些埋藏在心中無數的夜晚，好像她無法抗拒黑暗的到臨一樣。但是，這個問題對我造成了很嚴重的壓迫，當我提出這個問題之後，我覺得那是好的作法。他從來沒有讓她感到失望，一次都沒有。曼徹斯特的住民讓她感到厭惡，因為那裡不是維也納。當父親教導我念英文還跟我說英文的時候，她只是沉默。這是真正的原因，這是為什麼當時她會對我有那麼冷漠的態度。父親對英國的熱情是無法用言語來形容的。他的看法是正確的——這些人善體人意，又很有教養。但是，她喜歡和自己家鄉的人在一起，然而，這些人的教育水準是可笑的。所以，她和這些同胞之間無法有任何真正的交談。因此她生病了，英國的氣候並不是身體病痛的原因。正因為這個緣故，萊因哈爾的療養、這醫生的字詞，讓她得到了許多的幫助。但畢竟那只是療養。對她來說，這已經足夠了。或許，每一年她都可以到那個地方療養。然而，父親的嫉妒心摧毀了所有的可能性。為什麼她不能告訴父親事實的真相呢？

她對這個問題非常嚴肅，而且想知道我自己對這個問題有怎樣的答案。當她提出這個問題時，情緒是那麼地激動，好像所有的事情才在剛剛這一刻發生一樣。她沒有辦法認定，與這位醫生的相遇是錯誤的。她沒有任何的質問：似乎我可以不回答醫生的任何說詞。對她來說，似乎只要她不理睬他的要求，就已經足夠了。我給她一個答案，但不是她想聽到的結果。妳不應該表現出來，這些話語對妳有多麼地重要。我這麼說：我的字詞是很遲疑的，然而，這些話聽起來卻像是一番嘲笑。妳不應拿它當作炫耀的素材，妳應該向父親說明清楚。

「但是，這樣的結果卻讓我很快樂。」她的回答是那麼地強烈，「直到今天，這樣的結果仍然讓我很高興。難道你相信，我可以憑自己的努力，在史特林堡的書本中找到自我的歸屬嗎？我會是一個完全不一樣的人，而且你也沒有辦法寫你的書。你會永遠埋首寫些只會埋怨與可憐的詩詞。沒有一隻公雞會對你啼叫。你真正的父親是史特林堡。你是我和史特林堡的兒子。是我的努力，你才可能成為史特林堡的兒子。如果我拒絕萊因哈爾的療養的話，你不過是稻田中的一顆米粒罷了。你用德文寫作，因為我把你帶離開英國。你停留在維也納的時間甚至比我還久。我沒有辦法忍受你的卡爾•克勞斯，然而，他是你在維也納發現的偶像。跟你結婚的是一個維也納女人。這一刻，你富裕的生活座落在維也納。對你來說，如此的生活似乎還不錯。如果我的身體好一點，我會到維也納拜訪你們。告訴薇颯，她不用對我產生任何的畏懼。你會離開她，就好像你離開我一樣。書中的故事是你為我發明的，但是，這些故事會變成事實。你必須發明，因為你是個詩人。這是我對你的信任。如果人們不能相信一位詩人的話，那麼，還有什麼人可以信任呢？或許商人？或者政客？我只相信詩人。但是，詩人是必須猜忌的，如同史特林堡一樣，而且可以看透女人的本性。我們對醜陋人性的想像是永遠都不足夠的。雖然，我還是不希望自己的生命會縮短一秒鐘。生活有什麼不好！生命是美妙的。我們可以透徹人性的醜陋而且繼續生活下去，這是多麼美妙啊。」

從這些語句當中，我才真正地體會到在父親身上到底發生了什麼事。他發現，如同秋天的落葉一般，母親的真情從他的身上剝落下來；然而，她卻不承認，自己的情愫正像一列行駛的列車，沒有任何的軌道，沒有明確的終點站。或許，對他來說，一般人的表白並沒有任何真正深刻的意義。她無法衡量，她的決樂是不是已經超越了界線，否則，她無法用自己的快樂來打擊他。她不是沒有廉恥心的，如果她可以嗅覺到，自己的行為中有絲毫的骯髒，那麼，她就不會誇耀自己的感情。然而，他又怎麼能夠接受所有已經發生的事情呢？對他來說，他們之間的交談語言——德文，是不能侵犯的。但是，這些字詞，這個語言，已經被她放棄了。對他來說，在他們的面前，舞臺上所有用德文扮演的橋段已經轉變成為愛情。他們向彼此傾訴無數次心語，而且必須感謝這些語句，他們才有辦法忍受現實生活的局限。當我年紀還很小的時候，借用熱情的餵食，努力地吞咽這些未來字；這一刻，我發現自己的價值是多餘的。一開始時，她的周遭就沒有人的存在了。這樣的隔離讓我感到驚慌，所以在十分懷疑的狀態下，在隔壁的房間努力地學習這一種語言——自己不懂的語言。

在回到維也納的途中，她在瑞士的洛桑（Lausanne）停留了一陣子，然後，操作一種語言，一種以前我無法聽懂的語言，強暴我的心靈。在維也納的每一個傍晚是閱讀的時間；無數的傍晚造就了我的誕生。在閱讀中，她重新拾起與父親之間的對話，不過，這一次，她在對話中添加了《克利歐蘭》這一齣戲劇，這一個曾經化身為她內心的罪惡的人物。在蘇黎世的舒伊赫策街的時候，她的感情沉醉在史特林堡的書本中；我把一本又一本的史特林送給她。在鋼琴的伴奏下，我聽到她輕微的歌聲，在悲傷的歌聲中傳出她與父親的話語以及哭泣。這一次，她是不是說出這一個名字，這一個撫慰她的情慾，而且他不認識的名字呢？當她看著我的時候，她的眼神告訴我，我是個由不忠化身的兒子。她向我坦白，什麼人是我真正的父親。我的父親到底是什麼呢？

在這一刻，她撕毀了所有的一切，而且仍然很鎮定；如同過去一樣，她用自己的方式來形塑生命。她有權利在我的書裡看清楚自己的存在，然後，告訴我這一本書的形成正如同她的思緒所傳述的文字，而且因為這樣，所以她又找到新的勇氣，來接受薇颯的事實，同時，她也不再計較，這麼長的時間以來我對她隱瞞自己和薇颯之間的情感。不過，她還是把如此的勇氣和邪惡的預言結合在一起——正如同我離開她一樣，日後，我也會離開薇颯。在她的腦海裡，復仇的念頭搶奪了幻想每一個可能的位置。她向我宣示，她將會來拜訪我們，而且會睜著眼睛和我們一起觀看，她的預言如何成為事實。她非常急切，無法控制自己的情緒，此外，她非常的肯定，當這一本書，這一本由她的意念貫穿前後的故事的書出版之後，成功的日子也會隨著到來。在她的眼裡，我的周遭圍繞了女人，那些我在《迷惘》裡用來隱藏自己「對女人的憎恨」的道具。而且我的渴望會逐漸地增強；這些女人應該受到懲罰，因為她們是女人。在格里茲寧的住處，她看見許多亮麗的女人圍繞在我的身邊，但她們必須迅速地替換掉，而且薇颯會遭受到打擊，最後被遺忘在一間小公寓裡，就如同她現在住在巴黎的小公寓裡一樣。在她的認定中，這樣杜撰的故事即將成為事實，她的注意力轉移到對薇颯的同情上面，然而，如此啟示錄一般的宣告並沒有轉變成為事實。我只是做如此的預言；我不會欺騙她，她也不會讓自己遭受到任何蒙蔽，因為沒有人可以把邪惡看待成偽裝的利器，無邪地站在她的面前。她的天分可以看清楚事物的本性，而且她把這樣的天分再傳給我，因為我是她的兒子。

當我離開巴黎時，我有這樣的想法：她可以用平常心來看待我們的婚姻，對薇颯產生同情心，因為薇颯還無法看清楚未來。然而，這樣的想法讓她感到十分地興奮，因為她相信她可以看清楚薇颯的宿命——她自己無法想像的遭遇。我揣測她杜撰她們兩人之間的對話，心裡的感受也不再那麼地沉重。或許，對未來如此的看法讓可怕的真相減輕對自己的侵犯；這一天，我終於體會到，父親整個人是如何地崩潰。

但是，事情的真相卻有了極端的轉折，它讓我感到非常的失望。我低估了她思緒搖擺的程度；這時候，她腦海裡偏激的震盪更劇烈了。我從來沒有想像過，當她終於對我坦白真情的時候，怎樣的後果會降臨到她的身上。直到這一刻為止，她總是拖延讓我知道真相的時間表。在我的眼前，過去一同生活的那些歲月仍然是活生生的景象，但她總是為整個故事編造不同的轉折，來保護自己的秘密。現在，她放棄了這個秘密，並且問我自己的意見。然而，在感情的簇擁下，我的字句是對她的嘲笑——她的感覺並不是因為過去發生的事實，她無法原諒父親，她完全沒有辦法感覺到，她自誇式的轉述對父親造成了怎樣的打擊。她的真情吐露了對往事的憤恨。然而，她並沒有讓我感到驚嚇，相反地，它加強了我的認定：她一點都沒有變，還是同樣一個不可侵犯的人。這時候，她終於了解絕對的必要性，依照自己的意志，在我們之間長久的抗爭中畫下一個句點。

我無法想像的事實，發生在幾個月以後。在同一年裡，她對我的憎恨更強烈了，而且她並沒有把薇颯從過去仇恨的回憶中抽離出來，或者對她進行譴責。她宣布：她永遠不想再看到我。

阿爾班·貝爾格

今天，我又把阿爾班·貝爾格令人感動的照片再看一遍。我仍然沒有太多的自信來描述在我經驗中，貝爾格是怎樣的一個人。現在，我只是想從一個外人的觀點，來描述我和音樂家之間的遭遇。

在他去世前的幾個禮拜，我還親眼看到他，那是在博物館咖啡廳裡很短暫的會面。那時候，音樂會剛結束，我向他表達我的感謝，因為我收到一封非常美的信。他問我的書是不是已經得到輿論的討論。我告訴他，時機還太早，不過，他似乎有不同的意見，並且很關心後續的進展。他想表達自己的了解——我必須堅持某一些東西——不過，他並沒有說出來。事實上，他正處於危險的狀態下，而且希望能保護我。我可以感受到他的熱誠；自從我們認識後，這一股熱誠從來沒有冷卻過。「所有糟糕的事都不會發生，」我這麼說，「因為我收到您這麼一封懇切的信。」他提出抗議，雖然我的話讓他感到很高興。「您的話聽起來像是，您收到一封荀白克的信。不過，事實上，這是我自己寫的信。」

在他的身上，自我感覺是永遠都不會短缺的。他很清楚自己是誰。但在他的認知裡，有一個還活著的人享受著更尊容的地位——荀白克。他尊敬荀白克的基礎是來自他的創作，然而，貝爾格將自己的能力放在這個基礎之下——他是我敬愛的人。不過，至於為什麼他是我敬愛的人，我也有我自己的理由。

當時我並不知道，幾個月以來，他倍受疾病的折磨。而且我也不知曉，他的生命只能再延續幾個禮拜。在聖誕節的時候，我突然從安娜那邊得知消息，他已經在早晨的時刻去世了。十二月二十八號，我到希金格爾的墓園參加他的葬禮。在墓園上，我看不到任何的動作，這和我的期待有著很大的出入；沒有一絲的人煙往一個特定的方向行走。我問一個瘦小、身體畸形的墳墓工人，貝爾格的葬禮在什麼地方。「貝爾格的屍體在上面！」他尖銳的嘶喊相當地大聲。我受到驚嚇，但依照他的指示往上走，並且看到一群人，大概有三十個人左右。除了艾貢・維勒茲⑤與威立・萊赫（Willi Reich）之外，恩爾斯・克爾內克也在裡頭。對我來說，整個告別的致詞是他對死者，他自己的老師，真情的傾訴，他的話語仍然帶有學生熟悉

⑤ Egon Wellesz，出生在維也納的音樂家，是荀白克的學生。

的青澀。事實上，他並沒有說什麼，不過，這是在死去的老師面前最沉痛的感傷；在這一刻，這也是我最不願意打擾的語句。其他人比較聰明，他們的致詞比較清晰，但我並沒有注意聽講。我不願意聽這些話，因為我沒有辦法接受這樣的事實——我們現在身處這個地方。

我親眼看著他站在自己的前面，正如音樂會上德布西⑥的歌曲感動他的那一刻，他的身體晃動了一下。他的身體是壯碩的，當如此的晃動發生時，他的身體會往前傾一下，好像暴風吹向他，然而，他像一支筆直的草莖挺立在那裡。「棒極了！」他這麼說，但這一句話還停留在張開一半的嘴巴中；他的話語像一個喝醉酒的人喃喃地誦念。不清晰字句的吞吐借用模糊的聲律將讚美的稱頌密封起來；這是晃動的表白。

當我第一次到他的房間拜訪時，是經過賀爾曼的引見；我感受到一股溫暖，是他接待我的時候，傳達出來的熱誠。我們大家都知道，維也納社會像瘋瘋病似的冷酷是世界知名的——事實上，我本來期待一個心靈得到鬼魅的慰藉的主人。在我的想像中，他和希金格爾沒有任何的連帶關係，但我不會問自己為什麼他住在這個地方。我並沒有將他和維也納連在一起，除了這樣的觀點之外——他是個偉大的作曲家；他住在這裡，因為他必須體驗人們對整個音樂之都的鄙視。我認為他一定是這樣的一個人，他對事情嚴肅以及認真的態度是來自於作曲家與他人之間的敵對；換句話說，我不認為詩人和音樂家之間會有任何的差別，他們在創作的時候所創造的敵意並沒有任何的差異。對我來說，抗爭的意志來自一個相同的源流，

---

⑥ Debussy，法國印象樂派的作曲家。

因為這一股敵對的蔑視，卡爾・克勞斯抗議慢慢地吞噬精神的食糧。

我知道一個現象：卡爾・克勞斯對荀白克以及他的學生有著重大的意義。或許，我良善的意見就是來自這裡。但是，在阿爾班・貝爾格身上，又多了一項特別的因素，他將〈伍采克〉當作歌劇的素材。我抱著相當大的期望來拜訪貝爾格——我的心裡不斷地揣測，是不是存在著重要的人物，可以正確地批判自己的地位呢？但是，他是唯一讓我有很多期待的重要人物，而且有著沒有讓我失望的人格。

他的消息讓我感到驚慌。他的字句沒有流露出任何誇耀的感情。當時，他的好奇心非常地強烈，因為他沒有我的作品。他問我是不是可以想辦法，讓他看一下我的作品。我告訴他我的書還沒有出版，只有《婚禮》的戲劇版本。這一刻，在他的心靈中，我已經成為知心的朋友，當時我並沒有認識清楚，後來我才真正地認識自己感受到的熱情。當他開口說話時，我的心中感受到一股暖流的浮動。「沒有人有這樣大的自信心，我可以看您的劇本嗎？」這個問題沒有任何強調的口氣，但我並沒有任何的懷疑，他的要求是來自真心的期待。因為同時他又立刻補上了一句話：「過去我也經歷過這樣的階段。不過，後來一定會有成就的。」在如此平等的對待中，他並沒有遭受到任何的損失，但他送我一句夾雜著期望的話，這是最高境界的話語。然而，這並不是賀爾曼安排的期待——他總是讓人失望，或者感受到自己被排擠，任何的期待都將被權力壓榨下來。然而，貝爾格的期待是私人的、簡單的而且沒有任何條件的；縱使它有些要求。我把戲劇的劇本交給他，並且認定他是認真的，正如同他的描述一樣。

我告訴他，在二十六歲的時候，自己對〈伍采克〉以及它對我產生的衝擊，除此之外，在同樣一個夜晚裡，不斷地重複閱讀這些片段文字。之後，我才知道，當他二十九歲的時候，他在維也納第一次看到〈伍采克〉的舞臺劇。他經常看這一齣舞臺劇，最後決定將它改編成為歌劇。我為他描述自己的創作歷程，從〈伍采克〉到《婚禮》。兩部作品之間沒有任何直接的關係，只有我才知道，在脈絡上，兩部作品各個章節之間的互相呼應。

後來，在我們兩個人聊天的過程中，我說出一些有關華格納⑦狂妄的評論。他贊成我的意見，但在完全沒有任何尖銳的批判下，他反駁我的看法。他對「崔斯坦」（Tristan）的認同似乎是無法改變的。「您不是音樂家，」他這麼說，「否則，您不會這麼說的。」我對自己的玩笑感到非常地慚愧，但這樣的感受更像是一位學生答錯了問題，而感到慚愧，但是，他從來不會有這樣的感覺，因為這個錯誤的答案，使老師原先抱持的興趣因此而消失。為了幫忙我跳脫這樣的尷尬，他又重複一次，請求看我的劇本。

並不是只有在這個節骨眼，他才可以感受到在我的心中渲染的情感。和其他大多數音樂家不一樣的地方是，他不是完全聽不到文字的嘶喊。他對文字的看重等同於音樂；他對人的真情如同他對樂器的珍惜。我們第一次相遇後，我立刻明瞭他屬於少數的音樂家之一，他對人性的追求如同詩人對靈魂的讚詠。同時，我也感覺到，因為我像一個陌生人走到他的面前，他對人性的愛是這麼地強烈，所以只能借用諷刺劇的幽默來防衛自我。嘴角以及眼睛裡的嘲

⑦ Richard Wagner，德國的音樂家，他把自己的音樂看待為日爾曼精神的具體展現。

笑永遠無法離開他，而且對他來說，如果用激烈的手段來防衛他那出自自然的人性，似乎更容易些。他很喜歡把自己當成一個偉大諷刺劇的演員，在他的一生中，都依賴著如此的人性幽默。

我很想描述我們兩人之間的每一次相遇；這幾年來，自從我們相識後，如此的機會並不少。但是，他這麼年輕就去世了，如此的感慨在我的心裡面留下了許多的陰影。他的命運和古斯塔・馬勒很類似；馬勒死去時，他的年紀還不到五十一歲。我們兩人之間的談話都還活生生地停留在我的記憶裡，然而，他的死訊所留下的悲痛已經轉換成純粹的死寂，所以我有種莫名的恐懼，在我的描述中，他的歡愉會被我的悲傷所取代。這時候，我想到一個句子，是他寫給他的學生信裡頭的句子；後來我才知道這一封信的存在。「我的生命只有一個或者兩個月了——但是，這一瞬間發生以後呢？這一刻，我心裡想的，現在手上寫的曲子不正是發生在這一刻以後的事實嗎？——我的沮喪是無法用紙筆來形容的。」這個句子描述的對象並不是他的病情，相反地，是緊急的需要與一步步帶有威脅的逼近。在同一刻，他寫了一封非常美好的信給我，那是他看完《迷惘》之後，內心感想的抒發。這一刻，他的病情已經很嚴重，而且對赤裸裸的生命有著無法躲避的恐懼，然而，當他看這一本書時，並不是從自己的病痛來體會，相反地，他讓書本為自己描繪影像。他決定用公平的方式來對待作者，而且也公平地對待自己。所以，這是我收到他的第一封信，我感受到他對小說的情感，這一股情感一直都是最忠實的。

和他的壽命比較起來，他的夫人海倫多活了四十年。世上有些人會永遠保留自己的回憶，背棄眼前看到的景物，嘗試去發掘外人無法發現的秘密，在這一段歲月裡，她與他在心靈上之間的聯繫不曾間斷過。即使她被監禁在幻影的假像裡頭，即使他只能駐留在她的心靈城堡中，無法對外界溝通的時候，這都是存活的形式；它讓我同時感到恐懼以及美妙。當貝爾格死去三十年之後，在維也納德國哲學家阿多諾（Adorno）的一場演講會中，我又遇見貝爾格夫人。她從會場走出來，身影是矮小與彎曲的，她那時已經是個非常年邁的女人了。然而，她的神情是如此地恍惚，在心裡觸動的驅使下，我向前與她交談。她已經不認得我了，但當我說出自己的名字時，她這麼說：「啊！C先生。很久不見了。阿爾班還時常提到您呢。」

我非常地害羞，而且心裡是這麼地激動，所以我立刻向她告辭。我放棄拜訪她的念頭，否則，我很願意到她現在在希金格爾的家裡。我不想打擾他們兩人之間親密的對話；它已經化作封閉她的視野的世界。所以他們兩人過去經營的點滴，又重新排演一次，好像今天這一齣愛情戲的首演一樣。難道會有人相信，其他人可以更清楚地認識他的願望嗎？這是許多愛情的力量為復活節寫成的劇本：死者永遠不會消失，人們可以傾聽他的細語，可以跟他交談，可以知道他的願望；那是死屍一直無法忘卻的心願，因為這樣的生命是來自人的創造。

麗黎普酒店的相遇

當冬天到來時，賀爾曼又重新回到維也納。我應該在半夜和他碰面。在煤炭市場不遠的地方，新開了一家酒吧，它的位置是在納克勒大街。瑪俐歐恩・馬克思（Marion Marx）是個女演唱家，也是這一家酒店的女老闆。她對音樂的品味是前衛的，而她的人格特質是那麼地有教養以及熱情，此外，她低沉的聲音更帶來了許多的幻想。這家酒店的名字叫麗黎普酒店，裝潢得非常輕巧。她對待年輕詩人的態度附和冷靜的個性，而且這樣的態度營造出許多嚮往的支持。在她的酒店裡，詩人們感到非常地愉快。最後當侍者拿來賬單時，上面有一個虛假的數字，這樣子，這些來拜訪的名人才不會感到羞愧。表面上，人們會付一些錢，但其實根本沒有付任何的金錢。如此，瑪俐歐恩輕盈的節奏贏得我的歡心。通常，我是不會去夜店的，不過，我倒會去拜訪她的酒店。

我拉著賀爾曼到她的酒店；經過白天沒有人性的辛勤工作後，他很喜歡到酒吧享樂。酒吧裡擠滿了人，沒有空出來的位置。瑪俐歐恩看到我們兩個人，在把歌曲唱到一個段落後，她熱情地招呼我們，並且帶領我們到一張桌子旁邊。「這是我的朋友，他們一定會讓你們感到快樂，來，我介紹你們認識。」她搬出兩張椅子，然後擠到這一張桌子裡面。賀爾曼的姿態通常很高，因此讓我很驚訝的是，他竟然願意和瑪俐歐恩・馬克思，以及其他的陌生人同坐一張桌子。他喜歡瑪俐歐恩，他更喜歡這一張桌子上的客人。瑪俐歐恩先說出我們的名字，然後用她那匈牙利的方式介紹她的朋友。「這是我的朋友依爾瑪・巴能迪克（Irma Benedikt）、她的女兒以及女婿。」

「我們認識您很久了，您常經過我們家。」這位女士這麼說。「您常把頭轉到另外一邊，跟克恩博士一模一樣。我的女兒現在才十九歲，但她已經看過您的小說了。我相信，這對她來說，似乎有點太早，但不論白天或者晚上，她都會一直提起這一本書。您用您的人物來管制我們的家庭。她一直模仿這些人物，她把我叫做德蕊莎，而且還解釋說，這是可以形容我的名字中最糟糕的名字。」

這個女人帶給人們開放的印象，而且她的神情是平易的，依照她四十五歲的年齡來看，她的舉止幾乎像個小孩子一樣，她給人們的感覺既不是墮落的，也不是無恥的，這和我對「巴能迪克」家族的印象正好相反。正如同她所說，《迷惘》中的人物飛舞地在他們家裡走動，這樣的景象讓我感到些許的慰藉。因為當我經過他們家時，都把頭轉開，因為我不想和這個住家裡的人有任何的接觸，在我的感覺裡，他們是不乾淨的。和我比較起來，克恩與德蕊莎更不喜歡浮誇的社交生活，不過這一刻，他們似乎把那裡當成自己的家了。那個女婿並不會比丈母娘年輕多少歲，是一塊很寬闊的大木材，從他的口中聽不到任何的字句。他臉上的表情是如此地平滑，而且和他的裝扮一樣，有種吸引人的風格。他沉默地坐著，似乎為了上面事情生氣。在整段時間裡，這一位十九歲的女兒並沒有跟我講話；這一位太早閱讀《迷惘》的小女孩是這一位女婿的太太，然而，她似乎不喜歡這樣的安排。她背對著她的先生，不跟他講話。他們兩個人之間一定吵架過，而且繼續沉默地爭吵。

她的神情很明亮，似乎想嘗試說些話。這時候，她的眼睛更明亮了。嘗試了幾次，但任何的字句並沒有從她的口中得到解放。她的眼睛緊緊地抓住我的注意力，或許眼神裡的焦點更加明顯了，好像她的眼睛已經被眼前這一幕景象黏貼在一起了。我無法避開她的視線，她有著迷人的綠色眼珠子，然而，這一刻，我的心思仍然屬於安娜目光的管轄下。

「她通常不喜歡開口講話。」依爾瑪女士這麼說，這一塊大木板，也就是她的女婿，用挺直的上半身朝她點頭。「她對您有些畏懼。或許您可以跟她說些話，她叫費麗達樂（Friedl）。這樣子，整個禁忌終於被解開了。」

「我不是漢學家，」我這麼說，「所以，您真的不用感到害怕。」

「我也不是德蕊莎，」她如此回答，「我很想成為您的學生。我想跟您學習寫作。」

「寫作是無法學習的。您寫過一些作品嗎？」

「她不會做別的事情。」她的母親這麼說。「她和她的先生搬到品勒斯堡（Preßburg），但她不想和家務有任何的關聯。她只想寫作。現在，他來這裡，希望帶她回去。」

完全沒有任何的邪念，母親告訴我們他們的隱私，然而，聽起來好像她是個小孩子，在描述一位大姐姐的事情。這一番話讓我們明白了，這一塊大木板為什麼會出現在這地方的意圖，為了強調他的來意，他把手放在費麗達樂的肩膀上。

「把你的手拿開！」她命令他。那一剎那，她轉向她的丈夫。然後，她又以非常喜悅的神采——至少看起來是這樣子的——朝向我，並這麼說：

「他無法像鐵銬一樣地鎖住我。在我身上，這個方法是不會成功的。您是不是也這麼認為呢？」

這一段婚姻還沒有開始之前就已經結束了，而且看起來所有的一切都沒有辦法再重新開始。這時候，我並不會感到些許的尷尬。我對這一塊大木板並沒有任何的同情心。他立刻把手拿開的速度讓我很訝異。他把所有一切都冀望在這個小寵物上頭，但她卻沒有轉向他。她大概比他年輕了二十歲，為什麼願意嫁給他呢？

「她想離開家，」依爾瑪這麼說。「而且現在她住在我們家裡面。這一切都和閃耀的鄰居有關係。」

這是一句玩笑話，但在另一方面，它的意涵是認真的，它是如此地認真，讓賀爾曼受不了。他總是習慣自己成為話題的中心，不過這一次完全不一樣。他借用自己粗俗的方式，打破別人婚姻的禁忌，而且向這一位不知所措的丈夫提出建議。

「您有沒有嘗試過鞭打她呢？」他這麼說，「或許，她嚮往這樣的懲罰。」

但是，對她的丈夫來說，他的建議顯然是太過分了──如果他衝突的對象是男人時，他的態度就變得非常堅決。

「您知道什麼？」他的字句像盔甲一樣地堅硬。「您根本不認識費麗達樂。她是個非常特別的人。」

這一刻，所有人都站在他這一邊，賀爾曼的嘗試失敗了，他沒有辦法用強迫的手段來激起他的男子氣概。但是，依爾瑪夫人知道怎樣的人隸屬怎樣的圈子，她的家裡常有一些藝術家往來，其中有些還是音樂家。她轉向指揮家表示自己的歉意，因為她從未參加過他的音樂會。當音樂會表演的曲目是現代音樂時，她簡單的頭腦就是無法跟上。

「這是可以學習的，您可以馬上開始學習。」賀爾曼是真心的鼓勵她，然而，費麗達樂的注意力又離開他的身上。

「我想學習寫作。您可以收我當學生嗎？」

她又回到第一句話。不過，這一次我必須比較完整地回答這個問題。我沒有任何的學生，而且我也不認為寫作是可以學習的。我問她是不是曾經跟隨其他人學習寫作。

「沒有一個老師是活著的作家。」她如此說。「我希望跟一位活生生的老師學習。」

她喜歡閱讀什麼樣的書籍呢？

「杜斯妥也夫斯基⑧，」她說出這一句話時，沒有片刻的猶豫。「他是我第一個老師。」

「您一定沒有辦法把您的作品讓別人看吧？」

「沒有。真的沒有！而且一點用都沒有。」

「為什麼不要呢？」

「因為這些文章就好像他自己寫的。他甚至無法辨認，那不是他自己的文章。他一定會這麼認為，所有的句子都是抄下來的。」

「您難道沒有一點自己的小小意見嗎？」

「我沒有一點自己的意見。如果跟您學習的話，這樣的情形絕對不會發生。因為人們沒有辦法抄襲。沒有人可以像您一樣，可以把文章寫得那麼邪惡。」

「如果是這樣的話，那麼，怎樣的內容是您喜歡的呢？」

「有的，德蕊莎！所有的女人都跟她一樣。」

「那麼，您是仇視女人嗎？難道您不相信，我也是仇視女人的作家？」

⑧ Dostojewski，俄國的大文豪。

「我仇視家庭主婦！」

「妳是在說我！」母親這麼說，雖然她和巴能迪克結婚，但這時候，我的心靈幾乎已經和她連結在一起。

「您不可能是這麼邪惡的，親愛的女士。」

「誰說的？」費麗達樂如此地說，「那只是假象，您得先聽一下，她怎麼跟司機講話，她的口氣會變得完全不一樣。」

賀爾曼想離開了。他覺得自己沒有任何義務，在酒店裡傾聽陌生人的家務事。雖然這一位小女士洋溢的熱情造成非常深刻的印象，她在不知所措的證人面前宣告自己的奉獻，但整件事情的確有點難為情。從來沒有一個人會這麼堅決地投向我，如此正面地描述一本書的作者，而且沒有任何厭惡的感覺。

我也很想離開。依爾瑪夫人請我去拜訪他們家。費麗達樂描述一些有關天堂路的事情；我們的離去似乎讓她感到有點難過。這時候，我心中有種感覺，她對天堂路的電車抱持了很大的希望。只因為她最後的一句話，一句我無法了解的話。那一塊大木板還是坐在原地不動，沒有任何的招呼，只是沉默地坐著。他有權利採取如此粗魯的舉動，因為在告別的時候，賀爾曼並沒有向任何人伸出自己的手。

當我們到外頭的時候，他這麼說：「一隻輕巧的金龜子，而且已經這麼瘋狂了。C，您已經摘下一些頗甜蜜的果實。」然而，即使這樣，他的諷刺還沒有結束，因為當我們正要分手的時候，他又說：「四個姐妹到底是怎樣的情形。您得小心地應付！人們只要寫一些足夠邪惡的文章，四個姐妹就自動地送上門來。」

在他的身上，我從來沒有體驗過這麼多的同情。他慢慢對天堂路感到興趣，也開始注意到我們的新房子——一半空下來的房子。

驅魔人

從那時候開始，我不斷遇見費麗達樂，這情況相當明顯地。我踏進三十八號電車，找了一個位置坐下來，當我把頭抬起來的時候，她就坐在我的對面。她坐完整段的電車，最後到達終點站「碎石門」，然而，我走進一家咖啡廳，這一家咖啡廳和站牌的名字一樣。當我踏進咖啡廳的時候，她已經坐下來了，並且和她的朋友們在一塊。她向我打招呼，但並沒有打擾我，繼續停留在她的朋友那兒。當我坐車回家時，她已經坐在電車裡頭了。這一次，她坐在距離更遠的角落，但還是靠得很近。我並沒有注意她的眼神。我專心地看報紙，並沒有在意她的舉動。但當電車到達格里茲蘿，我開始往山上走的時候，她突然走到我的身旁，向我打招呼，然後立刻往前走，好像她有什麼急事一樣。很少女人會注意到我的存在，事實上，像她這麼年輕的小女生就更讓我無法想像。所以，如此相遇所營造出來的歡樂並不會困擾我腦海中的思緒。不過，很奇怪的是，通到天堂路的這一條路突然似乎成了她和她的姐妹的屯墾區。其中一個姐妹甚至很魯莽地介紹自己：「對不起！我是費麗達樂的妹妹。」「噢！」

我這麼説，並沒有正眼看她，直到她的身影慢慢地消失。然而，對她來説這是正常的，因為她來自這麼一個家庭。她走過來的時候，總是小跑步，像一陣風一樣地急切，我已經很熟悉她跑步的聲響。每當我走下山的時候，她總是先趕上我，然後再超前。她的招呼並沒有一種強迫，反而多少帶了點懇求的意味，我並不想認定它的存在，但我可以感覺到。如果她的樣子再輕率一點的話，我可能會感到很生氣，因為這樣的情形發生地太頻繁了，每一天會發生二到三次。幾乎沒有一天可以不用面對她的存在，但她不會走到身邊，也不會迎面過來，而且她也不會坐在電車裡面。

我總是一直在沉思，她並不會常常打擾我。當我沉思的時候，她是否從旁邊走過，對我來説，是沒有任何差別的，因為她不會停下腳步，也不會故意突顯自己。

有一天，她打電話來。當時薇颯正在等電話，所以是她接的電話。她問薇颯是不是可以跟我講話。薇颯認為，我們必須邀請她來家裡喝茶，這是最聰明的做法，但她沒有詢問我的意見。「請您到我們家喝茶吧！」她這麼告訴她，「C不知道他事先是否有時間。您就來找我吧，或許到那時候，他會有時間。」我對如此突來的狀況並不是很高興。但是，薇颯説服我，這是比較好的做法。「你不能永遠生活在如此像戒嚴時期的狀態下。你一定得做些事。在你對她沒有任何認識之前，你是沒有辦法有任何的作為的。或許，那只是她一廂情願的幻想，但也或許，她真的想從事寫作，而且認為你可以幫助她呢。」

當她來我們家，並且坐在薇颯的房間喝茶時——這是一間用木材裝飾的房間——我才走過去她們那邊。當我還沒有坐好時，所有的茶水突然倒在桌子以及地板上，這一間精緻的小房間幾乎慢慢地被傾倒的茶水污染。然而，她的神情仍然還沒有穩定下來，正確地握住薇颯細緻及透明的茶杯。她並沒有立刻道歉，相反地她這麼說：「沒有破！您走進來的時候，讓我很緊張。」「沒有關係！」薇颯如此說，「他總是會過來喝茶，他喜歡這一間房間。只是他不用事先聲明罷了！」「這一定是很美的。」她毫不拘束地轉向薇颯，好像我不贊同這樣的說法一樣。「您可以常常和他講話。」「你們在家裡從不講話嗎？」「當然，幾乎一整天。但是，家裡面講的話題並不能引起我的興趣。父母總是有許多的聚會，都邀請一些有名的人。如果一個人沒有任何名聲的話，是不會收到邀請函的。您是不是也覺得這些名人很無聊呢？」

不久之後，我立刻改變自己的認知：她一點都不符合我原先對巴能迪克家的女兒的想像。對她來說，她的父親只是一個普通的父親。她很少聽他的話，而且她一點也不狡猾。他似乎對所有的事情有千百種不同的意見，而且時常吹噓自己在許多領域的本事。如果我正確地了解她的話，那麼，在她的心目中，父親沒有任何的份量。他會從一個領域跳到另外一個領域，而且認為如此的跳躍造成了沒有預期的效果，然而，事實上，他只是一列偏離軌道的火車罷了。他有很好的個性，對他來說，子女並不是可有可無的。但自己的子女並沒有辦法引起他的興趣。他不希望受到子女的騷擾，所以把所有管教的工作完全交給母親。但是，她們只做自己想做的事情，而且變得很獨立，所以很少參加家裡的聚會；這些聚會不斷地舉行，訪客也不斷地增加。費麗達樂對家裡的描述是非常開放地，而且也很透明清楚。但她的話語很原始，普通人們不會有如此的想像的；她竟然會決定從事寫作的工作，或者她已經開始撰寫一些東西了。

她從袋子裡拿出一堆紙張出來，並且問我是不是願意看她撰寫的作品。這些很糟糕，她自己知道，而且如果我發現她的寫作是沒有任何意願時，她會放棄這樣的理想。她沒有讓自己的父親看這些文章，因為他只會胡亂地批判，在他的身上，人們對事情的真相只會有更模糊的概念。對她來說，是否可以跟我學習寫作，有著非常重大的意義。

她的意圖像水晶玻璃一樣地清澈：只因為寫作，所以她把我當成自己的典範，而且完全沒有任何其他的理由。薇颯也抱持著如此的看法。我將這些紙張接手過來，並對她保證我會看這些東西。「您一定不會收我當學生。」最後她這麼說，而且喪失了對自己的信心。「您是個很善良的人，不過，您一定得跟我說我是不是應該放棄，或者如果我繼續從事寫作的話，還是有些意義的。」

寫作的憧憬像被魔鬼附身一樣地執著，這也是她的願望，從我身上知道真理的面貌，然而，小女孩的希望一定會讓我自己感到喜歡，雖然我本人無法意識到這樣的結果。然後，我回到自己的房間，馬上翻看她的作品。我不敢相信自己的眼睛：她用五頁的篇幅抄襲杜斯妥也夫斯基的文章，然後把這些句子認定是自己的創作。這篇文章是很緊湊，但文義有一點空虛。我沒有辦法知道它的來源，但這一定是來自杜斯妥也夫斯基自己規劃的大綱藍圖。

我必須再一次地見到她，並且告訴她這個事實，如此想法讓我感到非常地困擾。即使是因為杜斯妥也夫斯基的緣故，我也不能沒有條件地接受這樣的寫作態度。我看不到對一位偉大作家的任何誠意，這是讓我最生氣的地方。她以為我沒有辦法發現它與事實之間的出入，這幼稚的想法也刺傷我的心。那是非常容易的辨認工作，每一個認識杜斯妥也夫斯基任何一本書的人，每一個念過任何一頁的人都可以發覺其中的道理；人們不需要成為作家或者老師，就可以作出正確的判斷。兩天以後，當她出現在我們家面前的臺階時，我也這麼告訴她，我並不想請她進來，因為整件事情讓我很生氣。

「文章有這麼糟糕嗎？」她好奇地問。

「它既不糟糕，也不好，」我這麼說，「這是杜斯妥也夫斯基的文章，您是從那邊抄下來的呢？」

「這是我自己寫的。」

「您的意思是說，這是您抄寫下來的。從杜斯妥也夫斯基的那一本書，您把這些文字抄寫下來呢？只要看一行字，人們就知道這是什麼人的作品了。但我並不知道，您從那一本書，把這些文字抄寫下來。」

「沒有任何一本書，這是我自己寫的東西。」

她的態度很堅決，我也變得很生氣。我規勸她不要喪失良知，她傾聽我的善意。然而，在爭執中，她的心情似乎是愉悅的。她並沒有承認錯誤，相反地，一直否定我對她的指控。我已經無法壓抑自己的憤怒，所以喪失了任何穩定的情緒，大聲地怒罵她。她想寫作？在她的腦子，到底對寫作有什麼想法？難道她真的相信，偷竊可以作為寫作的開始嗎？而且是這麼地粗糙，任何一個笨蛋就可以發現不對的地方。但是，從文章中低等的情感來看，換句話說，她想借用這樣的情感對一位偉大的作家證明自己的能力，到底有什麼意義呢？每一個人都學過閱讀和寫作，但是，寫作是不是新聞學校的課程呢？寫作的素材是不是就是她在《新自由日報》的家庭吸食的母乳呢？

她的情緒是如此亢奮。她的眼神非常喜悅地黏貼在我的嘴巴上頭。當她突然開口時，心情似乎非常地興奮。「噢！您罵人的樣子竟然是那麼美。您經常罵人嗎？」「不是，沒有！如果您不告訴我，這些文字是來自哪一本書，我就不再跟您講話。」

這一刻，非常幸運地，薇颯走了過來，看見我生氣地站在階梯上，她再看一下費麗達樂，她正愉快地等待其他怒罵的語句。如果薇颯沒有及時到來，我不知道如何處理之後的狀況。正如同她後來跟我描述的情形一樣，薇颯的直覺告訴自己，我可能錯怪這一位小女孩了，而且她不能明白，為什麼如此不公平的遭遇會讓她如此地高興。她把費麗達樂拉到身邊，請她進她的小木房，然後對我說：「我會解釋一切的真相。你冷靜下來，出去散步一個小時，然後回來找我。」

我依照她的意思做了，後來事實證明，這有爭議性的五頁文字的確是來自費麗達樂，不是從書本上抄寫下來的文字。她的文字給我的感覺是空虛的，這不是沒有道理的。我無法判定這些文字的出處，這也不是沒有道理的。它們並非來自任何一本書中的文字。杜斯妥也夫斯基的血肉被費麗達樂一塊一塊地吞咽下去，但她卻無法用自己的語言來描寫心中的畫像。在如此空虛且令人感到驚恐的運轉裡，她用紙筆把沒有意義的感情一頁又一頁地寫下來，所以，這整篇文字看起來沒有可以比擬的趣味。這是魔鬼附身，從歇斯底里的修女的故事，人們可以揣摩這樣的現象。不久以前，我還在整理烏邦．格拉第爾[9]以及倫頓的修女的故事。正如同烏邦．格拉第爾對修女進行魔鬼附身一樣，杜斯妥也夫斯基像沒有歸宿的惡靈藏在費麗達樂的身上，而且文字所傳達的恐懼感是同樣地複雜。

「你必須表演驅魔人的角色！」薇颯這麼說，「你必須把杜斯妥也夫斯基從她的身上趕出來。還好他已經不再活在人世間，而且也不能再被宣判火葬的死刑。除此之外，並不是所有四個姐妹都被他的惡靈所侵犯，只有一個，其他的人無法引起他的興趣。但是，這仍然會是一個非常複雜的故事。」

薇颯是如此地專制，而且可以在完全不耗費力氣下，抵抗任何一種影響——當這些影響違背她的喜好或者判斷的時候，所以，她如此想像這位小女孩的處境。她是不是得繼續她的興趣，這樣的經營是不是值得，這都得依賴在什麼人的影響下，她可以繼續在這一條路上往前走。她認定這位小女孩有天分，雖然她的創作方式有些怪異。毫無疑問地，她盡了許多的心力，這是她和父親最大不同的地方。不是教育的雜貨店，不是社交中心，她的活動空間是流暢的，而且在她的心中充滿了人性的語句。她只接受一個人的指引，一股完全沒有任何修飾的情感告訴她追尋的對象。自從她看過《迷惘》之後，她認定這個人是我。然而，我自己是否覺得這樣的做法是正確的呢？難道在自己書本的面前，我必須壓抑自己嗎？「你不是很喜歡散步嗎？有時候你可以帶她一起去，並且跟她談談話。她是那麼地輕盈與明亮，和她寫

---

⑨ Urbain Grandier，中世紀時法國天主教的神父。格拉第爾神父被認定是惡魔的化身，把倫頓（Loudun）這個修道院的修女變成巫婆；不但和修女有不正常的關係，有一位修女甚至還為他生下一名子嗣。一六三三年的時候，教會將格拉第爾神父火焚。但是，事件並沒有因此而結束，他的修女們繼續接受驅魔的儀式。

的東西完全不一樣。她有些很怪異的念頭。我相信，在怪誕文學這個領域裡，她有很高的天分。當你跟她在一起的時候，你必須靜下心來聽她描述。和人們對《火炬》的刻板印象比較起來，她的想法是絕對不一樣的。她的想法更豐富，像果戈里。」

「不可能，」我這麼說，但薇颯知道我真正容易受傷的地方，而且有這麼樣的想法，這一隻活潑的、細緻的小綿羊在果戈里怪誕的氣氛中長大的，而且現在被杜斯妥也夫斯基附身，他「覆蓋在我們身上的大衣」依附在她身上。對我來說，這一幕景致像是最熟悉且最有原創性的文學過程。或許因為這樣，所以我看到一個機會，把鬼魅從她的身上驅逐出來。同時，我也感覺到薇颯用如此有韻律的方式，把費麗達樂與《迷惘》結合在一起，而且這一股輕盈的節奏好像「覆蓋在我們身上的大衣」一樣地出現。在我的記憶裡，她這時候對這一本書的宿命已經不再那麼地擔心了。她已經看清楚，這一位小女孩和這一部文學作品之間的糾葛，而且很擔心它的發展，所以她才會請求我的幫忙。

當薇颯正確的判斷以及人性的溫暖結合在一起時，她的風采是無法抗拒的。不久之後，時間到了，我就帶著費麗達樂一起去散步。人們沒有辦法學習如何寫作，就如同學習其他的東西一樣，但是，人們可以散步、談話以及觀察，什麼樣的真實隱藏在人的身上。她的心情是激奮的，有時候她會往前跑幾步，然後停下來等我，直到我慢慢地趕上。「我必須呼吸點新鮮的空氣，」她這麼說，「我很高興，我可以跟您一同散步。」我讓她慢慢地敘述；在她的話語中，沒有一個現象喪失生命的眷戀。她的語句從來沒有停下來過，總是描述人與人之間的關係，也就是她在家裡看到的一幕浮世繪。不久前，她可以參加決定被邀請的人選。她對這些訪客沒有絲毫的尊敬；她描述的場景正如眼前剛飄過的風景一樣。一些奇怪的觀察讓我感到十分地驚訝，而且問自己，是不是能相信這些故事，它們是不可能的，她誇大了事實的真相。這些由話語堆砌出來的傳奇是那麼多且快速，我的笑聲竟然沒有辦法跟得上場景的切換。如果有一件事情讓我發笑，她就會杜撰更多的故事，最後連我自己都得開始杜撰一些故事。她已經事先預見這樣的結果，在一場杜撰故事比賽中，我們兩個人正在發掘新的故事。

同時，我也把「習題」派任給她：我問她對人的觀察力，那些我們在路上碰到她不認識的人。她應該告訴我，自己對這些人們有什麼樣的看法，她會聯想到什麼事物以及什麼樣的故事。這時候，我會控制一下她的描述，因為我自己可以親眼看見這些人，除此之外，還可以確定她的觀察注意到什麼樣的現象，漏了哪一些細節。我會矯正她的錯誤，不過，這倒不是我想嘲笑她的粗心或者不準確，相反地，我想用自己的觀察，把路過行人的特質描繪出來。這樣的競賽在她的心中點燃了真正的熱情，然而，這和她自己的幻想並沒有太多的關聯性，我的故事扮演了更重要的角色。這時候，我感覺到，當她必須思考一下的時候，她會沉默，不講一句話。有時候，她突然有非常激烈的沮喪：「我沒有辦法寫作。我的想法不乾淨，而且沒有一點感想！」還好，這樣的情形並不會常常出現。在維也納，人們常說的不乾淨指的是想法是散亂的，不過，在她腦中浮現出來的念頭是足夠的。她的幻想充滿了許多童話的色彩，然而，這並不會對我造成困擾，就我認識的年輕詩人來說，他們正缺乏這樣活潑的幻覺。

針對我們路上碰到的人，我讓她發明一些名字。這並不是她長處，而且她也不喜歡這樣的工作。她比較喜歡描述人們的長相以及在家裡發生的事件。她的描述像是脫韁的奔馳，不過，這是無害的，而且它也洩露一個訊息，許多的描述是模仿的轉述，這是相當明顯的。但突然間，在她的描述中，出現了一段令人驚駭的故事，它讓我看到自己的魂魄在眼前飛舞起來。當她描述這個故事時，並沒有任何一點驚嚇的感覺，而且也竟然不知道，這個故事是那麼地怪誕，它完全不符合她那童稚般的光彩，不符合輕盈而且急速的腳步。

直到結婚的前幾天，她都一直住在格里茲薴這個地方——她是在汽車裡誕生的，當她的母親懷孕感到陣痛的時候，父親將她護送到車子裡面，並且開車到醫院裡的產房生產。他的話一直不停，他始終是這個樣子。當車子到達醫院，她的父親把車子停好的時候，嬰兒已經躺在車子的地板上——怪誕為她解開了生命的面紗。然而，父母親沒有一個人發覺這一幕驚悚的畫面。自從出生後，費麗達樂一直追隨不穩定的宿命。她必須一直往前走，悸動的心靈沒有辦法停留在任何一個驛站。當她結婚後，她的丈夫是個工程師，必須到工廠上班，但她沒有辦法待在家裡等他。有一天一大早，她下定了決心，拋棄自己的家庭，離開了品勒斯堡，並且開車駛向天堂路的家園。在這裡，她認識所有的道路，並且走進了森林。但她更喜歡草原，她會彎下腰來，摘下美麗的花朵，然後消失在草原中。當我們一同散步時，有時候我會發現，她眼神對草原的專注是多麼地貪婪，但她還是可以控制自己的情緒，因為我們兩個人都陳述了一些故事，然而，對她來說，這比她自己的自由更重要。她最喜歡摘取纖細的以及矮小的花朵；她對外界的景觀並不是沒有敏銳的感覺，特別是這地方有長凳子而且可以坐下來，享用一些飲料。

不過，對她來說，最重要的事情是如何絕妙地運用文字遊戲；我還沒有認識一個小孩子，可以這麼專心且如此嚮往聆聽我的描述。當我以各種方法挑戰她敏銳的感受力之後，我必須告訴她我的故事，這也是這一段路程的閉幕曲：在她傾聽中，我的每一句話錘鍊出來深刻的激動，而且這樣的激情竟然對自己造成深深的影響；這是我必須對自己交代的事實。

精神的輕柔

格里茲薴這個地區是這麼地狹小，但生活卻是充滿了許多的變化。我必須承認，自己沒有辦法確認它所有的景物，所有在這個地方生長的一草一木。所有屬於這個地區的人與物都讓我有著非常深刻的感受；雖然我不能說這裡的生活讓自己很滿足，但也沒有感受到任何的威脅。如果人們把這裡的生活看成一種常態的話，那麼，我們很難對如此的意圖強加更多的強調與要求。正如同事件的發生一樣——這裡也發生很多的事情，然而，像彗星隕落一樣，在記憶中更多的人與物會迅速地消失——沒有一種合理的理論可以解釋如此的現象。

在古老的書本中的章節裡，人們可以發現自己的存在。雖然這些書本已經不存在了，但經過冷靜以及仔細的社會規劃，世界的眼睛可以用活生生的語言把這些章節重新謄寫下來。這是過去發生的事件，不過它們的輪廓是新穎的，它們的色彩是光澤的。這些事件是在沒有任何暴力的情況下發生的，所以人們可以為此而感到驕傲；人類還活在這樣的幻影下：當在鄰邊的德國，惡靈能不斷地蠱惑人心，而且他們的統領者掌握了全國發號施令的烽火臺時，一般人竟然以為自己還可以生活在這樣的幻影下。但是，這一刻——一九三四年，維也納這個社區的力量瓦解了。在這一個逆流的統治下，失敗主義的種子找到最肥沃的土壤。這也是殘留下來的生命現象，而且維也納新的特殊地位早已消失了。在人們的情懷裡，只留下對古老維也納的記憶，古老的維也納並不是那麼地遙遠，參加第一次世界大戰的罪行已經被宣判無罪了。地區性的希望已經不存在了，人們已經沒有辦法抵抗貧窮以及失業率了。許多人沒有能力生活在如此的空虛下，再次被德國的瘟疫感染了，而且他們希望自己將被巨大的群眾所吞咽，假借這樣的方式過度到比較好的生活。許多人並不會告訴自己，新的戰爭是世人必須面對的真正結果，然而，當一些少數認識真相的人說出真實的面貌時，眾人並不願意相信未來的悲劇竟然會是真的。

如同我剛才的描述，在這段時間，我自己的生活是多樣性的，而且它與外在世界之間的矛盾是越來越強烈。我對未來廣泛的人生計劃讓我確信自己的看法。我堅持這個計畫，但卻沒有任何積極的實際行動來實行這個計畫。在這個世界上所有發生的事件都是這樣一部企劃裡豐富經驗的素材。這並不是膚淺的經驗，因為它並不會出現在閱讀報紙的過程中。然而，當所有事件發生的那一刻，我就和鐘能博士討論，這些事件為什麼會產生，在這一天裡，我們會用自己的心聆聽與觀察那些現象。他借用不同的觀點無數次照亮事物的核心，從一個觀點跳到另外一個觀點。最後，我們可以為論述的立場，把所有可能的觀點作出一份筆錄，而且在這一份筆錄裡，真正的重心一定得落在最公正的觀點上。在一天當中，這些糾葛小細節是最重要的，我們不斷地為整個世界的變化提出負責任的意見——它的複雜性、它的尖銳化，以及讓人驚訝的驚奇。這些觀點並沒有激發我的勇氣繼續從事自己的研究。大約在這一段時間前後，和過去比較起來，我耗費更多時間在民族人類學的研究上。除此之外，在鐘能博士的面前，我總是有點謙虛，所以我很少把自己的觀點陳述出來；換句話說，在我的認定裡，這些觀點都是新的以及重要的。我們的討論時常會進入到宗教與歷史的討論，因為他在這方面的知識是宏偉的，然而在另一方面，我自己的知識層面也逐漸地發展，所以可以了解他的論點，也可以與他爭論，那些對我來說自己被強迫接受的論點。

當我跟他討論自己的觀點時，也就是那些如何闡釋群眾的現象時，他並不會因此而不耐煩。他靜靜地聆聽我的描述，仔細地思考，然後沉默不說話。事實上，他甚至可以直接嘲笑我界定群眾這個現象的概念，我的描述時常夾帶著非常豐富的感情，無法借用定義來描繪現象，然而，這是非常簡單的做法。在那個時候，他可以在幾個小時裡摧毀我對現象的解釋，不過，我在這裡卻看到了自己畢生的職志。他從來不會與我討論群眾的現象，但他不會鼓勵我，也不會嘗試規勸放棄這一項執著的嘗試（他的態度和布羅赫是不一樣的）。他用呵護的方式來幫助我，不過如果所有牽涉到群眾這個現象的可能觀點時，他就不是我的老師了。有一次，我描述一些有關這個現象的想法，當時我有點猶豫，其實我並不是很願意這麼做，因為對我來說，他的反駁可能是很危險的。然而，他非常嚴肅且靜靜地聽我描述，沉默了一段很長的時間，這是在討論的過程中他時常出現的方式。然後，他告訴我——他的語氣幾乎是溫柔的：「您已經打開了一扇門。現在您必須跨進門裡。您不必尋找任何的幫助。這樣的事情一定得一個人自己來。」

他的話很少，並提醒自己不要表示任何的看法。他的意思並不是說，他拒絕幫助我。如果我向他提出請求，他並不會放下我不管。但一開始時，我也沒有對他提出任何的請求。我和他爭辯的觀念，都是自己非常清楚的想法，或許，我的用意只是不成熟的想法：如果他認為不對的觀點，可以從我身上拔除掉。他借用「門」這個字，明白地表示，他並不認為我的想法是完全錯誤的。然而，他輕微眨一下眉毛，對我提出警告，這是他一貫的方式。「這樣的事情一定得一個人自己來。」他警告我，不要相信任何的老師，我可以在每一個角落發現老師，但他們無法解釋任何一件道理。沒有人可以比他更明瞭，這些所謂的老師會封鎖任何一條通往純粹知識的道路。他和布羅赫是很好的朋友，他敬重布羅赫，甚至可以說喜歡他。當他們兩人進行討論時，一定會談到弗洛伊德：那是讓布羅赫醉心的國度。如果是不會讓人受傷的勸說的話，鐘能可以接受任何的問題，所以我想知道他的看法，但向他提出這樣一個私人問題，是不可能的。我曾經歷過一次，他反對針對朋友，將爭執轉入決定失敗的關鍵，當時，在他的面前，我借用「渴望死亡」的熱情，進行猛烈的攻擊。「即使如此的說法是正確的，人們也沒有權利說出來。更何況它是不正確的。如果這樣的講法是正確的，那就太簡單了。」

在我自己的認定中，我和鐘能博士之間的互動是每一天生活裡最重要的精髓，即使這一刻，我的紙筆所描繪出來的意義仍然是不足的，我的言詞並沒有辦法形容當時產生的重大影響。在那個時刻，我並不願意停止自己正在經營的工作。整個事件有許多的原因，然而，最重要的原因是，我看清楚自己在知識上的貧乏。不過，我認為當時我經營的工作並不是完全沒有意義的，我們兩個人互動的重要目的是去發掘群眾與權力的法則，然後將這個法則應用在實際的生活層面上，這個信念對我來說是無法動搖的。然而，時事的動盪對世人浮動的心靈造成莫大的影響，所以整個經營的範圍幾乎沒有止境地增加。經過與鐘能博士之間的對話，未來的意義有了更尖銳的聲響，這是世人不會聽不到的音訊。但是，鐘能博士的智慧並無法讓時局的威脅減緩。當他架設一臺屬於自己的望遠鏡時，人們可以感受到越來越嚴重的威脅，然而，只有他才可以正確地架設這一臺望遠鏡。如果這是單只靠隨意發生的念頭的話，一切都是沒有作為的。世局必須經過閃電的照明，這對人類是好的，人們才有辦法清楚一條通往真理的道路。這也是知識的虛無，它是危險的。原創性並不是全部，力量也不是，它也不是陰謀家計畫謀殺的鎮定；這是卡爾・克勞斯教育讀者的元素。

我挑剔許多文學裡的現象，那是我當時經營的工作，而且我讓這些企劃停留在未完成的狀態。我並沒有放棄自己的計畫，只是把這一項職志擺在一邊。如此的狀態對薇姵造成最深切的不安。有一次，在非常嚴肅的談話中，她甚至這麼說，鐘能借用他的精神可以產生的影響，把其他人的神志結紮掉。當然，他是最好的批判者，她最後也必須承認這樣的認同，但當人們走到他的面前時，這樣的舉動表示，人們已經有可以向他展示的成品。一般的日常生活並不是他的長處。他是「捨得」的人，或許我們可以這麼說，他是一個純粹的禁慾者以及智者。他可以預見未來不好的事件，但他並不會真正地反抗它，他只是把事實描述出來，但這怎能滿足我的需要呢？當我從他那邊回到家裡時，我的心已經麻痺了。她努力嘗試讓我開口說話。是的，有時候，她有這樣的印象：因為鐘能博士的緣故，所以我變得小心多了——

她的真情如此深深地感動我。在她的面前，我從來不會朗誦自己撰寫的文稿——一篇新小說的新章節、新的戲劇。如果她很小心地尋問我時，我的答案總是：對妳來說，面前的東西還不夠好，我會再努力改善。為什麼以往的作品對她來說已經夠好了呢？為什麼我還得考慮這麼多呢？

安娜對我造成的沮喪是所有事件的起源。薇颯完全了解這樣的事實，長久以來，她一直擔憂馬辛大街的朗誦會所造成的影響。因為這個緣故，所以她和安娜成為朋友，借用這個方法來認識她到底是怎樣的一個人。然後，我看到她慢慢地了解真相——安娜和她的母親是對立的兩極，可以從每一個角度美化自己對安娜的印象。她對安娜的認識是仔細的，所以她可以清楚一件事實：在她的身上並沒有任何的失敗——她愛的方式不同於一般人，更不用說和自己母親之間的對比。她對自己有如玻璃一般剔透的法則。人們可以觀賞她，也可以讚美她，但不能自己覺得得到她的眼神的關愛。當她的眼神盯著一個對象時，她必須隨著目光的徘徊，扮演新的角色，她必須為這個角色贏得認同。她眼神鎖定的目標像一團毛線團，是一個對象，並不是有生命的東西。這一齣目光的遊戲本身是危險的，否則她是個很好的女朋友，有著完全的信任感，好的脾氣，甚至是值得信賴的。但是，有一件事是項禁忌：人們不能嘗試，將她與自己綁在一起。沒有她的自由，就沒有她的自我。她需要她的自由，來表演一幕眼的戲曲，此外，沒有其他的目的。這是她生命裡最深層的需求，在她的身上，是永遠不會改變的事實，即使當她年紀很大時，也是如此。如果一個人有這樣的天賦，他沒有辦法改變自己的本性。眼神提出的要求讓她墮落，讓她成為奴隸，自己情願扮演這樣的角色。所有其他的事物也只是次要的，她並不是獵物，她是追尋獵物的獵人。

眼睛的神話讓我受到譏笑。我自己知道，在這一部神話裡蘊涵了多少的真理，而且我知道，薇颯和她之間的友情對我產生多大的幫助。但我也知道，在一件事情上面，她是錯誤的。我和鐘能博士之間的友情並不是因為與安娜之間的不幸而產生的；那是種專制的、我的本性中最純粹的意識；我的意識為自己的混雜感到羞恥，只有經過一種與更高層的精神之間的對話，才有辦法改善自我，或者，至少可以將自我的存在合理化。

巴能迪克的邀請

我們第一次在麗黎普酒店見面的時候，依爾瑪女士——費麗達樂的媽媽——讓我有非常美好的印象；她的語句是那麼地平凡，沒有任何的修飾，在這些句子背後，我也沒有嗅到任何偽善的氣息。人們可以相信她所說的話，而且不需要放太多心思去考慮她的話語。她的頭顱非常地圓，對我來說，那是讓人不能信任的形狀，但那不是斯拉夫民族的頭形，否則這樣的頭形會吸引人們的注目，總之，她的頭形是不一樣的。我從費麗達樂身上知道，她的母親有一半芬蘭的血統。雖然她是在維也納出生的，但從很久以前一直到現在，她常常回到芬蘭，拜訪母親那邊的親戚。

在他們家裡，常常會談到母親的姑媽；她的生活有兩個重要的標誌：自立的生活以及精神的成就。阿烈恩（Aline）姑媽曾經在義大利的佛羅倫斯（Florenz）住過一段很長的時間，而且把但丁翻成瑞典文。在芬蘭，她擁有一座島嶼，她有時候會遠離塵囂，一個人到這孤島上寫作。她一生沒有結婚，而且為此感到驕傲，她可以保有自己的自由，來經營精神生活。費麗達樂是她最喜歡的晚輩，而且她想讓費麗達樂繼承這一座島嶼。當費麗達樂描述這一座島嶼的時候，會讓人產生深刻的印象。她從沒到過那個地方，但在她的想像中，這一座島嶼有著非常冷靜的景像，特別是在冬天的暴風雨，人們與歐洲大陸的陸地完全地隔離。如果她沒有高興地請求我的意願的話，她是不會講述這一座島嶼的；她把這樣的請求當成一件小禮物。同時，這也是她對寫作的楷模，宣告自己的景仰的唯一方式。

有時候，我會接受這一座島嶼，無論如何，瑞典文的但丁是在這島嶼上撰寫完成的。這一件禮物的偉大讓我的心中綻放出美好的感覺，特別是這麼長的寫作壽命，也讓我聯想到自己。在自己心靈的圖像裡，我意會到島嶼的孤寂以及美麗有著相當迷人的輪廓，然而，座落在島嶼旁邊是阿烈恩姑媽，她對我的印象創造更大的想像空間。有一次，談話的話題從島嶼轉到瑞典的人文風情時，她說姑媽的教母是費依達・史特林堡（Frieda Strindberg）；她是史特林堡第二位太太，也是母親年輕時代的朋友，住在月湖（Mondsee），而且常到他們家拜訪。她的名字是她取的，許多其他的事情也跟她有關係。當她的母親對她的雜亂感到完全的懷疑時，她就會這麼說：「這是妳從妳的教母費依達那裡得到的遺傳。看起來，人類可以用名字來進行遺傳的工作。」正如同大家都知道的事實，費依達・史特林堡是世界上最拉塌的人。費麗達樂小時候曾經和她一起住過。她的雜亂對她造成了非常深刻的印象，所以在自己的房間時，她也模仿如此雜亂的居住環境。當她一個人在家裡的時候，也時常做這樣的嘗試；她把所有的衣櫥以及抽屜打開，然後把所有的衣服以及內衣褲堆在一起，眼前雜亂的景象使她的心情無比地喜悅。因為這一刻她的房間正如同她教母的房間。這也是她最大的秘密。但在自己母親的面前，她從來沒有承認過如此雜亂的生活習慣是從哪裡來的。所以，她向我描述這個秘密是對我的信任。在沒有通知的情況下，我不能看她的房間，因為當我一旦看到她的房間，就會對她有非常負面的觀感，那我以後就不會再帶她一起去散步了。我從來沒有想過要去窺探她的房間，而且也不會把這一件事情放在心上。但是，她和史特林堡的關係刺痛了我的好奇心，我相信，它讓巴能迪克家族為我挖掘出來一層新的領域。

為了吸引我，費麗達樂和她的母親常常為了邀請的人選以及這個程序傷腦筋。她發現這樣的聚會是如此地無聊，所以很少願意參加家庭聚會。但不久之後，在我們的談話中，她發現，我嗅出一些腐敗以及邪惡的氣味，對她來說，這些氣味並不是那麼地無聊或者沒有變化。過去有一段很長的時間，當時她已經開始上學了，她以為所有的成年人都是名人，不值得推薦給自己或者其他人。如果一個新的名字常常被提到的話，那麼，有兩個原因可以造成這樣的現象：這個人突然出名了——人們如何爭取他，讓他接受邀請。或者，這是一個已經出名許久的人；然而，她總是這麼想，如果他到維也納來，當然會接受她們家的招待。在她的記憶中，沒有任何的例外，這個流程總是一樣的，所以對她來說，這是件很無聊的事情。但現在，當她提到什麼人曾經到她們家拜訪時，她看到我聳著雙肩，並說：「什麼！這個人竟然到妳們家？」我的話語好像不允許這個人踏入她們家的大門一樣。她察覺到有些人的名字不會引起我的興趣。換句話說，這些人來到維也納並不會引起我的訝異，好像這符合《火炬》的風格與原則。但是，有些人可以為我製造驚奇，他們開始引起她的興趣；不久之後，她終於明瞭，只有這些人才可以吸引我拜訪她們家。不過，整件事情需要時間以及準備的工作。

「今天湯瑪斯．曼到我們家裡吃飯。」她這麼告訴我，並且用非常期待的眼神看著我。

「是嗎！他跟您的父親談些什麼？」我無法壓抑自己的好奇，所以提出這個問題，但當我發覺，這個問題是那麼輕率的時候，已經太晚了，因為人們可以很容易就從我的問題裡聽出來，我對她的父親的蔑視。他似乎不能信任我的能力，和湯瑪斯．曼進行有意義的對話。

「關於音樂，」她這麼說，「他們整天都在談音樂，特別是關於布魯諾．華爾特⑩。」她對音樂沒有概念，所以無法為我描述每一個細節。但是為什麼我沒有機會聆聽他們之間的談話呢？她的母親那麼喜歡邀請我，但她對自己沒有信心。人們認定我像小說中虛擬的人物。所有人都以為我是小說中的克恩博士，憎恨女人的科學家。「我常常告訴她您所描述的有趣事情。」「他歧視我們。」母親這麼說，「我完全不能明白，他為什麼拉你一起去散步。」

經過幾次的誘惑之後，費麗達樂用一封邀請函，成功地讓我上鉤。在世紀末文學中，維也納的墮落有三顆閃耀的星星：史尼茲勒（Schnitzler）、霍夫曼斯塔爾（Hofmannsthal）、貝爾霍夫曼⑪，然而，第三個人是唯一還活在世上的人。他的作品非常少，被世人認為是文

---

⑩ Bruno Walter，二十世紀初德國音樂家。

學史上唯一的特例。幾十年來，他一直在撰寫一部戲劇。他一直沒有辦法滿意自己的作品，而且也沒有辦法接受其他人的規勸，來完成這一部戲劇。我認識一位記者，而且只知道他自己寫的一首詩，換句話說，他和貝爾霍夫曼是完全的對比，所以這是吸引我的真正原因。在維也納，他的禁慾像是古老的謎。人們不禁問自己：為什麼他可以用這麼少的作品，得到如此崇高的榮譽。在我的想像裡，他會躲避所有「污染的」社交活動，而且只跟與自己一樣類型的人交往。然而，這時其他兩個人已經不在人世間了，我不知道他還可以做什麼事。我聽費麗達樂說，他是她們家的常客。他常拜訪她們，而且對人們的興趣並沒有減少。他是個擁有非常漂亮老婆的年邁老人；她比他年輕二十歲，然而，看起來似乎比實際年齡更年輕。這聽起來相當吸引人，覆蓋在好奇心上的薄冰已經破裂了。但是，真正敲散薄冰的重錘是《我們之間》（*coup de foudre*）這一本書。愛密勒・路德維希（Emil Ludwig）是這一天的成功人物。在幾個禮拜之內，他寫完了一本書，而且因為這樣而出名；他已經答應出席巴能迪克的聚會，並且認識他的偶像——李察・貝爾霍夫曼。所有人都對這一場面會感到好奇；費麗達樂如此說，所以我一定不會錯過這樣的樂趣。在她的想像裡，這兩個人之間的對話正如兩個小說人物之間的戲劇性的對抗。她說服她的母親邀請我一同拜訪。在同一天裡，她打電話給我。這封邀請函正好撩起了我的好奇，我考慮了一下子，便接受她的邀請。

為我開門的是費麗達樂，而不是女僕人。她從窗户裡看到我走來，並且立刻說：「他們

---

⑪ Beer-Hofmann，維也納劇作家。

已經來了，兩個人都來了。」好像我們兩人是法庭上剛宣示過的證人一樣。在沙龍裡，她的父親用些很懇切的句子歡迎我，然而這些句子並沒有碰觸到任何實際的感情。他還沒有看過這一本書，但它已經把整個家庭鎖成一個圓圈，他的太太、年輕的姑娘都成了忠實的讀者。今天，他終於把這一本書搶過來，把它擺在那個地方，他的手指在這時指著桌子。而且沒有人可以從他的身邊再把這一本書奪走。在他容許自己踏進如此危險的境遇裡之前，和作者之間的談話可以增強自己的信心。在他的周圍，已經聽過這一本書造成的傳奇，這一本書是那麼邪惡，它的內容卻也非常緊張。當人們看到作者第一眼後，讀者並不敢做這樣的嘗試。我感受到他的無害，然而這是我感到訝異的；同時在他的身上，也發生同樣的感覺。依照他的描述，從他對《迷惘》所得到的印象，他期待的是一位「詛咒的詩人」（poète maudit）。

他向我引見貝爾霍夫曼，他是所有訪客中最有名望的客人，他每年的撰寫並不會超過兩行字。這一位年邁的老人還坐在座位上，並且沉重地說：「年輕人，我不會站起來，您也不會對我作如此的期待吧。」我對他說了幾句恭維的話，我想這正是他期待的話語。然後我轉向旁邊的小矮人，他虛弱地站在旁邊像是隨時會倒在地上。這時候他並沒有注意到我的手，所以我不必向他伸出自己的手。除此之外，我可以同時聽到，他洋溢的讚美讓貝爾霍夫曼的身體節拍式地擺動著。那是愛密勒·路德維希，他的忠實讀者。我不知道他對貝爾霍夫曼的崇拜有多久了，大概從小時候就是這樣子吧。「大師」這一句話已經出現好幾次了。然而，像完美無缺、畢生成就等等的讚美字眼總是以同樣節奏不斷地重複；幾十年的精神都投入在一般篇幅的戲劇裡頭，而且戲劇的撰寫仍然沒有辦法完結。貝爾霍夫曼低著頭沉思，雖然他聆聽這些讚美自己的話，但他並沒有表達任何的意見。他的意志是很穩定的，然而他是世界上少有的寫作大師、最暢銷的作家，以及全世界爭相訪問的文學家，怎麼可能會沒有穩定的自我感覺呢？在這裡，我感受到反抗鋼筆的重力。但事實上，這一位身體健康的老人一定沒有愉快的感覺，他的寫作是對沉默的描述，這些描述並沒有多餘的語句，然而另外這位瘦小的男人卻是用紙筆來營造腹瀉時尖叫的聲勢，換句話說，他們兩個人是沒有辦法溶解的對立。除此之外，其他人也在場，他們也聽到了這些對話——這時候，他打斷這一長串由讚美組成的叫囂；他的話語是感嘆的，卻是堅定的：「這太少了。」

他的話很少——他一定得說出來的話很少——究竟什麼人可以驅使他回答這些話呢？在場大概有一打的客人，而且每一個人都屏氣地等待他的話語。不過，愛密勒·路德維希用一句話，唯一的一句話來陳述他的回答：「如果莎士比亞只是寫一部《哈姆雷特》的話，那麼，他是不是個比較沒有份量的莎士比亞？」

如此無恥的回答讓每一個人都感受到情緒上的衝擊。這時候，貝爾霍夫曼的頭顱不再是低沉的了。直到今天這一刻為止，我仍然抱持著如此的希望：雖然他的自我意識是如此地強盛，這也是令人感到獨特的地方，但他不會再寫一部《哈姆雷特》。

後來大家就一同吃飯；經過那麼多自我放棄的嘗試之後，愛密勒·路德維希把所有的話題對象轉移到自己的身上。他讚美自己的成功、寫作的流暢、世界的知識、在所有國家裡的朋友，以及崇拜的讀者。從歌德到墨索里尼⑫都有他的朋友。正如他自己的描述，墨索里尼和歌德是完全不一樣的對立，歌德在威瑪（Weimar）的房子只是一間普通的房屋。這時候，他用非常嚮往的語句來描述羅馬帝國的威尼斯皇宮（*Palazzo Venezia*），在這個地方，他獲得墨索里尼的接見。他把寬敞的接待廳描述成帝國閃耀的光輝。穿過這個接待廳，他慢慢地走向墨索里尼，這位領袖坐在正廳後面的桌子上，堅定地等待作家的到來。墨索里尼知道，什麼人即將走到自己的面前；經過漫長的漫遊，路德維希終於站在桌子前（這張桌子是全世界最大的桌子，甚至比自己在阿斯科納（Ascona）的桌子更雄偉）。領袖以讚嘆的詞句來歡迎作家的光臨，然而他則是很客氣地吟誦領袖的詠嘆。墨索里尼證明自己的本能，可以洞悉一位奔馳在世界文學重要人物豪邁的意義，一位像路德維希這麼有創意的文學家。所以，領袖以最歡愉的心情和作家進行了幾次漫長的談話，這些談話被發表在所有的大報紙上，當然它們最後也以書本的形式出版。但這已經是過去的歷史。自從文學得到領袖的讚揚之後，他又寫了六本書，最近出版的一本書是《尼羅河》（*Der Nil*）。這時候，聚會的主人打斷他的話——他正坐在餐桌的一角，以一種非常榮幸的表情指向附近的一張小桌子，桌子上頭放了一本很厚的《尼羅河》，這也是桌上唯一的一本書。但是，路德維希並沒有注意到這一本書，他繼續他的描述。他的聲音是抖動的，在不平衡的音波的顫抖中，未來三本或者四本的創作計畫就被洩露出來了。然而，他並沒有更詳細地說明以後的創作計畫，因為他畢竟不是唯一被邀請的客人。「只有惡棍才會客氣地講話。我們有著健康的自我感覺，而且不能忘記，在這一張餐桌上面，什麼人代表著世界末的新維也納，在我們這群人當中，他是唯一永不下沉

---

⑫ Mussolini，二次世界大戰前，義大利的獨裁者。

的傳統，而且他是這個傳統中最偉大的作家。」

這並不是渺小的作品，而且如此的描述完全符合主人的意見，或許貝爾霍夫曼自己也這麼認為。否則在全世界面前，他的矜持很難得到正確的對待。日後，在他的身上，我不止一次可以對他的創作有更深刻的體會，他的想法是異常清楚的：霍夫曼斯塔爾沒有辦法抵抗世界上的誘惑，所有和史特拉斯堡有關的作品以及他對歌劇濃厚的戲劇都是錯誤的。在他的心靈深處，愛密勒·路德維希一定撩起了他最突兀的反感——他是這樣的人，除了宴會主人之外，坐在餐桌上所有的人都不會引起他的好感。不過，人們對他的歡呼，頌詠他是新維也納三顆星星中最明亮的光芒，對他來說並不是一點感覺都沒有。

同時，路德維希又把眾人的焦點轉移到自己的身上。他欠維也納一份人情，必須在一場歌劇上露臉，除此之外，他也預定了包廂位置。但如果沒有人陪伴的話，他並不想單獨前往。所以，這間屋子裡四個女兒中最漂亮的一個是他嚮往的陪伴。這時候，費麗達樂坐在他的正對面，並且很專心地聆聽他的描述。她並沒有打斷他的話，也從未用微笑回答他的問題。他覺得自己受到她真心的仰慕。她那造成幻覺的傾聽讓他的熱情不斷地湧現；然而，陷入情愛的失落卻也因此找不到可以停靠的港口。所以，他請求她在這一天的傍晚留出空來，陪同他去聽歌劇。她已經感受到我對他無法掩飾的厭惡，而且問自己，如果她接受這個邀請的話，是不是會對我的面子造成傷害。她的本能告訴自己，如此的面子並不重要，畢竟她是這一間已經風化成沙漠的屋子的女兒。所以，她把信任託付給路德維希可笑的舉止；他出席歌劇的表演是被期待的，而且她勇敢的描述將成為她和我兩人之間交談的話題。她在心裡面這麼猜想著，當我們下一次散步的時候，我可以知道整件事情的全貌。

在包廂中，愛密勒・路德維希為了讓觀眾看到他的身影，所以經常從他的座位上站立起來。他用詠嘆的歌聲來呵護費麗達樂；剛開始時，他是沉默的，但慢慢地，他的吟唱越來越響亮。在隔壁包廂的訪客感覺受到他的騷擾，但這也是他的目的。他聽不到任何的抗議，他的神志似乎是昏迷的，他的伴侶讓他的心智完全沉淪在一種迷幻的狀態。有時候，他的確可以成功地把觀眾的注意力從舞臺轉移到自己的包廂來。最後，有人走出包廂去尋找管理員，向他抗議並請求他停止這些擾人的噪音。這時候，管理員突然發現這個矮小的人是什麼人，不停地站立起來，唱著歌，在包廂的欄杆旁邊比劃引人注目的手勢，這正是愛密勒・路德維希本人。在那一剎那，謠言快速地擴散。當他知道所有人都知道自己突兀的舉止時，就突然地安靜下來。我已經忘記這一齣歌劇的名稱，但費麗達樂對我這麼地述說，當觀眾起立鼓掌的時候，他彎下自己的身子──他並沒有鼓掌，反而接受所有人的掌聲。而且當她指正他荒謬的舉止時，在毫無意願的情況下，他改變了自己的行為，鼓掌了一兩下。

「我尋找和自己一樣的人！」

第二次拜訪巴能迪克家的時候，就發生了一些變化。對我來說，長大以來被魔鬼占據的地盤突然間化為東方戲劇的國度。當時，我正走在通往大門的階梯上，這一刻鐘聲響了起來，我正在趕時間，而且聽到身後遲緩的腳步聲。這樣的聲音引起我的好奇心，因為這樣的腳步聲並不屬於成年人，所以我就轉過身子。在我的面前，站著一個幾乎停止呼吸的年輕「日本姑娘」，這是我為她取的名字。幾個月來，在天堂路上，每天我都會碰到一個小女孩，她身上穿著一件寬敞的大衣，細長的頭髮蓋住她細緻的臉孔，急速細微的動作好像東洌齋寫樂描繪演員的肖像，或者像俳優劇中的演員一樣。她是像我一樣的客人嗎？但她只是個小女孩。眼前的景象對我造成了強大的震撼，所以我忘了打招呼。她只是點頭，並沒有說任何一句話。這時候門打開了，費麗達樂走了出來。如同第一次一樣，她的臉上帶著燦爛的微笑，當她看見我們兩個人站在地毯上時，她這麼說：

「是妳嗎，蘇西？這是C先生。——這是我最年輕的妹妹蘇西。」

我有很好的理由為自己感到難為情。不過，她也感到不好意思，雖然對她來說，我沒有任何的重要性，但她也知道，每一天我都會在天堂路上碰到她。她並不是來訪的客人，相反地，她剛從學校回來，而且經常遲到，所以她的呼吸是那麼地急促，行蹤總是那麼地匆忙。當她消失在屋子樓上的房間後，費麗達樂驚訝地問我：

「原來您常常碰到她。而且您並沒有告訴我這一件事情。」

「我不知道那是她。您說您最小的妹妹才十四歲。」

「她的確是十四歲。不過，她的外形看起來像十八歲。」

「我一直以為她是個日本姑娘。」

「她看起來很像外國人。沒有人可以理解她為什麼會出生在我們家裡。」

然後我就踏進了沙龍。不過，我好一陣都還覺得難為情。對我來說，事情的真相終於清楚了，每一天，我都在追尋發生在天堂路的相遇。當時間一到，我就會下樓，自己的目標是那麼地清楚。當她從史特拉森路走來時，我一定不能錯過她。她是個十四歲的女學童，每天從學校回到家裡來。她那幾乎窒息的喘氣，以及那無法壓抑的激動，這時候對我來說已經沒有任何的意義——一個小學生害怕錯過回家吃飯的時間。當然，我無法忘懷的日本俳優造成幻覺所傳達的印象，此外，我對日本彩色版畫的熱情也扮演了相當重要的原因。但我不禁地問自己，她為什麼看起來那麼像日本版畫裡的俳優演員呢？她的陌生是吸引人的，雖然費麗達樂是維也納的輕盈以及勇氣的化身，但是仍然沒有辦法和如此的美麗相比擬。我的激情是如此地強烈，所以沒有辦法說出自己的感受，而她們姐妹也不會有人知道這一件事情。從這一刻開始，我的腦海裡總是浮現一些有關最年輕妹妹的秘密，而且這樣的想法不斷地增強我與這個家庭的聯繫。

我問費麗達樂，在一間擁擠的酒吧裡，聲響可以從每一個方向傳出來，有人說話、有人唱歌、有人吵架，這一刻她可不可以同時聽到不同的聲音。她不願相信，這是可能的，在同一刻裡，人們可以聽到超過一種以上的聲響，而且不會漏失掉任何的聲音。因為人的耳朵中同時有兩種、三種、四種不同的聲音，這些不同的聲音串連出一首交響樂曲，這是很有趣的現象。不同的聲響不會注意其他聲音的存在，而且以自己的態度潤飾音符的色彩。就好像正在行走的時鐘，它既不會停下來，也不會改變行走的方向。但當人們加進別的元素，一同來理解這些聲音的時候，它會誕生一種最特別的東西，就好像人們擁有一把自己的鑰匙，來開啟這一個特別的時鐘。在短暫的時間內，雜亂的聲響會產生我們無法預期的效果，然而，這些不同的音律並不知曉如此效果的存在。

我保證在她的面前示範一次，她得體會幾次這樣的現象；首先用我的耳朵——她得以我的立場來進行實驗，她會慢慢地明白，不久之後就會轉變成為習慣，而且以後如果沒有它的話，人類就無法生存下去。

有一天深夜，我帶她到寇本則大街的咖啡廳——當赫歐利格的咖啡廳關門，而且最後一班三十八號電車開走後，人們常到這個地方來。和赫歐利格咖啡廳比較起來，我們可以在這裡發現不同的團體；剛到的客人通常是那些覺得午夜前的狂歡仍然不盡興的客人，而且希望他們的興致可以持續整個夜晚。這些人大部分是當地的居民，當工作完畢後，他們會在這裡暢飲到咖啡廳關門。這些居民也會和其他人散坐在一起，但在陌生的氣氛下，他們是不會和陌生人交談的。這些居民是聲音的主旋律，這時候赫歐利格的客人已經不是戲曲扮演的重要戲碼了，而且他們既不是大多數，人們也不會注意他們的存在。當夜晚越長，咖啡廳裡的氣勢對外來的訪客越不利，他們只能接受觀眾的角色。這時候眾人唱的歌曲已經不是赫歐利格的歌曲，這些歌曲是外來訪客不久前唱的歌曲。這一刻他們口中的歌聲是格里茲寧地區的歌謠，這些歌謠與人物是原始的以及怪異的，它們並不是赫歐利格的貴族所期待的聲律。在一家咖啡廳一個小時裡所發生的狀況，會比其他咖啡廳整個晚上更豐富。在大多數的夜晚，當地的居民必須面對每一天都不一樣的陌生人。

當我們到達的時候，已經很晚了，然而，這是我的主意。因為費麗達樂可以領會到由不同聲音所編寫一首完全不和諧的奏鳴曲。這一刻，她的期待已經到了頂峰。這一家夜店擠滿了人，煙霧與喧譁聲像玻璃碎片一樣刺穿耳膜。我們找不到任何一個位子，因為是費麗達樂的緣故，她的感覺像一陣清新的微風。像一隻敏捷的貓，她一下子就跳進人群裡；她的眼睛明亮地閃爍著。由於越來越擁擠，我們不得不放棄和其他人之間的爭鬥，便找個位子坐下來。「我聽不懂！」她這麼說，「我聽到所有的聲音，但我不知道它們。」「聽到聲音就是好的開始。」我如此說，「等一下就會發生一些事情，而且事情也會變得更明朗。」

我在等待一個人的出現，這經驗我已經有好幾次了。每個星期六他都會來這地方，而且他會讓我整個星期都在思索他的身影。沒多久門被打開了，一個瘦長的人影出現了，他的頭顱像隻黑色的大鳥，而且他的目光是銳利的。輕盈的舞步為他開啟直達中央的道路，他的手肘是道路的側肩，但並不會真的頂撞到旁邊的客人。旁邊所有的人都讓開來，他的身子也開始隨著華爾滋圓舞曲旋轉，兩隻手像宣示一樣地懸在半空中，並這麼說：「我尋找和自己一樣的人！我尋找和自己一樣的人！」這時候，他的話語更像一種歌聲。「我」這個字的聲韻是那麼地突顯，如同當權者口中的「我」或者「我們」。他的雙手將一個人懸吊在半空中，但這個人是不存在的，就像和他自己一樣的人。他不停地轉圈子，沒有停止過，而且他的手也不會碰觸到附近的人。同時，他的嘴巴還唱著：「我尋找和自己一樣的人！我尋找和自己一樣的人！」——這歌聲的韻律是埋怨的，夾帶著許多的要求，好像一隻長腿大鳥的呻吟。

「那不是萊姆（Leimer）嗎？」費麗達樂這麼說。她認識這一隻吟唱的大鳥，可是她為什麼會認識他呢！她只認識白天的他，在晚上，她還沒有機會認識他，他的尊貴如何雜處在市井的喧囂中。白天時，他會站在格里茲寧的游泳池旁邊，這是屬於他和他的姐妹的財產。在這個地方，他會為客人分配更衣室，或者他會坐在櫃檯前面。有時候，當他的心情好的時候，甚至會免費指導游泳。他的興致是被允許的，因為游泳池非常地受歡迎，而且客人很多。有時候，因為訪客太多，所以沒有辦法再讓客人進去。住在維也納的人都會到格里茲寧的游泳池，而且萊姆可以算得上這個地區的富有人士，或許是最富有的家庭。這樣的財富得感謝勇敢母親的一位姐妹：在十九世紀時，這一位年輕貌美的女子把皇帝的馬車擋在路中間，並且把請願函丟給坐在馬車裡面的法蘭滋·約瑟夫（Franz Joseph）；請願裡寫著賜予萊姆家族水源的特殊利益，這是建造一座游泳池所需要的條件。在當時，必須建造通到高地水源的水道，才可以把最好的水源引到維也納市區來，而且這一位經營家族企業的女士善用大好的時機。皇帝同意了她的特殊利益，他的批准造就了格里茲寧的游泳池，以及萊姆家族所期待的祈福。

這是大家都知道的事情，每一個人都去這個游泳池。然而，在開幕的時候，有個結果是大家所不知道的：在沒有皇帝的歲月裡，這一位屬於萊姆家族的一份子仍然享受著皇帝的祈福。「我尋找和自己一樣的人！」如此皇室貴族般的呼喊，如同寫在紙上的祈福一樣，聽起來或許有一點可笑。然而，它並非可笑，就如同他的歌聲以及舉止，它們轉換成為夜的呻吟，而且以同樣的轉速不停地重複，歌曲的尾聲伴隨慢慢消逝的夜的寂靜。

他對自己的慾望是沒有止境的，情慾的音符伴隨著他身體的轉動，盤旋在桌子間。然而，他的位置總是在擁擠的中央。他不會和任何人交談，沒有人會跟他交換字詞，因為所有人都不希望如此破壞自己的名聲。沒有人會開他的玩笑，沒有人會打斷他的嘗試，阻斷他追尋自我的道路。他的曲目已經公告過了，雖然他的扮演十分地敬業，但似乎沒有騷擾到任何人。他是水的國王，提供無窮盡的水源；他是個令人注目的人物，而且他的舞步為這一家夜店譜下可怕的樂譜。當他走回到大門時，他的呼喊變調了。他遠去了，但他的叫喊仍然環繞在人們的耳朵裡。

這一刻，坐在我的旁邊的釀葡萄酒工人叫道：「法國人來了！」坐在他斜對面的一個人聽到這一句話，非常貪婪地重複著。對我來說，這是新的狀況，我沒有辦法理解整個事件，所以也沒有辦法向身邊的女伴解釋，到底發生了什麼事情了。然而，在其他的桌子上，人們似乎也期待著「法國人來了！」我並不知道，在格里茲蓴這個地區有哪一個法國人，但當地的居民似乎完全相信，這裡住了一個法國人。從他們的口中發出來的聲響，這個法國人好像屬於一年四季的流轉。費麗達樂也聽到幾次：「法國人來了！法國人來了！」這讓她充滿了熱切的期待。在她的旁邊有個喝醉的人，她雖然沒有辦法讓他清醒，但還可以防禦他的侵犯——她問道：「法國人什麼時候會來呢？」然而，他的狀況並不是可以清醒地完整回答這個問題。「已經來了，他正走過來。」

不久之後，出現了一個金髮巨人，他的出現引起咖啡廳裡所有人的注目，這樣的景象突顯在夜店最主要的隊伍。一個年輕的女士緊緊地拉著他，在她的背後有一條尾隨的隊伍。「法國人到了！法國人到了！」他的確出現了，而且整支隊伍是由當地的居民所組成的。這一位女士也是萊姆家的一份子，是前面那個尋找和自己一樣的人的萊姆的妹妹。這個巨人跟他的隊伍找到了位子——這是令人感到驚訝的，因為不久前，整個咖啡廳已經爆滿了，而且還有這麼多人可以擠進來。他們所有人都坐在一條長桌子——這張桌子本來就有人坐，他們把原來的客人清開，趕到另外一張桌子去。萊姆的女主人又走到巨人旁邊，緊緊地拉住他。這一刻，事情已經很清楚了：她想阻止他的魯莽，阻止一些還沒有發生的事情，或不應該發生的事情。後來，人們告訴我她是他的太太；她是在法國結婚的，每一年她都會帶他一起回到格里茲薴。他是一條潛水艇的水手，但人們並不知道，他是不是曾經參加上一次世界大戰的戰役。我沒有辦法理解，並且用非常驚訝的神情看著這位法國巨人：這麼龐大的怪物竟然會在潛水艇裡工作。我一直以為，只有矮小的人才可以當水手呢。

所有人都朝向他說話，然而，他完全不懂德語，和他坐在同一張桌子的人都把焦點集中在他的身上。他們彼此之間並沒有任何的交談，相反地，全部的人都轉向他。人們問他一些問題，但他沒有辦法回答這些問題。因為這個緣故，所以所有人都對他吼叫，要讓他知道，他這樣的舉止並不會有比較好的結果。他的反應是完全的沉默，也沒有用自己的語言說任何的字詞。在我的生命中，還沒有見過如此沉默與這麼巨大的法國人。當他的話越少的時候，對他吼叫的人也就越多。同時，坐在另外一張桌子的客人開始嘗試刺激他，引誘他說話。他的太太是他的翻譯，而且緊緊地靠在他的身邊，這一刻，她的嘴巴開始有些很緊張的動作。但是，她一下子就又放棄了。這是完全沒有希望的，或許是她的法文不夠好吧。但是，即使她的法文和自己的名譽一樣好，她仍然沒有辦法抵擋如海嘯般啪過來的嘶喊以及挑釁。這一刻，她把他的手臂抓得更緊了。在咖啡廳裡，由各種可能的不同聲音中彈跳出來的大混亂不斷地上升，不久之後，它蛻化成一股咆哮。從各個方向爆裂出來的吼聲都轉向法國人。連我們桌子的吵雜聲都塞住了我們的耳朵，如同其他桌子的情形。

我可以清楚地看見他，我的目光也沒有離開他的身上。我們之間的距離並不是很遠，我也可以朝著他吼叫，而且用他的語言，但在所有人的情緒到達最高點的時刻，對他來說，如此的作為是沒有任何的幫助的。突然間，他跳起來，並且用法文嘶喊：「我是法國人！」借用手臂強烈的擺動，他把所有在自己附近的東西都甩到旁邊。然後，他施展很驚人的跳躍，跳到桌子上，他身體的周圍是一座由屍體堆砌起來的山丘。所有人都衝向他，他的吼叫越來越響亮。我們只能聽到他宣戰的咆哮：「法國人！法國人！」然後，用一股令人無法想像的力量，把人群分開了，即使對一個和他一樣魁梧的人來說，如此的戰果還是沒有辦法想像的。他分開一條通往大門的道路，而且懸吊在他的身上所有部位的人們也一起被拖走。對他來說，他的太太已經消失了，其實她一直藏身在後面，與自己同樣族群的人在一起。當他對這張桌子的人說出第一句話的時候，便把自己的太太拉開。她和其他人一起往前擠，對她來說，這些人是不停往前追擊的敵人。但她並沒有和其他人一樣，抱住他的手和腳，因為不想讓法國人離開。當他成功地逃出咖啡廳後，她也奔跑出去找他。至於在外頭發生什麼事，就是我沒有辦法親眼看到的景象。有些人從外頭回來，並說，太太已經把他帶回家了。他是萊姆家族的女婿，他也屬於游泳池的一部分，然而，似乎沒有人會跟游泳池爭吵。

後來，在咖啡廳裡，人們也沒有再談論其他的事情。每一年，這個法國人都會來這個地方。人們已經了解情況，並準時期待他的來臨，每一年都以同樣的方式結束他的來訪。我問其他的人，法國人為什麼會突然跳起來呢？他總是這麼做，這是我得到唯一的答案，沒有人可以告訴我更多的事情。已經有好一陣子了，首先他會沉默地坐著。那麼，他聽不聽得懂人們對他吼叫的話呢？——不，他完全聽不懂一個字。——人們為什麼做這樣的嘗試呢？這是氣氛的一部分。——那麼，他是不是都吼同樣的一句話呢？是的，總是「我是法國人！」，而且人們也會嘗試模仿這一句話。他的力量是足夠了。不過，這並不是討喜的作為。

我問自己，當置身在一場暴動中，是否可以聽見幾百個人被壓縮成不清楚的字詞，而其中又有多少外來字呢？

湯瑪斯・曼的來信

這是一封非常工整的、用手寫的親筆信，信中的文字是小心的，同時用詞也非常地適切，如同他的書裡頭傳遞感情的文字一樣。信裡的內容讓我感到驚訝，也讓我非常地高興。正好在四年以前，我把小說的手稿寄給湯瑪斯・曼，那是三大本綁在一起的書，他一定認為這是一部三位一體的著作。除此之外，我還附了一封很長的信，我在信中對他解釋《瘋子的人間喜劇》的寫作計畫。我寫信的對象並不是一個自滿的人，裡面沒有一個字是對收信人的恭維。

而且他一定覺得很好奇，在什麼樣的狀況下，我竟然挑選他為收信的對象。

薇颯喜歡湯瑪斯・曼的《家族的沒落》（*Buddenbrooks*），而且喜歡的程度幾乎和《安娜・卡列尼娜》（*Anna Karenina*）這一本小說一樣。當她對文學狂熱的程度到這樣的地步時，通常會對這些作品產生畏縮。所以，我第一本閱讀的作品是《魔山》（*Zauberberg*）。這一本書的氣氛讓我熟悉地感受到母親的散文，她曾經在阿羅薩（Arosa）這個地方住了兩年。這一本小說對我造成非常深刻的印象，單單對死亡這個問題的談論就已經很生動。除此之外，雖然我有著不同的感覺，但這一本小說與母親的散文之間的爭執是全面性的，也是有意義的。一九三一年，湯瑪斯・曼是我第一個求助的作家，自己並不會因此而感到慚愧。當時，我還沒有看過穆集爾的作品，我的退縮只有一個原因：我已經看過漢林希・曼⑬的一些作品，而且對我來說，他的文采更吸引我。我當時的自信是令人驚訝的。在這一封信裡，我並沒有對湯瑪斯・曼獻上我的尊敬，然而，這應該是我對《魔山》這一本書表示的敬意。但是，我有這樣的想法：他只要看一眼我的作品，就會繼續看下去；對一位悲觀主義的作家來說（這是他給我的感覺），這一本書散發出來的誘惑是無法抵擋的。但是，這個大包裹又被寄回來，而且書本完全沒有被翻閱過，此外，裡面還夾帶了一封很長的信——他為自己疲乏的精力感到抱歉。這是一記非常沉重的打擊。如果連他都不會看這一本書的話，那麼，還有什麼人願意看這一本書呢？我期待他的反應應該是會感到興奮的，而並不只是同意我的創作

⑬ Heinrich Mann，是湯瑪斯・曼的哥哥，也是當代德國非常著名的文學家。

而已。如果他口中任何的字句碰觸到這一本書，而且他的評語是來自他的信念，而不是禮貌性的提供協助的話，那麼，他可以開啟一條更廣闊的道路。對我來說，我並沒有任何的阻礙，或許可以憑藉著這樣的猜想，再寫一封信給他。

他的拒絕信是針對我猜想的一種回答，或許他的反應是正確的，因為他根本不知道這一本書。然而，這樣的反應對我外在的生活究竟會產生什麼樣的影響，並不是很難描繪出來的。不過，它對我的尊嚴的影響有著更重大的意義，他對這一本書的否定讓我感到羞辱，我決定不再把心思放在這一件事情上。慢慢地，經過朗誦會，我漸漸地贏得一些朋友，他們說服我在這一家或者另外一家出版社舉行朗誦會。但這些朗誦會並不是成功的，正如同我對如此打擊的期待——湯瑪斯・曼用這樣的打擊對我造成嚴重的傷害。

一九三五年十月，小說正式出版了，我下定決心把書本寄給湯瑪斯・曼。他的重擊造成的傷口還在滴血。他是唯一一個可以縫合這個傷口的醫生。他必須翻閱這本書，並且認識到，他的看法是不正確的，因為他拒絕了一本小說，一本值得引起他的注意的小說。我另外附加了一封信，這一封信並沒有任何不客氣的譴責，相反地，我只是簡單地陳述當時發生的狀況，所以在完全不費力的情況下，指正了他不對的地方。他寫了一封很長的回信。他的人格特質、他的良知讓他可以非常有自信地，把過去的誤失重新補正回來。經過這麼多的波折之後，他的來信讓我感到非常地興奮。

相同的時刻，在《新自由日報》舉行了一場小說討論會；當然，這不是很重要的聚會。整場討論會在熱情洋溢的配樂下舉行，但這配樂是來自一位作家，一位我並不看重他的作品的作家，事實上，沒有人會看重他的文章。雖然如此，這一場討論會還是有它的影響。在同一天（或者在第二天），當我走進「主人館」餐廳時，穆集爾迎面走來。他是如此地熱烈，是我在他的身上從來沒有經驗過的風采。他拉住我的手，並不只是微笑著，他的光彩像是烈日散射出來的光芒，他的神色讓我感到意外，因為我一直都相信，對他來說，明顯喜悅的縱情是從來不被允許的。他這麼說：「我必須向您恭喜，您的成功是偉大的。」他已經看過我的小說中的一部分，如果整部小說的風格沒有任何改變的話，成功是我應得的報酬。從他的口中說出「應得」這個字的時候，我的心情是無比的喜悅。他還說了一些很正面性的評語，在這個地方，我並不想重複他的話。如果這個流程如此繼續下去的話，或許他會退縮回來。他的讚美讓我喪失了理智。我突然間意識到，我對他的判斷的期待是多麼地強烈，並不會比對鐘能博士的期待更少。我的心思是那麼地興奮以及混亂；我的頭腦應該很混亂，否則怎麼可能會犯下如此尷尬的錯誤呢？

我把他的話聽完，立刻這麼說：「您可不可以想像，我收到湯瑪斯・曼一封很長的信。」他的態度瞬間地轉變，好像一下子就跳到受到層層保護的內心世界。他的臉色變得鐵青，整個臉孔像一塊面板一樣。「噢！」他這麼說，伸出一半的手，我只能觸摸到他的指尖，然後快速地轉過身子。這是他向我的告別。

因為這樣，他的告別是永遠的。他是保持距離的大師，在長期的練習中，如果他對某一個人提出指控的話，那麼，這樣的指控會永遠地存在。在之後的兩年當中，有時候當我看見他出現在人群中時，他並不會與我交談，不過他的態度仍然是很有禮貌的。他無法允許自己與我之間有任何的交談。在聚會中，當我的名字被提起時，他就會沉默，不說任何一句話，好像他不知道，這些話從什麼人的口中出來，也沒有興趣尋找任何的解釋。

到底發生了什麼事呢？我到底做錯了什麼事呢？究竟是什麼無法原諒的作為，讓他沒有辦法原諒我？當他，穆集爾，向我恭喜的那一刻，我提起湯瑪斯・曼的名字。當他，穆集爾，向我道賀並說明賀喜的理由的那一瞬間，我提到湯瑪斯・曼的來信，一封很長的信件。他一定如此地猜想，我把書寄給湯瑪斯・曼，而這樣的舉動和把書寄給他一樣，而且還附上一些非常類似的獻詞。他不知道過去的歷史，他也不了解寄書這樣的舉動是四年前的事件後續的結果。但是，如果他知道這件事情的經過，如果他熟悉這個古老的故事的一些細節，那麼，他的感覺不一定會緩和些，他還是會認定那是個嚴重的錯誤。在我個人的經驗裡，穆集爾對尊嚴的感受是最微妙的，而且毫無疑問地，當自己的興奮錯誤地昇華時，我太接近他了。他要讓我對自己的作為感到後悔，這是可以了解的想法。對我來說，如此的懺悔是痛苦的，事實上我從來不會感到驚訝，那時候他轉過身子背離我而去；在任何忘我一刻，在我和他共同體驗喜悅的那一刻，他都可能離我而去。我知道，在精神錯亂與突來的認同撞擊的那一刻，我對他造成很大的傷害，而且這件意外讓我感到很慚愧。

他一定相信，我認為湯瑪斯・曼的文學地位比他高。當訊息與自己的認定是相反時，不管是任何人都不會高興的。對他來說，尊敬必須在精神上得到論證，不然如此的敬意不是嚴肅的。對他來說，在湯瑪斯・曼和他之間必須有個明確的抉擇，而且抉擇的意義是重要的。如果像是史帝芬・茲懷格這樣的人物的話——他的文學創意建立在生命的動能上面，那麼，有關抉擇的問題就不存在了。然而，誰是湯瑪斯・曼呢？這是穆集爾很清楚的事實，而且在他創作的類別中，湯瑪斯・曼是文學創作的標準。這樣的說法是適當的，也是最讓他無法忍受的事實。況且，在同一段時間裡，他也用自己的方式來爭取湯瑪斯・曼的信賴與認同（對這一件事情，我並不是完全沒有概念）。然而，在他的意識裡，他認定自己的作品更有創意，而且他的感情告訴自己，他可以剝奪湯瑪斯・曼一部分的聲譽。在所有寫給湯瑪斯・曼的信件裡頭，他對需要的幫助提出了一些建議，但這些建議聽起來像是挑戰一樣。當他稱許一位年輕的作家，並且對他的作品表示認同，而在同一時刻，年輕作家感受到內心堅定的信念，道出對另外一個人的景仰，而且把名字說出來的時候，他當然有權利作出反擊；然而，他通常又會侮辱這樣的權利。在如此的情形下，過去的景仰都被取消了。在精神的層次裡，如此的侮辱是一種對尊嚴的蔑視，所以罪犯被驅逐是應該的。

穆集爾宣告關係的破裂，對我來說是很強烈的感覺。在「主人館」餐廳時，當他的肢體語言發生如此強烈的變化的那一刻，我直覺地意識到，無法挽救的錯誤已經發生了。

我並不想回湯瑪斯・曼的來信。當我對穆集爾提起他的名字之後，原本正常的往來已經癱瘓了。好幾天，我不想拿起這一封他的回信。我將自己對他的感謝保留了很長的時間，直到最後一刻，我還是得向他說明一切。所以，我又拿起這一封信，並且用最愉快的心情來閱讀它。在我還沒有做出反應之前，自己仍然有著嶄新的喜悅。每一天，我都這麼鼓勵自己，也享受同樣的感受。或許，因為四年的等待，我也希望這位作家等待一段時間。不過，這只是今天的猜測罷了。幾個知道內情的朋友問我，是不是已經回他的信了呢？然而，對這些問題，我只能說：「還沒有！還沒有！」幾個月以後，問題變成：「您怎麼樣解釋這一件事情呢？您必須說明清楚，為什麼等待這麼長的時間，仍然還不回信。」不過，對這樣的問題，我也找不到任何的答案。

一九三六年四月時，大概已經過了五個月了，我從報紙上的報導知道湯瑪斯・曼將來維也納，發表一場有關弗洛伊德的演講。這似乎是我最後的一個機會，重新把過去的自我放棄朝向好的結果修正回來。我寫了一封信給他，充滿感情地描述自己的生活。然而，我怎麼能解釋自己犯下的過錯呢？對我來說，或許當我看到這一封信的時候，會感到些許的慚愧。然而，當我正在寫這些文字的這一刻，已經認清楚一位作家作品的重要性：《沒有人格特質的人》，它對我的影響比它的作者更重要。我對他只能有感激的心，這傷口已經縫合了。在他的信中，有許多的看法讓我對自己充滿了自信。雖然我自己沒有看清楚這個現象，但正如同湯瑪斯・曼在等待四年以後，重新把自我放棄朝向好的發展修正過來。他看完了《迷惘》，而且詳細地說明自己的感想，也就是我用另外的一封信來取代先前寄給他的一封信。在信裡，我對他的景仰加倍地成長，或許可以讓他感動。

我相信，他應該感到高興。但是，整件事情並沒有因此而結束。在信裡面，我曾經說，如果他到維也納來，而且我可以跟他見面的話，那我會感到很高興。巴能迪克家族邀請他一同吃飯。當他在維也納的時候，他向他人問起我來，並且表示他很想看我。布羅赫也覺得這樣的主意不錯，所以告訴他我就住在附近，就在斜對面的地方，而且立刻起身過來找我。當他來到家裡的時候，並沒有發現我的蹤跡——當時，我已經坐電車到博物館咖啡廳，去找鐘能博士了。所以，我只聽到湯瑪斯．曼的演講，但從來沒有機會親自認識他。這就是整個過程。

拉斯．卡撒—喧囂的歌聲

後來，在赫歐利格的寇本則大街，出現了一間印度人的社團。在社團前停放了五、六輛高級敞篷車。這個社團大約有三十個人，而且全部都是印度人，此外，他們經營了一家飯店。他們尋找一間可以容納所有人的房間，然而，原來坐在這間房間的客人必須讓出所有的位置，移到其他房間去。印度男人的年紀都非常年輕，他們穿著高貴的歐洲服飾，手上戴著鑲著寶石的戒指，寶石還不時發出閃亮的光芒。所有的女人都很漂亮，並且穿著印度的傳統服裝。她們和所有的男人一樣有著黝黑的皮膚，他們之中沒有一個白人。她們的微笑是那麼地獨特。所有人都不會德文，他們用英文告訴客人，必須把旁邊的房間空出來，讓他們使用。

這一刻，所有的印度人都坐下來。赫歐利格的音樂家從其他的房間走出來，想走進這一間房間為他們唱歌。印度人的領袖堅決地拒絕如此的要求，他們想在這個地方提供屬於自己最好的音樂。這時候，人們可以從角落聽到一陣不尋常的吟詠，它是那麼怪異與晦暗，而且其他所有人都靜靜地不說話。這樣的歌聲對當地的居民來說是悲傷的，所以人們只能沉默地傾聽憂傷的音樂。不過，當音樂結束之後，人們想知道那是什麼歌。他們的發言人微笑地邀請大家，傾聽他們的歌曲，並說：「An Indian low-song。」（一首印度矮歌。）沒有人知道那是什麼東西。什麼是一首矮歌呢？當印度人開始唱歌的那一刻，房間裡的氣味已經可以嗅出緊張的氣氛，這時候，更多的人頭夾在門縫中，許多人逐漸往裡頭擠。不過，仍然沒有人踏進印度人的區域。Low-song？Low-song？或許是我自己吧，突然間，有人知道答案：Love-song！Love-song！一首印度情歌。此時，瀰漫了失望的情緒。「情歌。那是情歌。你聽到了嗎？」這時候，赫歐利格的音樂家只能沉默不說話。這樣的旋律對他們來說竟然是情歌。

印度人期待所有人會對他們的音樂抱以掌聲。但相反地，他們感受到深刻的敵意，赫歐利格居民的喊叫聲是那麼地刺耳，所以他們感覺到屈辱。印度人猶豫著，或許他們所提供最好的音樂不是正確的曲目。他們嘗試另外一首歌曲，然而，演唱者的表演並沒有辦法持續很久。因為對不熟悉音律的耳朵來說，這首歌和第一首歌是一樣的。這時候，從外面擠進來的赫歐利格的居民已經踏進印度人的區域了。他們用憤怒的眼神看著外面的大轎車。印度人的領袖仍然微笑著，不過，人們可以感受到逐漸接近的外來生物讓他感到不耐煩。原來坐著的女士把身體彎下來，臉上也沒有任何的笑容。入侵者的聲音越來越大聲，越來越粗魯，然而，那個印度人仍然吟唱著。沒有人聽他唱歌。這時候，在房間的中央，有個人用非常憤怒的聲音喊叫著：「拉斯・卡撒！」

這是阿貝斯嫩⑭的一位將軍，他曾經對抗義大利的軍隊。當墨索里尼入侵阿貝斯嫩的時

⑭ Abessinie，二次大戰前，非洲國家伊索匹亞的前身。

候，他帶領人們對抗飛機與砲彈。拉斯．卡撒的照片出現在所有的報紙上。他的勇氣得到世人的讚美。他的皮膚也是黝黑的。然而，除了皮膚之外，他和住在赫歐利格的印度人之間並沒有任何的共同點。當他的名字被呼喊出來的那一刻，它的影響好像從夢魘中驚醒過來一樣。令人感到欣慰地，在維也納，他名字的發音是來自一個印度人的口中，但如此陌生的音律卻傳達更嚴重的威脅。在不斷升高的噪音中，吟誦與唱歌繼續進行。印度人站了起來；剛開始時，他們有一點猶豫，不過還是非常急促地衝向出口的方向。人們讓他們走出這一間房門。仍然有一些人呼喊著拉斯．卡撒，外頭的人們聚集在大轎車的四周。對奢侈的憎恨已經取代了原來對財富的羨慕。這是個靜止的，而不是進行中的敵對，不過幾乎已經很接近如此的狀況。他們真正的表達是「拉斯．卡撒」，但這時候，喧囂聲已經轉化成罵人的髒話，這是阿貝斯嫩戰爭中最後一刻被期待的結局：人們會這麼想，所有的同情都會站在弱者的一方，這些弱者會武裝自己，進行一場完全沒有希望的抵抗。拉斯．卡撒！拉斯．卡撒！印度人消失在轎車裡頭。現在，所有黑皮膚的人都是拉斯．卡撒。印度人開車離開了。

晚上時，我會走到公園；這一座公園在屋子的後面，而且一直往下延伸。初夏時分，空氣中都散布著光的足跡，到處都是螢火蟲。我想用眼睛捕捉牠們，但我失敗了，因為牠們實在太多了。牠們的數量讓人感到驚恐，好像牠們決定釋放出一股神秘的力量，將整個夜晚消滅掉。在牠們的光芒中，神秘的引誘讓我驚喜，剛開始只有一些，但整個情勢會變得危急。不久之後，牠們的數量會成倍數地增加。牠們停留在腳跟下，這些昆蟲不會飛高，也不會流散，如此的情景讓我感到非常地滿足。

遠方傳來宏亮的歌聲，它來自四面八方，距離並不會很近，也不會造成任何壓迫的感覺。依照自己的感覺，歌聲應當來自下面的地區，是來自赫歐利格酒醉的人喊叫的歌聲；他們的歌曲讓人無法分辨清楚，那是喜悅以及葡萄酒編織的共鳴曲，而不是野狼的嘶吼。那是居住在自己內心的野獸發出來的咆哮。那是一頭喜歡永遠停留在這地方的野獸，牠很滿意地坐著，而且盡情地享受對自己的感動。他的嘶喊夾帶的訊息是對享樂的要求，而且不是恐嚇的威脅。除此之外，人們也不需要播放音樂的設施——他可以縱身跳進這一口年輕的泉水裡，並且蛻變成為赫歐利格的野獸特殊的一部分，和其他的猛獸一起發出宏亮的歌聲。

每一天晚上，我都會在自己家的花園裡，傾聽天堂路上由叫喊編織成的舞曲。我想在自己的面前證明，當這些宏亮的喧囂注入內心的泉井時，自己的脈搏仍然是跳動的。我總是置身在一種懷疑的狀態下，而且沒有辦法排除自己即將消失的可能性，因為這是我給自己的感覺。

這是一種人們必須相信的狀態，後來我把它稱為節慶的群眾現象。當我和朋友們走下山時，我會坐在公園的凳子上，然後用自己的方式，參加合唱的行列。我們不會大聲地歌唱，我們只是盡情地喝酒與吹牛。然而，其他桌子上的人也同樣地吹牛。所有人都可以聽到我們大聲地喧譁，每個人都會忍受我們的笑聲。如此的景象是非常奇怪的，但我們一夥人卻不會因此而感到羞愧，沒有一個人的腦筋可以清醒到、自覺到羞愧的地步。所有的聲響會向不同的方向傳遞過來，但沒有一種聲響會妨礙到其他聲響的存在。除此之外，如此的境界並不是來自爭奪的結果；非常幸運地，其他人似乎也願意分享希望中沒有經過修飾的元素。飲酒的動作是不斷出現的場景，並且轉變成為魔法的道具，把歌聲的能量放大好幾倍。當一個人飲酒時，眼珠子裡上演的景象裡，周遭所有的事物都被放大了，而且似乎沒有任何的障礙、沒有禁忌、沒有敵人。

當我和伍圖拉巴坐在一起時，我可以親眼地看見，他雕塑完成的石頭，那是很壯觀的。不過，他還是得忍受一個人，那是跟我們在一起的一位年輕工程師，伍圖拉巴得幫助他在所有的城市裡站穩腳步。有時候，當他的作品得到很好的展現時，甚至讓自己和柯克西卡的名字放在一起論評。這是個很響亮的名字，當時他是維也納最有名的畫家以及雕刻家。雖然他人在布拉格，而且對維也納沒有任何的牽掛，但是維也納還是以他為榮，因為他的成就是空前的。當朋友們想標榜伍圖拉巴的時候，當他們想讓他很有自信地表現自我的時候，突然間，柯克西卡的名字就出現了。他的作品和柯克西卡的創作方式並沒有任何的關係，我們可以這麼說，任何在維也納巴洛克時期出產的藝術作品都是他敵視的對象。然而，當柯克西卡這個名出現時，他感覺這個名字像一支棍棒，一支往自己的頭上砍下來的棍棒。

在某些機會下，我曾經對他指出如此的現象。恐懼會對他造成精神上的麻痺，他害怕天分沒有辦法實現自己的想法，這樣的想法並不適合他。我必須喚醒他的良知，警告他對柯克西卡高度的評價，他根本不看重他後期的作品。當他來到赫歐利格挑選巨大的石頭的時候，他講了一段米開朗基羅的故事。米開朗基羅原本想在卡拉拉（Carrara）這個地方，把整座山作為雕刻的素材，讓海上的船隻在很遠的地方，就可以看到雕像；換句話說，他的做法並不是把教皇的墓碑用船隻運送到羅馬。米開朗基羅並沒有完成這個心願，然而，在他的描述中，這樣的想法聽起來像是他的創作念頭。米開朗基羅讓他清醒過來，而且他自己的巨石正在米開朗基羅的石頭下面，他可以不費任何的功夫，把這一位藝術大師的工作承接下來。如果這時候，有人證明自己的愚笨，對他提起柯克西卡的名字的話，這個名字聽起來是愚笨的，好像一隻小公雞，而伍圖拉巴那麼有力量地站在旁邊，像一座大山。

在他的身上，我領會到倍數增加以及壯大真正的意涵，而且我的認識是像字母般的細微。在他的身上，人們看到石頭不斷地成長。我從來沒有聽過他唱歌，更不會大聲地高歌，頂多只有喃喃的自語，不過，這時候他是憤怒的，而且不會來赫歐利格拜訪。

當我一個人晚上走在公園裡，聽到狂亂的歌聲時，我會感到羞愧。為什麼我會住在距離這些喧囂這麼近的地方，為什麼當我完全聽到這些亂歌之前，不會提早離開呢？而且這樣的羞愧是會造成傷痕的。有時候，我常問自己，什麼人住在下面，他是怎麼樣的人，會不會隨著這些吼叫聲放鬆自己的心情，然後借用不斷增加的意志，創造出一種針對特殊以及合法性意圖的力量。我並沒有找到問題的答案。當時我也不可能去頂撞自己朋友所相信的絕對信仰。但當我提出這個問題時，傾聽者的傲慢就會衰減下來，如此的傲慢相信自己超越所有狂亂的喧譁。

有時候，我會和一些朋友，特別是從國外來拜訪的人，到赫歐利格去，但並不是常常如此。在這樣的情況下，我們很難避免不去拜訪格里茲寧來表達我們的致意。因為我知道，這些陌生的眼睛可以幫助我，它們可以作出很大的貢獻。有些地方可以傳達鄉野樸實的氣息，當人們安靜地坐在花園裡，而且人數也不會太多的時候，這一幕情景總會讓我想起歐斯塔德以及特尼而斯的繪畫⑮。為了適應我的想像，一些朋友也會說出自己心裡的看法，這樣的經驗潤色不少我對喧譁的反感。借著記憶的幫助，我終於領悟到，在這種嘲笑的形式裡，究竟是什麼樣的原因造成我的困擾。我總是沉醉在布魯格爾的繪畫呈現出來的幻想中；當一幅畫具備了它的財富以及準則的時候，那一定是我喜歡的圖畫，而且我也會一直地喜歡這一幅畫。如果一幕巨大的生活圖像墜落到一幅被切割的，而且割線整齊的繪畫，如同荷蘭一些類型的繪畫，對我來說這是無法忍受的。在人為的縮影下，我看到這些繪畫中無害的以及個別化的惆悵，清明的心靈告訴自己，這樣的繪畫是種欺騙。然而，這一幕的景象正如同感覺敏銳的印度人的造訪，在如此狹小的區域裡，他們希望貢獻出最好的情歌，但他們的熱情卻引起當地居民敵對的憤怒。這一刻，這個區域突然變成真實的世界，如布魯格爾的繪畫一樣。

三十八號電車

這一條路線並不是很長，我經常從終點站坐到另外一個終點站，所需要的時間不會超過半個小時。不過，整段路程或許可以持續更久。

這是一條很有趣的路線，而且我很喜歡在格里茲薴這個站牌，搭往回家裡路線的電車；

⑮ 歐斯塔德（Ostade）以及特尼而斯（Teniers）兩個人都屬於荷蘭繪畫家族布魯格爾（Brueghel）的畫家。

當我踏進電車的時候，裡面幾乎都是空的。我坐擁自由的氣氛中，然後打開一本書，通常我的身邊會有好幾本書。月臺電車嘰喳的響聲應和著為閱讀伴奏的總譜。我整個人沉浸在總譜的音符裡，然而，這些音符並沒有要求所有明確的意義。在每一個站牌，我都會有些等待的時間，並會仔細地端詳，什麼人會坐在對面的凳子上。這是個很適當的距離，因為我可以很仔細地觀察對方。剛開始時，他們會分散地坐下來，每個人之間都會有些距離。每到一個新的站牌，人們之間的距離便會縮小。如果這些人坐的位置和我的位置在同一邊時，我就沒有辦法觀察他們。坐在稍遠的乘客會得到掩護，因為坐在我附近的乘客會擋住我的視線。這時候，眼簾裡出現的景象是他們的現身，或者，一會兒後，他們又走下電車。不過，在我的眼前，總是聚集足夠的人們，而且整個過程發生的速度很慢，他們會很悠閒地坐下來，一個接著一個，好像人與人之間的距離早就規劃好了。

在第一個站牌時，也就是當電車停靠在卡依斯墓園（Kaasgraben）的時候，亞力山大・奉・澤林斯基（Alexander von Zemlinsky）會走進車裡來；我認定他是個指揮家，而不是個作曲家。他有個黑色的鳥頭，往前突的三角形鼻子，而且沒有下巴。我時常看到他，但他卻不會注意到我的存在，因為他整個人陷入沉思當中，而且是種音律的思考；這時候，我的閱讀只是個假象。如果不尋找他的下巴的話，我就永遠無法看見他的存在。當他一走進電車的大門，我就會稍微地起來一下，並且開始尋找他的下巴。現在這一刻，他有下巴嗎？還是沒有？他是不是終於找到它呢？他沒有下巴，而且在如此的狀態下，卻可以經營一種非常積極的生活。對我來說，他是一個人的代理人，一個現在不在維也納的音樂家：荀白克。荀白克只比他年輕兩歲，而且是他的學生。他用竭誠的敬意來表達對澤林斯基的感謝，如此真實的誠意是他的本性，而且他把如此的誠意傳給他的學生貝爾格以及魏本。荀白克是如此地貧苦，他怎麼能在維也納生活下來呢？在許多年前，他設計了一齣喜劇歌劇（Operetten），那時候，他咬緊牙關為維也納創造出最廉價的光輝；他為維也納創造了世界性的名聲，使它成為偉大音樂的誕生地。本來他可以在柏林教導官方的作曲。後來，因為他是猶太人的關係，所以被解聘，並且移民到美國去。當我看到澤林斯基的時候，一定會想到荀白克，因為他的妹妹曾經當過荀白克二十二年的老婆。當我看他的時候，並不會感到難為情。我可以感覺到，這麼小的鳥頭正在努力地思考——外面的世界可以把他認定是純粹精神的排演——嚴格而且可憐，絲毫沒有一點指揮家的自大，而事實上，他也是個指揮家。他年輕的臉孔是不協調的，在這副嚴格的臉孔伴隨下，荀白克縱情在音樂的國度裡。不過，很可能因為這樣的原因，所以澤林斯基的音樂很少受到世人的矚目。當我看著他時，自己也沒有辦法感覺到，在他周遭跳躍的音符。不過，我知道，貝爾格曾經寫了一首「抒情詩組曲」獻給他。貝爾格已經不在人間了，而且荀白克也不在維也納。當澤林斯基從卡依斯墓園踏進電車的時候，我的心中總是感受到些許的慰藉。

乘坐電車的經驗也會有不一樣的開始。有時候，愛密・維勒茲會在卡依斯墓園上電車，她是作曲家艾頁・維勒茲的太太。維勒茲研究東正教的音樂，並因此而得到非常高的成就，獲得牛津大學的標榜。因為他是個音樂家，所以很喜歡語言的創作，不過他的話語並沒有像自己想像地那麼理想。聽起來好像人們會因此而責怪他，因為他把自己認定為是另外一個領域的專家。他的太太是位歷史學家，當我們還沒有在聚會裡認識彼此之前，我已經在電車上觀察她一段時間了。她有一雙聰慧，而且幾乎溫柔的眼神，在她堅決的認定中，原本充滿暴戾的大自然竟然蛻化成溫柔的景致。在一次完整的談話裡，我體驗到如此的溫柔真正的泉源。她非常仰慕霍夫曼斯塔爾，她認識作家本人。當她提到他的時候，好像很久以前，他曾經出現在散步的鋪道上。如此與現實脫節的景象蒙蔽了她批判性且聰穎的句子；在感動的激情下，她的聲音幾乎翻滾下來，而且還得壓抑自己的淚水。當她在敘述這一段故事時，好像自己曾經遇見莎士比亞一樣地感人。我覺得這是很可笑的，所以就沒有認真地看待她。後來，我才發現，她的風采和幾百年來的德國文學有著相互輝映的切合：她正在編撰一套德國文學，總共有一百八十八冊，而且這一套書還在進行中，所以我對自己的淺見感到羞愧。然而，我到底可以做什麼呢？提供她後來的淚水，然後浸浴在她的溫柔之中嗎？

在維特海姆史丹公園的附近，也就是三十九號電車開往思維街的地方，有時候，會有一位年輕的畫家上車，他住在哈特克爾大街。有一次，我曾經拜訪他的工作室，這位畫家還向我展示他的作品。她是一個黑黝且明亮動人的主人；她會散發迷人的誘惑，就好像是古代的印度美女，但事實上，她和印度一點關係都沒有。她的名字叫希勒德（Hilde），因為她的出生地，所以有權利有這樣的名字。她對他的付出像是一個奴隸；在她迷人的眼眸裡，透露出嚮往自由的憧憬。當她出現的時候，眼神傳達的慾望被證明是困難的，她再度走向主人的鞭子，並且證明，在所有的情況下，她的慾望都不會得到解脫。他嚴峻的統治讓她承受了許多的痛苦，然而，她卻喜歡接受這麼嚴厲的煎熬。人們告訴我一些有關這一層關係的內情——

特別是奴隸的美貌——或許因為這樣，所以在完全不知道這位畫家的作品的情況下，我接受了邀請，參觀他的工作室。

他深受布拉克⑯的影響，他把自己獻身給立體主義（Der Kubismus）。他把所有的畫都擺在畫架上，他的動作是緩慢地，沒有任何人性的感情，而且畫與畫之間的距離是規則的，除此之外，他沒有做絲毫的嘗試，借用自己的魅力或者稱讚，來贏得觀察者的認同。這時候，人們甚至受到他的影響，用相同的方式作出反應。

在一棟房子的樓上房間住著一位詩人，在展示圖畫的時候，他和他的女朋友也走下來。他那猙獰的面孔以及修長的手臂讓我有很深刻的印象。他是個內向的人，他站立的位置正好和畫架之間保持正確的距離。他的女朋友並不是那麼地吸引人，她有著屬於自己方式的激情，是個無聊的金髮女郎。她坐在詩人的旁邊，當新的圖畫出現時，她和自己的情人一樣露出微笑，不過她的笑容卻拘謹了許多。從他的口中描述出來甜美的領略是沒有變化的，並且讓我感到厭惡，每一幅圖畫都洩漏了同樣誇張的喜悅以及感情，好像人們站在佛羅倫斯的聖馬克教堂，觀賞費拉・安吉利哥⑰一幅又一幅的繪畫。但是，如此反應營造出來不斷重複的演技讓我感到相當地著迷，所以我的目光時常飄向詩人的表演，他的表演比繪畫更能引起我的注意，我想這並不是不正確的。這是詩人的意圖，在這個小團體裡，圖畫的出現，以及掌聲成

---

⑯ Braque，法國現代畫畫家，與畢卡索共同建立了立體主義。

⑰ Fra Angelico，義大利文藝復興時期的畫家。

了這個展覽會的主角，而且對這裡的女奴隸來說，她無法不繼續地努力接受皮鞭的鞭打，如此引人矚目的成就也讓人聯想到她身上被壓迫的狀態。

他的自我感覺是無法搖撼的，詩人的微笑好像是騎在馬上的騎士，從來不會對自己產生任何的懷疑，而且他相信死亡以及惡魔，他的靈魂和死亡與惡魔是一樣的。他沒有辦法看清楚已經被死亡解掉的靈魂，正如同她在不遠的地方看著他，然而，他被死神的鐐銬綁著。他的微笑是迅速的，是沒有變化的，好像當一幅畫出現時，他的微笑就是一張賬單。當展示會即將結束的時候，他的思緒陷入長思的狀態，來詠嘆如此壯盛的經驗。當女奴隸對他微笑時，他一刻也不停留地，立刻回到自己女朋友的身邊。這時候，我才知道他的名字，雖然這個名字和他的面孔是相配的，但是，我覺得它有點可笑：他叫做都德爾耳⑱。

（二十年以後，在一個完全改觀的情況下，我又遇見他。他已經成名了，而且到倫敦來拜訪我。當他一開始為自己辯護的時候，他這麼說：名聲帶來的誘惑是無法抗拒的。他問我是否曾經殺過人。當我說沒有的時候，他那猙獰的臉孔充滿了鄙視，當然這是他的專長：「那麼，您還是個處女！」）

這一位年輕的畫家在這個地方登上電車，而且用他自己的方式向我打招呼，他的表情沒有任何的色彩，並且是正確的。他總是單獨一個人。當我向他問起他的女朋友時，他的回答和他的招呼一樣地拘謹：「她在家裡，她不會到外面走動。她不知道如何應對。」「那麼，

---

⑱ Heimito von Doderer，奧地利的詩人。

那一位詩人好嗎？就是住在您們樓上，手臂像猴子一樣長的那位先生。」他猜到我的想法。「他是位紳士。他知道如何應對。當我邀請他的時候，他才會下來。」

從比爾羅德街這個站牌開始，會有許多人搭上電車，這時候，安靜地觀察人們的祭祀通常也隨著結束。但是，對我來說，這一條路線還有其他的樂趣，而且這樣的樂趣是有歷史性的。當電車轉進威林格爾大街時，不到一會兒，我就經過化學系大樓，在這個地方，我花費很多的時間，但我的用心是沒有目標，而且也沒有任何的結果。我從來不會讓這一棟大樓脫離自己的視線，但從一九二九年開始，我就沒踏進這一棟大樓。我用非常輕鬆的心情看著它，當它對我迎面而來的那一刻，電車以高速的速度行駛過去。這時候，我的逃亡不斷地重複，然而，我對自己祈求的保祐是永遠都不夠的。正如同人們快速地回想過去的歷史一樣，當一段歷史得到救贖的那一刻，那是活生生的喜悅。憑藉著如此高亢的興奮，我坐電車抵達「碎石門」；每次的電車遊歷威林格爾大街的時候，我又會再一次嘗到成功的滋味。當布羅赫到格里玆寧來拜訪我們的時候，他問我現在住在這裡是否是因為這樣的原因？然而，如果他沒有嘗試借用分析家透徹的眼光來觀察我，我或許會認同他的看法。

第五部

誓別

驚喜下的重逢

一九二八年，在柏林一場朗誦會上，我認識了路德維希．哈爾特（Ludwig Hardt），當時，我是朗誦者。他現在是移居到布拉格的移民，而且會來維也納開朗誦會。我參加了一場朗誦會，和過去一樣，他的表現讓我十分地激賞。那時我心裡堅信地認定，他應該不再記得我了，不過我還是走到他的背後，準備向他表示感謝的致意。然而，我的嘴角都還沒有動作之前，他突然跳到我的面前，他說的話不但有很好的目的，而且也著實地嚇我一跳：「您喪失了您的偶像，而且您不曾參加他的葬禮。」

不久之前，卡爾．克勞斯去世了，而且我真的沒有去參加他的葬禮。自從一九三四年的事件發生後，我對他本人的失望竟然變得完全無法釋懷。他宣布對度爾夫斯①的認同，不但接受在維也納街頭發生的內戰，而且同意一些很可怕的事件。那時候，只有一些小型的朗誦會，而且是非常秘密的，人們不知道朗誦會的存在，也不想知道它們的存在。除此之外，沒有人願意嘗試去觸及他所產生的影響。換句話說，卡爾．克勞斯這個人物好像已經不存在了。雖然這兩年來，我不曾去碰觸《火炬》出版的期刊，但它仍然存在。然而，在我以及其他許

① Engelbert Dollfuß，奧地利的總理兼外交部長，一九三四年總理官邸被暗殺。

多人的心目中，他這個人物已經被壓抑下來，已經溶解掉了，消失了，不會再出現在任何地方。事實上，整個過程的發展可以這麼描述：在一個他自己鼓動的群眾所聚集的集會當中，他發表了一場反對自己的演講，然後把自己銷毀掉。在他生命最後存活的兩年當中，他只是在對話中呼喊自己的名字，雖然仍然有一些自我反抗的阻力存在。但是，這時候的氣氛告訴人們，他本人似乎已經死亡了。他真正死亡的訊息對我來說並沒有造成任何情緒上的騷動：一九三六年七月，卡爾・克勞斯告別了人間。我不曾注意他的死亡日期，甚至還必須查看死亡的月份。在我的腦海裡，沒有任何一刻鐘曾經出現要去參加他的葬禮的念頭。我不曾在報紙上閱讀相關的報導，也不會自覺這是種遺棄。

在我的面前第一個提到有關克勞斯的訊息的人，是現在出現在眼前的路德維希・哈爾特。這讓我回想起當初在柏林的對話。我對心中半個神的崇拜是盲目的，而且讓自己變得很可笑。他知道之間發生的事情，而且認定我不會去參加葬禮。第一次，我感覺到我對克勞斯的遺棄是種罪惡。為了彌補他說的話所造成的影響，他邀請自己到格里茲蓉來拜訪我們。

我期待他的來訪將是一場大型的爭論，一場難為情的對話。但是，路德維希・哈爾特的藝術是那麼地有魔力，所以我願意迎接他的光臨。我認為，當這一個人到來時，任何有關權利的宣告都是不可能的。他或許想讓我感到難過，而且期望在我的身上看到一種表白，一種懺悔，卡爾・克勞斯讓我自己受到蒙蔽。但是，我如何能放棄這個人呢？我必須對他的作品《人性末日》表示感謝，除此之外，我聽過他無數有關內斯特洛伊的朗誦會，例如《李爾王》、《雅典人泰門》，以及《織工》等等。這些朗誦會造就了我的誕生，這是沒有辦法摇撼的事實。在他去世前的幾年，發生了一些可怕的事件是無法解釋的，而且永遠沒有人可以解釋它們的發生。討論是無法想像的，所以人們只能保持緘默。這是偉大的精神對我個人造成的失望，如此的失望伴隨著我過去三十年的生活，而且它所造成的傷口是這麼地嚴重，所以三十年後，這個傷口仍然無法癒合。這是直到死亡之前人們背負的創傷。而且世人所能做的事情卻很少，當幽靈來到時，我們只能把眼睛閉起來。如果有人想在公開的場合挑撥這些事端，那是非常沒有意義的舉動。

我不知道，當和路德維希‧哈爾特對話時，自己應該有什麼樣的舉止。不過，有一件事是我確信的，那就是無論在任何狀況下，我都不能否定卡爾‧克勞斯對我產生的意義。我並沒有高估他，沒有人可以高估他的成就。他改變了，然而——依我的猜測——蛻變的後果導致了他的訣別。

路德維希‧哈爾特出現了，而且沒有任何一句話提到卡爾‧克勞斯。他甚至沒有用任何話語來影射他。在那一場朗誦會之後，他的那一句話曾經對我造成那麼大的驚嚇，然而在這一刻，它已經不是作為辨別的標誌。其他人或許會這麼說：「雖然已經八年了，而且這之後我們不曾說過話，但是我對您的記憶仍然是很清楚。」他立刻用自己的跳躍方式證明這一件事。而且我記憶中的影像仍然相當地明晰；當他想說些什麼事情，或者想讚頌海涅②的詠嘆的那一刻，他突然跳到柏林主人家裡的桌子上去。

② Heinrich Heine，德國詩人。

當他到來時，我立刻帶引他到房間裡；房間裡擺了我的書以及桌子，我寫作用的桌子。這是我對他的虧欠，但是，我並不希望借用美麗的風景來轉移他的焦點。在這一間房間裡，我沒有任何的視野，我看不到葡萄園，看不到平地以及城市，我只能看見花園的大門以及通到房子短窄的路徑。或許在這個地方，我比較可以感受到安全感，因為我期待衝突的降臨。然而，他是不是希望看到，在這麼多的書本面前——讓自己站在書本擁有人的面前——我們之間的爭辯能有更明確的意義。

然而，他並沒有注意到這些細節。他描述布拉格，他是一個矮小、纖細、沒有任何邪念，而且容易受感動的男人。沒有任何一刻，他是靜止不動的，也不想坐下來。當他在房間來回走動時，手伸進到右邊的褲袋裡，玩弄一件小東西，對我來說，那像是一本小書。最後，他終於把這一件小東西拿出來，它果然是一本書，而且他用一種慶祝式的喜悅把書拿到我的眼前，然後說：「您想不想看一下，我自己珍藏最貴重的寶物呢？我總是把它帶在身邊，而且不能信任任何一個人。當我睡覺之前，我會把它鎖在我的箱子裡面。」

那是一本赫伯③的書《小藏寶盒》（*Schatzkästlein*）的縮小版本——那是上個世紀的版本。我把書本打開，閱讀裡面的贈言：

「獻給路德維希・哈爾特，讓赫伯得到一個最真實的朋友。法蘭茲・卡夫卡（Franz Kafka）。」

③ Johann Peter Hebel，瑞士文學家。

這是卡夫卡自己擁有的《小藏寶盒》版本，他每天小心照顧的小書。當第一次聽到路德維希・哈爾特講述赫伯的時候，讓他很感動，所以他把這本書連同贈言送給他。「您想不想知道，當時卡夫卡聽我說些什麼內容呢？」哈爾特這麼問。「好呀！好呀！」我這麼回答。然後他開始講述：一切都已經背誦好了，跟往常一樣。這時候，這一本書在我的手上。他的描述和書中章節的順序一致。〈一個讓貴婦無法入眠的夜晚〉、兩篇〈蘇娃羅〉的文章、〈誤解〉、〈摩斯斯・孟德爾頌〉以及最後的〈驚喜下的重逢〉。

我真心的希望每一個人都可以聽到詩人朗誦最後這一部作品。卡夫卡已經去世十二年了。從同樣一張嘴裡，當時他聽到的字詞輕柔地傳進自己的耳朵裡。我們兩個人都沉默下來，因為我們知道自己即將體會到一段故事新的蛻變。過一會兒，哈爾特說：「您想知道，卡夫卡對這一部作品有什麼樣的評論嗎？」我還沒來得及回答這個問題，他就立刻補充地說：「卡夫卡說，這是是歷史上最美的故事！」我自己也這麼認為，而且我的思緒一直縈繞在這樣的想像中。但是，從卡夫卡的口中聽到如此最高級的描述，這已經是非常奇怪的事情，從一個人的口中，用《小藏寶盒》這樣的禮物來冊封講述這個故事的人。正如同大家都知道的事實，卡夫卡的最高級是出奇地少見。

從這一天開始，哈爾特和我之間的關係發生變化了，這一層關係贏得了細膩的親密感。他經常來拜訪我們，只要他來維也納的時候，總是會立刻來我們家裡。他在天堂路度過了許多的小時，他那如詩詞般的引述似乎是沒有止境的，他的朗誦沒有終結的句點，而且我總是覺得不夠。在他的腦子裡，儲藏了所有的東西，或許我還沒有辦法聽到所有在他的腦子裡的詩詞。有關赫伯每一瞬間的記憶是永不褪色。有時候，當我們覺得自己受到他的詩詞的鼓勵與感動時，我們會到薇颯的小木房，他會在這個地方講述其他的典故，那些讓薇颯熱衷的故事。許多是歌德的故事，然後是廉茲在瑟森海姆（Sesenheimer）撰寫的一首詩；這一首詩很像歌德的作品，詩裡頭都可以看到歌德的身影，它是〈大地之愛〉（Die Liebe auf dem Lande）。然後，我們會再談到廉茲的宿命，這也是哈爾特自己無法接受的結果。有一次，我說這一首詩成功的地方是在現實世界中，歌德對廉茲的遺棄，而且廉茲好像費德利可④無時無刻地等待著歌德。然而，歌德已經無法再忍受了，而且最後把他摧毀。這一刻，他站起來，擁抱著我，這是他表現共鳴非常少見的姿態。為了薇颯，同時也是為了我，他也會講述一些海涅的故事，當時在柏林時，他的論點已經得到我的認同。除此之外，他還為薇颯講述一些有關維德金⑤以及彼德・阿爾騰貝克⑥的事跡。

有兩首詩沒有辦法得到我們的認同，它們都是來自克勞迪伍斯⑦的作品。

這是戰爭！這是戰爭！噢，上帝正懲罰著天使
而且你還在鼓勵！

---

④ Friederike Brion，廉茲的未婚妻，後來因為歌德的緣故，兩個人解除婚約。
⑤ Frank Wedekind，德國作家。
⑥ Peter Altenberg，奧地利劇作家。
⑦ Mattias Claudius，德國浪漫文學時期的作家。

不幸地，這是戰爭，而且我心狂野，
沒有一點罪惡！

今天我還抄寫了另外一段話，是「被追殺的麋鹿寫給公爵的信，那個追殺麋鹿的公爵。」

當我寫完這一句話的時候，突然出現了蛻變的奇蹟，而它正出現在我的眼前。路德維希・哈爾特瞬間蛻變成為一頭垂死的麋鹿。如果我懷疑人類存在的目的，那麼，蛻變是最好的過程，我可以很清楚的看到他犯下的罪行、他的辯解，以及文學的桂冠加冕在他的身上。哈爾特是垂死的哈爾特。當他昏厥的時候，對我來說，那是沒有辦法了解的。然而，當他甦醒過來的時候，他又是路德維希・哈爾特。雖然他的驚奇讓我們享受到文學的燦爛，但這一幕場景一直都是活生生的：一頭被追殺的野獸正慢慢地死去，這是恐怖的，因為他是人，一個讓人們喜歡的人。

西班牙內戰

兩個年頭的友誼緊緊把我和鐘能博士結合在一起，這時候，也正是西班牙內戰爆發的時間。每一天，都可以談到相關的討論。所有我認識的以及喜歡的人都站在共和黨這一邊。人們對執政黨的支持是無法掩飾的，而且討論是激情的。

只有和鐘能博士討論的時候，我的視野才有辦法開展。我們的討論來自每天報紙的專欄文章，很少超出這個範圍。討論主要針對西班牙的歷史狀況以及它的影響，在我們眼前發生的事件一定會對以後的歐洲城市有著重大的影響。鐘能博士證明自己是西班牙歷史這方面的專家。在戰爭的世紀中，他誕生在西班牙的土地上，而且對於毛利時期以及雷孔克易斯塔⑧所有的細節有著非常清楚的認識。對他來說，這個島嶼上三個不同的文化是熟悉的，三種文化都讓他有種故鄉的情感；在今天，人們似乎只要懂西班牙文、阿拉伯文以及希伯來文就足夠了，因為人們可以閱讀他們的文學，來贏得這些文化對當代的情感。從他的身上，我體驗到阿拉伯的詩詞。這些詩詞好像來自聖經一樣，他為我翻譯某一段時期毛利人的詩歌，然後向我解釋，這些對歐洲中古世紀的影響。這些描述是那麼地自然，他不需要以討論的形式來做此描述，如同他對阿拉伯文的熟悉一樣。

有時候，我嘗試去解釋，不管過去或者現代，在西班牙發生的事件都和特殊群眾現象的建構有關係，而且這是這個半島上很特殊的風情。這一刻，他會仔細地傾聽，而且不願意讓我對自己的看法喪失勇氣。不過，我知道他只是不願意說出自己的意見，因為他已經看出，我的想法仍像在源頭聚集的流水，還無法回流成為一股成熟的思潮，所以他不願意借用我們的討論，來固定這一股潮水的流向。

當時，我對哥雅與他的蝕版畫「戰爭的不幸」（Unglücksfälle des Krieges）有很貼切的

---

⑧ Reconquista，曾經是西班牙占領的島嶼。

想法。他是那個時代第一個現代畫家，也是最好的畫家，他的時代創造出畫家後來的面貌。「他並沒有轉移自己的視線。」可以這麼說，而且我深深地體會到，這一句對他的誠意來說有多少的比重，然而，這一句話也碰觸了我心靈深處泛起來的感動。早期洛可可⑨的繪畫、這一部分的蝕刻版畫，以及後期的繪畫。人們應該知道，哥雅有自己的思想，他是有立場的，他出生於皇室貴族，而且親眼看見世局的變亂，怎麼會沒有思想呢？當他看到當時發生的變亂時，戰爭對抗的兩方似乎都得到他的同情，因為他的知識是人性的知識。戰爭讓他感到痛惡，而且在他之前的時代，沒有人會對戰爭有這麼深刻的了解。不過，在今天，或許也沒有人有這麼強烈的熱情來指控戰爭的產生。他知道，世界上沒有一場戰爭是好的戰爭。人性傳統中最惡劣的、最危險的事物、沒有辦法被改善的罪惡，都會經過戰爭轉化成永恆。人類無法借用戰爭來毀滅戰爭，戰爭只會強化人類的心靈中最醜陋的惡行。哥雅的見證超越了他的立場，他看見的悲慘是可怕的，這些超越了原本內心乞求的希望。自從葛林內瓦爾德的基督教以後，沒有任何人像哥雅一樣，在世人的面前描述出戰爭的可怕，沒有任何的筆劃可以做得更好。他的一筆一劃都會引起厭惡，有難以承受的壓迫感，每一個筆劃都像利刀一樣的銳利。他在雕塑上面施加的壓迫是無法改變的方向，然而，這個方向是慾望殘餘的最後部分，雖然人們沒有想過用這個名字來界定這個部分。

如此的情境是人類從第一次世界大戰中學到的教訓，不過這個情境並不會蒸發掉，它也

---

⑨ Rokoko，文藝復興的後期藝術。

是人類心靈最痛苦的煎熬。鐘能博士知道西班牙內戰的本質，而且也清楚地了解戰爭的發展會往什麼方向前進。他痛恨戰爭，並認定西班牙共和國保衛自己是必須的，也是必要的結果。如果其他勢力可以阻擋歐洲戰爭持續地擴大的話，他會用敏銳眼光來追蹤他們每一步的腳印。當民主力量宣布互不侵犯的政策，而且蒙受另外一方的欺騙的時候，民主的軟弱讓他不斷地沉痛沉吟。他知道如此的軟弱是對戰爭的憎恨，這樣的軟弱希望可以阻止戰爭的擴大。他們的行為得到可怕的敵人的讚美，但它透露出對敵人的無知以及可怕的短視。任何的思考、任何的猶豫，以及所有的小心謹慎都在鼓勵希特勒，他的目的只有侵略，而且盡可能地擴大戰爭的範圍，當其他人對戰爭的畏懼升高時，他開啟戰爭的決心也越堅決。鐘能認為，希特勒發動大戰的決心是無法改變的，他認定這樣的決心是偉大的意志，是這個人的自然法則（希特勒是借用發動戰爭來贏取自然法則）。他遵循這個自然法則，所以他才取得權力。為了造成如此的影響，所以他認定戰爭是必要的。但是，在德國只要反對戰爭的抵抗仍然存在的時候，摧毀希特勒成功的連鎖反應是絕對必要的。除此之外，只有經過外來明確的而且不受到影響的行動的催化下，反戰爭的抗衡才有辦法提昇。對所有人來說，希特勒一連串的成功是致命的危險，特別是對整體的德國人來說。希特勒對歷史的看法是盲目的，他想把所有的力量與人民都投入到戰爭裡，但是德國怎麼有辦法單獨地戰勝地球上其他所有的國家呢！

鐘能對事情的見地是清楚且明晰的，這是我自己能力上的缺陷，我沒有能力創造任何完全的影像。他的看法已經超越了當時的風潮，在當時，政治的智慧只是由一項緊急救助蹣跚地轉換到另外一個緊急救助。雖然即將到來的災難刻劃了他自己的宿命，但他仍然將心力注入到有關西班牙內戰的每一個細節上。這一刻，讓人們感到最特別的現象是，對如此明亮的精神來說，現狀並不是最後的結局，人類無法看清楚還沒有顯像的未來事件，而且正因為如此，所以人類可以創造新的希望——我們不可以錯失這個希望，每一個人都必須用自己的眼睛緊緊地看護這個希望，它並不是不重要的。

在內戰進行的過程當中，西班牙的名字也隨著出現在日常生活中，那些和歷史或者文學的記憶有關的地方。我知道了這些訊息，對我來說這些資訊永遠是那麼地美好，如同後來如此驚喜的方式讓我認識了西班牙語言。

過去我總是感到很膽怯，不會很精確地研究中古世界的西班牙。孩提時代的格言以及歌謠是永遠無法忘懷的，但這些記憶並不會有更長遠的成長——在我的記憶中，這些記憶是停滯的井水——家族高傲的氣質會蔓延向所有的語言，因為不同的語言可以彰顯家族的榮耀。然而，西班牙語言只是呆滯的眼神。我認識一些西班牙人，在他們的身上可以看到東方文化的忍讓，但和其他任何一個在維也納念過書的人比較起來，他們的精神並沒有得到完整的發展，對他們來說，只要覺得自己的地位比猶太人更高尚就已經足夠了。同時，我在自己母親的身上發現一個現象，幾乎所有歐洲的文學都可以觸動她的心靈，但唯獨西班牙文學是一片陌生的荒原，如此的描述並不是完全不正確的。她看過西班牙的民俗戲劇，但從來不曾贏得她的青睞來閱讀戲劇的原始文字。對她來說，西班牙文並不是一種閱讀文字。唯一可以撥動她的感情的是中古世紀的西班牙，一個閃耀的帝國，然而，它的價值似乎是來自口頌的榮耀，而且界定了在她的周遭世界中對待人們的態度，它是種具有特殊感受的態度。她並沒有帶給我任何的悸動，讓自己對西班牙文學產生親密的感情。除此之外，彰顯她的驕傲的典範具備許多西班牙的色彩，她卻是經過莎士比亞來接近她的偶像。她令人景仰的文化教育是來自維也納的熏陶，來自她真正的故鄉。

那時候，我剛好三十歲，而且知道一些詩詞，它們得到早期西班牙流傳下來的文學的啟發。在我母親的心目中，鐘能博士是個特里斯古⑩，因為他的家族來自奧地利的加里金（Galizien），依照他的解釋，「我們」作為詩人的權利是被肯定的，雖然她不認識這些詩人，但她也會同意這樣的說法。他為我口譯了這些希伯來文的詩詞，並解釋它的意義。有時候，在同一天的下午，他也會為我翻譯一些毛利文化中阿拉伯文的詩詞，並解釋它們的意義。他讓我可以描繪一幅完全的圖像：這些滿載榮耀的驕傲為什麼會在整個歷史的演進中剝落下來，喪失亮麗的色彩。這時候，我修正了自己對西班牙人的歧視與不信任，而且用尊敬的態度來面對他們。

我們的對話的進行是一段非常特別的時期。我們的話題都是在報紙上有關西班牙內戰的報導。我們談到了一些事實，任何評估反對的勢力、什麼時候他們可以達到目的、他們期待的裝備補助、反抗軍的撤退對國外的聲音越來越大的影響——國外的聲音是不是會越來越大，是不是對時局有任何的幫助呢？政府的變動、政黨的影響、地區性的份量逐漸形成自治的決

---

⑩ Todesco，這個名詞來自特里斯古皇宮（Palais Todesco），位於維也納市，人們常用這個名詞來描述家世非凡的人士。

心——這些事實是無法改變的，並沒有被忘記。有時候，我會有這樣的感覺，自己坐在一個人的面前，在他的手掌心中，事件的發生隨著不同的層次一層一層地剝裂開來。然而，非常明顯地，他想傳遞給我一種嚴肅的感覺：在這個國家裡所有發生的事件是我必須熟悉的，而且我必須想辦法讓自己熟悉這些事件。以一種非常隱晦的方式，他把我推向一個精神的王國裡，西班牙對世人造成的驚奇並不下於她的內戰。

直到今天，我仍然清楚在什麼情況下，我接觸了這一部作品或者那一部作品。戰爭所造成的驚嚇匯流到這一部書的血脈裡，書的誕生並不是來自自我的目的。一天裡的一連串事件蛻變成一顆精神的水晶玻璃，它是戰爭第二個，也是永遠不會改變的結構。

當時，我撞擊到克維多⑪的「夢境」（Träume），在亞里斯多芬尼茲（Aristophanes）之後，他常常走到我的預感前面。任何一個詩人都需要預感。他一定知道一些預感。當他忘記和自己的肉體黏在一起的名字，當他窒息的時候，他會回想起預感，那是他自己的預感，非常幸運地，預感已經脫離了腐蝕的名字。他想嘲笑名字的糾纏，但如此的糾纏卻不會因此而消失。然而，名字的糾纏也會傳染給其他的人，會傳染給他的子孫。宿命是經過幾千隻手替換的過程與結果，它並不屬於某一個人的財產，所以才會轉化成預感，因為可以強化弱者來抵禦侵略，而且它賦予弱者的力量，也會增強預感的本身。但是有些預感希望休息一下子。它可以沉睡一百或者兩百年。然而，有一天它會甦醒，這是他們可以信任的結

⑪ Quevedo，西班牙的畫家以及雕刻家。

果。它會突然像軍樂聲一樣，傳遍所有的地方，而且在這一刻，它對沉睡那樣的信任感又燃起熾熱的慾望。

或許，對鐘能博士來說，在時代的事件當中甦醒，是一件無法忍受的事情。或許，他不能忍受時代前進的腳步，因為他沒有能力來影響腳步的去向。他不會拒絕任何機會來喚醒我的根，因為我並沒有對自己的故鄉做出很多的付出。對他來說，這是問題的重心：在生命中，沒有任何一件事物會消失掉。任何觸及到人類的事物，都必須跟著自己一起走。然而，當他忘記時，他的記憶必須再度被喚醒。在這個地方，我們關心的事實並不是對故鄉的驕傲，如此的自尊心總是令人懷疑的。人性的價值在於，人包含所有的經驗以及未來對人性的體會。所以，一個人生活的故鄉、他說話的語言，以及他的耳朵聽到講話的人，都屬於人性價值的一部分。如果人們知道故鄉傳來的訊息，那麼故鄉也屬於它的一部分。但是，他並不代表任何私人的情感。他的意思是指一個人出生時的土地以及時間所彙集起來的整體。人的根源誕生在文學當中，然而文學屬於語言的字詞；雖然有些人只有在小時候才認識這些字詞。當我們聽到某一個民族將被驅逐的消息時，牽涉到所有發生在過去歷史的事物，而不是針對某一件事所提出的要求。在過去，不同的腐蝕讓不同的人失去生命，然而這也屬於歷史的一部分。對鐘能博士來說，歷史是罪的國度。人們應該知道，什麼是過去的人類可以辦到的成就，他們不應該只是知道，在這些人身上發現了什麼史實。人們更應該知道，什麼是自己可以完成什麼任務。因為如此，所以，人們應該認識，知識的來源到底來自那一邊，它牽涉的範圍有多大；人們應該嘗試去掌握知識，在現實生活中活用它們，來維持知識的活潑，並且經過其他知識——那些後來人們領會的知識——的滋潤以及孕育。對我們來說，逐漸逼近的內戰的現況比維也納這個大都會的生活更切身、更直接，不過鐘能博士從來不畏懼，借用內戰的現狀來加強我對自己過去的關懷，因為他的努力，這樣的關懷才有辦法成長。他甚至照顧到我的未來：不久之後，當我離開維也納的時候，可以帶走更多屬於自己的一切。他讓我做了周全的準備，可以把一種語言一起帶走，這種語言具有滋潤自我的力量，在任何的狀態下都不會遭受危險，而脫離血肉之軀的眷戀，永遠地消失。

我永遠沒有辦法忘記那一天，當時我的情緒很激動，我到博物館咖啡廳找鐘能，他用沉默歡迎我的到來。好長一段時間裡，我坐在他的前面，他兩手交叉著，並沒有舉起手向我打招呼。我忘記跟他打招呼。有一句話一直哽咽在自己的喉嚨裡，我想用這一句話打擊他。他變成化石了，而我感覺，自己已經陷入昏迷的狀態。在這一刻，一條新聞借用不同的方式，對我們兩個人造成重大的影響：西班牙的格爾尼卡（Guernica）遭受到德國飛機的轟炸，完全被摧毀了。我想從他的口中聽到逃難，是所有巴斯堪人⑫、西班牙人，以及所有人類的逃難。我不想要他的化石。那是種無力感，而我沒有辦法忍受他的無力感。我可以感覺到，憤怒正朝他的方向衝撞上去。我仍然站著，在我坐下來之前，想聽他說出一句話。但是，他並沒有觀察到我的身軀。他看起來好像沒有生命了。他看起來好像已經死去很久的時間，而且乾枯掉了一樣。「木乃伊！」這一句話衝進我的腦海。當薇颯怒罵他的時候，她總是那麼稱

⑫ Basken，住在西班牙境內的民族。

呼他。我很肯定，雖然我並沒有把這一句話講出來，但他一定可以感受到我的怒罵。然而，他沒有注意到這一句怒罵的話。他說：「我為整個都市擔憂。」他的話語幾乎沒有辦法聽清楚，不過，我相信自己沒有聽錯。

我不能夠理解他。和今天比較起來，當時並不是那麼容易理解的。我想他已經錯亂了，我不知道他的話有任何的意義。我無法忍受他的錯亂。對我來說，他清楚的頭腦曾經是世界上最重要的存在。在同一刻鐘，兩條重大的新聞對我造成重大的打擊：西班牙的城市被飛機摧毀了；鐘能博士喪失了理智。我並沒有對他提出任何的問題。我沒有意願向他伸出援手。在沒有說任何一句話的情況下，我就離開了。當我走到外面的大街上時，我也沒有對他產生任何的同情。我的厭惡告訴自己，我對自己產生了同情。事件的發生對我來說，他隨著格爾尼卡消失在廢墟中。我嘗試去理解一項殘酷的事實：我已經失去所有一切。

我並沒有走很遠，突然有個念頭喚醒我：或許他生病了，他的臉色看起來非常地蒼白。然而，我的理智告訴自己，他並沒有死，他說了一些話，我也聽到他的句子，那是一句沒有意義的句子，但卻撞擊我那無法喘息的心靈。我回頭找他。這一刻，他微笑地歡迎著我。我很願意忘記剛才那一瞬間發生的事情。但是他說：「您需要新鮮的空氣。我可以了解您的感覺。不過，我也和您一樣需要新鮮的空氣。」他站起來，我陪著他走出咖啡廳。在外面的時候，我們又開始談論起來，好像什麼事都沒有發生過一樣。一年之後，戰爭爆發了。我遷到英國，對我來說，整個事件好像掉在眼前的頭皮屑一樣地輕渺。我們兩個人分開了，但他和我一樣，都還活在人世間。他移居到耶路撒冷，而我們彼此之間沒有任何書信的往來。我想世界上沒有出現過一個先知，但如果有，那會是一件讓人欣慰的事情。他已經事先看到未來的宿命，這個城市即將面臨的命運。他也看到其他即將發生的事件，他有足夠的理由感到害怕。他並沒有和其他人一樣漠視所有的恐懼。他的存在原本就是來自犧牲掉無數生命的歷史血河。

奴思德夫大街的討論

賀爾曼·薛爾漢正在計畫一本包含不同語言的雜誌，名字叫《藝術萬歲》（*Ars Viva*）。雜誌報導的內容包括他在維也納舉辦的一連串音樂會，然而這些音樂會則是為了創建他自己的交響樂團。這一本雜誌的內容並不應該只是報導新音樂，文學和雕塑藝術應該占有同樣份量的比重。他問我，在維也納什麼人適合當共同合作的夥伴。我提了伍圖拉巴以及穆集爾兩個人的名字。他很快地建議——這是他做事的方式——四個人應該坐在一起來討論，這樣合作創辦一本雜誌會有什麼樣的前景。這個聚會應當是隱祕的，應該沒有其他在場人士；在這樣的條件下，對當時的政治壓力來說，咖啡廳似乎是太醒目了。第一次，伍圖拉巴離開了夫立安大街的房子，讓母親和姐妹們單獨住一塊，他的新房子是在奴思德夫大街。這個地點似乎是個好的選擇，它的位置是適當的而且中立的。在格里茲蘋天堂路的房子太偏遠了；賀爾曼和他的中國老婆都住在我們家。除此之外，當我在一年前輕率地提到湯瑪斯·曼的名字，因此而觸怒了穆集爾，從那時候開始，他對我的態度是冷淡的，因此由我來邀請他是不適當的。在史瓦爾茲瓦勒德中學的朗誦會上，伍圖拉巴認識了穆集爾，然而那已經是兩年前的事情了。從那時候開始，他們會跟對方打照面，但並沒有更親近的交往。換句話說，在那個時候，兩個人之間真正的友情還沒有正式地開始，所以這加深了送出邀請函的困難性。他接受我的建議，伍圖拉巴寫了一封非常謙稱的信，而穆集爾也接受了他的邀請。

什麼事在剛開始時都會很複雜：為了表示對穆集爾的感謝，所以他的太太也成了被邀請的對象。大家都知道，當他一個人的時候，並不喜歡走到一個陌生的場所。但是，當他出現的時候，並不是只有他和他的太太，還有兩個沒有被邀請的人。其中一個是法蘭茲．布雷（Franz Blei），他是個乾瘦的、情緒高昂的，以及帶有貴族氣息的老人，但他並不是我們喜歡的人選。另外是一個年輕人，一個不知名的年輕人。在完全沒有任何拘束下，穆集爾介紹這一位年輕人，他是那麼地愉快，活像是《沒有人格特質的人》這一本小說的仰慕者。除此之外，年輕人還補充地說：「在主人館餐廳！」這一刻，他們已經達到了，總共有四個人。這樣似乎讓穆集爾感到些許的安全感，因為他身邊有這麼多人的陪同：他的太太、年紀老邁的布雷，以及年輕的仰慕者——這一位年輕人並不會參與討論，但很專注地聽我們討論的內容，而且感到異常地開心。布雷講了一些大話，好像這一本雜誌的創辦人是穆集爾一樣。但是，穆集爾並沒有任何的畏懼，而且他的話都是出自內心裡的想法。

另一方面，整個討論出現了一股怪異的氣氛。對伍圖拉巴來說，布雷「美學性」的喜悅實在是很難忍受，如此的苦痛是房子內心的呻吟。當布雷踏進白色房間的時候，立刻發覺掛在牆壁上兩幅梅克勒的畫，圖畫瞬間讓他的心靈得到最輕柔的撫慰；在沒有壓抑的情況下，他說出一些讚美的話，但是這些讚美幾乎變成了一種侮辱。

「他是令人感動的！」他這麼說，停頓了一下子：「是不是這一位年輕人的作品呢？」伍圖拉巴有權利把這段讚美認定是對自己的影射，而且他也感覺到布雷認定他不過個「年輕人」而已，並不知道他的來歷。所以，他便用很粗俗的語氣回答說：「不是，畫家的年紀大概和您一樣地年邁。」

這樣的講法有點誇張，因為梅克勒的年紀並不像布雷那麼大，而且他和穆集爾是同一個世代的人。布雷認定，掛在牆上的圖畫是出自一個年輕人的畫筆，在伍圖拉巴的感覺裡，這是種侮辱。不久之後，瑪麗安端著咖啡進來，他便打斷了大家的談話，大聲地告訴她：

「妳知道梅克勒是什麼嗎？他是個小伙子！」

薛爾漢開始講述他的雜誌計畫。在他的構想裡，雜誌本身的獨特以及高品質是最重要的部分，而且它必須關心到真正新的可能性。所以，一開始學院派的傳統形式就被排除掉了。不過，他並不願意一下子就界定現代藝術某一特殊的方向。每一個人都必須說出自己的看法，而且每一句話都必須來自心中篤定的認知。穆集爾想知道，每一篇的篇幅大小應該是多少。薛爾漢的答案對他而言是正確的，因為他說：

「沒有任何的限制！」但是他立刻補充說明：「它也可以是整部作品。我很想把我們的朋友卡內提的戲劇放在裡面。不過，他並不願意，但我們得想辦法促成這一件事。」

他還沒有辦法忘記《婚禮》這一部戲劇，那已經是三年前的事情了。不過，我希望讓這一部作品以書本的形式出版。不過，這並不是適當的時機來討論這一件事情。他只是想讓大家知道，自己並不熟悉現代的戲劇。對他來說，《婚禮》似乎是種「嶄新的」藝術。

然而，他的句子都還沒有說出口，布雷立刻接上話。

「戲劇並不是文學，」他這麼說，「對一本文學雜誌來說，戲劇這樣的類型必須被排除掉。」

他的說詞是如此地堅決，完全推翻了我們三個人——我、薛爾漢，以及伍圖拉巴的討論。穆集爾很得意地微笑著。

我相信，他認為布雷證明是自己信任的朋友，而且已經將這一本雜誌的籌辦放到自己的手上。隨後和布雷之間有一段漫長且壓迫的討論——有關這一本雜誌應該以什麼樣的方式出版。布雷的每一句話聽起來好像雜誌就依照他的意思來進行似的。薛爾漢讓我感到很驚訝；這一位權力慾望這麼強烈的人竟然可以忍讓他的囂張，而且這樣狀況一直到伍圖拉巴的憤怒引起我的焦慮。我以為，伍圖拉巴會將他抓起來，然後丟到窗外。雖然，我也很憤怒，但又不禁開始擔心這一位入侵者的生命。如果我知道他是發現羅伯特·瓦勒瑟爾⑬的人，我就會思量一下他的蠻橫，而且不會只是因為穆集爾的緣故，而禮貌地對待他。

「我們有完全不一樣的想法，我和我年輕的朋友。」他這麼說，「您剛才描述的做法和我們的企圖是完全相反的。我們希望辦一本有生命力的雜誌，而不是士林哲學的教科書。《藝

⑬ Robert Walsers，瑞士的文學家。

術萬歲》應該擴展我們的視野，而且面對當前的時代，我們並不會有任何的畏懼。至於化石研究的工作，已經有許多雜誌正在進行了。」

我認識他已經這麼多年了，這是唯一的一次，薛爾漢述說我心中的話語。伍圖拉巴憤怒地說：「我對布雷先生的意見一點都沒有興趣。沒有人邀請他。我想知道，穆集爾先生到底對這一本雜誌有什麼樣的看法。」

伍圖拉巴的粗俗是有名的，沒有人會因此而責怪他。如果人們私底下不認識他的話，一定會感到非常失望，並認為在第一次相遇的時候，他應該有不同的舉止。他認真的態度像尖刀一樣的銳利。如果他很有禮貌地表示自己的看法，那麼，他的行為會是很可笑的，如同他用一種外來的且不熟悉的語言來描述事情一樣。我認為，他得到穆集爾的欣賞，對布雷來說，這並不是種侮辱，雖然當他聽到這一句話的時候，臉上並沒有出現苟同的表情。

現在這一刻，他走出自己的陰影，他的說詞如伍圖拉巴一樣地開放。他沒有任何的安全感，還沒有辦法描述任何肯定的構想。他有一份里爾克⑭的作品，或許可以在雜誌上刊登。或許他可以有別的念頭，他也可以自己撰寫文章。他說話的方式非常地確定，所以內容會變得更尖銳。他不會做任何的承諾。他的主意並不是很堅決的。但是，大家是因為如此的誠意來邀請他，他也感受到這一股誠意，並不想這麼地拒絕它。除此之外，跟隨他的人會帶給他安全感。他和法蘭茲．布雷之間有一段很長的友誼，但是布雷是無法預測的，而且情緒化的，

⑭ Reiner Maria Rilke，瑞士文學家，出生於布拉格，曾經是雕刻家羅丹（Rodin）的私人秘書。

我們可以說他像布羅赫的《夢遊者》一樣，突然出現在穆集爾的身邊。在這一本雜誌的籌劃中，並沒有人建議布羅赫的名字，一方面是他人根本不在維也納。然而另一方面，我們大家都知道穆集爾對他的想法，所以我們必須謹慎小心，避免提到布羅赫的名字。如果我們當中有人這麼做的話，穆集爾一定會立刻拒絕我們的邀請，不會參加這樣的討論。他的拒絕是粗魯且無法補救的。在我們的經驗中，他的拒絕是傳奇性的，對我們而言——我和伍圖拉巴來說，都不會是個好受的結果。

在整個聚會裡，有三個隨護的跟班以及三個人在爭取穆集爾，所以我們並沒有感受到他的拒絕。不過，這一個人的謹慎並不是果決的，他不會讓自己被他人利用，但他也不至於沒有辦法認清楚自己的機會。他需要一些時間來考慮，因此沒有說願意或不願意。薛爾漢從來沒有這麼謙卑過——每一句話，在他說「我」這個字之前，都必須先說「我年輕的朋友們」，這不會是他喜歡的說話方式。非常明顯地，他對文學一點概念都沒有，所以他把這個工作都交付給我。因為我不小心提到湯瑪斯・曼的名字，而讓我遭受重大的打擊。雖然如此，我還是強忍了頑強的打擊，讓自己確信，他——穆集爾——是站上風的；然而，當他接受我的在場的時候，他自己的份量馬上掉落下來。他覺得自己受到伍圖拉巴的吸引。他很喜歡雕刻家。他和文學並沒有很深的淵源，但他的話語很有力量，像鉛球一樣，可以深刻且有力地切入重點。如果他喜歡某人的話，他的臉上會透露喜悅的驚奇。然而，他具備了權力可以界定自己反應的份量，而且不會有任何的懷疑。他的驚奇是有限的，但在如此被局限的範圍裡，這樣的驚奇並沒有失去它原來的純粹性。他並不會壓制任何人的意圖。

當他想說些話的時候，整個過程有這樣的效果，好像他在等待伍圖拉巴的反應，而其他人的反應就無所謂了。對他來說，布雷的聲明並不是那麼地重要。他認識他很久了，而且一定已經消化這些誇大的聲明。我感覺到，這樣的聲明讓他覺得很無聊。他接受它，因為這些話都是來自他的先驅者的口中，而且他的笑是那麼地謹慎，他借用這樣的笑容，來保持與說話者之間的距離。同時，他也接受了伍圖拉巴對布雷粗魯的拒絕，以及他所提出的要求。在這一刻，穆集爾想說出自己的想法。對伍圖拉巴來說，這是正確的。在沒有任何顧忌下，他開始描述對雜誌的看法。他堅持針對抒情詩表達自己的看法，而且希望準確地體驗，事實上可能產生的問題。

薛爾漢認為，這樣的安排是好的，在討論的過程中，他的太太並沒有任何反對的意見，他的夫人還特別喜歡抒情詩。身為一個中國人，她是有這樣權利。對她來說，抒情詩比音樂更重要。她曾經是他的學生，他們在布魯塞爾（Brüssel）認識，她曾經跟他學習過指揮。她是很特殊的，為了跟他學習指揮，她特別從中國到布魯塞爾來。但是，薛爾漢一直深信，抒情詩對她來說更重要。他覺得很愧疚，因為他無法教導她這一門學問。事實上，她是發行這一本雜誌最主要的因素，在她的想像裡，雜誌應該純粹以抒情詩為主，而且她把一連串的可能性抄寫下來，把它們列成一張所謂的「列表」。她很希望能夠代表這些構想，但是人們並沒有告訴薛爾漢穆集爾是個抒情詩詩人，而且對他來說，整件似乎沒有任何的關聯性，這是討論一開始就出現的狀況。但是，大家都有時間可以慢慢地準備。他會把自己太太的天賦以及這一張列表寄給穆集爾，在表上，描述出在中國抒情詩領域上可能出現的問題。除此之外，他的太太只會說法語，在緊急的時候，他的確可以為她解釋討論的內容，然而，口頭上的解說並不是那麼地容易，所以有時候他會遲疑一下，再立刻為她轉譯討論的進展。不過，在布魯塞爾時，她的文筆受到眾人一致的稱許，另外，薇姵也努力幫忙解釋，讓她的法文能夠更派上用場，好讓薛爾漢沒有其他的困難。

薛爾漢如此完整的規劃的確是很少見的。一般來說，他很樂意處理以及說明音樂上的配合。不過，他也很喜歡談他的中國太太。他為她感到驕傲，他喚起眾人對她的注意。她不但是個令人讚賞且有教養的女人，而且還來自一個很好的家庭。她曾經經歷日本侵略中國的這一段歷史，當她述說這一段往事時，日本軍的鬼魅仍然會讓我們感到驚嚇。在布魯塞爾的時候，她穿著一襲輕柔的、狹窄的，以及絲質的中國服裝，來指揮莫札特的樂曲；就在這一瞬間，薛爾漢愛上她了。但當她在描述戰爭的時候，口中卻傳出機關槍的掃射聲。當她又回到北京時，她寫信給他。薛爾漢拒絕了所有音樂會的演出，然後乘坐跨過西伯利亞的火車到北京，整段路程總共是五天。他無法忍受更長時間的煎熬，因此在五天之內，他就和思嫺結婚了。當他到達目的地的時候，人們告訴他，整件事情無法這麼倉促，因為結婚是一件大事，所以需要一點時間。但是，他的意志克服了一切，並且在五天之內，與思嫺結了婚。他讓新娘先待在娘家裡，他自己坐火車回去，在不到一個月的時間，就又回到歐洲，現身在音樂會的臺上。

幾個月後，思嫺回到歐洲，並住在我們在格里兹寧的家裡。所以，我們也經歷了他們新婚的蜜月期。這時候，他們必須彼此溝通，使用的語言是法文，雖是正確的，但她的句子像是被不同的音節切斷一樣，除此之外，她的法文－德文有許多的錯誤，聽起來不是很有教養，我們很難清楚她的真正意思，這對指揮家來說也是一樣。他立刻把一些事務性的工作交代給她——她必須複印樂譜，以及收集媒體對音樂會的回響。我不禁問自己，她有多少的時間來發掘《藝術萬歲》雜誌上的題材呢？或許她曾經對他描述過一些中國的抒情詩。他非常喜歡她，並且不願意讓這些構想永遠被埋沒，所以他交給她一項任務，把腦子裡的點子轉換成為紙筆上的文字。這一刻，當我們在討論時，他的回憶不斷地從口中傳送出來。他可以對穆集爾提出保證，提出一連串的構想，這或許可以吸引他，然而，思嫻的構想主要來自法國文學，所以這並不是件很困難的事情。

中國的確讓薛爾漢如此醉心，所以他一定得把自己的感受用語言描述出來。這一段時間裡，我是喜歡他的。自從史特拉斯堡以後，我心中一直駐守的怒氣似乎已經消散了。整件事情是這樣開始的：有一天，在完全沒有任何預期下，我收到他的一封電報，他非常懇切地請求我……，然後給我準確的時間，希望我前往西邊車站——在等待火車換車的時候，他有一個小時的時間。我赴約了，我的好奇心比對他的好感更強烈。當火車開進車站的時候，他站在打開的窗戶旁邊說：「我坐車到北京，去結婚。」

當他走到月臺，還沒有來得及喘氣的情況下，開始描述他的歷史。指揮家無法克制地描述他的中國女人。他描述，當他看到她穿著中國服裝指揮莫札特的樂曲時，在他身上發生了什麼事情。他的話是怪異的，對其他人來說，這樣的話語是很怪異的。他向她保證，只要她到了中國並寫信給他，他就會跟她結婚。她是給他寫了信，但這時候，他必須接受另外一個人的指示，這是很奇怪的，因為通常指示他人的人是指揮家自己。而且，在這一刻，指揮他的人住在地球的另外的一端，並且還讓他盲目地遵從指示。我還沒有看過他這個樣子。當他繼續喘氣地描述他的愛妻時，我突然發現，我開始喜歡他了。

像他這樣的工作狂竟然回拒了五個禮拜內的音樂會以及排練，這是無法想像的。

他被結婚沖昏頭了，所以忘記了一些重要東西。突然，德雅・果末布里希（Dea Gombrich）匆忙地跑過來；她是個小提琴手，也是被他約到西車站來，不過，她遲到了。他只告訴她，他要到北京結婚，她必須趕快幫他買一條內褲，因為他忘了帶一條結婚用的內褲。她立刻跑去做這一件事情，而且在火車還沒有出發前，及時地回來。她把內褲從開著的窗口遞給他。他站在窗口邊，微笑地感謝，他的嘴唇這時並不像平日一樣地緊密。當我對還在喘氣的德雅——因為她剛匆忙地跑過來——講述整個故事的時候，火車已經繼續地前往西伯利亞了。

我看見他如此激動的樣子，在我的心中，好一陣子可以感受到從他身上吹過來的暖風。正如同我剛才所說的事實，他們兩個人在天堂路的家中住了很長的一段時間。思嫻讓薇颯非常的感動，特別是她的精神。在戀愛的感覺中，薛爾漢的樣子看起來是那麼地神采，人們甚至可以跟他開玩笑。

我並沒有這樣的懷疑：當我們為《藝術萬歲》的籌備計畫進行討論時，他在穆集爾面前利用她。我覺得，他必須稱讚她，因為他正在戀愛中。我在想或許會出現奇蹟，而且不會完全沒有結果；或許在他身上所有的事情都會得到完滿的解決，或許他留在他的中國太太身邊。因為我對所有中國的東西都有許多的情感，所以開始替她擔心她的未來，以及其他必須解決的困難；她在一個陌生的地方，一個會讓即使很歐化的女人感到陌生的地方。然而，在奴思德夫大街的討論中，她的出現是完整的。穆集爾原來是討論會中最大的隱憂，但是，他並没有要求雜誌必須隸屬於史詩的特性。當抒情詩的可能性出現時，他借用自己質疑的問題和思婀兩人宣誓結盟。任何一個人只要聽過她講話，都會很歡欣地惦念著她，她本身就是個詩詞的對象。雜誌並没有成為事實，然而，我想這一次的討論會駐留在美好的回憶裡，還得感謝這個中國女人。

音樂。農夫正在跳舞

一九三七年七月十五日，我的母親去世了。一個禮拜之前，就在五月的時候，我生平第一次到布拉格。我對自己的感覺是非常輕盈的，並且在優禮斯旅館預定了一間房間，這一間旅館座落在文澤爾斯廣場的最頂樓。房間的門外有一個非常寬敞的陽臺，晚上還會有燈光的照耀。這樣的風景簡直是為一位畫家安排的景致，而這一位畫家住在我隔壁的房間，他是奧斯卡．柯克西卡。

當他五十歲生日時，在維也納史特布大街的藝術博物館為他舉行了一次很大的特展。我對他的作品有異常懇切的印象，不過，我以前只認識一些特定的作品。他拒絕回到維也納參加自己的特展，並停留在布拉格；他在為馬賽里克總統作畫。他在維也納的前輩卡爾．莫勒對我有非常深刻的信任，而且希望能夠在布拉格找到他，所以託我帶一封信給他。我應該對他描述展覽會的情形，並想辦法讓他知道，在維也納有許多他的崇拜者。他對官方的奧地利的不滿是根深蒂固的。而且心裡的怨恨並不只是反抗人們的鄙視，換句話說，他的作品並沒有受到真誠的對待。他沒有辦法忘記一九三四年的事件。他對自己母親的依賴更勝過對其他人的依賴，然而，他的母親在內戰中，胸膛被剖開死在街上。從自己的家裡到利哈爾特寺塔勒地區，她必須睜著眼睛看，大砲如何轟炸社區裡工人的新房子。為了這裡的風景，兒子為自己的母親買了這一棟房子，他的母親很久以前就深信自己兒子的能力，並且很熱情地參與他的繪畫；然而，整個結果到底有什麼意義呢？

母親的住處很近，可以聽到大砲的響雷，而且沒有辦法避開戰鬥士兵的凝視。不久之後，她就病了，而且病疾從來沒有停止對她的殘害。卡爾．莫勒也認識他的母親，而且他確信，如果母親不在的話，她的兒子也無法再找到自己了。如果這個女人，這個有個非常美的名字——蘿曼娜（Romana）告別人世間，對他來說，這是種危險。這一刻，他已經和奧地利脫離所有的關係。對德國的新政府來說，他是個已經沒有時代意義的畫家。不過，對奧地利來說，現在這一刻正是最好的時機，伸出雙手歡迎偉大的畫家。但是，如果奧地利有世界性的眼光，並且提出這樣的希望，可以讓他以非常光彩的方式回到祖國的話，他是不是願意在這樣的政權下——一個必須為母親的死負責的政權——尋找自己。

過去，我時常聽到柯克西卡的名字。經過安娜，我可以回想到早期的生活，那個放蕩且不受任何拘束的日子。他對阿勒瑪．馬勒——安娜的母親——的激情，親手描繪了一幅傳奇性的圖畫。她把自己的肖像稱作魯克蕾齊亞・波吉亞——當我到她們家拜訪的時候，曾經看過這一幅畫像。這一位永遠不會疲倦的寡婦把這一幅畫像掛在凱旋廳的牆壁上，當她在介紹這一幅畫的時候，特別強調這一位畫家以前還有些天分，但畢竟還是沒有偉大的成就——可憐的移民。

現在，站在自己的陽臺來眺望另外一個陽臺，我可以親眼地看見他。可能是自畫像的關係，他臉上的面貌對我來說是熟悉的。讓我感到驚訝的是他的聲音。他的聲音是那麼地細微，因此我幾乎聽不清楚他的話。我必須專心仔細地聽，才不會遺失他的句子，雖然如此，還是有許多的句子流失掉。在一封信裡，卡爾・莫勒已經事先告訴他，我將來拜訪他，然而，我們會住在隔壁，卻是一個偶然。他的聲音不只是輕微，個性也很拘謹。因為展覽會產生的影響，他得和我平起平坐，這讓我感到非常地難為情。他問起我的書，表示希望能夠閱讀這一本書——在信裡，卡爾・莫勒用很高亢的語調描寫這一本書。我有這樣的印象：他對我有點好奇。我可以感覺到，他那章魚般的眼睛盯著我，但並不是敵意的表露。

他向我說聲抱歉，因為這天晚上他沒有辦法陪我，好像他覺得自己有義務，陪我度過這一天的傍晚一樣。當我想到安娜對自己童年的描述時，他的輕柔對我產生更大的驚訝：當她還很小的時候，大家叫她古琪（Gucki），她坐在工作室地板上的角落，聽到了一幕讓人感到恐懼的場景，這一幕戲是畫家和她的母親之間的感情戲。他對她的母親作出威脅，在他離開的時候，會把她鎖在工作室裡，或許他曾經把這樣的威脅變成事實。安娜從來沒有用如此強烈的激動和我講話。我想像這一幕情境是激烈且宏亮的，因此我期待面對一個非常激情的人，針對我帶來有關展覽會的消息，用憤怒的字眼來辱罵奧地利的政府。但事實上，他只有說一些不重要的字句，而且聲音也很細微。在他的身上，最激烈的地方是他的下巴，那是很堅決的下巴，就好像畫家希望把這一個部位來強調他的自畫像。除此之外，他的眼睛也會讓人留下深刻的印象，沒有任何的移動，不透明也不會轉移視線的專注。他的眼睛是這麼地特別；當我正在寫這一句時，腦海裡正好浮出一隻眼睛。他的語詞是不清楚的，語調沒有任何亮麗的色澤，好像會說出這些話是非常偶然的，他自己也不喜歡如此。他跟我約定第二天的聚會，然後留下我一個人在旅館，然而，我腦海中的影像卻是混亂的——不管是看到的景象或者聽到的所有傳說，我都沒有辦法把它們和眼前這一位畫家被壓抑的態度整合在一起。

第二天，我在咖啡廳遇見他。他跟哲學家奧斯卡・克勞斯（Oskar Kraus）在一起——他是法蘭茲・布倫塔諾（Franz Brentano）很忠誠的學生。這個克勞斯是哲學教授，在布拉格是個有名氣的人物，經過他老師的遺傳，他也對猜謎產生了興趣，而且在我和柯克西卡的面前說了一些大話。他成功地讓柯克西卡對拼字遊戲與這樣的話題產生興趣，這幾乎是我們全部的話題。這時候，他的拘謹，甚至他的平凡，都對我造成欺騙的假象。後來，我才知道，事實上，他並不平凡，他的精神很喜歡切進複雜的道路。他並不是拘謹的，不過，有時候喜歡消失在人們的周遭中，好像他必須適應一種特定且統御性的色彩。這樣的光彩是他的天賦，在這裡面，他像一條章魚，顏色會自然並輕易地改變，如同我已經陳述過的現象，他的眼睛是那麼地大，好像世界上唯一的一隻眼睛，借用嚴厲的目光來窺看他的獵物。

不過，這次的聚會很難有什麼可以窺探的對象。他認識這一位哲學教授克勞斯已經很久了，也熟悉哲學教授的反應以及他頗自戀的對話，所以如此的談話並不容易引起他的好奇心。不管在什麼時刻，這一位哲學教授一直停留在他恩師的年代——那個布倫塔諾還活著的年代；這時候，在他的身上泛起所謂次級世代的情懷，至少對我來說是這樣子的。我對布倫塔諾並沒有深刻的認識，而且對於他是否有不同層次的光彩，我只有非常模糊的概念。然而，他的蘇雅達•柯克西卡倒是讓我覺得沒有什麼品味，但她的心情似乎是很愉快的。他自己並沒有興趣談一些自己的東西，保持著窺伺的張望下的姿態。

我倒是很希望從他的口中，知道一些有關格奧爾格•特拉克爾⑮的事情。我知道他認識他，而且他著名的畫「風中的新娘」（Die Windsbraut）正是來自特拉克爾的素材。我堅信地認定，如果沒有這個名字的話，這一幅畫就不可能呈現在世人的面前。那是一個令人感動的時代，特拉克爾的文學讓我非常地感動，在現代的抒情詩中，沒有其他一個人能對我產生這麼深刻的意義。他的宿命更是撫慰我心靈上的空虛，好像在一瞬間，我才剛知道他的遭遇一樣⑯。然而，當這一位猜謎的教授在場時，顯然不是個適當時機，來討論特拉克爾的生平。不過，我還是用非常謙虛的語氣問柯克西卡是不是認識特拉克爾。「我跟他很熟！」他的回答沒有任何的音律，也沒有說更多的話。即使他願意說更多的話，也沒有辦法這麼做。因為另外一個人已經拿出另一個猜字遊戲，而且用山羊般的冷笑聲發出嘲諷。

⑮ Georg Trakl，奧地利的作家。

⑯ 特拉克爾一生悲慘，小時候就經常受到虐待，曾經一度精神錯亂，最後因為服用過多的安眠藥而死。

但是，這一幕景象讓我有這樣的感覺，對柯克西卡來說，維也納已經不是寄放心靈的歸屬，即使幾十年來，年邁的莫勒跟在他的腳後根追逐著，也已經無法引起他的興趣了，他對維也納已經沒有任何的感情。正當他優越的天分所描繪的圖畫已經到了消失的時刻，我感覺到，他正準備消失，讓自己的清靜不受任何人的打擾。

我幾乎放棄所有希望，能夠和他之間有真正的談話。突然間，他把話題轉向他的母親以及弟弟。自從他的母親去世之後，他的弟弟住在利哈爾特寺塔勒的房子裡，這是唯一讓他對維也納感到興趣的事物。他認定弟弟是一位詩人。我是不是認識他呢？他已經寫了四本一套的小說。他曾經是個水手，而且到過許多地方。不過，沒有一家出版社願意出版他的小說。我是不是知道，有那一家出版社會對這樣的計畫有興趣呢？在這一方面，他的弟弟沒有任何的運氣。在他的身上並不缺乏對自我的期許，但他缺少了經營的頭腦。不過，我並沒有感受到他的不誠實，他的確是想幫助他的弟弟。他很想支持他，而且不會有任何的抱怨。他的描述是溫柔的，對自己的弟弟有很真誠的尊敬。這份愛讓我很感動，他不但相信自己的弟弟，同時也相信自己。不過，對我來說，這是種占有的態度，在他的想法裡，在這個世界上，兩兄弟的平衡發展應該得到普遍的認同。

我在維也納的同伴中，時常聽到這兩兄弟的話題。柯克西卡的名聲是如此地響亮，任何人只要和他搭上關係，那會是一件光彩的事情。有一位年輕的建築師，他的名字是瓦特・羅斯（Walter Loos），事實上，他和偉大的羅斯[17]並沒有任何關係，只是有個相同的名字而已。或許因為名字的緣故，他覺得自己有義務認識他的弟弟。他以很興奮的心情，向伍圖拉巴描述了煙囪工人美麗的女兒，他認為她和他肥胖的弟弟波希（Bohi）很合適。有時候，他會不停地描述他們兩個人之間的關係，有關波希的嫉妒心、充滿暴戾的場景以及戲劇化的諒解。波希是事實上，煙囪工人的女兒對波希是很真心的，所以想引誘她幾乎是件不可能的事情。波希是畫家真正的弟弟，所以在這個地方所談的是真實的對話，然而，對柯克西卡來說，嫉妒心是最高的指令。所有任何有關柯克西卡的弟弟的描述，都讓他喚醒對親情的感念。因為奧斯卡的名氣，他的弟弟引起年輕羅斯極大的興趣——就是那位我剛剛提到的年輕建築師。建築師一直把柯克西卡舉得高高的，像是一面大旗一樣，所以他在我們的圈子裡有一定的地位，不過他的談話內容倒是沒有什麼意義。

這一刻，是柯克西卡主動提起他弟弟的事情。他直接叫他的名字波希，好像這是理所當然的事情，在維也納這個名字是大家都認識的，不需要做任何的解釋。然而，我回應他的話題，並且告訴他，我和年輕的羅斯之間有很好的交情的時候，他似乎對這個名字感到不耐煩。「同樣的名字不應該再出現一次。這個建築師為什麼叫這個名字呢？羅斯這個人只能有一個。」

對他來說，我為這位朋友的名字做辯護是不正確的做法，他畢竟是波希的朋友，不是柯克西卡真正認識的羅斯。他感覺人們對他弟弟的稱讚和自己有關，而且我也知道更多有關四

⑰ 這裡是指二十世紀初偉大的建築師阿道夫・羅斯（Adolf Loos），他最著名的建築是芝加哥舞臺（Chicago Tribune）的辦公大樓。

本小說——那些找不到出版社的作品——的細節。年輕的「羅斯」是不是曾經聽過這四本小說呢？

沒有，他只是講述他和煙囪工人女兒之間的愛情，以及兩個人之間的離合場景。柯克西卡若有所思地思索，並且嗅覺到過去類似的場景：在他和阿勒瑪．馬勒之間曾經出現過的場景。我並沒有做出任何突兀的引伸，不過，他自動對如此的影射做出了反擊。

「他是個很純情的內斯特洛依，」他這麼說，「這些往事和波希一點關係都沒有。人們可以立刻發現他們兩個人都那麼地胖。波希是個很純情的人。他不會有什麼醜聞，也不會成為大家說嘴的話題。」

這一番話聽起來像是對自己的過去的一種解釋。他用自己的話來為自己做辯解。當他還是德勒斯登（Dresden）的教授時，他曾經和一個活生生的洋娃娃住在一起。她和阿勒瑪．馬勒長得很像，人們可說，有關他和馬勒的閒話已經成為永恆的話題了。對他的繪畫不會感到厭惡的人來說，他們甚至會相信這樣的傳言。跟這個洋娃娃在一起，他把過去戀情的場景拖曳到現實生活中的每一個角落。她和他一起坐在咖啡廳裡，咖啡會端到她的面前，然後再一起到床上。波希剛好和他的哥哥相反。他不會顧忌到自己的名聲，所以奧斯卡把他成為「純情的人」，他描述自己的弟弟，把話題牽扯到波希的身上，如同他正在陳述自己的無邪一樣。

第二天在文澤爾斯廣場上，舉行了農民的大遊行。我從優禮斯旅館的陽臺上，可以很清楚地看到一切的景象。因為路德維希．哈爾特和她的太太住在布拉格，所以我邀請他們和一些朋友，在陽臺上面觀看底下的遊行。利用這個機會，我也認識了哈爾特的太太，她和自己的先生一樣地矮小，是位很纖細的女士，她有些值得自己驕傲的特色。當人們看到他們夫婦倆時，很難不想到馬戲團的人物。這一刻，人們期待著馬匹從自己的面前走過，靈活的小丑同時從一匹馬上頭跳到另外一匹馬上；這個小人物的表演是一尊勇氣十足的藝術品，很準確地走到她的面前，並且和她並肩地靠在一起。

現在，他們和我一起站在陽臺上面。我們的底下是廣場，這個國家所有地區的農夫穿著傳統的服裝，一同參加遊行，其中有些人騎著馬匹。遊行隊伍的音樂、呼喊以及景象編織了一幅農村的婚禮。一些農夫開始跳起舞來；首先各自地跳舞，然後眾人聚在一起舞蹈。在這一幕景象裡，人們歪斜地脫離隊伍，然後營造出廣場上的局面，但在如此的景象中，人們並不會喪失自己身上任何的重力，並且又展現出輕盈的活力；這一幕的景象幾乎把我眼珠子裡的流水搶奪出來。我把頭往上看，想掩飾自己的傷感。這時候，我的眼角正好瞇到柯克西卡的人影，他正好從裡面走出來，並且和我們一樣往下觀看農夫的遊行。他注意到我的感動，很熱情地向我揮手，正如同他在講述自己的弟弟波希的樣子。

當各個農夫的舞蹈從族群裡獨立出來時，到底是什麼東西讓我如此地感動呢？在那一刻，我並沒有能力說明這樣的激動。農夫奔放的感情、生命的熱力，以及閃亮的色彩，沒有一項是人們可以埋怨的景象。這一刻掙脫了所有不詳的預感，這是幸運的感動，雖然我們沒有辦法一起參加遊行，但在如此的感動下，我們和農夫們有什麼兩樣嗎？讓我的內心有這麼強烈的感動是一種重逢：我看到了荷蘭家族畫派布魯格爾繪畫中跳舞的農夫。圖像界定人類的經驗。這些圖像像土地以及源流一樣，注入到我的生命經驗裡。每一個人的誕生有一幅圖像，依照這一幅圖像，對生命的感動鑿進完全不同肉體裡。對廣場上農夫的舞蹈的感動是繽紛的，是解放的。兩年以後，歷史在布拉格的廣場上發生了。不過，我仍然還有機會再一次地體驗這些人的活力以及憂鬱的情感。

在語言裡面，我也看到類似的現象。對我來說，這是種頑強且不熟悉的語言。在維也納，有好一部分的人是捷克人。除了這些人之外，沒有人懂這一種語言。數不盡的維也納人有著捷克的名字，然而，名字代表什麼意思呢？沒有人知道。我的「雙胞胎」兄弟就有個很美的名字：伍圖拉巴。他也一樣一點都不認識自己父親的語言。現在，我人在布拉格，喜歡到各處走動，特別是房子裡的後院，這裡住了很多人，我可以傾聽他們的談論。對我來說，這是種爭吵的語言，所有的字都把重音放在第一音節。我們可以這樣描述：當我們在聆聽別人的談論時，感覺到好像一連串鐵球間的撞擊，而且在談話持續的過程中，這樣的感覺會一直不斷地重複。

我曾經對胡斯特恩戰爭⑱作過詳盡的研究。十五世紀深深地吸引我，使我不但試圖去了解群眾的現象，而且不斷地思考著胡斯特恩。我對捷克人的歷史有很崇高的敬意，或許因為我是個局外人，所以必須更專心地經營，在所有不同密度的聲響下，來聆聽這個語言，並且

⑱ Hussitenkriege，十五世紀中，在奧匈帝國發生的戰爭，是由效仿德國改革者胡斯（J. Hus）的胡斯特恩教派發起的。

嘗試著去發覺蘊藏在這個語言裡的現象——這些來自我本身的不知衍生出來的現象。這種語言的生命力是無法懷疑的，一些字詞有著屬於自己完全獨特的樣式，這讓我很驚訝。當我知道捷克文中音樂——hudba——這個字的時候，我的情緒是多麼地振奮。

我自己認識的歐洲語言裡，一定都有這個字：音樂，這是個非常美，而且聲韻響亮的字；如果我們用德文來表達如此的感情的話，那麼，它代表一個人的心情是如此地喜悅，所以人們可以和他一起跳上更高的一層天地。但是，如果發音強調在第一個音節的時候，整個字詞的聲響就沒那麼地活躍，在這個字詞還沒有伸展開來之前，只能停留在搖擺的階段。我的感受正停留在字詞上，就如同在一件實物上頭，但當這樣的現象被運用在任何形式的音樂上時，對我來說，慢慢地就沒有那麼震驚了。當我自己聽越多現代音樂的時候，我和這樣普遍性的名稱之間的關係也會越不穩定。有一次，我鼓起勇氣對阿爾班·貝爾格說：音樂裡是不是應該存在這樣的一個字，它完全沒有一點維也納的固執，不會反對所有新的事物與現象；同時，人們對這個字詞的感覺是如此的完整，所以沒有能力去忍受它的存在；這個字的內容對他們來說已經改變了。或許，如果事實並不是這樣的話，人們早已經準備接受它的存在。但是，阿爾班·貝爾格對我的想法並沒有一點興趣。如同其他的作曲家一樣，對他來說最重要的是音樂——那是過去音樂的形式，他自己所認識的音樂以及他學生在他身上學習到的音樂。這是音樂，其他表達音樂的字詞就是欺騙。他問我難道沒有發覺，同樣的一個字卻有完全不同的基礎。他的反應是很激烈的，幾乎對我的「建議」感到十分地生氣，而且他的態度是這麼明確，所以我再也沒有辦法和他談論這一件事情。

但是，即使在我的意識中可以領略自己音樂上的無知，思緒仍然沒有辦法掙脫這樣的想法。這一刻，我在布拉格，而且在很偶然的情況下，我知道捷克語「hudba」代表音樂的意思，它讓我的激情像春泉般地湧現。這個字是為了史特拉文斯基而存在的，它是為了巴托克而存在的，它是為了楊納捷克（Janáček）而存在的；它的存在是因為其他許多人的緣故。

我從一棟房子的後院走到另外一家房子的後院，我的心情是十分喜悅的。有時候我會聽到挑戰的挑釁，但事實上，那可能只是一句溝通的語句。但是，如果人們使用這一句話的時候，或許對說話的人來說，它包含了更多的意義，而不只是像我們一般的用法，只是為了傳遞訊息而已。或許，這是一種撞擊力，它借用捷克語深入到我的內心深處，讓自己再一次地回想起小時候的保加利亞語。但是，我並沒有這麼想，因為我早已經忘掉所有的保加利亞語；不過，在語句被遺忘的語言中，究竟多少的字詞記憶還可以被喚醒，這並不是我的能力可以界定的現象。唯一可以確定的事是：在布拉格這幾天裡，對我來說，有些經歷被擠壓在一起，而且反映出我的人生當中一些片段的記憶。當我聽到斯拉夫語的語音時，它是語言的一部分，而且對我來說，有一種非常親密且無法解釋的感覺。

然而，我和許多人講德文——我沒有辦法講其他的語言——在意識上，這些人認識這個語言而且和它保持一定的距離。許多是詩人，他們用德文寫詩，他們用這個語言來抵抗捷克語強悍的基礎。對他們來說，如此的現象代表著一些不同的意涵，這並不是一般人可以了解的。在維也納，這些詩人操作這個語言，是可以感覺到的現象。

《迷惘》被翻譯成捷克文，並且也出版了。因為這個緣故，所以我才進行這一趟布拉格之旅。一位年輕的詩人——今天大家知道他的名字阿德勒⑲，當時他籌劃一項公開的活動，並邀請我舉行朗誦會。他屬於那些用德文寫作的詩人團體，大概比我年輕五歲，也把《迷惘》完整地看完一遍。阿德勒是最積極的一位詩人，因為他的堅持，所以我才得到舉行朗誦會的邀請。他帶領我參觀整個城市。然而，對他來說，我不應該漏掉城市這一部分的美景，這是最重要的。

高度理想主義的要求是他的標誌。不久之後，他即將成為殘酷時代下的犧牲者，然而在這一刻，他給我的感覺似乎並不屬於這個時代。他創作的根源乃建立在德國的文學傳統，人們或許會認為，他應該住在德國某個地方。但是，他人現在在布拉格，他的捷克語是那麼地輕盈，而且對捷克的音樂以及文學有著很崇高的敬意。他為我描述所有的事情，那些我無法了解的現象，但也因為這個原因，他的解說吸引我的注意。

我不願意描述布拉格的壯麗，那些在所有人的口中傳頌的美景。對我來說，描繪布拉格的廣場、教堂、小巷、皇宮、橋樑以及河流，幾乎是不負責任的做法，因為這樣的描述將其他人的生命帶到這個地方，讓這些美景沉醉在講述人的經驗裡頭。我並沒有為自己發現任何的事物，所有的經驗都由其他人代勞操演一遍。如果在這個地方，我把這樣的引介當成一種對立的話，那麼一個人是不是有這樣的權利，想像所有的景象而且用自己的語言把它們介紹出來呢？這一位年輕人為我設想出許多的驚奇，而且一直覺得自己的點子還不夠，除此之外，

⑲ H. G. Adler，捷克著名的文學家，後來因為德國納粹的迫害，流亡到國外。

他的好奇心也很強烈，當我們行走的途中，毫不倦怠地詢問我一些事情。我很樂意回答他的問題——在我的生命中出現的許多人，我對這些人的描述、意見、判斷以及偏見。

不過，在另一方面，他也感覺到，對我來說，一個人傾聽人們的話語是很重要的；在同樣的一種語言裡，一種我自己無法了解的語言裡，聆聽不同的人們的談話，而且沒有人必須為我翻譯，他們講話的內容是什麼。對他來說，這是種新的經驗，人們可以對一種自己無法了解的語言產生感觸。而且這樣的感觸和音樂是完全不一樣地，它有著完全屬於自己的特質，因為聽不同的語言通常會讓人感受到威脅。這時候，人們會到處地張望，找尋一些方法來降低威脅的程度，所以他們會再一次地重複自己的話，但在重複的過程中，不懂的字詞立刻釋放出更有強迫性的威脅。他的節拍是體貼的，在整整一個小時裡，我讓自己單獨一個人來面對這個城市的聲語。當然，他會有點擔心我可能會迷路；我還可以體會到他的惋惜，因為我的堅持的緣故，我們兩個人之間的談話必須中斷一陣子。後來，他抱持著很強烈的好奇心，聽我描述自己的感想，什麼樣的現象可以抓住我的視線，我努力地克制自己，不為他描述所有的經驗，這對他來說，是我貼心的敬意。

母親的告別

我發現她正在睡覺，而且眼睛是閉起來的。整個人是那麼地消瘦，皮膚又變得那麼地蒼白。她躺在床上，我已經沒有辦法看見她的眼睛了，我看到的是一對深沉的凹洞、一副大鼻孔，以及一個沒有動作的黑洞。她的額頭變小了，兩旁已經萎縮下來。我原本期待她的眼睛會發出一道光明；對我來說，這一道光線還沒有到達我的眼珠子前，它的窗口就已經被關閉起來。我不斷地找尋可以認出她的特徵，那些被她的眼神拒絕的圖像；我也尋找她的鼻孔以及碩大的額頭。但是，這一刻，她已經沒有任何的恐懼了，她不需要再勞煩去了解世界的現象；在黑洞中，原來徘徊在鼻孔中的怒氣也消失了。

我感到震驚。即使在這一刻，她過去的生命力仍然讓我感動；我感覺到她的不信任，她想在我的面前隱藏自己。她不想再看見我，也沒有期望我的到來。母親感覺到我在她的身邊，她只是讓自己沉睡下去。我只能以自己的立場來想像，然而，她的腦海中飄過的念頭活生生地呈現在自己的眼前。我就是她。我們知道彼此的想法，這些也是自己的想法。

我帶來了一些玫瑰花，它的芳香是她所無法法抗拒的。這是她在小時候魯斯特舒克（Rustschuk）的花園裡，呼進的玫瑰花芳香；這幾年來，我們都一直笑她的鼻孔，世界上，沒有人有這麼大的鼻孔。她說自己的鼻孔是後來才變大的，因為小時候花園的芳香擴張了鼻孔的大小。她最早的記憶是坐在玫瑰花下哭泣，因為人們把它們摘下來帶回家，它的香味就消散不見了。後來當她離開父親的花園以及房屋後，她檢驗了每一種香味，來找尋真正的芳香，在找尋的過程當中，她的鼻孔不斷地成長，一直地變大。

當她睜開眼睛的時候，我這麼說：「我把你帶離開魯斯特舒克！」她用不敢相信的眼神看著我，並沒有懷疑我的人，但是她懷疑我說出來的原始地點。「從花園裡頭！」我這麼說；

那只有一個花園。她帶我走進花園，深呼吸裡面的空氣，並摘下一些水果，送給重病中的祖父。這時候，我拿出玫瑰花交給她，她深呼吸一口，整間房間都是玫瑰香。她說：「就是這一股芳香，這一股芳香是來自花園。」她接受整個訊息，我也接受了它——這一刻，悲悽的雲朵包圍著我的周遭。她並沒有問我為什麼會在巴黎。這時候，她的兩個大鼻孔停駐的面貌再一次地呈現在我的面前。她的眼睛變得更大，盯著我看，這一對眼睛並沒有告訴我：我不想再看到你！你為什麼會在這個地方。我並沒有打電話給你！我的形體偷渡到玫瑰花的芳香裡，一種她熟悉的香味。她沒有提出任何的問題。整個人縱情在玫瑰花香裡，然而，對我來說，她的額頭好像正在擴張著，她那無法辨識的話語好像正在嘟囔著。我期待她嚴厲的話語，而且因此感到害怕。當她對他一直不斷重複這些話的時候，我聽到她嚴厲的控訴：你們已經結婚了。你並沒有告訴我。你欺騙了我。

她並不願意再看到我。格奧爾格為她的狀況拉警報，他打電報並寫信給我：我必須立刻來巴黎。所以，我中斷了原來計畫停留八天的布拉格旅行，匆忙地回到維也納，然後再趕到巴黎。然而，他真正的擔憂正是剛才這一幕景象：我的人出現在她的眼前。他認為那是很重要的：在她的生命中，最痛恨的記憶必須有一個好的轉折。他對她的狀態感到擔心，所以我們必須避免讓她想起她一直無法忘記的念頭，那些讓她受折磨的苦痛，以及憤怒的爆發。

當我到達時，我曾經對他說明自己心中的想法：我為她帶來了「魯斯特舒克花園裡的玫瑰花」，而且她會相信我的說詞。他很懷疑地說：「你相信自己可以成功嗎？這是你最後的謊言呀！」但是，他想不出更好的主意，而且他也感受到，我並不只是克服她的反抗——反抗我的來訪——我是真的想為她帶回花園裡的玫瑰花香，那是她慾求的芬芳。這時候，他感到有點難為情，或許我的意圖已經得到他完全的信賴。不過，他並不願意在場，如果我的計畫失敗，而且讓她再一次地發脾氣的時候，他不願意讓母親對他的信任有任何的動搖。

在她的臉上的花束像一副面具一樣，這一刻，對我來說，她的臉孔好像慢慢地擴大而且增強。她對我的信任和從前一樣，而且克服了她自己的懷疑。她知道我是誰，從她的嘴裡，並沒有說出任何敵對的話語。她並沒有說：你離開得很遠。你怎麼會過來呢？但是，在我的腦筋裡卻浮現出她過去時常講的話：當她爬到桑樹之前，在還沒有採桑果之前，就會很快地跑進玫瑰樹叢裡。她用這樣的儀式來採桑果，玫瑰香仍然滯留在她的嗅覺中，而且她總是用自己摘採的果實來填飽肚子。從此以後，她逐漸可以忍受可怕的事情，有時候即使會害怕，但並不會感受到危險的存在。

在我們的關係最糟糕的時候，我常指責她。我對她這麼說：她從樹上摘下來的果實，並不是我認真看待的東西。她的畏懼從來不是真正的畏懼。當恐懼散發出玫瑰的芳香時，它已經不再是恐懼了。我並沒有收回自己嚴厲的字眼。或許因為這個緣故，我又回想起一段往事。

然而，這一刻，她卻說：「旅行會不會讓你覺得很疲倦呢？你最好休息一下！」她的意思是指路途很遠的旅行，並不是維也納到巴黎這一段路。我保證自己並不覺得很累，而且我不願意再離開她的身邊。或許，在她的想像裡，我只是來看她，然後告訴她這樣的訊息，我將立刻離開。也許，這樣的過程會是比較好的。我並沒有猜想到，當她認清楚我的人之後，情緒又受到干擾。在如此的狀態下，對人的忍耐程度只能有一瞬間的時刻。不久之後，她這麼說：「你離開遠一點！」我把剛放下的椅子搬離開遠一點，遠離她的床。但是，她又說：「遠一點！遠一點！」我又移動椅子一下，但對她來說，這還不夠。我把椅子移到小房間的牆角，這才明白她不想說話，所以想讓我離她遠一點。當格奧爾格進來的時候，看到了玫瑰，她已經接受了它們，臉上的表情是清新的。但是，他也看到我坐在牆角，並且感到很困惑，我竟然坐在那個地方。「你為什麼不站起來？」他這麼問，但她猛搖頭。「那麼，你為什麼不坐近一點呢？」他補充地問道。然而，他的問題得到一個答案，那是她的答案，不是我的：「那一邊比較好！」

她並沒有讓他站在一旁服侍她，這時候，他開始進行一連串的工作，對我來說，這些工作的意義是不清楚的。這些是她期望，他一定得完成的工作，而且這些事情有著非常嚴謹的順序，不過她已經忘記了這些順序了。這一刻，她已經沒有辦法意識到，我正站在牆角的角落，我是否在這個地方，對她來說，已經是沒有任何重大的意義了，就好像我已經離開了一樣。她的樣子看起來似乎是異常無助的無奈；她向弟弟做了一些手勢，好像想提醒他這一連串工作的先後順序一樣。他用水沾濕她的手以及額頭，然後再把她的床墊高。他把一杯水拿到她的嘴角旁邊，她很樂意地喝了一口水。格奧爾格把她的床整平，並且試圖把玫瑰花從她的手中拿開。或許他想把母親從玫瑰花的芬香中掙脫出來，或許他只是想把花朵放在水中。但是，她卻絕對不放開自己對花朵的依偎，但像往常一樣，母親用尖銳的目光告訴他自己的命令。在他的感受裡，她的反應是頑強的，但他替她的蠻力感到高興，因為她的力氣是進食的結果。他在床上擺了一張床巾，好讓她把玫瑰花放在床上；這時候，她的床讓出許多的空間，對他來說，這也是同等重要的。我仍然站在遠遠的牆角，心裡面不禁懷疑，她是不是還意識到我的存在呢？

我突然聽到，她對格奧爾格這麼說，「你的大哥在那兒！他剛從家鄉魯斯特舒克過來。你們為什麼不招呼他呢？」格奧爾格的眼睛朝向我站立的牆角這個方向，好像他是第一次看見我的人影一樣。他走向我的面前，我也站起身子，兩個人互相地擁抱著對方。這是兄弟間最真實的擁抱，它不像先前那麼地輕率。然而，擁抱的熱切卻無法撬開他那緊閉的雙唇，這時候，我聽到母親這麼說：「你為什麼不問他一些事情呢？」我的談論是她期待的話語，她期待，我可以談一些拜訪家鄉的景物。「他已經很久沒有去過那個地方了。」她這麼說，然而格奧爾格並不喜歡我的主意，在違背自己的意願下，附和我的故事：「已經二十二年了，那還是第一次世界大戰的事情。」他的意思是說，自從一九一五年以後，我未曾拜訪過自己的家鄉魯斯特舒克。在那個時候，母親為我描述她小時候的花園，她的父親已經不在人世間了，但是桑樹還茂盛地生長著，在桑樹後面是已經可以享用的水果花園。

她把眼睛閉了起來，當我們倆還站在一起時，她就已經睡著了。等他確定母親真的睡著了之後，他把我拉到隔壁的客廳裡，並為我描述她的病情，她的生命已經無法挽救了。在很久以前，當我們兄弟都還是小孩子的時候，她相信自己得了肺部的疾病，後來她的預感竟然變成了事實。格奧爾格是個二十六歲的醫生，因為母親的關係，將肺部疾病作為他醫學的專業領域。只要他有空閒的一刻，不管是白天或者晚上，都會守在母親的身旁。學生時代，他曾經得過肺結核的疾病，他的朋友認為，格奧爾格的病是被母親所傳染的。那時候，他必須在療養院待一個月的時間，並在那個地方當醫生看病，康復後再回到家裡；事實上，我們或許應該說，當他重新得到健康之後，可以為她做更好、更新的看護。

她呼吸上的困難讓他感到擔憂；許多年來，她深受氣喘的折磨。前幾個月，她的身體突然迅速地崩潰下來，情勢的發展逼迫他做一個決定，打電話找我回來。他已經看見敵對的意義，而且也知道事情可能會產生嚴重的後果，但對他來說，尋求和解的想法是更重要的。就這一瞬間來看，和解似乎是成功的，雖然他非常清楚母親情緒的起伏是沒有任何的原因、沒有任何的規律的。所以，他並沒有辦法排除，以後可能會發生更嚴重的衝突。好的開始讓他的心境舒緩了許多。當我們兩個人單獨相處的時候，讓我感到很驚訝的是，他竟然沒有對我作出任何的指控，因為我並沒有踏進一步她父親的花園，而是用巴黎的玫瑰花來欺騙她的感情。「她一直都相信你，」他這麼說，「而且你也一直相信她。這是聯繫你們兩個人最深刻的牽絆。你們兩人都具有力量來毀滅對方的生命。這你非常清楚，但你為什麼得在她的面前，如此地保護薇颯。我可以了解你的做法，但是，我也體驗到在她的身上所承受的所有後果。因為這個原因，所以我無法原諒你。不過，在這一刻，這並不是真正重要的事情，對她來說，你曾經到那個地方，那個此時讓她時常想念的地方。」

對我來說，在傳統大街吵雜的小公寓裡並沒有自己棲身的空間。所以我會睡在外頭，白天時，會來拜訪她好幾次。她並沒有辦法忍受我很長的時間，其實她是沒有辦法忍受長時間的拜訪。我總是離開房間，在外頭等候。

我並沒有靠近她的床位。每一天早上，當我看到她的時候，她的雙眼有著更明亮、更圓潤的色彩，她的目光讓我十分地感動。她的呼吸逐漸慢慢地微弱，但眼神卻越來越強悍。她並不會移開自己的視線，當她不想看到我的時候，就會閉上眼睛。她的雙眼會直直地注視著我，直到她的仇恨在我的身上被點燃。然後她會說：「走開！」每一天，這一句話會從她的口中彈射出來好幾次，而且當她說出這一句話的時候，心中已經有了個非常堅決的決定，來用這一句話懲罰我。雖然我非常明白她目前的狀況，而且了解我為什麼在此地的真正原因——我是來領受她的懲罰以及對我的屈辱——換句話說，這也是在這一刻她為什麼需要我的理由，但是她的憤怒還是無情地撞擊著我的心靈。當我在隔壁的等候室等待時，護士小姐會走過來，對我點頭示意，這時候，我就會知道她想找我。當我進去，到她的身邊時，母親會把目光投注在我的身上，她的眼神盯著我的力道是那麼地強烈，我必須替她擔心，她的動作會讓自己消耗體力，但是她目光的銳利程度並沒有因此而減弱，而且越來越強烈。除此之外，她也不會說一句話，直到最後大聲地叫喊：「走開！」她這一句話像是對我的詛咒，我的身影必須永遠地遠離她的視野。我必須跪拜在自己的罪行前，像一個被審判的人，自己知道曾經犯下的罪行，所以自覺地走出房間。雖然我知道她會再召喚我，她還會叫我再到房裡，但是我很認真地看待她的傳訊，而且沒有辦法習慣所有的程序：每一次新的審訊都是新的懲罰。

她的體重變輕了許多。在她的身體內，所有還有生命現象的活力都透視到她的目光裡；她眼神中的哀怨是對不公平的控訴，那是我的行為加諸在她的身上的罪惡。當她用銳利的眼神凝視我的時候，是想告訴我必須緊盯她的眼神，我必須承受眼的責罰，而且我自己也願意接受這懲罰。在這一對雙眼裡，我看不到憤怒的宣洩，相反地，那是多年來的折磨，而我並沒有把這些苦痛從她身上解除下來。為了擺脫對我的束縛，她認定自己已經生病了。所以母親到醫生那兒看病，她到一個很遙遠的地方，一個無人的山頂，沒有人煙的海邊。她可以到許多可能的地方，只要這些地點是我沒有去過的。除此之外，在我們的書信中，她對我隱瞞了這些事實。因為我的緣故，她相信自己病了，幾年後，她真的生病了。這時候，她向我傾訴這些過去的往事，所有的景象在她的眼神中重新地排演一次。然後，她會疲倦下來，並對我頒布一道命令：「走開！」當我在隔壁房間等候時，正在做錯誤的懺悔，我寫了一封信給一個人；我不敢在母親的面前提起她的名字，我讓薇颯知道真心的悔過，我對母親只有虧欠。

當她醒過來後，會再叫我進房，好像我正完成旅遊回來。睡眠讓她的眼神重新獲得新的活力，重新把焦距對準我的羞愧，用眼眸沉默的控訴告訴我，因為另外一個人，我欺騙了她的感情，而且讓她遭受莫大的屈辱。

格奧爾格在場時，他會為我完成所有的工作，就好像這些是必須被完成的聖諭一樣。因為母親的緣故，所以他會在這個地方。每一個動作都是他為她提供的服務，他不會做出任何不夠好的事情，因為這些是為自己母親做的事情。當他離開家裡的那一刻，在眼眸裡就已經出現返鄉的景象。因為母親的緣故，他成了醫生，並且到療養院工作，就是為了可以得到更多醫療她病情的經驗。除此之外，他對我的控訴正是她對我的指責。最年輕的弟弟原本可以和最年長的哥哥一樣，但他卻從來沒有想過自己的生活，他生命的價值是為母親提供服務的。然而，他的身體畢竟沒有辦法承受如此艱難的壓力，和她一樣，他也生病了。他到山頂上去吸取新鮮的空氣，因為只有這樣，他才可以重新地回到她的身邊，看護她的病情。他不需要和我一樣，對母親懷抱著無窮的感激，因為我的生命是來自她的精神，但是我失敗了。我想嘗試地說服自己，是不是存在什麼樣的幻覺，所以我會留在維也納，會在維也納浪擲青春的歲月，直到最後，終於發覺了一些讓自己的心靈滋潤的喜悅。不過，我終究必須面對現實的面貌：這是她的意志，她在我心裡頭一字一句抄寫下來的旨意，那絕對不是幻覺產生的誘惑。否則生命的悲慘就不會發生，我也可以順從她指引的道路，或許人生的結果還是一樣的。

這是垂死掙扎的力量，正抵抗著求生存的苟活，而且當弱者可以宣誓自己的生存權利的時候，那是一件好事。我們無法保留她求生存的力氣，心中的篤定已經告訴自己，我們已經無法挽救她的生命。在她的控訴中，仍然殘留著無限的反抗，她把對反抗命運的這一股生命力流傳給我們。這是一股有如神明的幻影，我們可以成功地克服死亡所帶來的恐懼。這樣的幻影召喚出盤踞在心靈深處的一條蛇，牠是一種誘惑，牠召喚著母親的回魂。這樣的懲罰已經夠了。生命之樹是屬於你們的。你們的樹不應該再度成為死靈的奴隸。

當我們跟在棺木的後面步行前進時，那是我本人開拓出一條路，繞過整個市中心。我內心裡感受到一股強烈的反抗，想告訴所有的人——所有在整個城市漫步的人們——自己的感激。我感受到一股驕傲，可以為她接受所有世人的挑戰。對我來說，沒有一個人可以比她更好。我想著「好」這個字，但我並不是指過去母親是不好的，她的「好」是不同的層次，即使她去世之後，她的「好」仍然會遺留在人世間。在我的左右邊是兩個弟弟。這一刻，我發覺他們和我之間已經沒有任何的差異，只要我們隨著隊伍往前邁進，兄弟是一體的生命，除了我們之外，沒有其他人的存在。對我來說，所有隨著隊伍行走的人是空虛的。這一支隊伍必須繞過這個城市，而這一條路就是這麼漫長。那些盲目的人並不知道，什麼人抬著棺木到墓園去，然而，我卻必須逃避如此的盲目。這條通往墳墓的路徑上的交通並不是靜止的，街道上的行車只是停下來，讓棺木通過。當我們通過以後，街道上的交通馬上恢復前一刻鐘的繁忙，好像不曾有人抬著棺木通過街道一樣。這是條很漫長的道路，當整個隊伍拖住時間往前推進時，反抗的情緒也隨著高漲。這時候，自己必須和路上無數計的行人戰鬥，好讓行進間的隊伍走出一條路出來。所有的人都跪拜在地上，頌揚對母親的敬意。街道上到處都是宿命的犧牲者，他們躺在我的左方或者右方，犧牲者的數目仍然是不夠的，沒有一個人有辦法滿足她的要求。這是一條漫長的隊伍，它的長度是通往葬禮的一種致敬。「看！她在那地方，你們知道到底是什麼人躺在密閉的棺木裡呢？她是生命。沒有她的存在，世界只是虛無。如果沒有她眼神的眷戀的話，你們的房子將會倒塌，你們的肉體也會萎縮。」

當我在隊伍裡時，這些景象是自己還清楚的狀態。在我的眼睛裡，我看到自己正在走動，追隨她額頭上的迴光，反抗著整個都市的腐敗。我可以感受到身邊兩個弟弟的存在，不過，我並不知道格奧爾格如何走完這一條漫長的道路。我是不是可以保護他？是什麼人在保護他？他是不是也背負了同樣的驕傲呢？在這一條道路上，在自己的眼眸裡，未曾出現其他人的臉孔，而且我也不知道什麼人在隊伍裡。我用最怨恨的眼光看著這一棟小公寓、棺木如何被大釘鎖上，當她的身軀還在這一棟公寓裡時，好像有人使用暴力，對她做出最無情的侵犯。當我徒步在隊伍當中，我只能感覺到虛無，棺木已經羽化成為她的身軀，在這一刻，沒有任何的事物可以把我的情懷與對母親的讚嘆劃劃開來。必須有一個人具有和她一樣的人格，才可以把這一床棺木護送到墓園裡，而且所有的人得對這一位抬棺木的人獻上最高的敬意，那是沒有任何污點的尊敬。這都是同樣的感受，沒有絲毫的減退，這也是相同的力量，可以再持續兩個或者三個小時。在整個過程裡，我看不到任何順從的足跡，或許，它根本不是對死者的感傷，因為在我自己的認知裡，她已經和反抗的掙扎結合為一體。我已經為所有的可能性做好了準備。這並不是精神上的麻木，我所面對的對象是種挑戰。追隨著她額頭上的餘光，我為母親在整個市中心開闢一條通往完全寂靜的身後世界，我面對著街上蹣跚行走的路人，並等待著他們的侮辱；我將代替她接受世人的挑戰。

他希望一個人獨處，獨自對她傾訴心中的話語。幾天來，我伴隨在格奧爾格的身旁，因為我擔心他會發生什麼意外。他請求我讓他獨處幾天，陪伴在母親的身旁，這是他的願望，除此之外，他沒有其他任何的請求。他的請求得到我的信任，所以三天後，我會再回來。這是她生病時坐臥床上的公寓，他並不願意離開這個住處。他坐在椅子上，在過去的日子裡，他都坐在她的身邊；他向她傾訴的思念並沒有中斷。只要他述說過去的語言的話，對他來說，母親還是活在這個世上。她的聲音已經變得非常地微弱，甚至沒有一點氣息，但他還是可以聽見她的聲息，而且繼續他的傾訴。他描述了所有的事件，因為她總是想知道所有的事情；他會描述一天裡在自己身上發生的所有事情，他認識的人、指導他的老師、在醫院裡的朋友，以及在街上撞上的路人。他繼續描述生活周遭發生的一切，就如同往常一樣，當他下班以後，並沒有去任何的場所，但仍然有許多的話要講述。他並不會埋怨自己他為母親所創造出來的發明，但所有的發明都是種埋怨，那是輕柔、沒有任何起伏，以及被壓抑的埋怨，因為，或許不久以後，就沒有辦法再聽到這些傾訴了。他並不希望和母親之間的傾訴就這麼地終止，所以過去所有的一連串的工作竟蛻變成悲泣的語句。他沉痛的感傷重新喚醒了她的呼吸，在她的口中原來被窒息阻擋的話語重新找到一條親情的出口。他的聲音是內心裡的啜泣；和往日一樣，當他發下重誓，希望母親的呼氣不要阻礙生命的延續時，他的誓詞是那麼地輕柔。他並沒有落淚，因為他不願意在任何的一刻鐘喪失她的身影。當他坐在椅子上的時候，他可以看見母親正站在自己的眼前。如果她的形體消散成為沒有生命的魂魄時，那是他沒有辦法承受的轉換。他的誓詞從來沒有停止過，然而，我自己聽到一種聲音，一種很陌生的聲音，它是那麼地純粹，如此地高亢，就好像基督教徒讚頌聖靈的聲音。不過，我不應該聽到這樣的聲音，因為他想一個人獨處。但當我聽到這些聲響的時候，我不禁為他擔心，在我自己做出一個決定之前，我必須花費許久的時間來檢驗它，這是許多年來，徘徊在我的耳際的聲響。當人們檢驗聲音的時候，就可以發現什麼是人們錯失掉的聲響？什麼樣的音律可以對聽話的對象注入信任的感情？人們可以聽到他對死者的傾訴，如果他不順從她的意志，就沒有辦法離開這一具的死屍。他仍然繼續向她述說自己心中的感言，好像他用盡所有的力量，來拉住她即將飄散的魂魄，這些是屬於她的力量，這一刻他又把這一股生命力量交還給她。我耳朵似乎聽到，有人正對著母親輕聲地歌唱，這歌聲並不是來自母親身上，也不是對生命的埋怨。

只有她才可以埋怨，因為她已經忍受了所有的痛苦。但是，他撫慰著她的心靈，並對她發誓，不斷地提出許多的保證：她還在那兒，她獨自一個人在那兒，陪伴著他，除此之外，沒有任何一個人。任何一個人都會干擾她，所以他希望，我可以讓他單獨一個人兩三天。雖然她的軀殼已經被掩埋在墓園裡，但是，對他而言，母親還躺在病床上。他用滄桑的話語把她眼睛裡的神采從另外一個國度召喚回來，她沒有辦法再離開格奧爾格！

譯者後記——卡內提的文字世界

當讀者一開始接觸卡內提的文字的時候，或許會有很一股非常陌生的感覺。首先，我想這麼描述這樣的感覺。

在電影院裡頭，觀眾正靜靜地等待電影的開始。當電影正要開始的時刻，影片突然跳空；銀幕上只有晦暗的光線，但是卻沒有任何具體的影像。這時候，觀眾只能問自己：什麼時候影片會開始？什麼時候會出現第一個影像？但是，觀眾真正的期待是一段完整的故事，而不是單一的畫面。突然間，銀幕出現單格的畫面。在這一瞬間，觀眾的腦子裡頭還是停留在空白的狀態，因為在視覺裡突然出現的畫面沒有辦法一下子啟動思緒的同步運轉——眼前的畫面和心中的感情之間出現了一道裂痕。不過，在卡內提的文字世界裡，這一道裂痕會駐留一段很長的時間。在某些讀者的身上，這一道裂痕甚至會永遠地存在。

這時候，原來在放映室的工作人員走出工作房，告訴電影院裡面的觀眾：影片壞了，所以只能用另外一部影片來取代原來的電影。這一刻，眼前出現了一幕影像：在書店裡，讀者把卡內提的《目光的遊戲》放回書架，然後抽出另外一本書出來。一瞬間，我突然驚訝地發現，譯者為作者與讀者之間建立起來的橋樑竟然跟蛋殼一樣，那麼地脆弱。

譯者本身是個信差，借用自己的文字，把作者的感情傳遞給讀者；或者，我們可以這麼說，譯者是個幫作家寫信的郵政人員，細心地呵護這一段感情的傳送。翻譯包括三個層次：一、在轉換成另外一種語文的時候，如何忠實地把原著的精神以及語言的感覺表現出來。譯者並不能憑自己的想像，寫一些與原文沒有關係的句子。因為文化差異的關係，所以，譯者必須考據一些不明確的地方，盡量減少讀者閱讀上的障礙。二、翻譯本身就是種詮釋（一般所謂的釋義）；這一部分牽涉到對原文的理解與轉述，如何成功為原著與讀者之間架上一座感情的橋樑。三、翻譯本身是種特殊的文字創作，換句話說，譯者不止是原作者的「影武者」，同時，在可能的條件下，展現自己對文字的感覺與創意。理由很簡單，沒有讀者會認同沒有創意或者沒有感情的文字。所以，一篇好的翻譯應該可以體現上面三種的文字層次。當然，譯者的文字必須盡量通順，但是，不能只為了句子通順，犧牲翻譯真正的要求。事實上，當卡內提還沒有完全投入到寫作的工作之前，也是從事翻譯的工作。

或許，一般人會把這一本書看待成作者的自傳，但是，書本的內容和一般的自傳有很大的差別。書中分成許多不同的章節，而且章節之間不連貫，似乎也沒有緊密的連帶關係。作者描述了一些自己和一些藝文界名人的交往，但是卻沒有做更深入的描繪，而且常常沒有交代往後更深一層的交往。如此的寫作風格並沒有強烈的故事性，或許，讀者常常會覺得，文字的描述很繁瑣；甚至認為，這是沒有意義的文字。舉個例子，他提到穆集爾這一位作家，但是，並沒有詳細地描述他的作品，以及自己對這些作品的感想。剛開始，我也覺得，這些描述是片段性的，沒有深刻的意義。不過，後來，我才慢慢地領略到文字背後隱藏的創作企圖。相遇的開始常發生在一瞬間；然而，這一瞬間的發生好像大樹的種子一樣。如果我們把人際關係與人生的際遇看待成為一種生命的話，那麼，這一顆種子是生命的開始。假如我們想完整地敘述人際關係背後的意義的話，那麼，必定得對這一瞬間的發生做細膩的與完整的描述。所以，如果人與人之間的相遇是種生命的話，那麼，卡內提對每一個章節的描述都在交代一段生命的開始：這個人性的種子如何被深植到土地裡，又如何得到水分的滋潤。換句話說，人與人為什麼會相遇？在什麼情況下，人際間的關係獲得真正的開始？當時的真正景象是怎麼樣的？時空又會造成什麼樣的因果？他的描述是仔細的，但是，並不是沒有任何意義的。每一個章節好像一幅畫，總是有個特殊的主題，但是，像一幅水彩寫生畫一樣，主題並不是單獨存在的；在主題旁邊，有次要的主題以及沒有關聯性的事物。這時候，完整的描述可以創造出語言另外的一種可能性，換句話說，如何用語言的可能性描繪出具體的實象；這是描述本身最高的層次：語言的描述應該是一幅具體的圖畫。俗話常說，文字是活的；這一句話意味著，當讀者閱讀生動的描述的時候，就好像在自己的面前出現了一幅活生生的圖畫。在閱讀深刻文字的過程當中，一幅一幅活生生的風景畫也會自然地呈現在眼帘前面。但是，這樣的閱讀感受必須由讀者自己去經營。事實上，整部書給讀者的感覺像是走進一家藝廊，而且這家藝廊裡面正展示著一位年輕畫家在某一時期的作品；每一幅畫有獨立的主題，換句話說，它和其他的圖畫並沒有直接的連帶關係，但是，我們卻不能說，它們之間完全沒有任何的關係；我們可以看到這位畫家的成長，他的表達方式以及表達的內涵。此外，書中每一個章節給讀者的領會應該就像一幅展現文字詩意的風景畫一樣，而作者繪畫的風格則是連接不同主題的橋樑。

或許，卡內提的文字沒有聳動的故事與駭俗的情節，但是，他的描寫是很深刻的生命經驗；文字與真實的經驗應該是一致的，而不是虛構的感情。他的文字是種沒有悔恨的堅持，然而，他的文學生命也是如此。當他下定決心，從事文學創作的時候，那幾乎等於放棄自己的博士學位，因為兩者間沒有任何的關係。經過了一段很長的時間，他才完成第一部小說《迷惘》；這時候，他才面對真正的挑戰，因為小說的完成與它的出版是兩回事。經過了五年的時間，這一本小說才以書本的形式，和世人見面。五年並不是短的時間，換句話說，等待了五年，這一份對自己的執著的認定才真正地有了具體的成果。有時，我們會問自己，是不是走錯路了？這值得嗎？如果不值得的話，那麼，為什麼不放棄呢？即使它是值得的，但是，誰可以保證，自己的努力可以得到最後的成功呢？經過了五年，在卡內提的身上，努力與執著才真正實現自己對生命的期許。但是，這一刻，自己的成功並不是沒有陰影的。他的肉體與文學生命是來自自己的母親；這一刻，創造這一顆文學種子的生命卻凋零了。

這一股對母親的真情存在在每一個人的心裡面，或許，卡內提的文字可以告訴我們，怎麼樣來處理這一份對生命的感動。

目光的遊戲 ／ 伊利亞斯・卡內提(Elias Canetti
)著；黃銘惇譯. -- 初版. -- 臺北市 ： 臺
灣商務, 2004[民 93]
面 ； 公分. --（Open；4:23）（卡內提
回憶錄三部曲：3）
譯自：Das Augenspiel
ISBN 957-05-1904-5(平裝)

1. 卡內提(Canetti, Elias, 1905-1994) - 傳記

784.418 93013736

OPEN系列／讀者回函卡

感謝您對本館的支持，為加強對您的服務，請填妥此卡，免付郵資寄回，可隨時收到本館最新出版訊息，及享受各種優惠。

姓名：＿＿＿＿＿＿＿＿＿＿ 性別：□男 □女

出生日期：＿＿年＿＿月＿＿日

職業：□學生 □公務（含軍警） □家管 □服務 □金融 □製造
□資訊 □大眾傳播 □自由業 □農漁牧 □退休 □其他

學歷：□高中以下（含高中） □大專 □研究所（含以上）

地址：＿＿＿＿＿＿＿＿＿＿＿＿＿＿＿＿

電話：（H）＿＿＿＿＿＿（O）＿＿＿＿＿＿

E-mail: ＿＿＿＿＿＿＿＿＿＿＿＿＿＿＿＿

購買書名：＿＿＿＿＿＿＿＿＿＿＿＿＿＿

您從何處得知本書？

□書店 □報紙廣告 □報紙專欄 □雜誌廣告 □DM廣告
□傳單 □親友介紹 □電視廣播 □其他

您對本書的意見？（A/滿意 B/尚可 C/需改進）

內容＿＿＿ 編輯＿＿＿ 校對＿＿＿ 翻譯＿＿＿

封面設計＿＿＿ 價格＿＿＿ 其他＿＿＿＿＿＿

您的建議：＿＿＿＿＿＿＿＿＿＿＿＿＿＿＿＿

臺灣商務印書館

台北市重慶南路一段三十七號　電話：（02）23116118・23115538
讀者服務專線：0800056196　傳真：（02）23710274
郵撥：0000165-1號　E-mail：cptw@ms12.hinet.net
網址：www.commercialpress.com.tw